나 혼자서도 한다!
잘 팔리는 상세페이지 셀프 제작법

펴낸날 | 초판1쇄 2023년 1월15일

지은이 | 서형윤
펴낸이 | 정명희
기획 | 전진수
총괄편집 및 디자인 | 이우나
마케팅 | 정주희

펴낸곳 | 유앤미디어
출판신고 | 제2022-000066호
이메일 | unmediabook@gmail.com

가격 | 19,800원
ISBN | 979-11-980486-0-8(13320)

이 책은 저작권법에 따라 보호받는 저작물이므로 무단 복제를 금지합니다.
잘못된 책은 구입하신 서점에서 교환해드립니다.

나 혼자서도 한다!

잘 팔리는 상세페이지 셀프 제작법

서형윤 지음

Prologue

지금 사장님께 이 책이 필요한 이유

이 책은 포토샵을 이용한 상세페이지 제작방법 외에도 다음과 같은 필수 실전 노하우를 담고 있습니다.

- 기획(제품 설명글 작성) 방법
- 제품사진 촬영 방법
- 영상 촬영/편집 방법
- 상품 홍보방법
- 영상 강의 제공
- 상세페이지 템플릿(기본틀) 제공

자세히 살펴보겠습니다.

01 기획(제품 설명글 작성) 방법

상세페이지를 제작하려면 가장 먼저 상품정보를 수집/정리하고, 그 정보 중에서 세일즈포인트를 도출하며, 이 모든 내용을 문서화해야 합니다.
구매자는 예쁜 디자인이 아닌, 이 상품정보를 보고 구매를 결정하기 때문입니다.
그러나 상품정보를 체계적으로 문서화 하는 것은 막상 해보면 쉽지 않습니다.
저의 오랜 실무 및 교육 경험을 살려 누구나 쉽게 문서작성을 할 수 있도록 구체적인 방법론을 제공해 드립니다.

02 제품사진 촬영 방법

상세페이지를 제작하려면 제품사진이 필요합니다.
전문 스튜디오에 맡길 경우, 제품당 30~40만원의 비용이 들게 됩니다.
이 책은 스마트폰과 포토샵으로 거의 준프로급의 제품사진을 촬영할 수 있는 방법론을 제공해 드립니다.
제품사진 촬영, 이제 직접 하실 수 있습니다!

03 영상 촬영/편집 방법

제품의 특장점을 가장 생생하게 보여줄 수 있는 수단은 단연 영상입니다.
그래서 판매자는 반드시 영상의 기획/촬영/편집/활용 방법을 알아야만 합니다.
이 책은 스마트폰으로 영상을 촬영하고, 무료 영상편집 프로그램인 '다빈치 리졸브'를 이용한 영상제작 노하우를 제공해 드립니다.

04 상품 홍보방법

상세페이지를 아무리 잘 만들었다 해도 구매할 고객들이 볼 수 없다면 판매는 절대 일어나지 않습니다.
그래서 고객들이 내 상세페이지로 유입될 수 있도록 길을 만들어 주아야 합니다.
특별히 비용을 들이지 않아도 네이버 포스트, 유튜브 등을 활용해 강력한 홍보가 가능하도록 구체적인 방법론을 제공해 드립니다.

05 영상 강의 제공

교육현장의 경험을 통해, 포토샵 등 프로그램의 사용법을 글로 설명할 경우, 판매자분들이 잘 이해하지 못한다는 것을 알게 되었습니다.
이 책에서는, 난이도가 높은 내용의 경우 QR코드를 찍으면 영상으로 사용법 강의를 볼 수 있도록 배려했습니다.

06 상세페이지 템플릿(기본틀) 제공

판매자들이 가장 어려워하는 것은 포토샵으로 상세페이지를 만드는 것입니다.
이를 위해 많은 시간과 노력과 비용이 낭비되고 있습니다.
이 책은 누구나 템플릿(기본틀)의 글과 사진을 교체하는 방식으로 상세페이지를 만들 수 있도록 상세페이지 템플릿(기본틀)을 포토샵 파일로 제공해 드립니다.
복잡한 포토샵 기술을 배워야 하는 무거운 짐에서 해방시켜 드릴 것입니다.

Prologue

[필독] 구독자 지원 서비스

01 학습자료 카페 운영

이 책을 구매하신 분들에게 다양한 학습자료를 제공드리기 위한 카페입니다. 예시파일, 시연영상, 실습용 파일, 템플릿 파일 등을 편리하게 이용하실 수 있도록 반드시 가입해주시기 바랍니다.

카페 주소: https://cafe.naver.com/forboss

카페 가입방법: 가입신청 시, 구입하신 책을 찍어서 해당 사진을 올려주시면 됩니다.

02 QR코드 제공

이 책에 있는 QR코드를 앱으로 스캔하면 다양한 자료와 생생한 영상강의를 보실 수 있습니다.
다양한 QR코드 스캔 방법들이 있으니 자신에게 맞는 방법으로 준비해 주세요.

스마트폰 카메라:
스마트폰 카메라의 옵션에서 'QR코드 스캔 기능'을 켤 수 있습니다. (단, 구형폰/저가폰에는 없을 수 있습니다.)
단순히 QR코드를 카메라로 비추는 것만으로도 스캔이 가능합니다.

네이버앱: 네이버앱 하단의 중앙의 녹색원을 클릭하면 'QR코드 스캔 기능'이 있습니다.

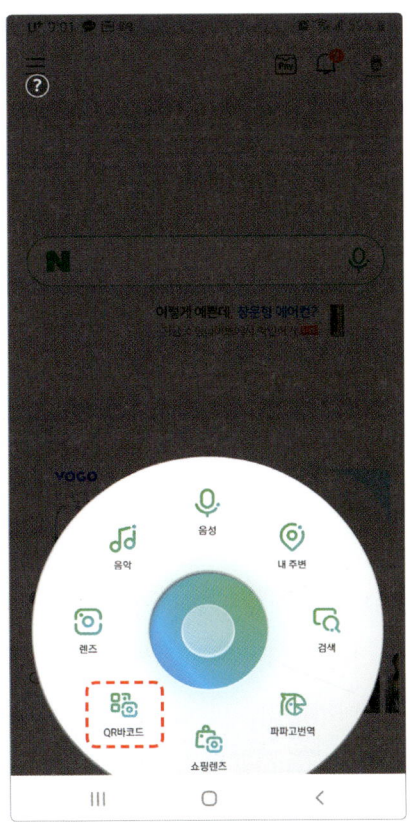

스마트폰 앱: 구글플레이나 앱스토어에서 'QR코드 스캔'을 검색하시면 다양한 앱을 사용하실 수 있습니다.

Contents

PART 01　상세페이지의 이해 및 기획
12　상세페이지란 무엇인가?
16　상세페이지 제작 프로세스
21　상세페이지 기획

PART 02　스마트폰 제품촬영
66　스마트폰으로 충분할까?
73　어떻게 찍을 것인가?
74　실전 촬영 노하우
78　[가장 중요!] 광각현상에 주의
89　상황별 촬영 TIP
94　제품별 촬영 TIP
103　사진 파일을 PC로 다운로드
105　포토박스는 어떨까?

PART 03　포토샵으로 상세페이지 디자인하기
108　포토샵을 꼭 해야하나?
117　포토샵 시작하기
152　포토샵 도구 사용
209　포토샵 실전 연습
227　포토샵 조립식 상세페이지 제작

248 완성된 상세페이지 평가방법
250 상세페이지를 등록용으로 자르기
256 대표이미지 만들기
259 상세페이지를 만드는 또 다른 방법

PART 04 　스마트폰 영상제작

266 왜 영상이 필요한가?
268 영상 제작 프로세스
269 시나리오 작성방법
272 배경음악, 효과음 구하기
275 스마트폰 영상촬영
278 영상편집

PART 05 　상품등록

336 스마트스토어 입점
339 상품등록 하기

PART 06 　온라인 홍보

378 고객 유입을 위한 루트를 만들자
385 마지막 꿀정보

Part 01

01 상세페이지의
이해 및 기획

" 많은 판매자분이 상세페이지에 대한 잘못된 이해로 돈과 시간과 에너지를 낭비하고 또한 잘못된 개념으로 만들어진 상세페이지로 인하여 매출을 내지 못하고 중도 하차하는 안타까운 상황을 많이 보았습니다. 그래서 상세페이지에 대한 올바른 개념을 잡도록 도와 드리고자 합니다. 상세페이지 제작 시 자원의 낭비를 막고 제작 효율성을 극대화하기 위한 체계적인 제작 프로세스를 설명해 드립니다. 상세페이지 제작에서 가장 중요한 것은 기획입니다.
구체적이고 실제적인 기획 방법을 제시해 드립니다. "

Chapter01 상세페이지란 무엇인가?
Chapter02 상세페이지 제작 프로세스
Chapter03 상세페이지 기획

Chapter 01

상세페이지란 무엇인가?

고객은 결국 상세페이지를 보고 제품을 구매합니다. 상세페이지는 온라인 판매에서 가장 중요한 핵심 요소입니다. 그런데 상세페이지에 대한 잘못된 이해로 돈과 시간을 낭비하는 것을 많이 봤습니다. 첫 단추를 잘 끼워야 합니다! 특히나 본 챕터에 있는 '상세페이지의 정의'를 분명히 이해 하시길 바랍니다.

01 상세페이지의 정의

많은 판매자를 만나면서 놀라게 되는 건, 대다수 판매자가 상세페이지에 대해서 크게 잘못 알고 있다는 것입니다. 대부분 상세페이지를 "디자인 제작물" "디자이너가 만드는 그 무엇"으로 여기고 있습니다. 그래서 멋지고 화려한 상세페이지를 만들기 위해 많은 시간과 노력과 돈을 낭비하고 있습니다. 이 책을 보고 계신 판매자들이 더 이상 이런 잘못된 이해로 고통받지 않도록 제가 정리해 드리겠습니다.

"상세페이지란,

제품의 특장점을 전달하는 상품설명서다"

상세페이지의 제작 목적은 단 하나! 내 상품을 팔기 위한 것입니다. 그렇다면 고객은 상세페이지에서 무엇을 보고 구매를 결정하게 될까요? 멋지고 화려한 그래픽 디자인을 보며 마음이 현혹되어 지갑을 열게 되는 것일까요? 절대 그렇지 않습니다. 고객은 단순하게 생각없이 그냥 사지 않습니다. 그렇다면 무엇을 보고 구매하게 되는 것일까요?
그것은 바로 제품의 특장점이 정리된 글입니다.

고객은 제품의 특장점을 파악하고, 이 제품을 구매했을 때 자신이 얻게 될 Benefit을 검토한 후 최종 구매 결정을 하게 되는 것입니다. 어렵게 생각하실 필요 없습니다. 바로 사장님 자신이 쇼핑하고 계실 때의 상황을 떠올려 보십시오. 사장님은 무엇에 마음이 동합니까? 상세페이지의 아름다운 디자인입니까? 아니면 제품의 가성비, 기능 및 효과, 메이커의 신뢰성 등 제품의 특장점입니까?

상세페이지의 디자인이 빈약하다 해도, 제품의 특장점이 텍스트로 일목요연하게 정리되어 있고, 상품 자체의 구매할 만한 매력이 명확하다면 반드시 판매는 이뤄지게 됩니다.

제가 이렇게 말을 할 때 한 판매자분께서 이런 질문을 하셨습니다.
"그래도 디자인이 멋지면 좋잖아요!"
네 맞습니다. 보기 좋은 떡이 먹기도 좋다고. 디자인이 멋지고 화려하면 좋겠죠. 저는 디자인의 가치를 무시하는 것이 아닙니다. 우선순위를 말씀드리는 것입니다. 특장점을 텍스트로 명확하게 정리하여 고객에게 전달하는 것이 가장 최우선이며, 그 다음이 디자인이라는 것입니다. 가장 중요한 것이, 본질이 무엇인지에 대해서 말씀드린 것입니다. 초보 판매자는 늘 바쁘고 재정적으로 어렵기 때문에 화려한 디자인에 자원을 허비할 만한 여력이 없습니다. 디자인은 매출이 넉넉해지면 그때 외주로 처리하시면 됩니다.

다시 정리하자면,
상세페이지에서 가장 중요한 것은 **제품의 특장점을 고객에게 명확히 전달하는 것입니다.** 그래서 상세페이지는 상품설명서라고 말씀드리는 것입니다. 이 개념을 명확히 하셔야 합니다. 이 개념이 흔들리면 막대한 시간과 노력과 돈을 허비하게 되며 성공으로 가는데 더 오랜 시간이 걸리게 됩니다.

02 아트는 이제 그만!

온라인 쇼핑에서 고객이 원하는 것은 자신이 원하는 제품을 좋은 조건에 사는 것입니다. 판매자가 원하는 것은 오직 매출입니다. 고객도, 판매자도 그 누구도 디자인을 원하지 않는데, 왜 판매자들은 디자인에 집착하는 것일까요?

그것은 일반적으로 디자이너들이 포토샵을 이용해 상세페이지를 제작하기 때문일 것입니다. 그래서 "상세페이지 디자인"란 말이 있지요. 이런 이유로 대다수 판매자가 상세페이지를 "디자인 제작물"로 막연하게 생각하고 있는 듯합니다. 그러나 앞서 말씀드렸듯이 상세페이지는 상품설명서입니다. 우리 판매자들은 어떻게 상품설명서를 잘 작성할 것인가에 집중해야 합니다. 불필요한 자원 낭비를 일으키는 "디자인"이란 말이나 개념은 이제 버리십시오! 판매자분께 돈을 벌어다 주는 것은 화려한 디자인이 아니라, 상품의 특장점이 명료하게 정리된 상품설명서입니다.

제발, 아트 하지 말고 사업하십시오!

화려한 디자인이 없어도 팔리는 상세페이지의 제작이 가능합니다. 지금 네이버쇼핑에 접속하셔서 상단에 아래 메뉴들을 클릭해보세요. 대다수 상세페이지가 글 + 사진 + 영상으로만 구성되어 있다는 사실을 알게 되실 것입니다. 저 또한 이미 글과 사진 동영상만으로 상세페이지를 만들어 판매하고 있습니다.

03 기획의 활용성

상세페이지가 상품설명서라는 것은 이제 이해가 되셨으리라 생각됩니다.
그럼 이제부터 사장님들께서는 상품설명서를 작성하셔야만 합니다. 다시 말해 제품의 특장점을 글로 작성하셔야만 합니다. 이 책에서는 앞으로, **"글 작성"을 편의상 "기획한다"라고 표현할 것입니다.**

그리고 기획하여 작성한 문서를 "기획서"라고 지칭하겠습니다.

온라인 판매에 있어 가장 중요한 것은 '기획'입니다. 제품의 특장점을 글로 작성한다는 것, 즉 "기획"이 가장 중요하기 때문에 저는 책 전체에 걸쳐 기획에 대하여 집중적으로 설명해 드릴 것입니다.

기획은 단순히 상세페이지 제작에만 쓰이는 것이 아닙니다. 기획은 다음과 같이 비즈니스 전 영역에서 쓰이게 됩니다.

- 상세페이지 제작
- 사진 촬영 (특장점이 정리되어 있어야 제대로 촬영할 수 있음)
- 영상 제작 (특장점이 정리되어 있어야 제대로 제작할 수 있음)
- 블로그 홍보 글 작성
- 홈페이지 글 작성
- 광고 문구 작성
- 사업계획서
- 제안서 작성
- 각종 인쇄물(X-배너, 전단지, 브로슈어, 회사소개서 등)의 문구

이 책을 통해 기획력을 갖추는 데 집중하시기 바랍니다. 상세페이지 제작은 높은 수준의 포토샵 스킬이 없어도 할 수 있도록 템플릿(샘플 파일)을 제공해 드릴 것이며, 그 템플릿의 글과 사진만 바꿔서 제작하시면 됩니다. 제품의 특장점이 탁월하게 정리된 기획서만 준비되어 있다면 팔아내는 상세페이지의 제작을 판매자분께서 직접 하실 수 있습니다.

잔소리 한 번만 더 하겠습니다. 판매자의 진정한 능력은 첫 번째가 기획 능력, 두 번째가 소싱 능력입니다. 제품의 특장점을 포착하고 정리하는 기획 능력이 있어야 소싱도 잘하게 되는 것이기 때문에 기획이 최고입니다. 나머지 업무들은 외주로 가능합니다.
그러므로, 기획에 집중하십시오.

Chapter 02
상세페이지 제작 프로세스

집을 지을 때 설계도를 먼저 만들고, 그다음에 시공에 들어갑니다. 이처럼 이 세상 모든 일들은 먼저 계획하고, 그다음에 실행하는 것입니다. 이것이 상식입니다.

그러나 많은 판매자와 상세페이지 제작 업체들이 치밀한 계획없이 그냥 사진을 찍거나 포토샵부터 열어 주먹구구식으로 상세페이지를 만드는 것을 너무나 많이 보아왔습니다. 이렇게 체계 없이 만들다 보면 제품의 특장점을 제대로 보여주지 못하는 엉터리 상세페이지가 나오게 되는 것입니다. 제가 웹사이트 구축, 콘텐츠 제작 경험을 살려 정리한 상식적이고 합리적인 제작 프로세스를 소개해 드리겠습니다.

01 상품정보 수집

상품과 관련된 모든 정보를 가능한 최대한 많이 수집합니다. 제품의 특장점 외에도 고객이 제품에 호감을 가질 수 있도록 하는 다양한 정보의 수집이 중요합니다. 다음은 실제 상세페이지 제작을 위해 취합한 자료예시입니다.

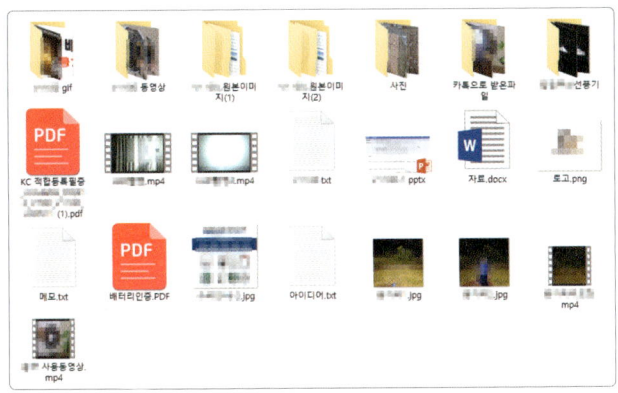

구체적으로 어떤 정보를 수집할지는 뒤에 자세히 다루겠습니다.

02 세일즈 포인트 도출

세일즈 포인트란 이 제품의 특장점 중 가장 매력적인 항목을 지칭합니다. 수집한 상품정보 중에서 고객의 구매욕을 자극할만한 가장 매력적인 항목들, 즉 세일즈 포인트를 따로 정리합니다. 이 세일즈 포인트는 상세페이지 상단에 위치되며 각종 광고/홍보 시 메인 메시지로 노출되어 고객의 구매 욕구를 자극하는 역할을 하게 됩니다.

> 세일즈 포인트는 상세페이지의 최상단에 배치되어 고객의 시선을 끌어당기고 구매 욕구를 자극하는 역할을 합니다.

03 기획서 작성

상품정보와 세일즈포인트를 문서로 정리합니다. 이 기획서 안에는 상세페이지에 들어갈 문구와 사진/영상/그래픽에 대한 모든 계획들을 작성해야 합니다. 건물을 짓기 위해 작성하는 건축설계도와 같은 문서입니다. 뒤에 상세히 작성 방법을 소개해 드리겠습니다. 다음은 실제 기획서 예시입니다.

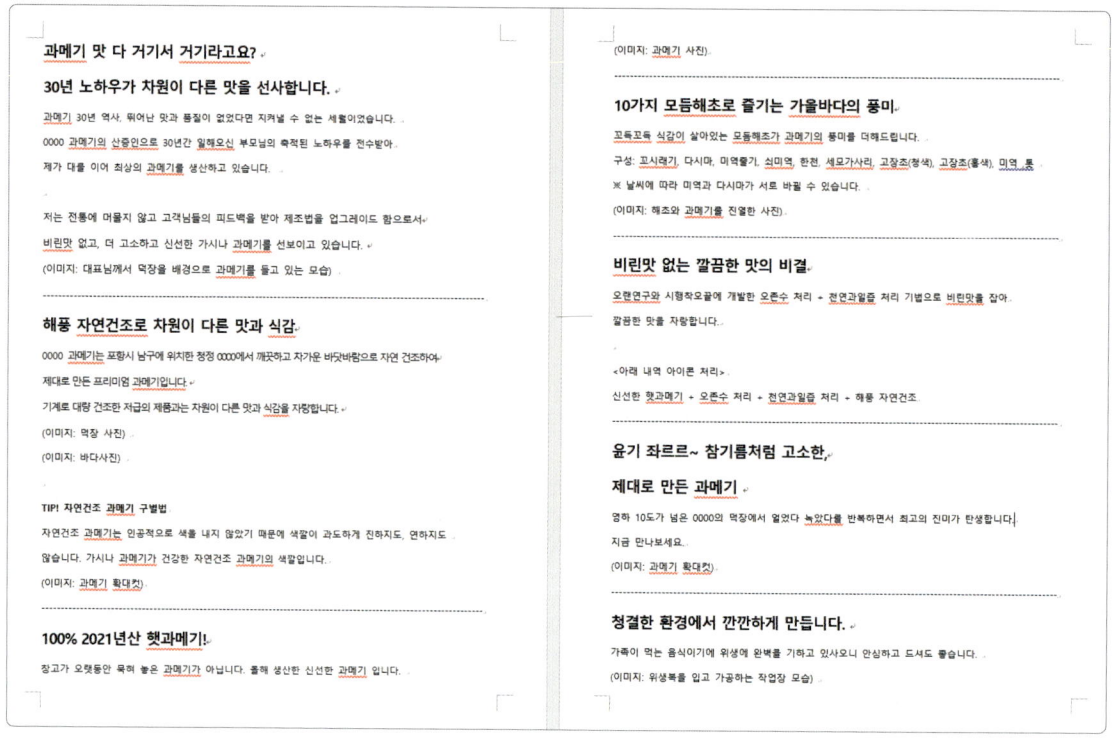

04 제품촬영

기획서에 작성된 대로 제품 사진을 촬영하고 보정하며, 영상을 촬영하고 편집합니다.

이 책을 통해 스마트폰으로 제품을 촬영하고 포토샵으로 보정하는 방법을 배우실 수 있습니다.

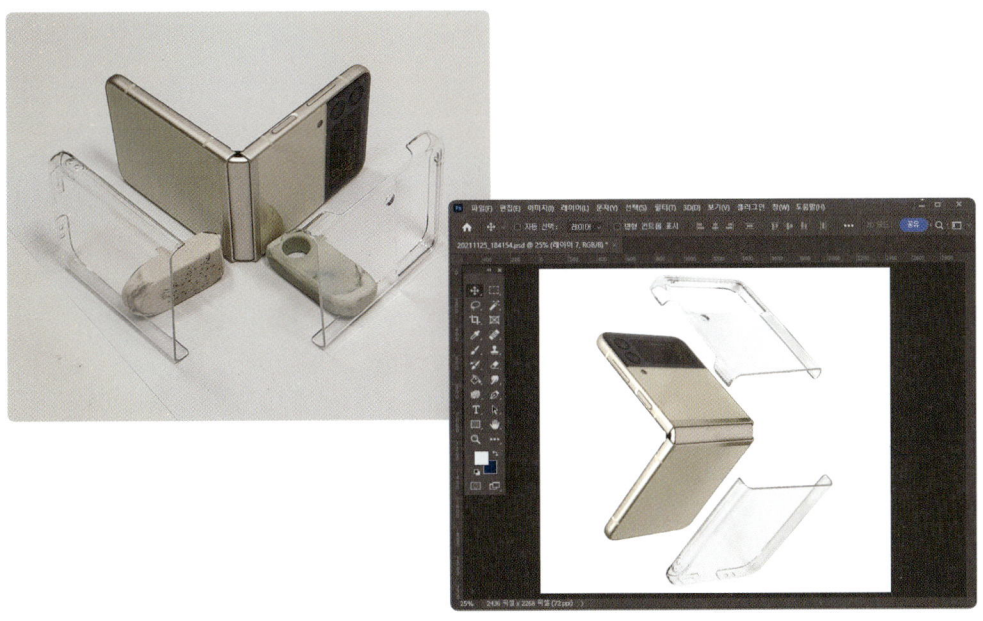

또한 스마트폰으로 영상을 촬영하고 다빈치리졸브로 편집하는 방법도 배우게 됩니다.

05 상세페이지 제작

포토샵을 열어 앞서 준비한 기획서 + 제품 사진 + 영상을 이용하여 상세페이지를 제작합니다. 이후 상세페이지를 쇼핑몰에 등록하면 작업이 완료됩니다.

이 프로세스대로 상세페이지를 제작하면 제품의 특장점을 효과적으로 보여주는 상세페이지를 보다 효율적이고 빠르게 제작할 수 있습니다. 반드시 프로세스 대로 제작하시기 바랍니다!

앞으로 이 책은 제시 드렸던 프로세스 대로 설명을 진행할 것입니다.

Chapter 03

상세페이지 기획

상세페이지에 들어갈 글을 작성하는 단계입니다. 대부분의 판매자분들은 학교를 졸업한 후 글 쓸 일이 없으셨을 것입니다. 그래서 글을 쓴다는 것에 대해서 큰 부담을 느끼시리라 생각됩니다. 걱정하지 마세요. 아래 내역을 잘 배우시면 멋진 글을쓸 수는 없지만, 상품의 매력을 명확히 드러낼 수 있는 글은 잘 쓸 수 있게 될 것입니다.

01 기획을 위한 글쓰기 기본기

글을 쓰기 전에 갖춰야 할 기본적인 마음가짐과 상식을 먼저 소개해 드리겠습니다.

1) 고객 관점의 장착

온라인 판매는 사업이며, 사업을 하려는 자에게 가장 중요한 것은 머릿속에 "고객관점"을 장착하는 것입니다.

고객관점이란, 고객의 입장에서 생각하고 판단하는 것을 말합니다.

모든 판매자는 자신의 입장이 아닌, 반드시 고객의 입장으로 생각하고 판단하셔야 합니다. 왜냐하면, 내 제품을 구매하여 내가 먹고 살 수 있게 해주는 주체는 내가 아닌, 바로 고객이기 때문입니다. 고객이 필요로 하는 것을 소싱하고, 고객의 마음이 혹하도록 제품에 대해서 설명해 줘야 제품이 팔리는 것입니다. 그러므로 사업의 시작은 고객 관점입니다. 우리 판매자들은 다음과 같이 자신의 고객에 대해서 잘 알고 있어야 합니다.

- 고객의 관심사는 무엇인가?
- 고객이 처한 상황은 어떠한가?
- 고객의 필요는 무엇인가?
- 고객의 욕망은 무엇인가?
- 고객의 주머니 사정은 어떠한가?
- 고객의 취향은 어떠한가?
- 실제 구매 결정자는 누구인가?

마지막 항목, 구매 결정자가 누구인지를 아는 것은 매우 중요합니다. 수요자와 구매결정자가 다를 경우가 많으며, 이 경우 우리 판매자들은 수요자보다는 구매결정자를 메인 타겟으로 마케팅해야 하기 때문입니다. 그 예로서, 유아/어린이/청소년 용품 또는 기혼 남성 관련 제품의 실제 구매 결정자는 엄마 혹은 아내일 경우가 많습니다.

'고객관점'이란 뜬구름 잡는 개념이 아닌, 실질적으로 사업의 성패를 좌우하는 핵심 개념입니다. 실제 사례로 설명해 드리겠습니다.

제 고객 중에 100여개의 쥬얼리 제품을 판매하는 판매자분이 계셨습니다. 쥬얼리 제품은 크기가 작고, 제품의 반짝거림을 살리기 위한 전문적인 조명과 촬영장비가 필요하기 때문에 사진촬영 비용이 장당 3~4만원에 이르렀습니다. 제품당 사진 1장씩만 촬영해도 최소 300만원이 드는 상황이었습니다. 그래서 그 사장님은 제품당 사진 1장 + 설명글로 구성된 단촐한 상세페이지를 만들어 올리기로 결정했습니다. 고객관점이 아닌, 본인의 관점으로 장사하려는 그 판매자분께 저는 이렇게 말해주었습니다.

필자: 사장님, 이 제품의 가격이 20~30만원 정도 되는데, 이걸 사진 하나 덜렁 보고 사라구요? 이 세상 어느 고객이 이렇게 불친절한 상세페이지를 보고 사겠습니까? 고객입장에서 생각해보세요. 20~30만원 하는 제품을 사려는 고객은요, 이 제품의 앞쪽뿐만 아니라 뒤쪽도 보고 싶고요, 확대된 디테일컷도 보고 싶고, 무엇보다 모델 착용 컷을 보고 싶어합니다. 모델촬영컷을 보여줘야 제품이 착용시 얼마나 아름다운지 판단할 수 있기 때문입니다.

쥬얼리 사장님: 그걸 누가 모르겠어요? 그렇게 해주면 좋죠. 그런데 사진값이 너무 비싸고, 러시아 모델 알아봤는데 시간당 20만원이더라구요.

필자: 사장님, 이 아니면 잇몸입니다. 제품 앞면은 스튜디오에서 찍고, 기타 앵글은 일반 카메라로 찍으세요. 그리고 모델 컷은 일가친척을 동원하시든, 알바를 구해서 쓰시든 해서 이틀 정도 촬영하시면 됩니다. 여기서 포인트는요, 고객 입장에서 고객이 보고 싶어 하는 것을 보여줘야 한다는 것입니다. 그래야 팔리죠. 이렇게 엉성하게 할 거면 그냥 돈만 버리는 거니까 안 하는 게 더 낫습니다.

1인 사업자나 대기업 회장님이나 다들 어렵기는 마찬가지입니다. 늘 돈이 없고, 인력이 없고, 인프라가 없고, 경험이 없습니다. 그래서 결국 이 쥬얼리 사장님처럼 고객 관점을 포기하고 자기 관점으로 돌아가게 되는 것입니다. 사업이 망하는 가장 큰 이유는 바로 '고객관점'의 상실입니다. 사장님이 고객의 입맛에 맞추려 하지 않는데 고객이 왜 사장님의 제품을 구매하겠습니까? 지금 당장 '고객 관점'이라 프린트하셔서 모니터 하단 중앙에 붙이십시오! 생각과 의사결정을 늘 고객 입장에서 하셔야 성공과 더욱 가까워지는 것입니다.

2) 단문으로 쓰기

저는 L사 쇼핑몰에서 디자이너로 5년 정도 일하다가 디자인에 대해 회의감을 느끼게 되어 인사과에 요청해 마케팅팀으로 가게 되었습니다. 어느 날 팀장님께서 저를 부르시더니 3억원 상당의 IT솔루션 관련하여 품의를 진행하라고 지시하셨습니다.

품의라…?!

품의 관련하여 배운 적도 없고, 그런 행정적인 글을 써본 적이 없던 저는 걱정이 되었습니다. 당시 직급이 과장이었는데, 품의도 할 줄 모른다는 것은 매우 부끄러운 일이었습니다. 그렇게 1주일정도 혼자 끙끙 앓다가 팀장님께 할 줄 모른다고 말했습니다. 그날 저는 '바보'가 되었습니다. 이후 저는 '글을 쓴다는 것'에 대해서 치열하게 공부했습니다. 관련 책을 읽고, 유명작가의 강연도 쫓아 다녔습니다. 그 덕에 지금은 이 책을 포함하여 7권의 책을 쓴 작가가 될 수 있었습니다. 결론, 글쓰기에 대하여 믿고 따라오시면 됩니다.

제가 제일 먼저 궁금했던 것은 '좋은 글'이란 무엇 인가였습니다. 글쓰기의 고수분들은 한결같이 이렇게 말씀하셨습니다.

"좋은 글이란?
쉽게 읽히고 잘 이해되는 글이다."

참으로 당연한 말이죠? 글의 존재 이유는 결국 커뮤니케이션이니까요. 그렇다면 쉽게 읽히고 잘 이해되는 글은 어떻게 쓰는 것이냐는 질문에 고수분들은 이렇게 답하셨습니다.

"단문으로 써라"

단문???
단문이란, 주어 1개 + 술어 1개의 구조를 가진 문장을 말합니다. 좀더 단순하게 말하면 **문장 하나에 내용이 하나만 있는 글을 말합니다.** 문장이 시작되어 마침표로 끝나는 사이에, 많은 내용을 구겨 넣지 말고 가능한 한 가지의 내용만 넣으라는 것입니다. 다소 어려우실 것 같아 제가 냉면 사진을 준비했습니다

냉면을 그냥 먹으면 긴 면발이 목에 걸릴 수 있어 먹기가 불편합니다. 그러나 냉면을 가위로 잘라 먹으면 목에 걸리지도 않고 편하게 먹을 수 있습니다. 글도 마찬가지입니다. 길게 쓰지 말고 최대한 단순하게 잘라서 쓰라는 것입니다. 다시 말해 문장 하나에 한 가지 내용만 넣어서 짧게 써보는 것입니다. 이것이 바로 단문으로 쓴다는 것입니다. 물론, 이렇게 글을 쓰면 멋은 없습니다. 초등학생이 쓴 글처럼 보일 수도 있습니다. 그러나 쉽게 읽히고 잘 이해됩니다. 사장님들이나 저나 카피라이터가 될 필요는 없습니다. 우리에게 필요한 글은 상품정보를 고객에게 쉽게 이해시켜주는 글인 것입니다. 단문이니 뭐니, 다 잊으시고 그냥 위의 냉면 사진만 기억하시면 누구나 훌륭한 글을 쓰실 수 있습니다. 글이 막힐 때 늘 냉면을 기억하세요!

자 그럼 단문의 위력을 실제로 보여드리겠습니다. 우선 제 고객사측에서 보내온 글을 먼저 보도록 하겠습니다. 한번 소리 내어 읽어보시기 바랍니다.

[고객사로부터 제공받은 글]
이 제품은 기존 케이블 연결방식을 대신해서 무선으로 기타와 앰프를 연결함으로써 연주 중 케이블이 발에 걸리는 불편함을 해결하고 케이블로 인하여 항상 앰프의 주변에서 연주할 수밖에 없는 동선의 한계를 극복할 수 있으며 한번 충전으로 4시간 이상 사용할 수 있어 베터리 교체로 인한 불편을 해결한 액티브한 기타리스트의 필수 아이템으로 개발되었습니다.

애석하게도 한 문장 안에 엄청나게 많은 내용을 구겨 넣어서 도무지 무슨 이야기를 하려는 것인지 알 수가 없습니다. 이런 글이 황당하게 보이시겠지만, 실제로 많은 분들이 글을 이렇게 쓰고 계십니다. 글을 이렇게 복잡하게 쓰면 어떤 고객도 읽지 않습니다. 자, 그럼 윗글을 단문으로 고쳐 써 보겠습니다.

[최대한 단문으로 수정한 글]
이 제품은 무선으로 기타와 앰프를 연결할 수 있습니다. 그래서 연주 중 케이블이 발에 걸리는 불편이 없습니다. 또한 앰프 주변을 벗어나 무대 전체를 다니며 연주할 수 있습니다. 한번 충전으로 4시간 동안 사용 가능합니다.

불필요한 부분을 없애고 단문으로 고쳐 씀으로써 내용이 보다 명료해지고, 읽기 쉬워지고, 무엇보다 양이 확 줄은 것을 확인하실 수 있을 것입니다. 오늘부터 글은 단문으로 쓰시기 바랍니다. 때론 한 문장 안에 한 가지 내용만 넣을 수 없을 때도 있습니다. 그럴지라도 최대한 단순하고 짧게 끊어 쓰시면 누구나 온라인쇼핑을 위한 최적의 글을 쓰실 수 있습니다.

3) 긴 글은 죄악

온라인 거래의 80% 이상이 스마트폰을 통해서 이뤄집니다. 잠시 생각해보십시오. 대부분 사람들은 직장에 있을 때만 PC를 이용하며, 출 퇴근중 지하철, 버스로 이동중이거나 집 또는 언제 어디서든지 스마트폰으로 일을 처리합니다. 스마트폰으로 쇼핑하고, 음악 듣고, 영상 보고, 게임을 늘 합니다. 말그대로 스마트폰 시대입니다.

우리의 고객들도 스마트폰을 통해서 우리의 제품을 살펴보고 구매하게 됩니다. 그런데 이 스마트폰이라는 것이 단점이 있습니다. 화면이 작다는 치명적인 단점. 그러다 보니 작은 화면으로 깨알 같은 글씨를 읽는다는 것은 고역이 아닐 수 없습니다. 사람이 30대 후반이 되면 누구에게나 불쑥 찾아오는 것이 있습니다. 그것은 바로 '노안!' 가장 구매력이 높은 연령대인 40~50대 고객들은 모두 하나같이 노안인 상태입니다. 노안이 있는 사람에게 스마트폰의 작은 화면에 있는 깨알 같은 글씨는 '짜증' 그 자체일 수밖에 없습니다. 유튜브 영상이 남녀노소 누구에게나 큰 사랑을 받는 이유 중 하나는 바로 글을 읽지 않아도 된다는 사실입니다. 이제 감 잡으셨죠? 쇼핑몰 상세페이지에 들어가는 글은 무조건 짧아야 합니다. 고객은 조금이라도 길거나 흥미를 유발하지 못하는 글은 절대로 읽지 않는다는 사실을 명심하시기 바랍니다.

온라인 사업을 하는 사람에게 있어 긴 글은 죄악입니다. 짧게 더 짧게 쓰십시오. 아래 글처럼 문장을 매끄럽게 하기 위해 들어가는 부사, 형용사, 조사, 접속사 등도 최대한 제거하십시오.

[원문]
상세페이지 디자인을 멋지게 한다는 것은 어려운 일이다. 그러나 기획만 잘한다면 잘 팔리는 상세페이지를 만드는 것은 누구나 할 수 있다.

[다이어트한 글]
멋진 상세페이지 디자인은 어렵다. 그러나 기획만 잘하면 잘 팔리게 만드는 것은 쉽다.

문장이 너무 건조하고, 초등학생 수준으로 보여도 괜찮습니다. 중요한 건 정보의 전달이니까요. 멋진 글은 필요 없습니다. 무조건 짧게 본론만 쓰십시오.

4) 두괄식으로 작성!

이 파트는 상세페이지 기획에서 가장 중요한 개념이니 확실히 이해 하셔야만 합니다! 상세페이지는 수직으로 매우 긴 문서입니다. 그러다 보니 어떤 내용을 어디에 위치시킬 것인가 하는 구성의 문제가 발생됩니다. 그 구성 관련하여 '미괄식'과 '두괄식'이라는 개념이 있습니다.

미괄식: 가장 맛있는 부분을 뒤에 배치한 구성
두괄식: 가장 맛있는 부분을 맨 앞에 배치한 구성

아시아권 사람들은 대부분 미괄식으로 말하고 글을 씁니다. 우리가 어렸을 때부터 배우는 '기승전결' '서론, 본론, 결론'이라는 구성 방식도 모두 가장 맛있는 부분이 뒤에 배치되는 미괄식입니다. 미괄식에 익숙한 우리는 보통 구구절절이 사연을 길게 이야기하고 마지막에 본론을 말합니다. 그러나 서구권 사람들은 두괄식을 선호합니다. 그래서 이들은 가장 맛있는 부분, 즉 본론을 처음에 말하고 그 다음에 그렇게 말하게 된 근거를 설명하게 됩니다.

결론부터 말하자면, 판매자인 우리는 미괄식을 버리고 두괄식으로 글을 써야 합니다.
왜냐하면 미괄식은 장사를 망쳐버리는, 꼭 버려야 할 악습이기 때문입니다. 예시를 들어 설명해보겠습니다.

여기 이몽룡이 있습니다. 이몽룡은 춘향이랑 몇 달 놀다가 한양으로 도망갈 계획이었습니다. 그런데 사귀어 보니 춘향이가 너무 훌륭해서 몽룡은 그녀와 결혼하기로 결심하게 됩니다. 몽룡은 춘향이에게 프로포즈하려 합니다. 몽룡의 선택지는 일반적인 미괄식 프로포즈와 새로운 두괄식 프로포즈가 있습니다. 각각의 차이를 살펴보겠습니다.

- **미괄식 프로포즈:**

  몽룡: 난 네가 예쁘고, 성격도 마음에 들고... (주절주절 30분 동안 이야기함)

  춘향: (하품을 하며) 그래서 뭐?

  몽룡: 넌 완전 내 스타일이고… (또 주절주절 30분동안 이야기 함)

  (**향단이 전화:** 언니, 오늘 내가 쏜다! 매운 닭발 먹자, 빨리 나와!)

  춘향: 뭐라는 거야? 나 약속이 있어서. 오빠 내일 보자. (춘향이 가방 들고 나가버린다)

  몽룡: 가지마! 중요한 말이 있다고!!!

- **두괄식 프로포즈:**

  몽룡: 춘향아, 사랑해!!! 나랑 결혼하자!!! (두둥!)

  춘향: (충격!) 허걱! 뭐야 갑자기! 오빠 왜 그래?!

  몽룡: 내가 너를 사랑하는 이유는… 어쩌고 저쩌고….

  춘향: 서방님!

여기에서 이몽룡은 판매자이며, 춘향이는 고객을 상징합니다. 미괄식 프로포즈는 보시다시피 서론이 너무 길어서 지루합니다. 그래서 성격이 급한 춘향이 곧 우리의 고객은 지루함을 참지 못하고 떠나버리는 것입니다. 그에 반해 두괄식 프로포즈는 가장 맛있는 부분, 가장 흥미로운 부분, 가장 달콤한 부분을 초반에 때려주어 춘향이의 관심을 확 끌어줌으로써 춘향이가 이몽룡의 고백을 경청하게 만듭니다. 이렇게 초반에 고객의 관심을 강력하게 끌어당기는 것을 마케팅 용어로 Hooking이라고 합니다. 상세페이지 또한 도입부부터 자극적이고 달콤한 이야기로 고객을 Hooking해주지 못하면, 고객은 춘향이처럼 떠나 버리는 것입니다. **강력한 Hooking을 위해서 반드시 판매자는 두괄식으로 글을 써야만 합니다.**

21세기를 살아가는 현대인들은 지루한 것을, 기다리는 것을 참지 못합니다. 그래서 대중가요에서 긴 전주가 사라진지 오래이며, 영화나 소설이나 드라마나 홈쇼핑이나 광고 등등이 초반부터 가장 맛있는 부분을 바로 보여주는 것입니다. Hooking을 해야 고객이 떠나지 않고 관심을 가지고 지켜봐 주고 경청해 주기 때문입니다.

지루한 미괄식 구성은 고객 이탈의 주범입니다. 고객이 내 상품에 대해 관심을 가지고 스크롤을 내리게 하려면 초반부터 강력하게 "춘향아 사랑해!" 즉, 가장 맛있는 부분을 제시해주어 Hooking해야만 하는 것입니다.

그러므로 반드시 절대적으로 무조건 '두괄식'으로 글을 쓰시기 바랍니다!

구체적인 작성 방법은 뒤에 설명해 드리도록 하겠습니다.

5) 중2 수준으로 쓰기

제가 마케팅 부서에 있을 때 선배들이 항상 했던 말이 "중학교 2학년 학생들도 쉽게 이해할 수 있는 수준으로 써라"였습니다. 왜 중1이 아니고 중2인지는 잘 모르겠습니다. 어쨌든 요지는 누구나 쉽게 이해할 수 있도록 쓰라는 것입니다. 상세페이지는 장사하기 위한 제품 설명서입니다. 그래서 남녀노소 누구나 쉽게 이해할 수 있어야 합니다. 쉬운 글쓰기를 위해 다음 사항을 유의하십시오.

- 가능한 한 영어보다 한글 쓰기
- 어려운 전문용어는 쉬운 말로 풀어서 쓰기
- 신조어나 은어보다 표준말로 쓰기

6) 글보다 사진 또는 영상

'백문이 불여일견'이라는 말이 있습니다. 이는 여러 번 듣는 것보다 한번 보는 것이 더 낫다는 말입니다. 상세페이지도 그렇습니다. 긴 문장으로 구구절절 설명하는 것보다 시각적으로 한번 보여주는 것이 소비자 입장에서는 10만 배 더 낫습니다. 시각적 표현 대상으로는 제품의 소리, 색상변화, 동작, 조립 방법, 사용법, 활용방법 등입니다. 우리가 사용할 수 있는 시각적 표현 수단은 다음 3가지가 있습니다.

- **GIF 에니메이션**

2~3초 이내의 짧은 애니메이션으로 제품의 특장점을 보여줍니다.

QR코드로
샘플을 확인해보세요.

- **동영상**

영상+음성을 활용하여 제품의 특장점을 보여줍니다.

 QR코드로
샘플을 확인해보세요.

- **사진합성**

제품이 실제로 사용되는 상황을 합성사진을 통하여 보여줍니다.

원본 사진

백팩 제품을 합성하여 착용예시를 보여주었습니다.

이 책에 위 세가지 항목의 제작방법이 포함되어 있습니다.

02 기획서 작성 방법

실제로 기획서를 작성해보는 단계입니다. 보다 쉽게 작성하실 수 있도록 카페에 '기획서 기본양식'을 올려놓았습니다. 다운받아서 활용하시기 바랍니다. 워드 파일과 한글파일을 올려놓는데 이런 프로그램이 익숙하지 않으신 분들은 그냥 메모장으로 하셔도 되고, 노트에 연필로 쓰셔도 됩니다. 중요한 건 멋진 문서 작성이 아니라 내용이니까요.

다운로드: 카페 / 실습용 자료 / 〈B-1〉 기획서 기본양식

앞서 말씀드렸던 합리적인 제작 프로세스를 다시 복습해보고 시작하겠습니다.

1) 상품정보의 수집

가장 먼저 글의 소재가 될만한 다양한 정보를 수집해야 합니다. 아래 항목을 참조하셔서 최대한 수집하시기 바라며, 정보가 없는 항목은 넘어가십시오. 글을 깔끔하게 정리할 필요는 없습니다. 일단 그냥 내용만 있으면 됩니다. 또한 사진, PDF파일, 영상, 사이트 주소 등 모든 자료를 모으십시오.

- 기존에 만들었던 상세페이지 주소
- 경쟁사 제품의 상세페이지 주소
- 고객에게 반드시 보여줘야할 제품의 특징 및 장점
- 상품의 옵션 및 각 옵션별 특징
- 제품 개발자 또는 생산자 소개
- 제조기술 관련 정보
- 이 제품을 제조 또는 판매하게 된 계기
- 제품 관련한 대표님의 경력
- 회사 소개/연혁
- 수상 실적
- 괄목할 만한 판매실적
- 고객의 포토후기
- 보유 인증서/시험성적서/특허증 스캔한 파일
- 이 제품에 대한 권위자(의사, 박사, 교수 등)의 추천 내역
- 사용 가능한 방송소개 자료(실제 영상 or 캡쳐화면)
- 제조과정 소개 및 관련 사진 또는 동영상
- 원료관련 정보
- 언론사 소개자료
- 포장상태

상품정보만 있으면 되지 왜 이런 정보들까지 필요하냐고요? 고객은 구매 시 상품만 보는 것이 아닙니다. 그 제품의 제조자, 기술, 신뢰성, 구매자후기, 평판 등 복합적으로 보고 구매결정을 하기 때문에 반드시 필요한 정보들입니다.

2) 상품정보의 정리

이제 수집한 상품정보를 사용할 수 있는 형태로 가공해야만 합니다. 정보들을 하나하나 보면서 다음과 같이 헤드라인 + 바디카피 형태로 정리합니다.

> **안심을 드리는 젖병소재**
> ***는 유아용 젖병소재로 널리 쓰이는 Copolyster 소재(BPA 불검출)로
> 만들어 환경호르몬 걱정 없이 안심하고 사용할 수 있습니다.

> **밀폐력 UP, 냄새를 완벽 차단하는 특수 패킹**
> 패킹주변의 설계를 낮고 둥근 곡선형태로 디자인하여 밀폐력은 강화하고
> 냄새의 유출은 최소화 하여 내용물의 신선도를 오래 유지시켜 줍니다.

- **헤드라인 작성 요령:**
  바디카피를 한 줄로 간략하여 요약함으로써 고객이 바디카피를 읽지 않아도 내용을 파악할 수 있도록 작성합니다.
- **바디카피 작성요령:**
  앞서 말씀드린 '고객관점'에서 유의미한 내용을 최대한 단문으로, 다시 말해 문장 하나에 하나의 내용만 담으십시오. 그리고 길이는 가능한 2줄을 넘지 않게 하십시오. 긴 글은 고객에게 외면당한다는 사실을 꼭 기억하시기 바랍니다.

실제 교육을 해보면 많은 사장님들이 이 부분에서 어려워들 하십시오. 잘 써야겠다는 강박을 버리시

고 친구분들에게 내 제품을 소개한다는 가벼운 마음으로 작성하시기 바랍니다. 그리고 바디카피는 뒤죽박죽 많은 내용을 끼워넣지 마시고 딱 한가지 내용만 넣으시기 바랍니다. 또한 실습을 해보면 헤드라인과 바디카피가 서로 다른 이야기를 하는 경우를 많이 보게됩니다. 바디카피를 한 줄로 요약한 것이 헤드라인입니다. 그러므로 둘다 같은 이야기를 해야만 하는 것입니다.

자 그러면, 실제 상품정보를 정리한 사례를 같이 살펴보겠습니다.

말기름 화장품 상품정보 샘플

1. 인간피지성분과 유사한 것은 말기름 밖에 없다.
2. 인간의 피지구조와 말기름의 구조가 매우 유사하여 피부흡수력과 친화력이 뛰어나다.
3. 말기름은 모공깊이의 0.7~1mm까지 공기마저 치환하며 침투한다.
4. 피부에 침투된 말기름의 영양성분은 약 9시간 동안 활동하며, 활동이 끝난 불포화지방산은 피부에 흡수되어 세포에 영양을 공급하고 호르몬 불균형에 도움을 준다.

위 표에 많은 정보들이 있습니다. 이 정보를 다 쓸 수는 없습니다. 우리는 이 정보들 중 고객관점으로 유의미한 정보만 남기고 무의미한 정보는 버려야만 합니다. 자 그럼 지금, 고객으로 빙의하여 같이 상품정보를 살펴보겠습니다.

말기름 화장품 상품정보 샘플

1. 인간피지성분과 유사한 것은 말기름 밖에 없다.
   (검토: 고객관점에서 의미가 없으므로 PASS)
2. 인간의 피지구조와 말기름의 구조가 매우 유사하여 피부흡수력과 친화력이 뛰어나다.
   (검토: 이 화장품의 우수한 흡수력을 증명하기 위한 유의미한 자료임!)
3. 말기름은 모공깊이의 0.7~1mm까지 공기마저 치환하며 침투한다.
   (검토: 고객관점에서 과도하게 전문적인 정보이므로 PASS)
4. 피부에 침투된 말기름의 영양성분은 약 9시간 동안 활동하며, 활동이 끝난 불포화지방산은 피부에 흡수되어 세포에 영양을 공급하고 호르몬 불균형에 도움을 준다.
   (검토: 고객관점에서 과도하게 전문적인 정보이므로 PASS)

고객관점에서 유의미하다고 판단되는 2번 항목만 남기고 나머지를 버리겠습니다. 2번 항목을 정리하면 다음과 같습니다.

> **피부 저항감 없이 부드럽고 빠르게 흡수**
> 마유는 인간의 피지구조와 매우 유사하여 일체의 피부 저항감 없이
> 빠르고 깊게 흡수됩니다.

의미를 전달하되 좀 더 부드럽게 말을 고쳐 썼습니다. 글을 매끄럽게 쓰는 것은 오랜 훈련이 필요합니다. 글 잘 쓰는 것에 절대 집착하지 마시고 단문으로 명료하게 내용 전달하는 것에만 집중하시기 바랍니다. 우리는 판매자이지 카피라이터가 아니기 때문입니다. 고객이 원하는 것은 상품정보지 유려한 문장이 절대 아닙니다.

3) 세일즈포인트의 도출

먼저 '세일즈 포인트'라는 말의 뜻을 살펴보시죠. 사전적 의미가 아닌, 제가 정리한 정의입니다.

세일즈 포인트란?
공급과잉시대. 수많은 유사 상품 중 고객이 내 상품을 사야 할 명백한 이유.

우리는 수요보다 공급이 더 많은 시대를 살고 있습니다. 제가 온라인 판매를 처음 시작할 때 정말 깜짝 놀랐던 것은 새롭고 신박한 제품을 발견하여 소싱 하기 전, 시장조사를 해보면 이미 주요 쇼핑몰들에 유사한 상품이나 더 좋은 상품들이 깔려 있었다는 사실입니다. 국내 제조사는 물론 알리바바에서 소싱 하려 했던 제품들 대부분이 그런 상황이었습니다. 대한민국 판매자들 정말 미친 듯이 무섭게 일합니다! 상황이 이러한데도 정말 막연하게, 그냥 쇼핑몰에만 상품을 등록하면 팔릴 것이라고 기대하는 순박한 사장님들이 너무나 많습니다. 고객은 바보가 아닙니다. 고객은 판매자의 머리 위에 있습니다. 그래서 내가 팔려는 상품은 그냥 상품이면 안됩니다. 내가 어떤 상품을 판매하려 하든 이미 시장에는 유사한 상품이나 더 좋은 상품들이 깔려있기 때문입니다. 말 그대로 '공급과잉시대'인 것입니다. 그러므로 반드시 **고객이 경쟁사 상품이 아닌 바로 내 상품을 사야만 하는 명백한 이유**

가 있어야만 하는 것입니다. 고객이 내 상품을 사야 할 그 명백한 이유가 바로 세일즈 포인트인 것입니다. 사장님께서 지금 팔려고 하는 그 제품이 '고객이 내 상품을 사야 할 명백한 이유' 즉 세일즈 포인트가 없다면 그 상품은 포기하시는 것을 강력히 권해드립니다. 이러한 세일즈 포인트는 상품의 소싱단계에서부터 명확해야하며 상세페이지는 물론, 광고/홍보단계에서도 명확하게 정리되어 고객에게 전달되어야만 하는 것입니다. 세일즈 포인트가 될만한 상품정보에는 가격, 기능, 디자인, 브랜드, 평판 등이 있습니다.

자 그럼 이제 앞서 정리한 상품정보들 중에서 세일즈 포인트를 도출해보겠습니다. 헤드라인과 바디카피로 정리된 상품정보들을 하나씩 읽어보십시오. 그 정보들 중에서 고객이 내 상품을 사야 할 명백한 이유들을 뽑아내십시오. 이때 앞서 강조드렸던 '고객관점'이라는 개념이 필요하게 됩니다. 세일즈 포인트를 판매자 개인의 관점으로 도출하게 되면 객관성을 잃어버리게 됩니다. 최대한 고객관점에서, 고객으로 빙의하여 객관적으로 도출해야만 합니다. 사람이 객관적인 관점을 갖는다는 것은 사실 근본적으로 불가능합니다. 그래서 주변 사람들의 의견들을 꼭 들어보시는 것을 추천드립니다. 세일즈 포인트는 세가지 정도만 도출하시면 됩니다. 왜냐하면 사람은 세가지를 초과하면 그 이상은 기억을 잘 못하기 때문입니다.

앞서 예시로 보여드렸던 말기름 화장품의 세일즈 포인트의 헤드라인을 함께 보시죠.
- **피부 저항감 없이 부드럽고 빠르게 흡수**
- **전 성분 고순도 100% 천연마유**
- **인공 제올라이트로 완벽한 탈취**

이 세가지 항목을 세일즈 포인트로 도출한 이유는 다음과 같습니다.
- **피부 저항감 없이 부드럽고 빠르게 흡수**
  말기름 화장품의 최대 강점은 흡수력입니다. 그래서 흡수력 관련한 근거 자료를 덧붙여서 이 항목을 가장 중요한 첫번째 세일즈 포인트로 선정했습니다.
- **전성분 고순도 100% 천연마유**
  말기름은 부패가 잘되기 때문에 대다수 경쟁사 제품들은 5%정도만 함유하고 있습니다. 그러나 이 제품은 특허받은 부패방지 기술을 통해 압도적으로 100%를 함유하고 있으므로 두번째 세일즈포 인트로 선정했습니다.

- **인공 제올라이트로 완벽한 탈취**

    말기름은 기본적으로 돼지냄새 같은 악취가 납니다. 화장품에서 돼지냄새가 난다면 아무도 구매하지 않을 것입니다. 말기름 100%임에도 악취 걱정이 전혀 없다는 것은 매우 강력한 장점이 되므로 세일즈 포인트로 선정되었습니다.

이렇게 선정된 세일즈 포인트는 문서의 두괄식 구성에서 가장 전면에 내세우게 되는 Hooking요소로 활용되게 되며, 상세페이지뿐 아니라 광고 및 홍보에서 핵심 메시지로 활용되게 됩니다.

여기서 잠깐!
세일즈포인트는 반드시 글로 정리되어야만 합니다. 이렇게 말씀드렸더니 카매트를 판매하시는 한 사장님께서 이렇게 말씀하셨습니다.
카매트 사장님: 저는 글로 정리하지 않아도 돼요. 제 머릿속에 다 있거든요. 그리고 저희는 직원들을 이용해서 휴게소에서 대면 영업하기 때문에 이런 건 정리하지 않아도 돼요.
필자: 글로 정리하지 않으면 머릿속에 두리뭉실한 상태로 남게 됩니다. 그러면 두리뭉실하게 직원들을 교육할 것이고, 그 직원들은 고객들에게 두리뭉실하게 이야기하겠죠. 이렇게 두리뭉실하게 하면 장사가 되겠습니까? 세일즈 포인트는 글로 명확하게 정리해야 명확하게 고객에게까지 전달되는 것입니다!

자, 그럼 마유화장품의 세일즈 포인트가 실제 적용된 상세페이지를 보시죠.

4) 4개 섹션으로 편집

카페에서 제공 드리는 '기획서 기본 양식' 파일을 열어보십시오. 아래와 같이 빨간색 점선으로 4개 영역이 구분되어 있을 것입니다. 각 영역은 역할이 다릅니다.

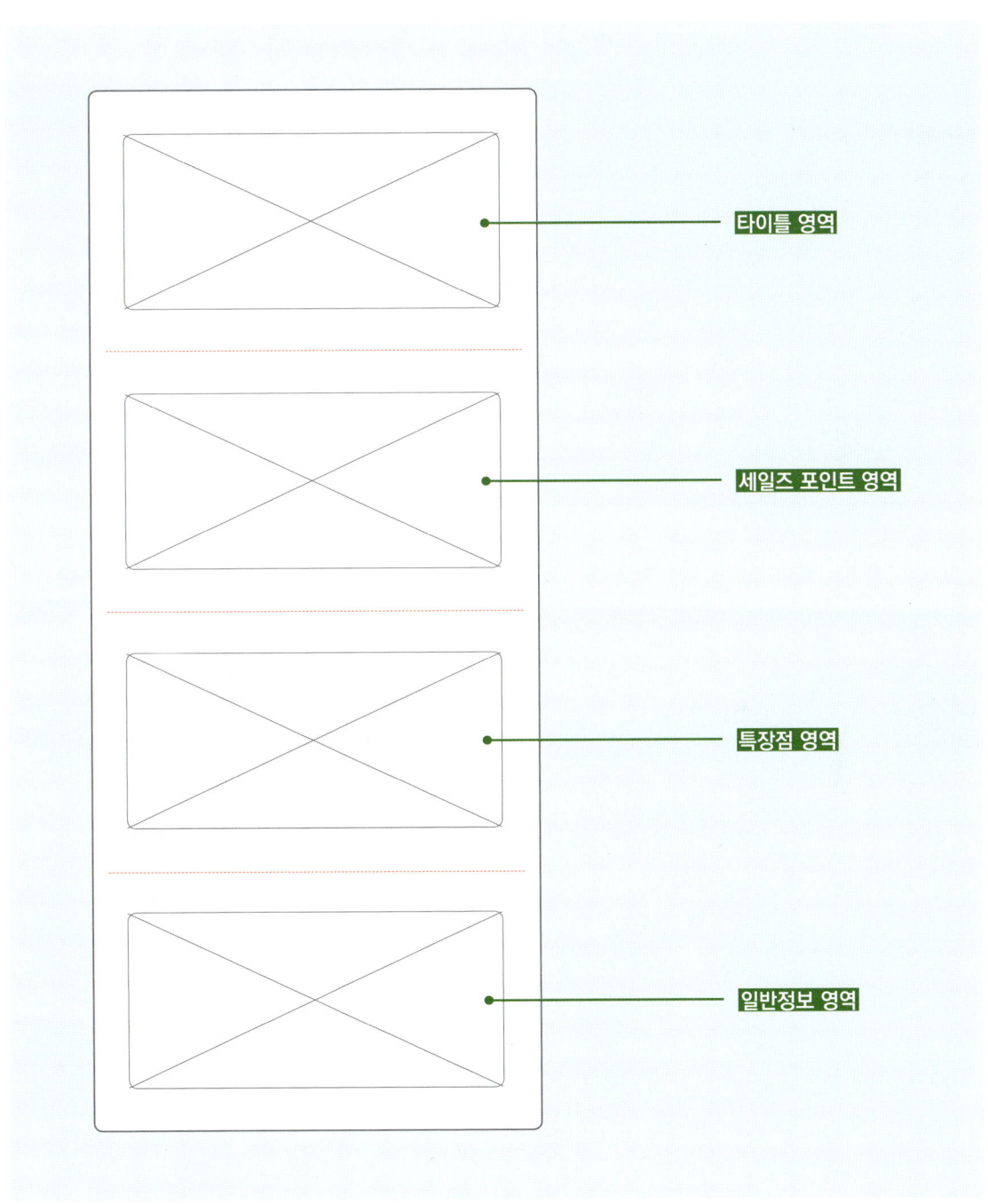

각 영역의 역할을 자세히 알아보겠습니다.

타이틀 영역	제품명, 제품의 세일즈 포인트가 드러나는 이미지 또는 영상 삽입
세일즈포인트 영역	앞서 선정한 세일즈 포인트 3개 삽입
특장점 영역	제품의 특장점 삽입
일반정보 영역	제품 사용법
	제품 Q&A
	제품 사이즈
	구성품
	포장상태
	회사소개
	사용시 주의사항
	보관방법
	제품 스펙
	배송정보/반품교환정보/고객센터

앞서 헤드라인 + 바디카피로 정리한 상품정보를 하나하나 읽어보면서 각 상품정보의 특성에 맞는 영역에 갖다 붙이시면 됩니다. 좀 어려우시죠? 실제 사례를 들어 영상으로 설명드리겠습니다.

 QR코드로
영상강의를 확인해보세요.

이렇게 상품정보들을 자기 특성에 맞게 각 영역에 배치시키면, 자동적으로 앞서 말씀드린 '두괄식' 구성이 되는 것입니다.

5) 비슷한 정보 통합

이렇게 배치시키다 보면, 비슷한 상품정보들이 중복될 수 있습니다. 이럴 경우 불필요하게 상세페이지 길이만 길어져 고객의 불편을 유발할 수 있습니다. 이런 경우에는 상품정보들을 통합시키는 것이 좋습니다. 아래 예시를 보시죠.

미국, 일본, 캐나다, 독일 등 주요 10개국에 수출

세계 18개국 특허를 출원하였으며 미국, 일본, 캐나다, 독일 등 주요 10개국 수출하여 세계인들로부터 사랑 받고 있습니다.

해외 홈쇼핑을 통한 선풍적인 인기

미국 QVC, 일본Shopch 홈쇼핑 방송 등에서 선풍적인 인기를 누리며 판매되고 있습니다.

위 두 가지 상품정보를 보면 각각 다른 정보로 보이지만, 자세히 보면 결국 해외에서 잘 나간다는 내용입니다. 그래서 다음과 같이 하나의 헤드라인 아래로 묶어서 컴팩트하게 정리할 수 있습니다.

세계적으로 사랑받는 글로벌 히트상품

1. 세계 18개국 특허 출원! 미국, 일본, 캐나다, 독일 등 주요 10개국 수출
2. 미국 QVC, 일본Shopch 홈쇼핑 방송 등에서 선풍적인 인기

6) 중요도 순으로 순서 변경

상품정보를 고객관점에서 중요도 순으로 순서를 변경해 주세요. 고객이 내 상세페이지를 끝까지 꼼꼼히 봐줄 것이라는 생각은 버리셔야 합니다. 사장님이 늘 바쁘듯이, 고객들도 늘 바쁘기 때문에 상세페이지를 자세히 보지 않고 대충 지나가는 경우가 많습니다. 그래서 중요한 정보를 최대한 고객에게 보여주기 위해, 중요도 순으로 순서를 미세 조정해주어야만 합니다. 실제 예시를 살펴보겠습니다.

스왈로브스키 크리스탈과 만나다.
스왈로브스키 정품 크리스탈이 촘촘히 박혀있어
고객님의 아름다움을 더욱 돋보이게 합니다.

최적의 앵글/타이밍에 원격촬영OK
블루투스 셔터 기능이 있어 리모컨처럼 먼 거리에서
최적의 앵글/타이밍에 촬영 할 수 있습니다.

뛰어난 내구성의 고강성 통알루미늄 가공
알루미늄을 통째로 깍아서 제작하였으므로 강력한 내구성을 자랑합니다.
이제 언제 어디서나 휴대폰을 떨어트릴 걱정 없이 안심하고 사용하세요!

위 내역은 스마트폰 뒤에 부착하여 보다 안정적으로 스마트폰을 휴대할 수 있도록 하는 핑거그립 제품의 상품정보입니다. 세 개의 정보를 중요도 순으로 순서를 변경하고자 합니다. 어떤 정보가 고객에게 더 매력적인 정보인지를 판단하려면 다시금 '고객관점'으로 살펴보셔야만 합니다. 그러기 위해 지금 고객으로 빙의되어 보십시오.

질문 들어갑니다.
"어떤 정보가 고객 입장에서 가장 매력적인 정보일까요?"

수업 때 보면, 대부분의 여성분들은 스왈로브스키를 선택하시고, 남성분들은 원격 촬영 기능을 선택하십니다. 정답은 없습니다만, 제 경우는 통알루미늄 가공항목을 선택했습니다. 그 이유는 핑거그립을 구매하는 사람들이 대부분 스마트폰을 떨어트려 액정 파손을 경험해 봤을 가능성이 높기 때문입니다. 그래서 저는 내구성 관련 상품정보가 가장 매력적일 것이라 판단했습니다. 올바른 판단을 위해 주변사람들의 의견을 물어보시는 것을 추천드립니다. 가장 중요한 정보가 결정되었다면 위쪽으로 이동시켜줍니다.

7) 사진, 영상, 그래픽적 표현에 대한 계획 삽입

네 개 영역에 상품정보 배치가 완료되었다면, 이제 각 상품정보 하단에 어떤 내용을 넣을지 작성하십시오. 상품정보를 보다 명확하게 설명해 주기 위한 사진이나 영상, 그래픽 요소를 기입하시면 됩니다. 예시를 보시죠.

아웃도어 매니아를 위한 발수/생활방수 기능

원단 표면을 특수 코팅 처리하여 탁월한 발수/생활방수 기능을 발휘함으로
어떠한 아웃도어 환경에서도 체온과 쾌적함을 유지해 줍니다.

(이미지: 제품 표면에 분무기로 물을 뿌려 물방울이 맺혀있는 사진 삽입)

위의 빨간색 글씨처럼 어떤 이미지/영상/그래픽을 넣을지 미리 계획하여 작성하시기 바랍니다. 건물을 짓기 전에 건물 설계도에 세세하게 공사 관련한 모든 계획들이 작성되어 있어야 하듯이, 상세페이지를 제작하기 전에 기획서에 모든 제작 계획이 철저하게 작성되어 있어야만 합니다. 이렇게 철저하게 기획서가 완성이 되면 이후 제작 과정은 이 기획서를 기준으로 기계적으로 신속하게 처리하면 되는 것입니다.

8) 선택옵션이 있을 때 기획방법

단일 상품을 판매한다면 매우 간단하겠지만, 빨간색옷, 노란색옷, 파란색옷처럼 선택옵션이 있다면 고객이 손쉽게 옵션내역을 파악하고 원하는 옵션을 선택할 수 있도록 구성해 주어야 합니다. 다음

과 같은 구조로 기획하시면 됩니다.

① 상단에 모든 선택옵션을 한눈에 볼 수 있도록 메뉴판형태로 제시
이를 통해 고객은 어떤 옵션들이 있는지 파악하고 자신이 원하는 옵션 번호를 정할 수 있습니다.

[기획서 예시]

[실제 상세페이지에 적용된 사례]

② 하단에 해당 옵션 번호 영역을 찾아가서 자세한 정보를 확인

메뉴판에서 선택한 옵션번호를 상세페이지 하단에서 찾은 후, 해당 옵션 관련한 자세한 정보를 파악합니다. 이후, 고객은 주문단에서 옵션번호를 선택하여 구매합니다.

[기획서 예시]

선택1. 꿀과 프로폴리스 250g

꿀에 귀한 프로폴리스를 섞어 꿀과 프로폴리스의 효과를 함께 누릴 수 있는 베스트셀러 제품입니다.

원재료명: 꿀 95% + 프로폴리스 5%

식품의 유형: 당류 가공품

(제품사진 우측 삽입)

선택2. 화이트 허니 250g

화이트 허니의 주요 밀원인 잠두는 다량의 포도당을 함유하고 있으며, 이 포도당이 글루콘산이라는 영양성분으로 바뀔 때 많은 기포가 발생하면서 꿀이 흰색으로 변하게 됩니다. 투타르 허니의 대표상품으로 가장 많은 사랑을 받고 있습니다.

원재료명: 벌꿀 100%

주밀원: 잡화꿀

식품의 유형: 벌꿀

(제품사진 우측 삽입)

선택3. 마운틴 허니 250g

키르키스스탄의 고산지대에서 자생하는 다양한 꽃, 허브들이 주요 밀원으로 특유의 맛과 영양 그리고 향으로 전세계에 수출되어 세계인들로부터 사랑받고 있는 스테디셀러입니다.

원재료명: 벌꿀 100%

주밀원: 잡화꿀

식품의 유형: 벌꿀

(제품사진 우측 삽입)

[실제 상세페이지에 적용된 사례]

01

꿀과 프로폴리스 250g

꿀에 귀한 프로폴리스를 섞어 꿀과 프로폴리스의 효과를 함께 누릴 수 있는 베스트셀러 제품입니다.

- 원재료명: 꿀 95% + 프로폴리스 5%
- 식품의 유형: 당류 가공품

> 옵션번호를 눈에 띄게 표시하여 고객이 쉽게 찾을 수 있게 합니다.

영상으로 기획서와 실제 제작된 상세페이지를 보시면 이해가 쉬울 것입니다.

QR코드로
영상강의를 확인해보세요.

02

화이트 허니 250g

화이트 허니의 주요 밀원인 잠두는 다량의 포도당을 함유하고 있으며, 이 포도당이 글루콘산이라는 영양성분으로 바뀔 때 많은 기포가 발생하면서 꿀이 흰색으로 변하게 됩니다. 투타르 허니의 대표상품으로 가장 많은 사랑을 받고 있습니다.

- 원재료명: 벌꿀 100%
- 주밀원: 잡화꿀
- 식품의 유형: 벌꿀

03

마운틴 허니 250g

키르키스스탄의 고산지대에서 자생하는 다양한 꽃, 허브들이 주요 밀원으로 특유의 맛과 영양 그리고 향으로 전세계에 수출되어 세계인들로부터 사랑받고 있는 스테디셀러입니다.

- 원재료명: 벌꿀 100%
- 주밀원: 잡화꿀
- 식품의 유형: 벌꿀

9) 제품스펙영역 기획방법

상세페이지 하단에 보통 제품 스펙이 들어갑니다. 이 부분은 상세페이지에서 따로 만들지 않고 어드민에서의 상품등록 단계에서 하나하나 입력해도 됩니다. 그러나 미리 상세페이지에 만들어 놓으면 여러쇼핑몰에 상품등록할 때 편합니다. 각각의 쇼핑몰에서 일일이 타이핑해서 입력하지 않고 '상세페이지 참조'만 체크하면 되니까요. 나중에 실제 상품을 등록해보시면 제가 무슨 말씀을 드리는지 바로 이해하실 수 있습니다. 이 영역에는 국가가 지정한 필수 정보를 제시해 주어야 합니다. 이 정보를 우리는 '상품정보제공고시'라고 합니다. 사장님께서 만일 의류를 판매하신다면 다음과 같은 방법으로 의류카테고리에서 제공해야할 필수 정보를 확인하시면 됩니다.

네이버에서 '상품정보제공고시' 검색하여 아래링크를 클릭 합니다.

판매자가 취급하는 의류항목을 찾습니다.

```
III. 상품 등의 정보의 내용
  1. 품목별 재화 등에 관한 정보
  (1) 의류
  ┌─────────────────────────────────────────────────────────┐
  │ 전자상거래 등에서의 상품정보제공 고시                    │
  ├─────────────────────────────────────────────────────────┤
  │ 1. 제품 소재 (섬유의 조성 또는 혼용률을 백분율로 표시,   │
  │    기능성인 경우 성적서 또는 허가서)                     │
  │ 2. 색상                                                  │
  │ 3. 치수                                                  │
  │ 4. 제조자, 수입품의 경우 수입자를 함께 표기 (병행수입의  │
  │    경우 병행수입 여부로 대체 가능)                       │
  │ 5. 제조국                                                │
  │ 6. 세탁방법 및 취급시 주의사항                           │
  │ 7. 제조연월                                              │
  │ 8. 품질보증기준                                          │
  │ 9. A/S 책임자와 전화번호                                 │
  └─────────────────────────────────────────────────────────┘

  (2) 구두 / 신발
  ┌─────────────────────────────────────────────────────────┐
  │ 전자상거래 등에서의 상품정보제공 고시                    │
  ├─────────────────────────────────────────────────────────┤
  │ 1. 제품 주소재 (운동화인 경우에는 겉감, 안감을 구분하여  │
  │    표시)                                                 │
  │ 2. 색상                                                  │
```

위에서 조회한 항목들을 기획서에 기입하면 됩니다.

- 제품소재: 면 100%
- 색상: 상세페이지 참조
- 치수: 상세페이지 참조
- 제조자: 샤이보이패션
- 제조국: 대한민국
- 세탁방법 및 취급시 주의사항: 약산성 세제로 세탁하세요.
- 제조연월: 0000. 00. 00
- 품질보증기준: 본 상품에 이상이 있을 경우 공정거래위원회 고시 '소비자 분쟁 해결 기준'에 의해 보상해 드립니다.
- A/S책임자와 전화번호: 0000-0000

※ 어떤 제품의 경우에는 적절한 카테고리를 찾지 못할 수 있습니다. 이런 경우에는 동일한 제품을 판매하고 있는 타사의 상세페이지 하단을 참조하시면 됩니다.

상품정보 제공고시

품명 / 모델명	
법에 의한 인증, 허가 등을 받았음을 확인할 수 있는 경우 그에 대한 사항	해당사항 없음
제조자(사)	
제조국	중국산(Guangdon)
AS 책임자	
AS 전화번호	

10) 고객센터 영역 기획방법

제가 제공드리는 '기획서 기본양식' 하단에 샘플 문구가 정리되어 있습니다. 판매자의 상황에 맞게 수정해서 사용하시면 됩니다.

배송정보

평일 오후3시 이전에 주문에 한하여 당일 발송해 드립니다.
이후 시간에 주문하시면 다음 영업일에 발송해 드립니다.

평균 배송일은 1~3일 정도 소요 됩니다.
제품 수급이 불가능할 경우 고객님께 구매 취소 요청을 드릴 수 있으니 양해 바랍니다.

빠른 배송을 위해 정확한 주소와 연락처를 남겨 주세요.
수취인 부재나 주소 불명확으로 반송된 경우 택배비는 고객님께서 부담하셔야 합니다.

반품 및 교환

제품 수령 후 7일이내 발생한 불량 제품은 무상으로 반품이나 교환해 드립니다.

단순 변심에 의한 반품은 제품의 미개봉, 미사용에 한해서 가능합니다.
이 경우 고객님께서 왕복 배송비를 부담하셔야 합니다.

반품이나 교환은 판매자에게 연락 (1234-1234) 주십시오.

고객지원

고객센터 연락처 : 1234-1234
고객센터 운영시간은 평일 09:00~18:00입니다. (주말/공휴일은 휴무)
운영시간 외의 문의는 게시판에 남겨 주시면 친절히 상담해 드립니다.

세금계산서 및 현금영수증은 주문하신 인터넷쇼핑몰에서 발급해 드립니다.

11) 기획서 기본양식 훑어보기

기획서 기본양식이 어떤 내용으로 구성되어 있는지 설명을 드리겠습니다.

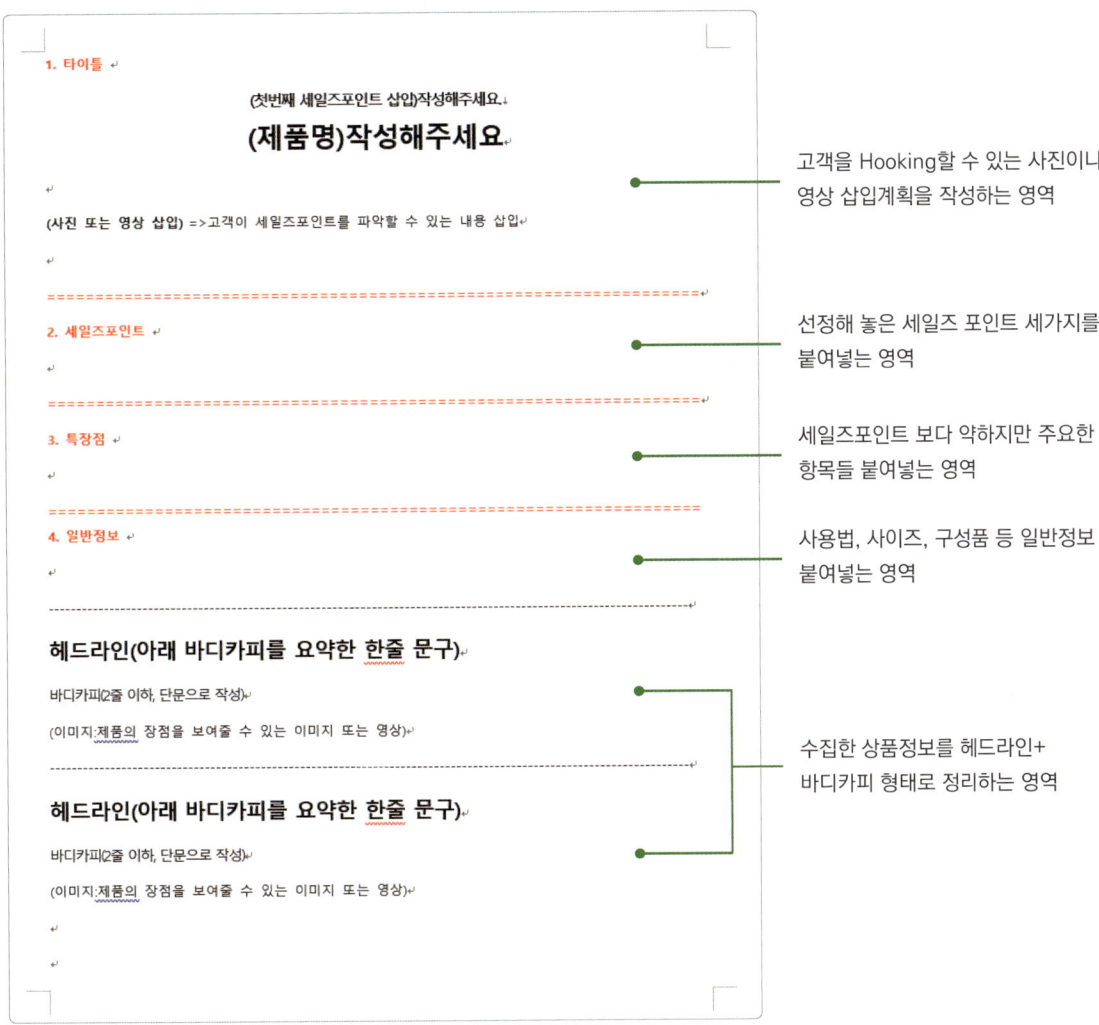

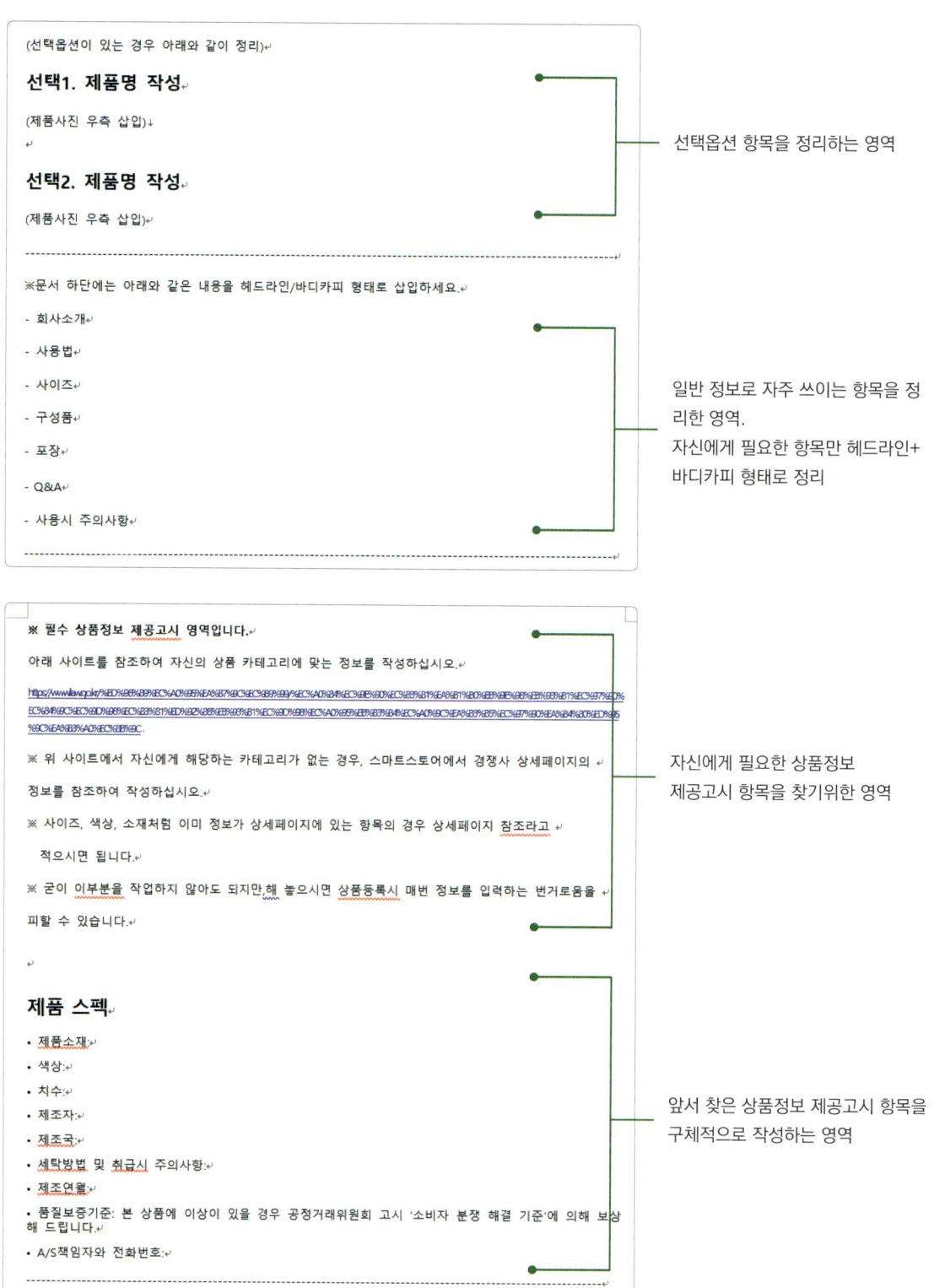

※ 배송/반품/교환/고객센터 안내 영역입니다.

아래 내역은 초안이오니, 사장님의 상황에 맞게 수정하여 작성하십시오.

배송정보

평일 오후3시 이전에 주문에 한하여 당일 발송해 드립니다.
이후 시간에 주문하시면 다음 영업일에 발송해 드립니다.

평균 배송일은 1~3일 정도 소요 됩니다.
제품 수급이 불가능할 경우 고객님께 구매 취소 요청을 드릴 수 있으니 양해 바랍니다.

빠른 배송을 위해 정확한 주소와 연락처를 남겨 주세요.
수취인 부재나 주소 불명확으로 반송된 경우 택배비는 고객님께서 부담하셔야 합니다.

반품 및 교환

제품 수령 후 7일이내 발생한 불량 제품은 무상으로 반품이나 교환해 드립니다.

단순 변심에 의한 반품은 제품의 미개봉, 미사용에 한해서 가능합니다.
이 경우 고객님께서 왕복 배송비를 부담하셔야 합니다.

반품이나 교환은 판매자에게 연락 (1234-1234) 주십시오.

고객지원

고객센터 연락처 : 1234-1234

고객센터 운영시간은 평일 09:00~18:00입니다. (주말/공휴일은 휴무)

운영시간 외의 문의는 게시판에 남겨 주시면 친절히 상담해 드립니다.

세금계산서 및 현금영수증은 주문하신 인터넷쇼핑몰에서 발급해 드립니다.

― 기본양식을 자신에게 맞게 수정하여 작성하는 영역

12) 기획서 마무리 체크리스트

기획서가 다 작성되었다면 아래와 같이 마무리하여 정리하시면 됩니다.

- **모바일 최적화를 위한 체크사항**
  - 전체길이가 과도하게 길지 않은지?
  - 고객 관점에서 불필요한 부분은 없는지

- **소리 내 읽으며 문장 수정**

  기획서를 1~2번 정도 소리 내 읽으면서 아래 내역 체크
  - 문서의 내용이 물 흐르듯 매끄러운가?
  - 말이 어색하거나 매끄럽지 않은 부분이 있는가?
  - 이해가 잘 되지 않은 부분이 있는가?

- **오탈자 수정**

  워드프로그램의 체크기능을 이용하여 오탈자를 수정

13) 다양한 문서 구성방식

여기까지 상세페이지 기획서 작성방법이 끝났습니다. 그러나 이게 다가 아닙니다. 쇼핑몰 상세페이지 기획서 작성에는 사실 원칙이라는 것이 없습니다. 상품의 특성에 따라 다양하게 창의적으로 기획서를 작성해 주셔야 합니다. 제품에 따라 설득포인트가 다를 수밖에 없기 때문입니다. 제가 서핑하면서 보았던 몇가지 참신한 구성 방식을 소개해 드리니 참조해주세요.

- **동영상 중심형**

제가 애용하는 방식입니다. 제품이 실제로 동작되는 모습을 보여주는 것이 중요한 제품의 경우, 제품의 동작되는 모습을 자세한 설명과 함께 영상으로 만들어 상세페이지 상단에 배치하면 그것만으로도 훌륭한 상세페이지의 역할을 하게 됩니다. 단, 영상의 내용이 고객의 니즈를 충분히 충족시킬 수 있을 정도로 꼼꼼하게 기획되어야만 합니다. 영상기획은 영상제작 쳅터에서 다루도록 하겠습니다.

• **이슈 제기형**

상품과 관련된 사회적 주요 이슈를 서두에 던져 고객의 관심을 끌고, 해당 이슈의 솔루션으로서 제품을 제시하는 전개 방식입니다.

예시)

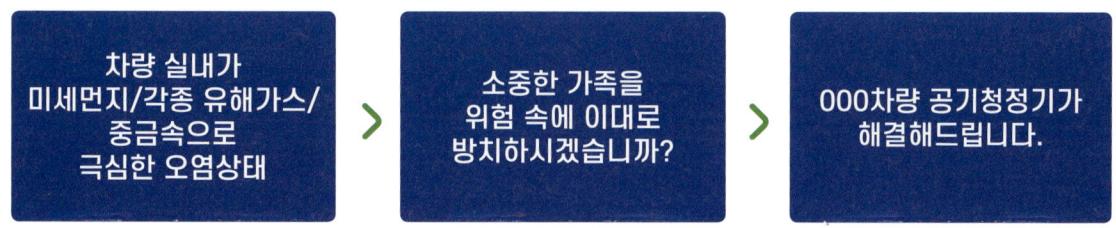

• **궁금증 해결형**

고객이 자주하는 질문들을 나열하고, 거기에 답하는 형식입니다. 고객의 궁금증을 바로바로 해결해주는 방식이므로 매우 속도감 있게 고객을 설득할 수 있는 구성입니다. 이런 형태의 구성을 하려면 고객이 무엇을 궁금해하는지 구체적으로 잘 알고 있어야 합니다.

예시)

• **상품평 강조형**

맛이나 기능성이 중요시되는 제품들 같은 경우, 그 어떤 글보다 구매고객의 리얼후기가 가장 강력한 콘텐츠입니다. 그러므로 이 경우는 다 필요 없습니다. 그냥 구매자들의 후기를 모아 최상단에 배치하는 것이 최상의 구성입니다. 후기는 가장 빠르고 효과적으로 고객을 Hooking할 수 있는 가장 강력한 수단입니다.

14) [필독!]효능/효과의 표현 시 유의사항

효능이나 효과가 있는 제품을 기획할 때 주의하십시오! 마치 의약품이나 의료장비와 같이 병을 치료하거나 건강을 개선시킬 수 있는 것처럼 표현하면 수 백만원의 벌금을 물게 됩니다. 그런 업체들을 수도 없이 보았으므로 절대적으로 주의하시기 바랍니다.

Ex) 이 로션을 바르면 아토피와 각종 피부질환이 개선되고…
　　이 제품을 먹으면 심장과 폐가 건강해지고 혈액순환이 개선되고…
　　이 제품으로 꾸준히 운동하면 디스크가 치료되고…

이런 표현들이 벌금을 맞는 이유는 근거 없는 허위과장 광고이기 때문입니다. 이런 류의 위험한 효능/효과를 표현하고 싶을 경우, 관련 정부기관에 문의하거나 광고 심의를 받으시기 바랍니다. 부담갖지 마시고 관련 정부기관에 문의하시면 친절하고 자세한 상담을 받으실 수 있습니다.

여기까지 오시느라 고생하셨습니다. 생각보다 기획이라는 것이 복잡하고 어렵죠? 실제 교육을 해보면 많은 분들이 기획을 참 어려워들 하십니다. 그 이유는 아마도 대부분 학교 졸업 이후 글을 써본 일이 없기 때문이 아닐까 싶습니다. 상황이 이러하다 보니 많은 분들이 기획 부분을 포기하고 포토샵 등 프로그램 기술에만 집착하는 경우를 또한 많이 보게 됩니다. 기획은 고객이 내 제품을 구매하게 하기 위한 핵심 역량입니다. 포토샵 등 프로그램 기술들은 외주로도 충분히 할 수 있지만, 기획만큼은 반드시 사장님 자신이 할 줄 알아야 합니다. 왜냐하면 이 세상 그 누구도 사장님의 제품에 대해서 치열하게 고민하고 문서로 작성하는 일을 하려 하지 않기 때문입니다. 기획은 온라인 판매 사업의 성공을 위한 핵심역량입니다. 그냥 넘기지 마시고 반드시 능숙해지도록 노력하시기를 권해드립니다.

기획이 너무 어렵고 부담스러우신 분들은 최소한 아래 항목만큼은 준수해 주시기 바랍니다. 이것만으로도 충분히 훌륭한 기획서를 쓰실 수 있습니다.

- 내 상품의 세일즈 포인트를 명확히 알고 작성한다.
- 모든 글은 단문으로 작성한다
- 두괄식으로 작성한다.

03 제품 호감도 극대화 방안

앞서 말씀드린 것처럼 아무리 좋은 상품을 소싱했다 해도 내 제품과 유사한 상품들은 이미 인터넷상에 수도 없이 널려있습니다. 그런데 자세히 보면 고만고만하고 비슷한 상품들의 무리속에서도 유독 소비자들의 선택을 독차지하는 인기상품들이 있기 마련입니다. 내 제품과 그 제품은 거의 다를 것이 없는데도 불구하고 왜 그 상품이 선택되는 것일까요? 이런 상황이 벌어지는 이유는 그 인기상품이 소비자들에게 더 높은 수준의 호감을 주고 있기 때문입니다. 인기 상품은 소비자들에게 "이유는 잘 모르겠지만, 왠지 이게 더 좋아 보여"라는 반응을 불러일으키기 때문입니다. 그래서 이 장에서는 내 상품, 내 브랜드, 내 회사의 호감도를 높이기 위한 몇 가지 방법을 제시해 드리고자 합니다. 경쟁사를 제치고 내 상품이 선택되게 하기 위해서 입니다.

자 내용에 들어가기 전에 아래 문구를 먼저 보시기 바랍니다.
"제품이 아니다, 이미지다!"

우리는 보통 경쟁사들과의 싸움을 제품과 제품간의 경쟁이라고 생각하기 쉽습니다. 가격 경쟁, 기능 경쟁, 디자인 경쟁, 서비스 경쟁 등등. 그 말도 맞습니다. 그러나 더 큰, 더 본질적인 경쟁은 이미지의 경쟁입니다. 상품들이 다들 비슷하다면, 소비자들은 왠지 더 좋아보이는, 다시 말해 이미지가 더 좋은 제품을 선택하게 되는 것입니다. 이 주장의 근거를 몇 가지 제시해 보겠습니다.

- 경쟁사 제품과 품질이 비슷함에도 더 비싸게 팔리는 제품들이 있다.
- 많은 기업들이 제품과 관계없는 이미지광고에 막대한 예산을 쏟아 붓는다.
- 많은 소비자들이 브랜드를 보고 구매하는데, 브랜드의 본질은 이미지다.

이미지가 우리의 선택을 좌우하는 상황은 일상에서도 많이 볼 수 있습니다. 몇가지 예시를 보시죠.

- **제조국에 대한 편견**

시대가 바뀌어서 중국산 제품들 중에도 세계적으로 뛰어난 제품들이 많습니다. 그러나 우리는 보통 중국산이라 하면 여전히 색안경을 끼고 보는 경우가 많습니다. 중국제품의 이미지가 여전히 나쁘기 때문입니다. 그러나 독일산은 어떻습니까? 일단 믿고 들어가죠. 독일이라는 나라는 신뢰성이 높다.

첨단은 아니지만 기본기가 충실하다라는 등의 이미지를 갖고 있기 때문입니다.

● **배우자의 결정**

우리가 배우자를 선택하는 상황을 생각해 보시죠. 남녀는 장기간 연애를 하면서 서로에 대한 여러가지 정보를 수집하고 축적합니다. 그 사람의 됨됨이, 말투, 나에 대한 성실함, 취향, 경제적 능력 등. 사람은 이렇게 모아진 정보를 전체적으로 보고 이 사람과 결혼할지 말지 판단하게 됩니다. 여기서 잠깐 생각해 보시죠. 그 모여진 정보라는 것이 그 사람의 실체입니까? 이미지입니까? 많은 사람들이 그 정보를 실체라고 생각하지만 사실은 이미지입니다. 연애할 때는 서로에게 좋은 것만 보여주기 때문입니다. 진짜 실체는 언제 만나게 되지요? 네. 신혼여행 때 처음 만나게 됩니다. 우리는 배우자의 선택이라는 중차대한 일에서 조차 이미지의 지배를 받게 되는 것입니다.

● **A사 식용유의 찌꺼기**

A사. 지금은 대한민국 최고의 식품기업이지만, 30여년 전만 해도 작은 중소기업이었습니다. 이 회사가 식용유 분야에 진출했는데 큰 고민이 하나 있었습니다. 외국에서 노후 정제설비를 수입해서 식용유를 만들다 보니, 식용유에 찌꺼기가 가라앉아 있었던 것입니다. 경쟁사들의 제품들은 맑고 투명한데, A사의 제품에는 찌꺼기가 있었습니다. 그래서 A사는 설문조사를 통해 이 찌꺼기를 고객들이 어떻게 받아들이고 있는지 조사해 보았습니다. 설문결과는 깜짝 놀랄 만큼 예상을 빗나갔습니다. 소비자들의 반응은 대부분 이러했습니다. "A사 제품은 좋은 재료로 사람들이 정성껏 만들기 때문에 찌꺼기가 좀 있는 것이다. 그래서 전혀 문제 없다." 이렇게 황당한 결과가 나오게 된 원인은 A사가 기업 이미지 광고를 통해 '친환경 기업' '착한 기업' '정직한 기업'이라는 이미지를 지속해서 소비자들에게 심어줬기 때문입니다. 현재도 이 기업의 제품은 경쟁사 대비 20~30%이상 비싸게 팔리고 있습니다. 소비자들은 '기업 이미지'에 기꺼이 추가 비용을 지불하고 있는 것입니다.

이처럼, 사람은 팩트가 아닌 '이미지'를 근거로 의사결정을 하는 감성적 존재입니다. 이러한 고객들의 특성을 이해한다면 우리 판매자들은 내 제품, 내 브랜드, 내 회사의 이미지 관리를 소홀히 해서는 안되는 것입니다. 자 그럼 좋은 이미지, 즉 호감도를 높이기 위한 몇 가지 방법을 제안 드리겠습니다.

1) 주장과 근거는 한 세트로

내가 무엇인가를 누군가에게 주장했다면 반드시 그 주장이 사실임을 증명하는 근거를 제시해야만 합니다. 상식이죠. 만일 합당한 근거를 제시하지 못한다면 주장한 그 사람은 실없는 사람이 됩니다. 제품의 기능이나 효과, 괄목할 만한 판매성과 등 제품의 우수성을 주장했다면 그를 뒷받침 할만한 자료를 함께 고객에게 제시해 주십시오.

주장과 근거 제시는 항상 세트로 같이 가야 합니다.

일반적인 근거자료로는 다음과 같은 것들이 활용됩니다.

- 국내 또는 해외 특허증
- 디자인등록증
- 대학/사기업이 설립한 평가기관이 부여하는 인증
- 각종 시험을 패스하여 획득한 자격증
- "전통식품 인증"과 같이 시, 도 등에서 부여하는 인증
- 연도별 판매성과 (판매채널과 판매수량)

2) 언론 기사, 수상내역 등 공적자료를 활용

언론 기사에 나왔거나 상을 수상했다면 고객들은 그 회사를 더욱 긍정적으로 보게 됩니다. 따라서 거창하지 않더라도 그러한 내용이 있다면 하나하나 챙겨서 상세페이지에 보여주시기 바랍니다.

- 신문, 잡지 등에 노출된 제품 또는 기업 관련 기사
- 각종 신문사에서 수여하는 상
  Ex) 홍길동 신문사가 주관하는 올해의 100대 슈퍼브랜드 대상
- 정부기관이나 주요기업과의 MOU체결 합의서

실제 필드에서 보면 많은 사장님들이 이런 귀한 자료들을 정리하지 않고 방치하여 마케팅에 활용하지 못하는 경우를 자주 보게 됩니다. 이런 이슈들이 생기면 평상시에 꼼꼼히 파일로 정리하여 기업 홍보 때 활용하시기 바랍니다.

3) 생산과정을 투명하게 오픈

농수산물이나 가공식품은 원료와 생산과정을 반드시 투명하게 오픈해야 합니다. 왜냐하면 먹는 식품이기 때문에 안전에 대한 확신을 줄 수 있어야 구매로 이어지기 때문입니다. 대기업 제품이 아닌 이상 온라인상에서 식품을 구매한다는 것은 매우 꺼림직한 일이 아닐 수 없습니다. 어떤 원료로 어떤 사람들이 어떻게 만들었고 어떻게 유통되고 있는지에 대하여 상당부분 어둠 속에 가려져 있기 때문입니다. 그러므로 투명한 오픈을 통해 확신을 주는 것이 중요한 것입니다. 그래서 다음과 같은 방식으로 해당 정보를 제공해 주시기 바랍니다.

- 원료의 생산자 또는 출처를 사진이나 영상으로 보여줌
- 생산 전 과정을 사진이나 영상으로 보여줌
- 공장사진과 주소를 보여줌

투명한 오픈은 생산자의 자신감을 보여주며 이는 또한 소비자의 신뢰와 구매로 이어지게 됩니다.

4) 일가친척을 활용한 신뢰 확보

농수산물 생산자, 생선가게, 식당, 수가공품 생산자 등등 소규모 자영업자들의 경우, 이렇다 하게 내세울거리가 별로 없습니다. 그렇다 보니 고객들에게 신뢰를 줄 수 있는 수단이 마땅치 않습니다. 이런 경우 다음과 같이 해보세요.

- 부모님의 일을 대를 이었다고 하고 부모님과 판매자가 함께 사진을 찍어 노출
- 부모님, 판매자, 그리고 자녀들의 3대 가족사진을 제품 생산현장에서 찍어 노출
- 밭이나 양식장처럼 제품을 생산하고 있는 현장에서 일하고 있는 판매자 및 가족분들의 사진 노출

제가 이렇게 권고하는 이유는, 가족의 모습이 보여지면 믿음이 생기고 안전하다는 신뢰가 생기기 때문입니다. 이렇게 가족의 단란한 모습을 보여주면 자연스럽게 고객들의 의심을 무장해제 시킬 수 있습니다. 꼭 이렇게까지 해야하냐구요? 당연합니다. 극심한 경쟁 속에서 승리하려면 가진 것을 모두 동원해야하는 것입니다.

5) 회사의 실체 제시

상품을 제조하거나 판매하는 회사가 제대로 된 반듯한 회사라는 인식을 주는 것은 매우 중요합니다. 고객에게 제대로 된 제품을 만들고 제대로 된 서비스를 제공할 수 있다는 믿음을 주기 때문입니다. 그래서 상세페이지 하단에 회사소개를 반드시 넣고 다음과 같은 정보를 참조하여 우리회사가 잘 갖춰진 회사라는 인상을 강하게 심어주셔야 합니다.

- 회사의 철학
- 회사의 연혁
- 회사의 건물, 사무실 사진
- 오프라인 매장 사진
- 입점한 주요업체 소개
- 수상실적
- 괄목할 만한 판매실적
- 보유 기술 소개
- 언론사 소개자료
- 보유한 전문인력 소개

6) 상품에 스토리를 접목

와이프와 연애시절. 와이프가 다니던 학교 근처에 우동전문 식당이 생겼습니다. 그 식당이 새로 생긴 식당임에도 유명했던 이유는 식당 쉐프가 어렵고 힘든 환경속에서도 불굴의 의지로 어려움을 극복하고 일본으로 건너가 유명한 요리학교를 수료하고 또한 유명한 식당에서 우동기술을 배워왔다는 스토리가 입소문을 타고 널리 퍼졌기 때문입니다. 와이프와 저도 그 식당이 너무 궁금해서 따로

시간을 내서 방문해 보았습니다. 식당 안에는 쉐프가 학교수료증을 들고 찍은 사진, 그리고 쉐프가 일본 식당 주방에서 일하고 있는 사진들이 걸려 있었습니다. 각종 일본글씨들이 적힌 액자들이 잔뜩 있었고, 내용이 뭔지는 모르지만, 호기심을 자극하기에는 충분했습니다. 드디어 주문한 우동이 나왔습니다. 그 맛은 정말 충격적이었습니다! 그 이유는 우리동네 3000원짜리 우동과 전혀 다를 바가 없었기 때문입니다. 어쨌든 제가 말씀드리고자 하는 것은 쉐프의 스토리가 고객들에게 호기심과 기대감, 그리고 신뢰감을 불러일으켰다는 사실입니다. 이것이 바로 마케팅책에 단골 소재로 나오는 스토리텔링인 것입니다. 그 쉐프의 스토리가 정말 사실인지 아닌지는 잘 모르겠으나 그 스토리가 강력한 힘을 발휘한 것은 분명한 사실입니다. 우리 판매자들도 이런 스토리의 힘을 활용한다면 사장님의 상품이나 서비스, 브랜드를 보다 강력하게 고객들에게 인식시킬 수 있습니다. 다음을 참조하여 스토리를 만들어보세요.

- 제품 생산자와 관련된 스토리
- 제품의 탄생과 관련된 스토리
- 제품의 생산 지역이나 환경과 관련된 스토리

제가 지극히 평범한 호두기름 판매자를 위해 만든 간단한 스토리 하나를 소개해 드리겠습니다. 원료도, 시설도, 제품도 뭐하나 특출난게 없어서 스토리를 동원하게 되었습니다.

영주에서 삼촌이 가족만을 위해 소량으로 만든 호두기름. 삼촌과 이모부가 재래 기술로 소량생산하기 때문에 많은 분들께 판매 드리지 못하는 점 양해 부탁 드립니다. 공장을 만들어 대량생산을 해보자고 설득해 보았지만, 돈 욕심이 없으신 분이라… (순박한 인상의 삼촌 내외 사진을 브라운톤으로 삽입)

참조로 이 판매자는 돈 욕심이 많으신 분이십니다. 어쨌든 이렇게 스토리를 입힘으로써 고객에게 다음과 같은 이미지를 심어주고자 하였습니다.
- 순박한 시골 사람이 만든 제품이다.
- 전통적인 재래 기술로 만든 토종 제품이다.
- 시골에서 소량생산 하는 귀한 제품이다.

현재도 이 판매자분은 기름 장사를 잘하고 계십니다.

7) 전문가/유명인을 활용

새롭게 개발된 제품이 시장에 원만하게 진입하기 위해 가장 널리 사용되는 방법 중 하나가 전문가나 유명인을 광고 모델로 사용하는 것입니다. 그래서 많은 업체들이 큰돈을 들여 유명연예인들을 활용하는 것입니다. 상세페이지 제작에도 유용한 방법입니다. 사례 하나를 소개시켜 드리겠습니다. LED 피부미용 제품을 개발한 한 판매자분이 계셨습니다. LED와 피부미용? 왠지 어울리지 않는 조합이었고, 고객들의 반응도 시큰둥했습니다. 그래서 그 판매자께서 해결책으로 동원했던 것이 바로 전문가의 활용이었습니다. 그 사장님은 강남의 유명 피부과 원장님을 섭외하여 이 제품의 우수성을 소개함으로써 제품에 대한 고객들의 의구심을 해소할 수 있었습니다. 네이버에서 '유명인 섭외'라고 검색하시면 대행사를 찾으실 수 있습니다. 재정적으로 여유가 되신다면 꼭 활용해 보시기 바랍니다.

8) 구매자의 후기를 확보

내 제품에 대한 호감을 줄 수 있는 가장 강력한 수단은 바로 구매자의 후기입니다! 이것이 최고의 수단입니다. 후기를 넘어서는 수단은 없습니다. 후기가 가장 강력한 수단인 이유는 다른 콘텐츠는 업자의 일방적 주장이라는, 그리고 거짓말일 수 있다는 한계가 있지만, 후기는 실제 구매자들의 말, 즉 진실이기 때문입니다. 제품의 품질을 가장 신뢰성 있게 말해주는 것이 바로 후기이기 때문입니다. 그래서 사장님들은 긍정적인 후기를 쌓기 위해 모든 자원은 집중하셔야만 합니다. 내 제품을 팔아내는 최고의 영업맨은 긍정적 후기입니다. 또한 내 제품의 판매를 망쳐버리는 주체도 또한 부정적 후기입니다. 어느 날 잘 팔리던 제품의 주문이 뚝 끊긴다면 대부분의 원인은 누적된 부정적 후기일 가능성이 높습니다. 그래서 판매자는 시장진입 초기에 신규 후기가 많이 달리도록 이벤트를 진행 해야하고, 판매가 안정기에 들어서면 부정적 후기가 쌓이지 않도록 관리해줘야 하는 것입니다. 후기는 너무 중요하기 때문에 이 책 후반부 '마지막 꿀정보 〉런칭이벤트 하는 방법'에서 다시 다루도록 하겠습니다.

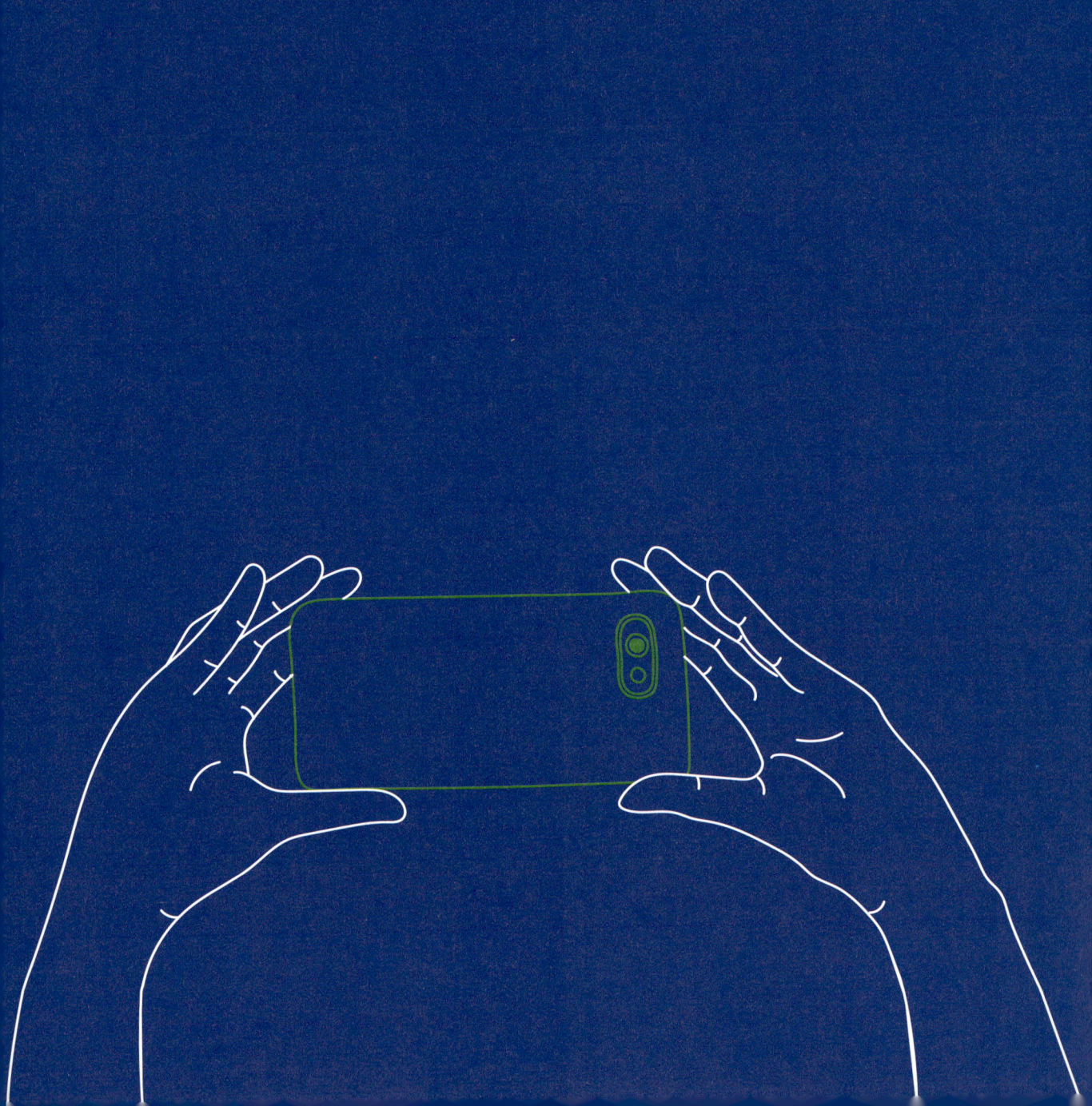

02 Part 02
스마트폰 제품촬영

> 전문 포토스튜디오에서 제품 사진을 촬영하면 제품 1개당 20~30만원 정도 비용이 듭니다. 소싱한 제품이 잘 팔릴지 아직 확신이 없는 상황에서 20~30만원이라는 돈을 써야 한다는 것은 판매자에게 큰 부담이 아닐 수 없습니다. 그러나 걱정하지 마세요. 우리에겐 스마트폰이 있으니까요. 최근 스마트폰 카메라의 성능이 좋아지면서 고가의 DSLR 카메라가 부럽지 않은 고퀄리티의 사진을 찍을 수 있게 되었으니까요. 자 저와 함께 스마트폰 제품촬영의 세계로 들어가 보시죠.

Chapter01 스마트폰으로 충분할까?
Chapter02 어떻게 찍을 것인가?
Chapter03 실전 촬영 노하우
Chapter04 "가장 중요!" 광각현상에 주의

Chapter05 상황별 촬영TIP
Chapter06 제품별 촬영TIP
Chapter07 사진 파일을 PC로 다운로드
Chapter08 포토박스는 어떨까?

Chapter 01

스마트폰으로 충분할까?

저는 상세페이지 제작을 하고 있으며, 또한 기업과 직업학교 등에서 제품 촬영을 교육하고 있습니다. 수많은 판매자를 대상으로 스마트폰을 이용한 제품촬영을 진행했으며, 스마트폰으로 찍은 사진이라 하여 컴플레인을 받은 적은 단 한 번도 없었습니다. 결론적으로 스마트폰으로 충분합니다. 판매자께서 지금 가지고 계시는 스마트폰은 100여만원 상당의 프리미엄 카메라라는 사실! 제가 촬영한 사진을 살펴보시죠. 참조로 '삼성 노트8'로 촬영했습니다.

Part02 스마트폰 제품촬영

스마트폰 촬영의 장단점

장점
- 무료로 제품 사진을 찍을 수 있다. (스튜디오 이용 시 제품 하나당 20~30만원 이상 듭니다)
- 전문 카메라급의 기능을 갖추고 있다.
- 인터넷용으로만 사용시 해상도는 넘치도록 충분하다.
- 사용법이 단순하고 쉽다.

단점
- 사진 중심부가 돌출되는 광각현상이 심하다. (물론 해결책 있음)
- 전문 카메라에 비해 선명도가 살짝 떨어진다. (일반인은 구별 못함)

복잡한 사진 이론은 필요 없다.

사진 전문가의 제품 촬영 강의를 들은 적이 있었습니다. 심도, 화이트밸런스, 색온도, 캘빈??? 너무 어려워서 골치가 아플 지경이었습니다. 저는 인터넷 판매자가 되려는 것이지 프로 사진작가가 될 생각은 전혀 없었기 때문에 참 지루하고 어려운 강의였습니다. 또한 150만원이 넘는 고가의 전문 카메라를 구입하라고 하더군요. 자린고비인 저는 이 부분이 제일 싫었습니다. 결론적으로 말씀드리겠습니다. 복잡한 사진 이론은 잊으십시오. 고가의 전문 카메라도 잊으십시오. 그냥 제가 가르쳐드리는 대로 찍고 포토샵으로 보정하면 끝입니다.

자린고비 미니스튜디오

준비물은 다음과 같습니다.

1) 스마트폰
2) 배경지용 블라인드

배경지를 도화지로 사용해도 되지만 몇 번 쓰면 더러워지기 때문에 창문에 들어오는 햇볕을 가리는 블라인드로 사용하시는 것을 권해드립니다. 더러워지면 물티슈로 닦으면 되기 때문에 오랫동안 청결하게 사용할 수 있습니다. 블라인드 전문 사이트에서 원하는 사이즈로 주문 제작할 수 있습니다. 제 경우는 2만원대로 구매했습니다. 사이즈를 넉넉하게 잡아서 구매하십시오.

3) 삼각대

양손에 제품을 들고 촬영하거나, gif 에니메이션용 사진을 촬영할 때 필요합니다. 다이소에서 저렴한 가격으로 구매하실 수 있습니다. 비싸고 무거운 거 말고 싸고 가벼운 것으로 구매하세요.

4) LED조명

조명이 꼭 있어야 하는 것은 아닙니다. 그러나 빛의 양이 충분하면 사진의 흔들림을 막을 수 있고 화질이 더욱 선명해집니다. 그래서 LED조명 한 쌍을 구매하는 것을 권해드립니다. 왜 한 쌍이냐고요? 조명을 1개만 쓸 경우 밝은 곳은 너무 밝고, 어두운 곳은 너무 어두워지며 그림자가 까맣게 생깁니다. 그래서 반드시 한 쌍으로 양쪽에서 비춰줘야 합니다. 구매 시 다음과 같은 사항을 유의하세요.

- 조명의 크기:

촬영하는 제품의 크기가 라면박스보다 작다면 조명은 A4정도 크기의 사각형태 제품으로 구매하시면 됩니다. (도넛 형태의 원형 조명은 NO!) 그러나 제품의 크기가 라면박스 이상으로 대형일 경우, 조명 판매 업체와 상담을 해서 결정하시기 바랍니다. 사람을 모델로 촬영할 경우 전신을 비춰야 하기 때문에 조명이 훨씬 커져야 합니다.

- 라이트 디퓨져:

LED조명을 구매할 때 반드시 확인해야 할 것은 조명의 빛이 우윳빛으로 부드럽게 퍼지도록 하는 천 또는 프라스틱 재질의 라이트 디퓨져가 있느냐 하는 것입니다. 이것이 없다면 빛이 너무 강해서 제품촬영에 적당치 않습니다. 최근에는 제품이 좋아져서 별도의 라이트 디퓨져가 없어도 빛이 부드럽게 퍼지는 제품도 많이 있습니다. 아래 장비는 제가 가지고 있는 가성비 제품이니 참조해주세요.

이 제품은 천으로 만들어진 라이트 디퓨져를 LED조명에 씌우는 형태입니다.

고가의 조명을 살 필요 없습니다. A4정도 크기의 소형 조명이라면 한 쌍에 15만원에서 20만원선의 제품을 구매하시면 됩니다.

5) 조명용 스탠드

스탠드는 조명의 높이를 조절하기 위한 것입니다. 소형 제품의 촬영은 미니 스탠드도 충분하지만 인물전신을 촬영해야 할 경우 중간 사이즈 이상을 선택하시기 바랍니다.

장비가 준비되었다면 아래와 같이 세팅하여 촬영하시면 됩니다. 좀 더 편하게 촬영하시려면 소형 책상을 구비해서 책상 위에 배경지를 올려놓고 촬영하면 허리를 굽히지 않아도 돼서 더욱 편리합니다. 아래 예시는 제가 강의하는 기관에서 세팅해준 것으로, 이렇게 폼나게 하지 않으셔도 됩니다.

작은 크기의 제품들을 주로 촬영하신다면 아래처럼 조촐하게 세팅하셔도 됩니다.

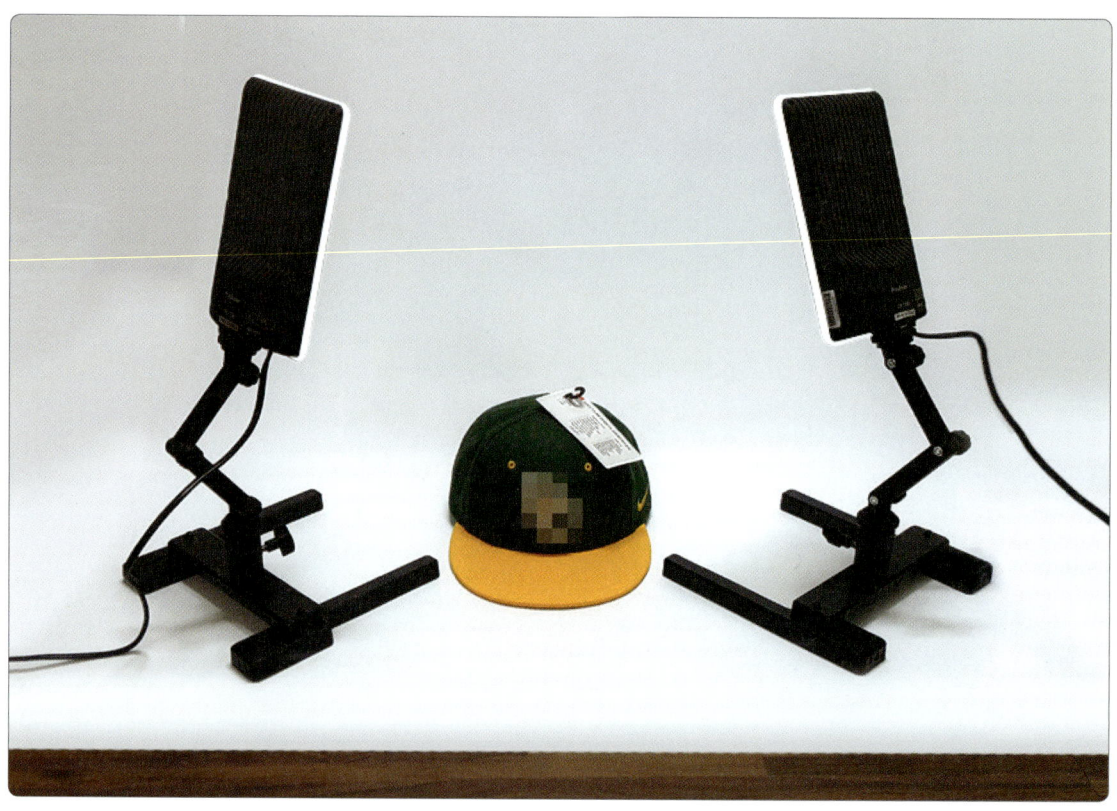

Chapter 02

어떻게 찍을 것인가?

제품을 어떤 앵글로 어디를 어떻게 찍을 것인가 하는 치밀한 계획은 기획서 작성 단계에서 이미 완료되어 있어야 합니다. 치밀한 계획 없이 주먹구구식으로 촬영하면 사진 누락으로 결국 일을 두 번 하게 되는 상황이 벌어지게 됩니다. 자 그럼 어떤 사진을 찍어야 할지 원칙을 말씀드리겠습니다.

1) 고객 관점에서 고객이 보고 싶어 하는 사진을 촬영한다. (내 관점이 아닌 고객 관점입니다!)
2) 숲을 보고 나무를 보듯, 제품 전체 컷에서 확대 컷 순으로 촬영한다.
3) 제품의 정면, 측면, 옆면, 후면, 윗면, 아랫면은 기본으로 촬영한다.
4) 내 상품의 특장점이 드러나도록 촬영한다.
5) 경쟁사의 제품 사진을 참조하여 촬영한다. (베끼는 것이 아닌 이기기 위해서 참조합니다)

Chapter 03

실전 촬영 노하우

1) 가로 세로 비율 세팅

카메라를 켜고 옵션을 열면 전면/후면 카메라의 가로세로 사진 비율이 나옵니다. 16:9로 선택하면 됩니다. 폰의 모델에 따라 16:9에도 아래와 같이 여러 종류가 있을 것입니다. 보다 뛰어난 화질을 위해 숫자가 높은 쪽을 선택해 주세요.

- 16:9(9.1MP)
- 16:9(3.1MP)

16:9를 선택하는 이유는 유튜브뿐 아니라 일반적인 모니터의 보편적인 비율이기 때문입니다. 사진이 종종 영상에 들어가는 경우가 있는데, 다른 비율로 사진을 촬영할 경우 비율이 맞지 않아 위아래나 좌우에 까만 공백이 생기게 됩니다. 그러므로 16:9비율은 필수입니다. 손댄 김에 영상의 전면/후면 카메라의 비율도 16:9로 세팅해 주세요.

2) 촬영 자세

심장이 전신의 혈관 끝까지 피를 보내려면 얼마나 과격하게 펌프질을 하겠습니까? 그래서 저희의 몸은 늘 미세하게 흔들립니다. 그러다 보니 다소 빛이 부족한 환경에서 촬영을 하면 몸의 진동으로 인해 대부분 사진이 흔들리게 됩니다. 전혀 흔들리지 않는다고요? 그건 폰의 작은 화면으로 보기 때문입니다. 다운받아 큰 화면에서 보시면 대부분 흔들려 있습니다. 이렇게 흔들린 사진은 상세페이지에 적합하지 않습니다. 흔들림을 최소화하기 위한 자세를 말씀드리겠습니다. 사진이나 영상이나 모두 다음과 같이 겨드랑이를 붙여줘야 흔들림을 최소화 할 수 있습니다. 또한 바닥이나 벽에 팔이나 몸을 기댈 곳이 있다면 꼭 기대시기 바랍니다. 사격 때 견착을 하는 것과 같은 원리라고 보시면 됩니다.

3) 플래시는 NO

전문 제품 촬영 스튜디오에서는 플래시가 매우 중요한 장비지만, 스마트폰 촬영에서 플래시는 절대로 써서는 안됩니다. 왜냐하면 아래 사진과 같이 어둡게 나오고, 그림자가 너무 진하게 생기기 때문입니다.

실내를 최대한 밝게 하고, LED조명까지 켰다면 플래시 없이 그냥 찍으셔도 충분합니다.

4) 조명의 활용

조명 한 쌍을 앞서 본 사진처럼 제품 앞에 두면 됩니다. 이렇게 하면 별문제 없이 무난한 사진을 촬영할 수 있습니다. 그러나 조명을 사용에 있어서 정답이라는 것은 없습니다. 자유롭게 당겼다 밀었다 올렸다 내렸다 하면서 경험을 쌓으시기를 바랍니다.

5) 촬영효율을 올려주는 기능

카메라를 켠 후 옵션을 열면 다음과 같은 기능을 설정할 수 있습니다. 기종마다 메뉴의 이름이나 위치가 달라서 자세한 설정 방법을 말씀드릴 수는 없지만 대부분의 스마트폰에서 아래 기능이 가능하니 꼭 설정해서 사용해보세요.

- 전원 버튼이나 홈버튼을 두 번 누르면 어떤 상황에서도 카메라가 바로 켜지게 할 수 있습니다. 카메라를 켜는데 소요되는 반복적인 작업이 필요 없어 시간 절약에 큰 도움이 됩니다.
- "스마일" "김치" "찰칵" "촬영"과 같은 음성으로 촬영할 수 있습니다. 한 손은 카메라를 한 손은 제품을 들고 있는 경우 유용하게 사용할 수 있습니다. 또는 삼각대를 놓고 촬영할 때 두 손이 제품을 잡고 있을 경우에도 유용합니다.

Chapter 04

"가장 중요!"
광각현상에 주의

스마트폰 촬영에서 가장 중요한 부분이므로 정확히 이해해 주시기를 바랍니다. 광각현상의 원리에 대해서는 설명하지 않겠습니다. 저희는 장사를 하려는 것이지 포토그래퍼가 되려는 것은 아니니까요. 어쨌든 스마트폰으로 사진을 찍으면 광각현상으로 인해 사진의 중심부가 둥그렇게 돌출돼 보입니다. 이로 인해 제품의 형태에 심각한 왜곡이 발생합니다. 광각이 중요한 게 아니라 이 형태의 왜곡이 중요한 것입니다. 이는 고객이 제품을 온전히 이해하는 데 방해가 되며 때론 반품 사유가 되기 때문입니다. 광각현상으로 인해 형태가 왜곡된 사례를 같이 보시죠.

앞쪽이 과장되게 커지고 뒤쪽이 축소된 것을 볼 수 있습니다. 이게 뭐가 이상하냐고요? 밑에 왜곡을 최소화한 사진을 보시면 이해하실 수 있습니다.

이것도 마찬가지로 앞쪽이 과장되게 커졌습니다. 왜곡을 최소화한 사진을 보시면 왜 커졌다고 하는지 이해하실 수 있습니다.

이 제품의 형태는 직사각형인데 좌로 눕힌 마름모꼴로 심하게 변형되었습니다.

이 제품은 윗면과 아랫면은 평평한데 사진에서는 과도히 둥글게 변형되었습니다.

수직으로 두께가 동일한 제품임에도 윗쪽이 더 두꺼워 보입니다.

특별한 의도가 있는 것이 아니라면, 우리는 형태의 왜곡이 최소화된 무난한 사진을 찍어서 고객에게 보여주는 것이 좋습니다. 왜냐하면 우리 판매자들은 예술을 하려는 것이 아니라 제품을 온전히 제품의 형태 그대로 고객에게 보여줘야만 하기 때문입니다. 또한 제품 형태의 왜곡으로 인한 고객 컴플레인을 원천 차단해야 하기 때문입니다.

자 그럼 형태의 왜곡을 최소화한 사진을 같이 비교해서 보시죠.

앞쪽과 뒤쪽의 크기 차이가 작아지면서 제품의 형태가 무난해진 것을 볼 수 있습니다.

마찬가지로 왜곡이 줄어들면서 실제 제품의 형태와 더 가까워진 것을 볼 수 있습니다.

제품 자체의 반듯한 직사각형 형태가 살아난 것을 볼 수 있습니다.

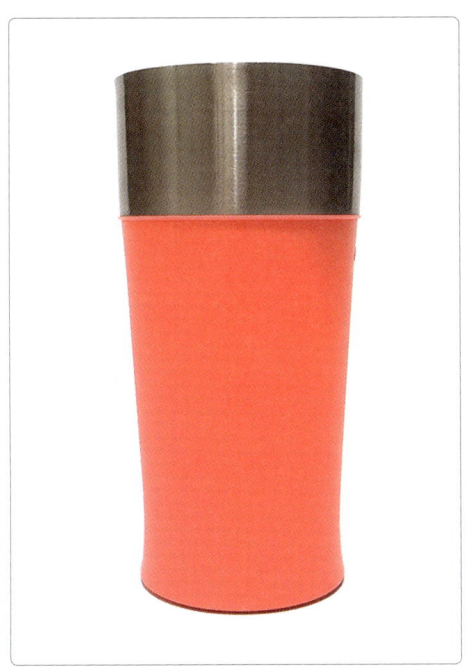 

뒷면과 아랫면의 원이 자연스러워졌습니다.

제품의 두께도 위아래 모두 균일해졌습니다.

자, 그럼 제품 형태의 왜곡을 최소화하기 위한 촬영 방법을 설명해 드리도록 하겠습니다.

1) [매우 중요!] 제품을 화면 정가운데로 위치시킨다!

촬영하고자 하는 제품을 화면 가운데 위치시키고 촬영해야 합니다. 어디로든 치우치게 되면 왜곡이 심하게 생기기 때문에 최대한 가운데로 제품을 위치시키십시오. 상하, 좌우 모두 센터에 맞추세요.

제품을 가운데에 놓고 촬영하는 것이 쉬워 보이지만, 실제로 교육해보면 잘하지 못하시는 분들이 상당히 많습니다. 의식적으로 제품을 화면 가운데 놓는 것을 지속적으로 연습하시기 바랍니다.

2) [매우 중요!] 2배 줌으로 촬영합니다.

최근 출시되는 스마트폰 카메라에는 줌 기능이 장착되어 있습니다. 2배 정도의 줌 기능을 이용하여 촬영하면 광각 현상이 눈에 띄게 줄어듭니다. 단 줌 기능을 이용할 경우 확대되는 배율이 커지면서 카메라에 심하게 손 떨림이 생깁니다. 이는 흔들리는 사진의 원인이 됩니다. 이럴 경우 해결책은 다음과 같습니다.

- 삼각대를 이용한다.
- 삼각대 이용이 불편할 경우 팔이나 몸을 벽이나 바닥에 기댄다.
- 촬영 버튼을 누르는 순간에 호흡을 살짝 멈춘다.

이렇게 두 가지만 잘 활용해도 형태 왜곡이 적은 무난한 사진을 촬영할 수 있습니다. 그런데 저는 왜곡 현상을 무조건 나쁘다고 말씀드리는 것은 아닙니다. 때론 제품을 뭔가 극적으로 보이게 하는 효과도 있습니다.

아래 두 사진을 한번 보시죠.

- 왜곡이 있어 앞쪽이 과장되고 뒤쪽이 작아 보이는 사진

- 왜곡을 최소화 한 사진

사장님께서는 어떤 사진이 더 좋으신지요. 이 경우에 저는 형태 왜곡이 있는 사진이 더 좋습니다. 왜냐하면 제품이 더 우람해 보이기 때문입니다. 뭐가 좋으냐 나쁘냐는 없습니다. 그저 마케팅 목적에 맞게 선택하시면 됩니다.

여기서 잠깐!
여러 제품들을 나란히 진열해놓고 찍으면 센터를 벗어난 제품들은 형태가 왜곡됩니다. 센터에 있는 제품은 정상적으로 보이나 센터를 벗어난 제품에는 광각현상이 발생되기 때문입니다. 아래 사진은 이런 현상을 보다 명확하게 보여주기 위해 동일한 제품을 진열해 본 것입니다.

좌측 사진을 보시지요. 아무렇지도 않아 보인다고요? 그렇다면 우측에 제품만 따로 있는 사진을 보시지요. 분명히 똑바로 놨는데 제품이 우로 돌아갔죠? 광각현상 때문입니다. 이런 경우에는 해결책이 없다고 보시면 됩니다. 그냥 각각 찍어서 포토샵에서 조합하는 것이 가장 좋습니다.

아래 사진을 실제 사례입니다. 각각 촬영한 후 포토샵에서 조합한 것입니다.

Chapter 05

상황별 촬영 TIP

1) 제품을 세워야 할 때

휴지, 지우개, 손가락 등을 이용해서 세우고 촬영하십시오. 이후 포토샵에서 제품만 남겨놓고 다 지우면 됩니다.

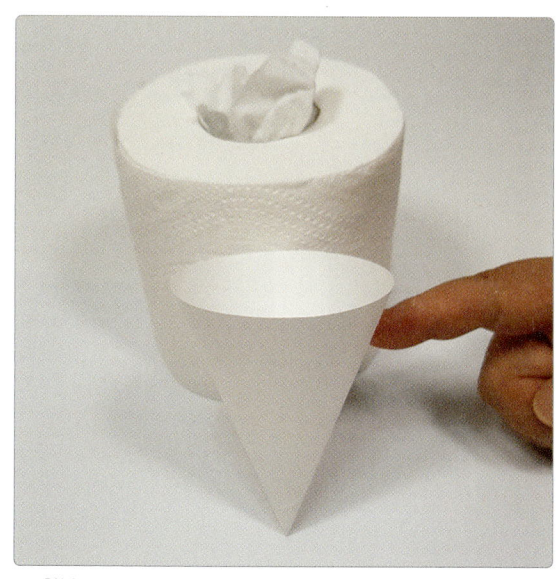
▲ 원본

▲ 보정본

눕혀놓고 촬영한 다음 포토샵에서 배경과 그림자를 지우고 세워주면 됩니다.

▲ 원본

▲ 보정본

2) 가방끈과 같이 들어올려야 할 경우

검은 실을 이용해서 들어 올려 촬영 후, 포토샵에서 실을 지워주면 됩니다.

▲ 원본

▲ 보정본

3) 제품의 각을 잡아야 할 경우

가방이나 기저귀처럼 형태 변화가 심한 제품의 경우 안에 타월과 같은 내용물을 꽉 채워서 모양을 잡아주고 촬영합니다. 이후 포토샵에서 굴곡이나 구김 부분을 제거해줍니다.

▲ 원본

▲ 보정본

4) 원하는 형태로 만들어야 할 경우

이쑤시개 등 다양한 주변 소품을 이용하여 모양을 잡은 후, 포토샵에서 모양을 잡으려 사용한 소품을 지워줍니다. 아래 시계줄의 경우 모양이 납작해서 이쑤시개를 이용해 강제로 벌려 둥글게 만든 것입니다.

▲ 원본

▲ 보정본

Chapter 06

제품별 촬영 TIP

1) 광택이 없는 제품

일반적으로 별 기술 없이 그냥 조명을 비추고 촬영하면 됩니다.

2) [슈퍼 꿀팁!] 금속성 광택이 있는 제품

이 경우, 제품의 표면에 찍는 사람의 얼굴과 손, 스마트폰이 비쳐 매우 곤란한 상황이 벌어지게 됩니다.

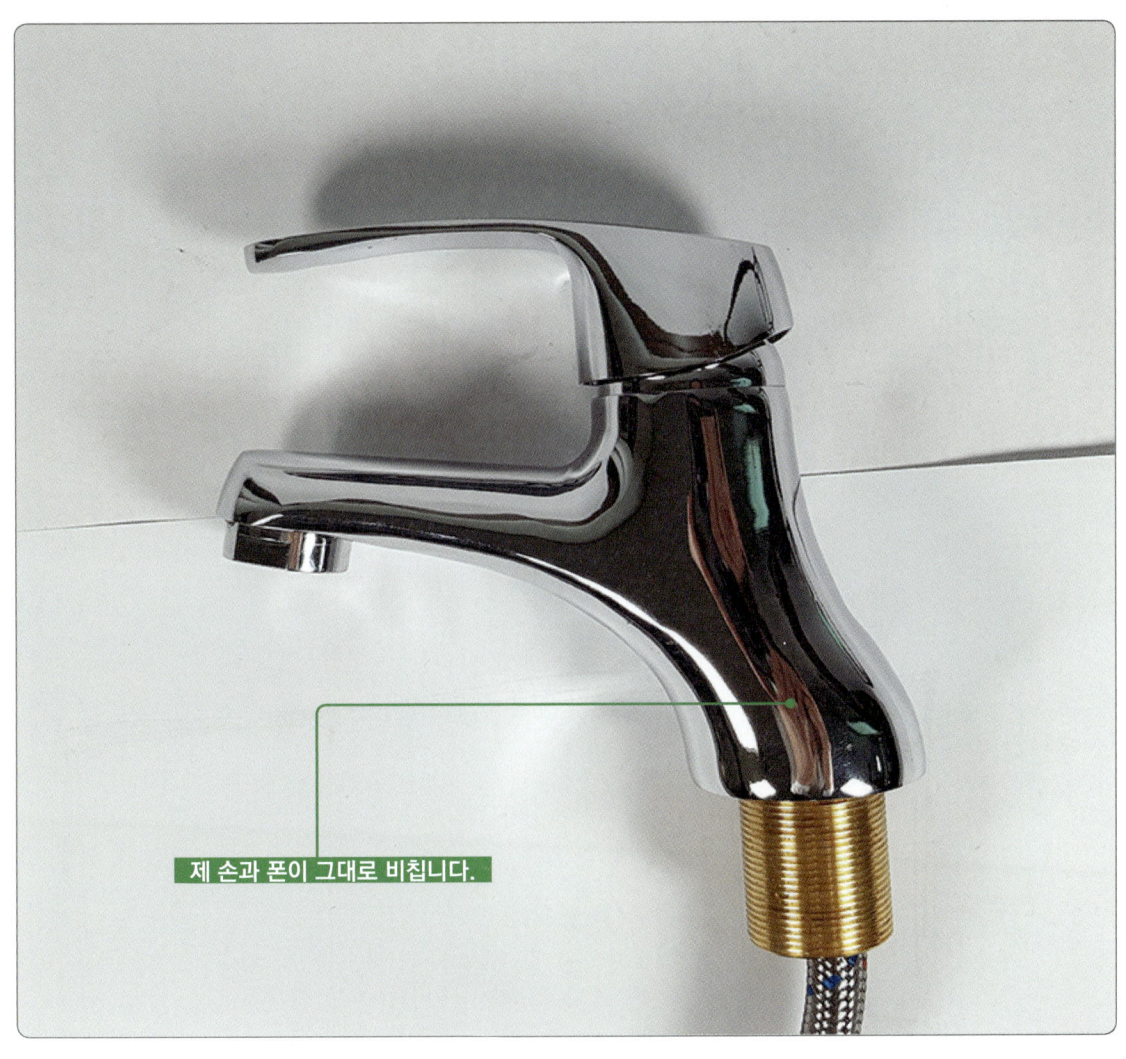

제 손과 폰이 그대로 비칩니다.

놀라지 마세요. 해결책이 있습니다. 일단 흰색 우드락 1개를 준비해 주세요. 그리고 우드락 정중앙에 지름 1cm정도의 구멍을 뚫어주세요. 자 그럼 촬영방법을 살펴보시죠! 우드락 정중앙에 난 구멍으로 카메라를 들이대서 제품을 촬영해 보세요. 그러면 얼굴, 손, 스마트폰이 비춰지지 않는 깨끗한 사진을 촬영할 수 있습니다. 상황에 따라 우드락의 구멍이 마치 검은 점처럼 제품에 비칠 수 있습니다. 이 경우 포토샵에서 '스팟 복구 브러시 도구'로 찍어서 지워버리면 됩니다. '스팟 복구 브러시 도구'의 사용 방법은 '포토샵 사진 보정'에서 배우게 됩니다.

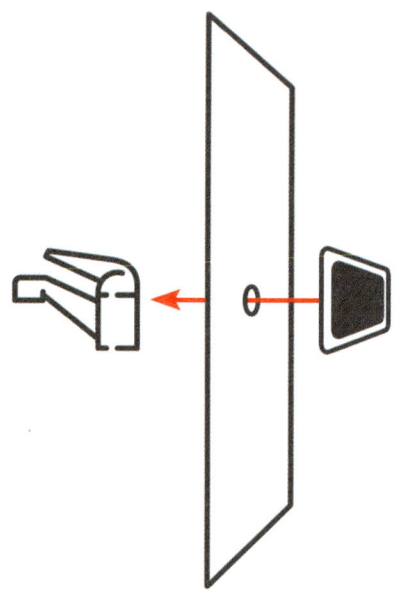

이런 결과물을 얻을 수 있습니다.

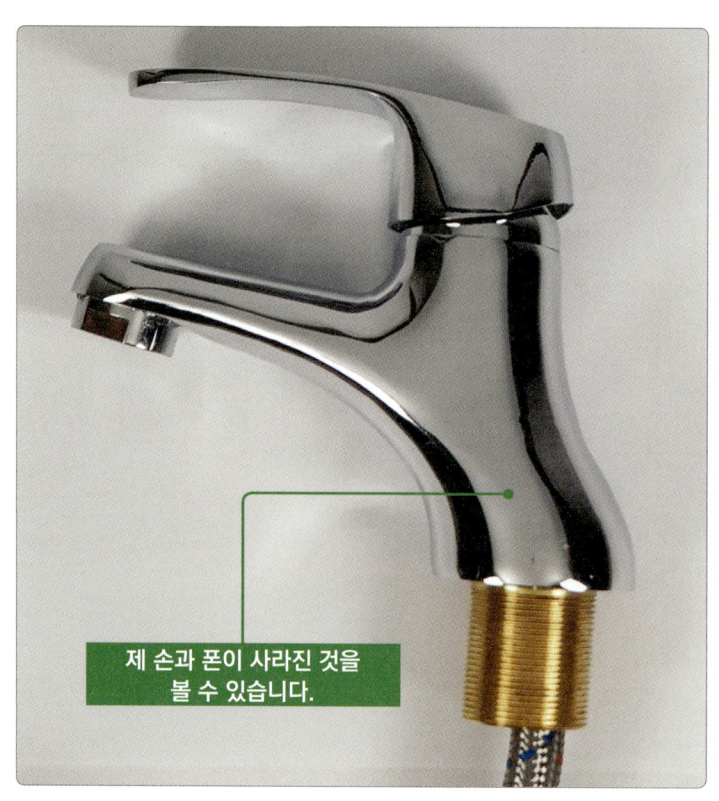

제 손과 폰이 사라진 것을 볼 수 있습니다.

포토샵으로 보정하면 이렇게 됩니다.

마법 같죠? 원리는 간단합니다. 금속성 광택 제품은 주변의 모든 것들이 다 비치기 때문에 지저분하게 보일 수밖에 없습니다. 그런데 커다란 우드락이 지저분한 것들을 모두 가려주기 때문에 사진이 깨끗하게 나오는 것입니다. 이 원리만 이해하시면 그 어렵다는 금속성 제품도 멋지게 촬영하실 수 있습니다.

3) [슈퍼 꿀팁!] 금속성 광택이 있는 화장품

대부분의 화장품이 뚜껑 부분에 금속성 광택이 있어 촬영이 매우 까다롭습니다. 그냥 찍으면 주변의 모든 것들이 비쳐 어둡고 지저분하게 나오게 됩니다.

그러나 걱정하지 마세요. 다 방법이 있습니다. 앞서 우드락 하나가 있었죠? 우드락을 하나 더 준비해주세요. 이렇게 우드락이 2장 필요합니다. 자 그림 시작해 보시죠. 방법은 간단합니다. 제품 앞에 우드락 두 장을 세워놓습니다. 단 우드락과 우드락 사이에 2~3cm정도 틈을 만듭니다. 그 틈 사이로 제품을 촬영하면 됩니다.

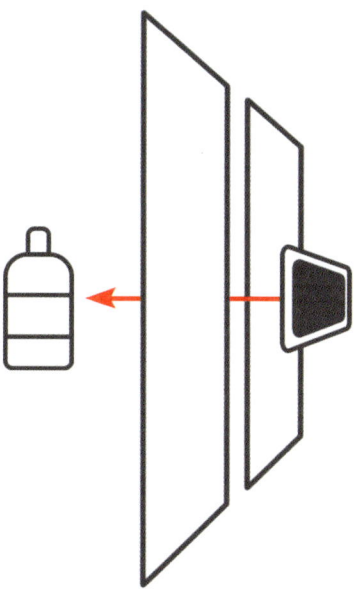

이렇게 개선된 결과물을 얻을 수 있습니다.

금색 광택부분이 살아난 것을 볼 수 있습니다.

포토샵으로 보정하면 이렇게 됩니다.

이렇게 하면 우드락이 주변의 지저분한 것들을 가려주기 때문에 깨끗한 사진을 얻을 수 있습니다. 화장품의 금속면 중앙에 보이는 세로선은 우드락과 우드락 사이의 틈새입니다. 거슬리지 않고 오히려 깔끔해 보이죠? 많은 전문 스튜디오에서 이런 식의 원리를 활용하여 화장품을 촬영하고 있습니다. 이렇게 촬영했는데도 화장품 금속면 표면에 지저분한 것들이 여전히 보인다면 우드락을 더 장만해서 화장품 주위를 완전히 둘러 주시면 해결됩니다.

4) 비닐포장 제품

비닐 재질로 포장된 제품도 난반사가 많이 일어나서 촬영이 어렵습니다. 제 경우에는 조명을 켜서 찍어보고, 또 조명을 끄고 찍어봅니다. 두개를 비교해서 더 좋아 보이는 것을 선택합니다. 조명을 켜면 광택이 쨍하게 빛나서 좋아 보일 때도 있지만, 때로는 광택들이 너무 정신없이 많이 생겨서 혼란스럽게 보일 때도 있습니다. 이 경우에는 조명 없이 찍는 것이 더 차분하고 좋아 보일 수 있습니다. 제품에 따라 상황이 다 다르기 때문에 조명을 켜야 할지 말아야 할지를 미리 판단할 수 없습니다. 반드시 두 가지 방법 다 사용하여 촬영하시고, 더 좋아 보이는 것을 선택하시기 바랍니다.

▲ 조명을 켜고 찍은 사진

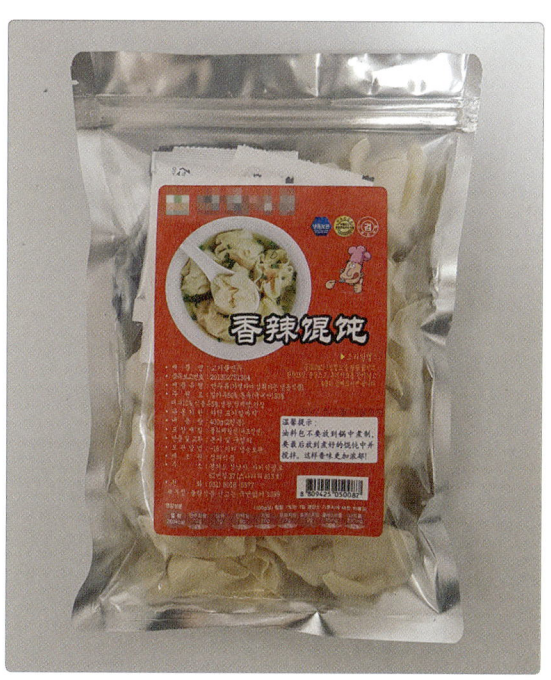

▲ 조명을 끄고 찍은 사진

이 경우에 저는 조명 없이 찍은 사진을 선택하여 보정했습니다.

5) 뜨거운 요리 촬영

닭갈비, 순대국, 전골과 같은 요리를 촬영해야 할 때가 있습니다. 이런 요리 사진의 생명은 김이 모락모락 나는 것입니다. 그런데 촬영하다 보면 김이 생각처럼 멋지게 생기지 않거나 요리가 금새 식어서 김이 사라지는 경우가 다반사입니다. 이 경우에는 김이 없는 상태에서 찍은 후 포토샵에서 김을 합성하면 됩니다. 김의 합성은 이 책의 "포토샵-실전연습 〉 1. 사진보정"항목에서 자세히 다루도록 하겠습니다.

Chapter 07

사진 파일을 PC로 다운로드

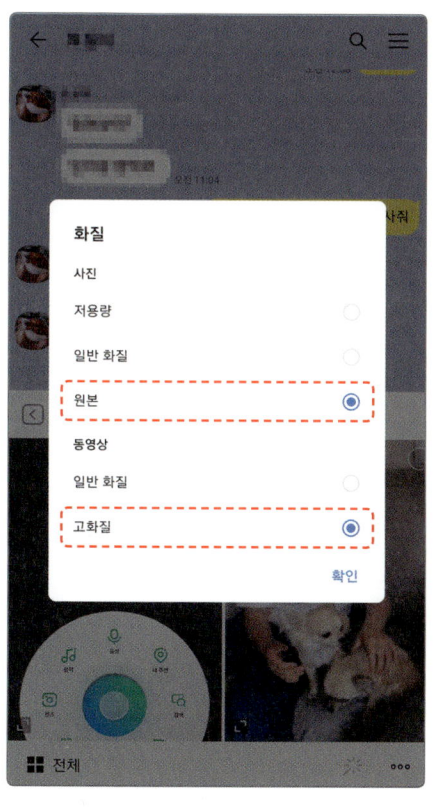

스마트폰에 있는 사진을 메일이나 카톡으로 나 자신에게 보낸 후 PC에서 다운로드 받으면 됩니다. 카톡의 경우 PC에서는 PC카톡을 이용하여 다운받으면 됩니다. 유의하실 점은 스마트폰에서 카톡으로 보낼 때 원본 상태를 보내도록 설정해주세요. 그렇지 않으면 저해상도 사진으로 자동 변환되어 화질이 심하게 저하되기 때문입니다. 카톡에서 앨범을 열어 사진을 선택하는 영역에 다음과 같은 화질 옵션이 있습니다. 사진은 '원본', 동영상은 '고화질'로 선택해주세요.

다운로드 받아야 할 사진이 많을 경우에는 다음과 같이 다운로드 받으세요.

1) 안드로이드 폰

스마트폰과 PC를 USB잭을 이용하여 연결한다.

스마트폰 모델에 따라 데이터 접근의 허용 여부를 묻는 경우가 있다. 이 경우 '예' 클릭

PC에서 아래 경로로 들어가 다운로드 받는다.

내PC\본인의 스마트폰 모델명\Phone\DCIM\Camera

2) 아이폰

스마트폰과 PC를 USB잭을 이용하여 연결

스마트폰 모델에 따라 데이터 접근의 허용 여부를 묻는 경우가 있다. 이 경우 '예' 클릭

PC에서 아래 경로로 들어가 다운로드 받는다.

내PC\Apple iphone\internal Storage\DCIM

Chapter 08

포토박스는 어떨까?

포토박스란, 박스형으로 되어있고 내부에 조명이 내장되어 있는 촬영 도구입니다. 이런 부류의 제품들이 많이 나오고 있고, 궁금해하시는 분들이 많아서 저의 의견을 좀 드리겠습니다. 한번 써본 적이 있었는데, 저는 개인적으로는 별로였습니다. 그 이유는 아래와 같습니다.

1) 박스가 작아서 큰 제품의 경우에는 사용이 어렵다.
2) 조명이 고정되어 있기 때문에 다양한 조명의 세팅이 불가능하다.
3) 빛을 우윳빛으로 부드럽게 퍼지도록 해주는 라이트 디퓨져가 없어 강한 LED빛이 제품을 거칠게 비춤으로 인해 결과물이 좋지 못하다.
4) 빛이 너무 강해서 대부분의 사진이 과도히 밝게 나왔다. (노출 과다상태)

제가 앞서 말씀드린 '자린고비 미니스튜디오'를 강력히 추천해 드립니다. 굳이 포토박스를 사용하시겠다면 다음 기능이 있는 제품을 선택하시길 바랍니다.

1) 라이트 디퓨져가 장착된 모델
2) 빛의 양을 조절할 수 있는 기능이 있는 모델

저의 제품 촬영 꿀팁을 아낌없이 모두 알려드렸습니다. 이제 누구나 준프로급의 제품 사진 촬영이 가능합니다. 지금 도전해 보세요! 포토샵 사진 보정은 뒤에서 다루어 보겠습니다.

Part 03

03 포토샵으로 상세페이지 디자인하기

포토샵은 두 가지 목적으로 사용됩니다. 첫 번째는 제품이 실물보다 더 좋아 보이도록 다듬는 '사진 보정', 두 번째는 상세페이지를 제작하는 것입니다. 사진 보정 과정을 통하여 투박한 스마트폰 사진을 준프로급의 사진으로 재탄생시키는 실전 노하우를 소개시켜 드릴 것입니다. 포토샵으로 제로베이스에서 상세페이지를 만드는 것은 매우 어려운 일입니다. 퀄리티도 잘 나오지 않구요. 그래서 제가 미리 만들어 놓은 샘플들을 조합하여 제작하는 방식으로 진행하고자 합니다. 꾸준함과 우직함으로 부지런히 연습하신다면 포토샵이 사장님의 강력한 무기가 되어줄 것입니다.

Chapter01 포토샵을 꼭 해야 하나?	Chapter06 완성된 상세페이지 평가방법
Chapter02 포토샵 시작하기	Chapter07 상세페이지를 등록용으로 자르기
Chapter03 포토샵 도구 사용	Chapter08 대표이미지 만들기
Chapter04 포토샵 실전 연습	Chapter09 상세페이지를 만드는 또 다른 방법
Chapter05 포토샵 조립식 상세페이지 제작	

Chapter
01

포토샵을
꼭 해야 하나?

아래 메뉴들을 클릭하면 나오는 상세페이지들처럼 사진+텍스트 위주로 구성된 블로그 형 상세페이지를 생각하고 계신 판매자분이시라면 굳이 힘들게 포토샵을 하지 않으셔도 됩니다. 많은 분들이 '포토스케이프'라는 가벼운 무료 사진 편집툴로 사진만 보정해서 쇼핑몰을 잘 운영하고 계십니다. 포토스케이프는 네이버에서 검색해서 설치할 수 있으며 사용법은 유튜브에 많이 나와 있습니다. 그러나 보다 탁월한 수준으로 사진을 보정하고, 편집하시려면 포토샵이 반드시 필요합니다. 소위 "사진빨"은 포토샵이 최고니까요.

01 꼭 필요한 것만 배우기

포토샵은 매우 방대한 프로그램입니다. 제대로 배우려면 1년 정도 열심히 배워야 합니다. 그러나 이 책을 보고 계신 분들은 디자이너가 아닌 판매자가 되기 위해 포토샵을 배우시는 것입니다. 그래서 이 책에서는 너무 깊이 들어가지 않고 최소한의 기능만을 배울 것입니다. 이 책은 철저하게 판매자 중심으로 되어 있기 때문에 화려한 디자인 같은 건 없습니다. 그런 것을 원하신다면 별도의 디자인 관련 책이나 교육기관을 이용하시기 바랍니다.

02 포토샵 설치

1) 권장하는 포토샵 버전

이 책은 '포토샵CC 한글판'을 기준으로 설명하고 있습니다. 제공되는 템플릿(샘플 파일) 및 각종 포토샵 자료들 또한 포토샵CC로 만든 것입니다. 만일 다른 버전의 포토샵을 사용하실 경우 파일이 열리지 않아 제공드리는 자료들을 사용하지 못할 수도 있습니다.

2) 포토샵 설치방법

네이버에서 "포토샵"을 검색하면 바로 홈페이지를 찾으실 수 있습니다. 무료체험판이 있긴 한데 7일밖에 사용하지 못하기 때문에 유료버전의 사용을 권장 드립니다.

3) 한글판으로 변경

만일 현재 설치된 포토샵이 영문판인데 한글판으로 변경하려면, 유튜브에서 "포토샵 한국어 설정"이라고 검색해보세요. 손쉬운 변경 방법을 배울 수 있습니다. 이 책은 보다 빠른 이해를 위해 한글판을 기준으로 설명해 드립니다.

03 포토샵 기본세팅

다소 번거롭더라도 아래와 같이 꼭 세팅해주셔야 쾌적한 환경에서 작업하실 수 있습니다.

1) 탭으로 문서 열기 해제

① [편집]- [환경설정]-[작업영역] 클릭

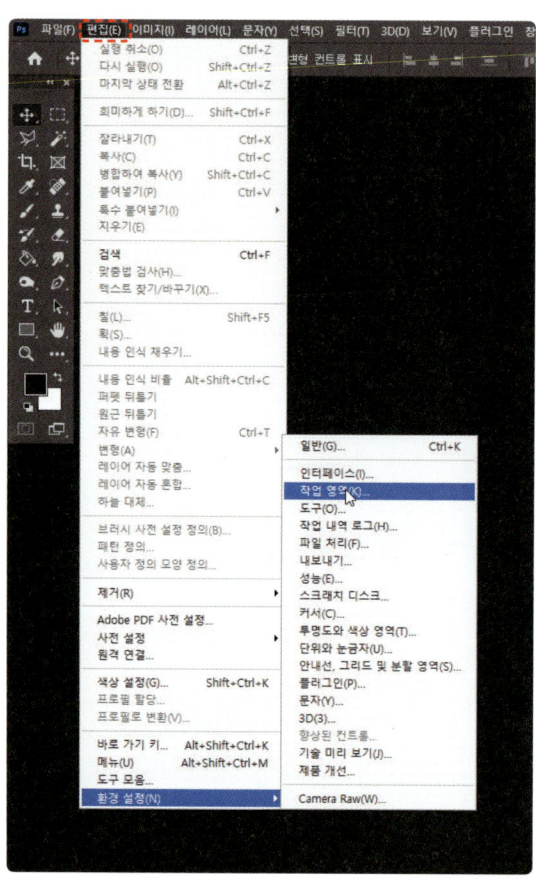

② [탭으로 문서 열기] 해제

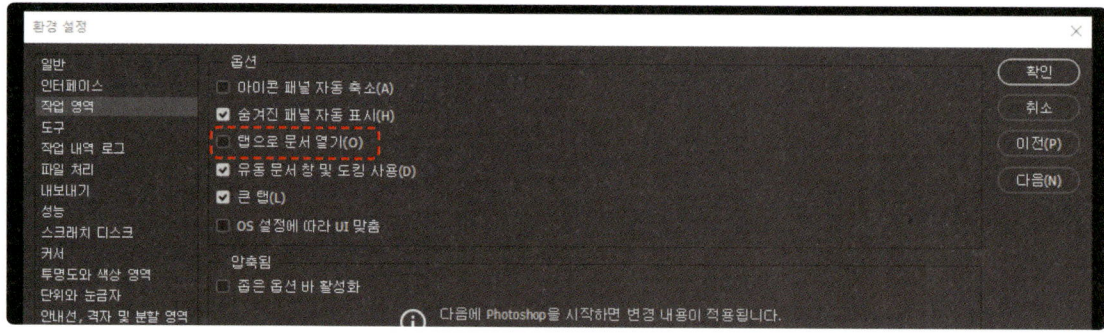

2) 눈금자 단위를 픽셀로 설정

[편집]- [환경설정]-[단위와 눈금자] 클릭 후, [눈금자]를 [픽셀]로 설정

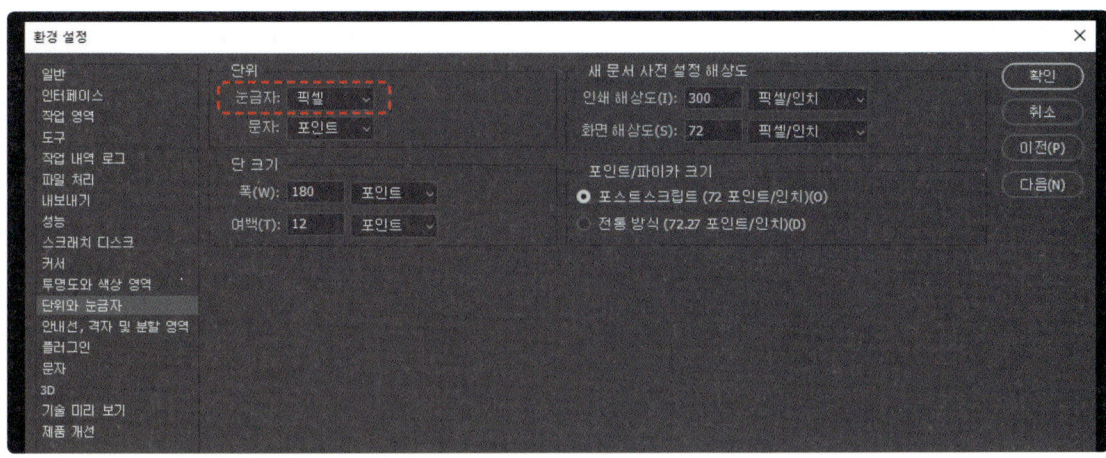

3) 서체이름 한글로 보기

[편집]- [환경설정]-[문자] 클릭 후, [글꼴 이름을 영어로 표시] 해제

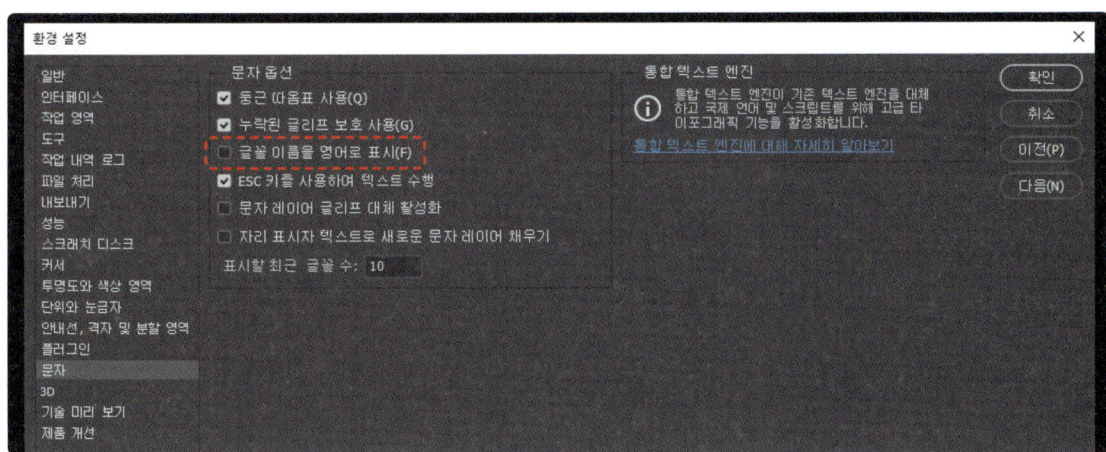

4) 홈화면 자동표시 끄기

[편집]- [환경설정]-[일반] 클릭 후, [홈 화면 자동 표시] 해제

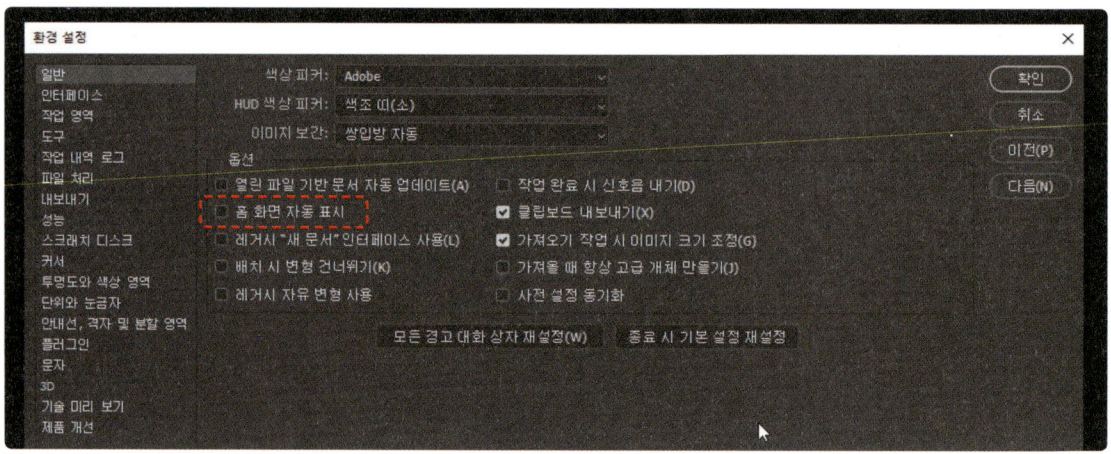

5) 모양추가

① [창]-[모양] 클릭

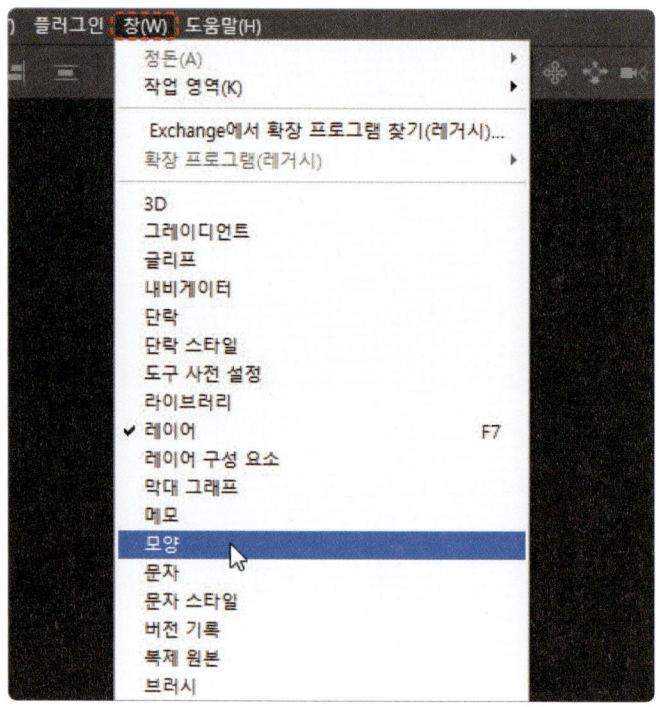

② 우상단의 메뉴 아이콘 을 클릭

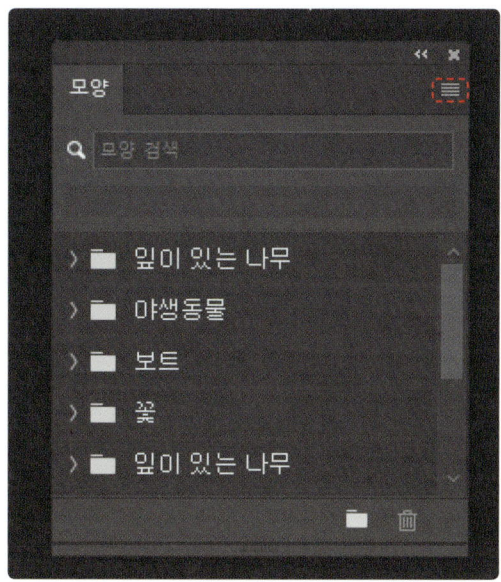

③ [레거시 모양 및 기타] 클릭

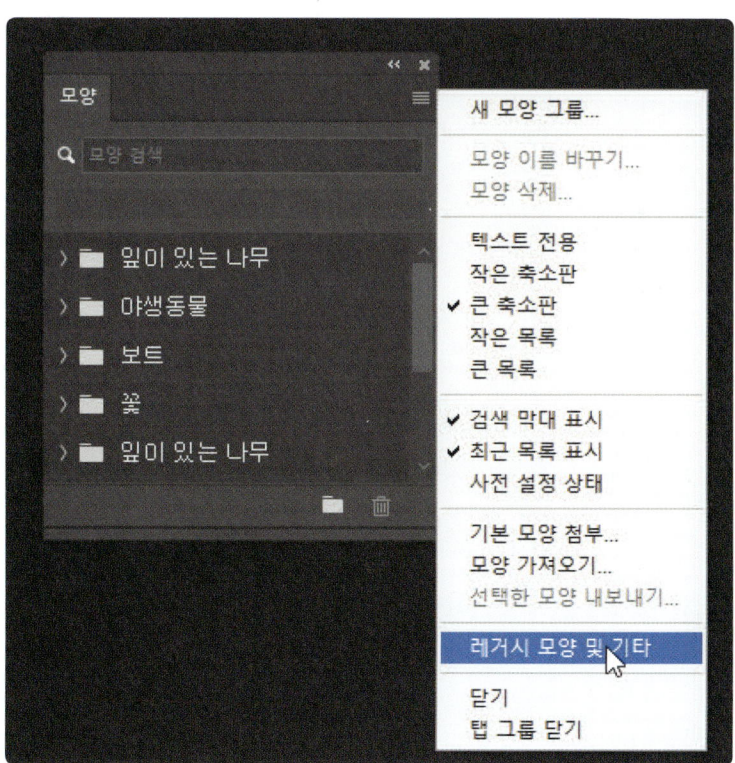

6) 메뉴 화면구성

아래와 같이 우측에 패널들을 배치해주세요. 오랜 제작 경험을 통해 가장 최적화시킨 패널 구성입니다. ① 창에서 원하는 메뉴를 선택하면 열립니다. ② 열린 메뉴의 메뉴명을 드래그 하여 원하는 다른 메뉴들과 묶어줍니다. ③ 특정 메뉴 패널을 삭제하고 싶을 경우 ≡ 를 클릭하여 '닫기'를 클릭합니다.

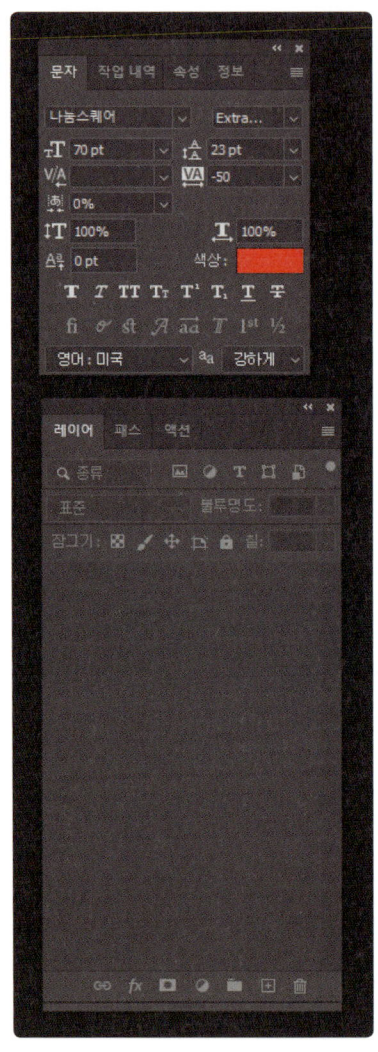

처음 하시는 분은 패널 배치가 좀 어렵습니다. 아래 영상을 참조해주세요.

QR코드로
영상강의를 확인해보세요.

8) 레이어 패널 옵션

레이어 패널의 레이어들을 실제 이미지 개체의 모양으로 보여줌으로써 식별을 쉽게 해주어 작업효율을 높여줍니다.

① 레이어 패널 우상단에서 ≡ 클릭
② 패널옵션 클릭

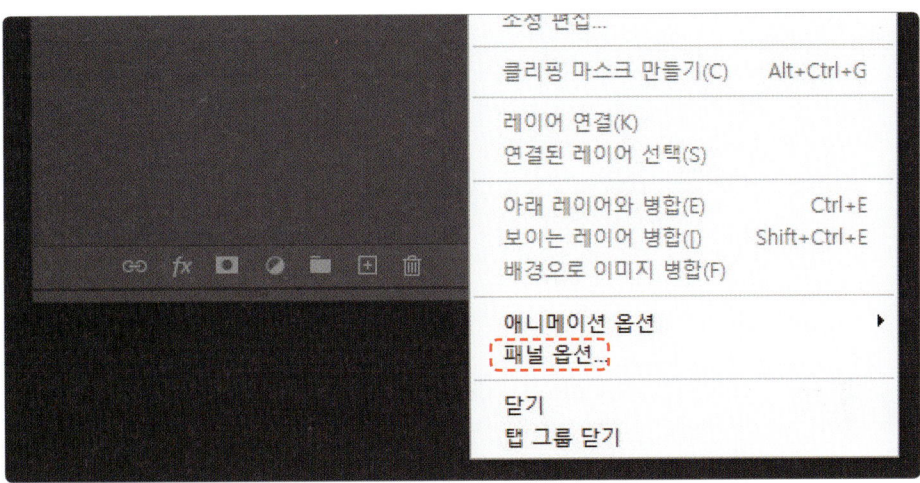

③ '레이어 테두리' 클릭 후 '확인'버튼 클릭

8) [매우 중요!]기본 무료폰트 설치

구매하지 않은 유료 폰트를 무단으로 사용할 경우 도용으로 인해 법적 처벌을 받을 수 있습니다. 일단 제가 안내 드리는 폰트만 설치해서 사용하시고, 이후 안전한 무료 폰트들을 하나하나 추가해 가시면 됩니다. 전문 디자이너가 될 것이 아니라면 제가 안내해 드리는 폰트만으로도 충분합니다! 카페에 폰트링크를 정리해두었으니 지금 설치해 주십시오.

카페 - 실습용자료 - 〈B-2〉 기본 무료폰트 설치

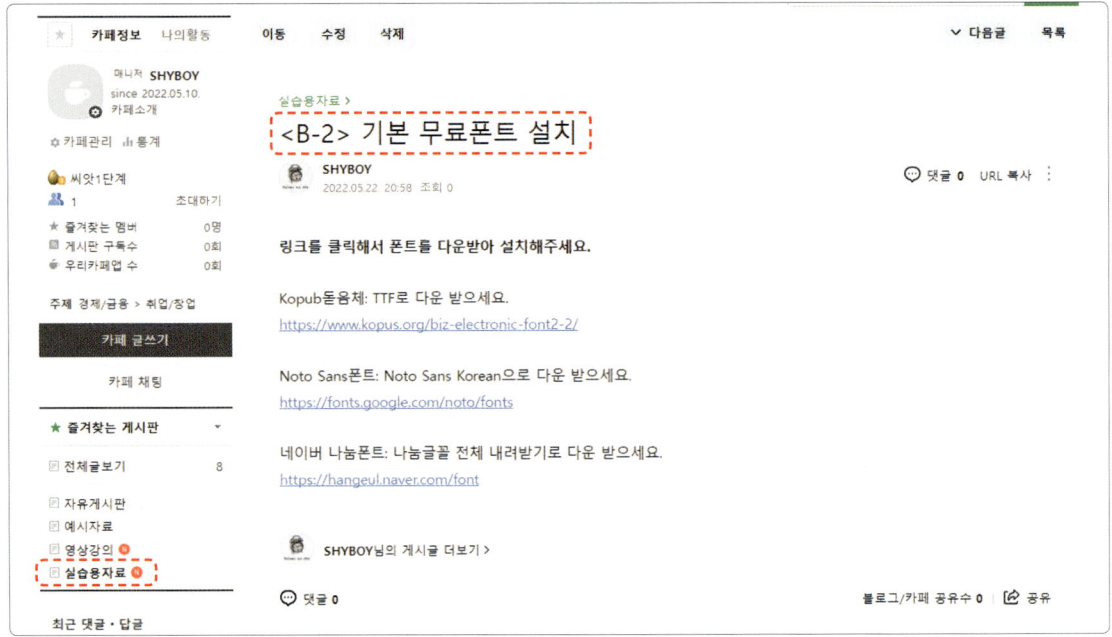

9) 작업 도우미 프로그램 설치

아래 프로그램들을 네이버에서 검색해서 설치하세요.

• 신속한 이미지 확인:

'알씨'나 '꿀뷰'를 권장드립니다. 이런 이미지 뷰어가 없을 경우, 이미지 확인을 위해 클릭하면 매번 포토샵이 열리기 때문에 느리고 불편합니다.

• 신속한 화면 캡쳐:

'알캡쳐'를 권장드립니다.

Chapter 02

포토샵 시작하기

먼저 카페에서 아래 파일을 다운받아 압축을 풀어 두십시오. 이 파일로 실습을 하게 됩니다. 포토샵 실습용 파일은 모두 이곳에서 찾으시기를 바랍니다!

01 다운로드 방법

① 반드시 크롬 브라우저를 이용하여 카페에 접속합니다.

② 아래 메뉴로 들어가 링크를 클릭합니다.

카페 - 실습용자료 - 〈B-3〉 실습용 예제파일

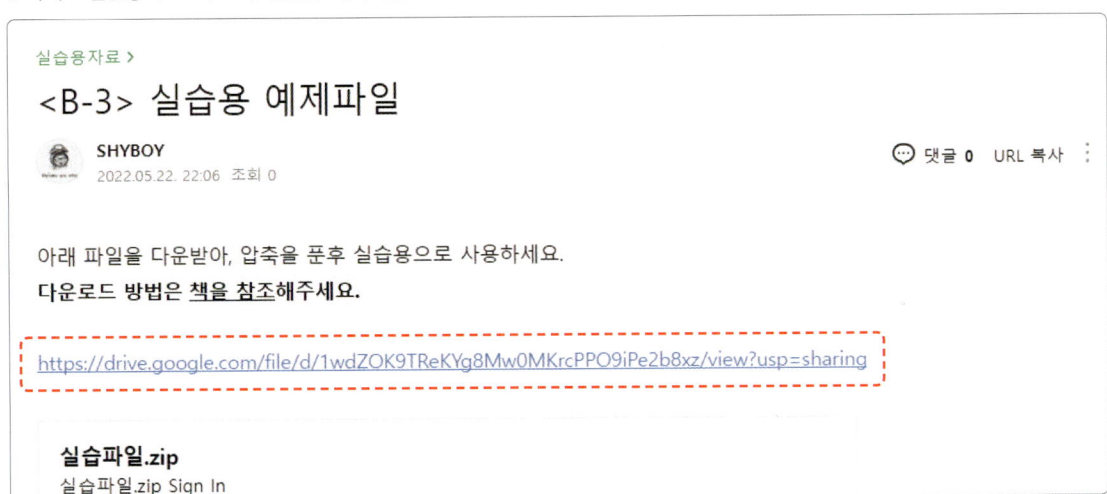

③ 파란색 '다운로드' 버튼을 클릭합니다.

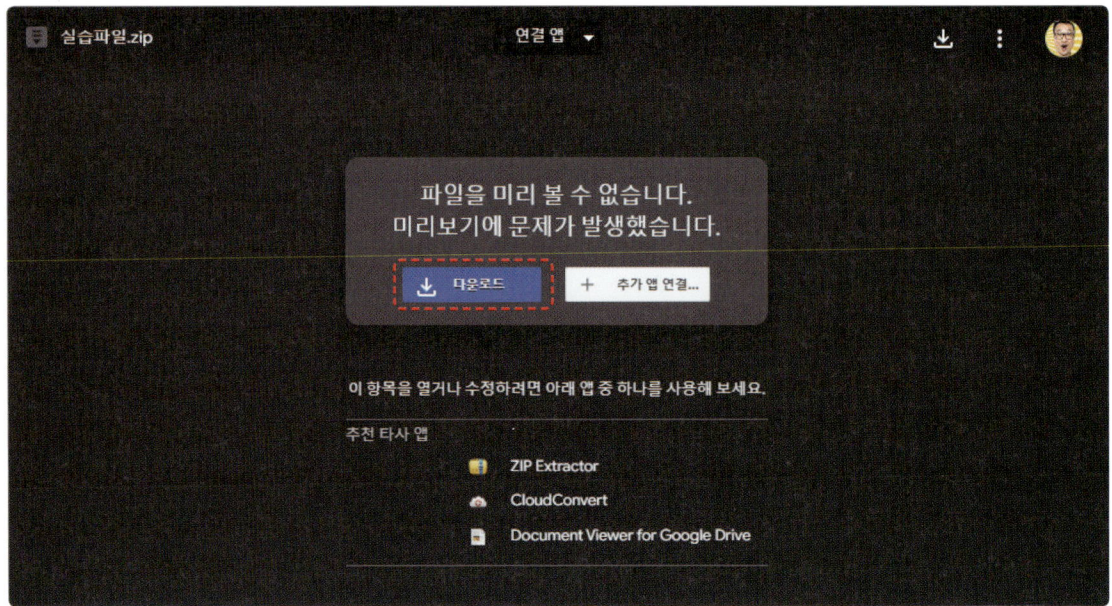

④ '무시하고 다운로드' 버튼을 클릭합니다.

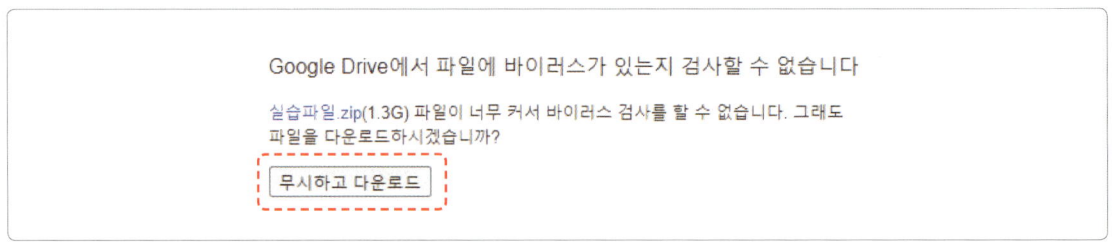

⑤ 브라우저 좌하단에 다운로드된 파일이 표시됩니다.

⑥ '∧' 버튼을 눌러 '폴더 열기'를 클릭하면 다운로드받은 파일을 확인할 수 있습니다. 이 파일의 압축을 풀어 실습에 사용하십시오.

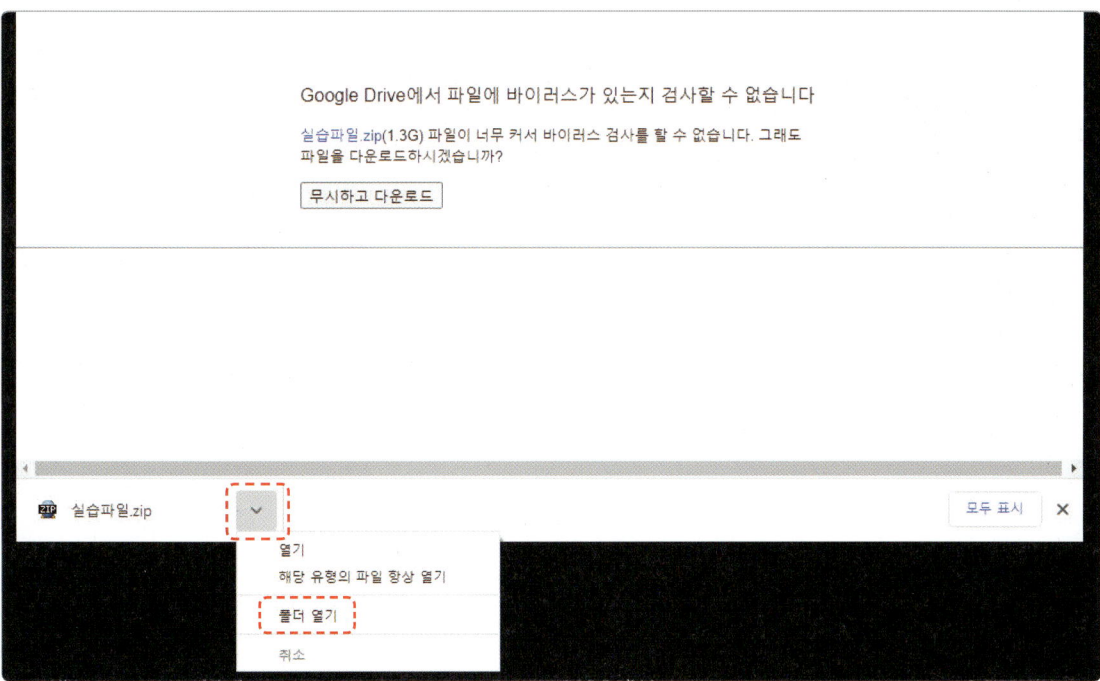

02 단축키 중심 작업

계속 빈번하게 사용되는 기능의 경우 작업 효율의 극대화를 위해 '단축키' 중심으로 설명합니다. 처음에는 단축키를 외워야 해서 불편하겠지만 익숙해지면 작업 속도가 빨라지고 매우 편합니다. 카페에서 제가 정리한 주요 단축키 표를 다운받아 프린트해놓고 보면서 작업하세요. 각자 자신의 입맛에 맞게 단축키를 추가해가시면 됩니다.

\# 카페 - 실습용자료 - 〈B-4〉 주요 단축키 표

03 파일관리

1) 새 파일 만들기

원하는 사이즈의 흰색 캔버스와 같은 파일을 만드는 방법입니다.

① Ctrl+N을 치면 '새로운 문서 만들기'창이 열립니다.

② 폭과 높이를 자신이 원하는 사이즈로 설정

③ 해상도는 반드시 '72'로 설정하고 Enter.

\# 단축키: Ctrl+N

QR코드로 영상강의를 확인해보세요.

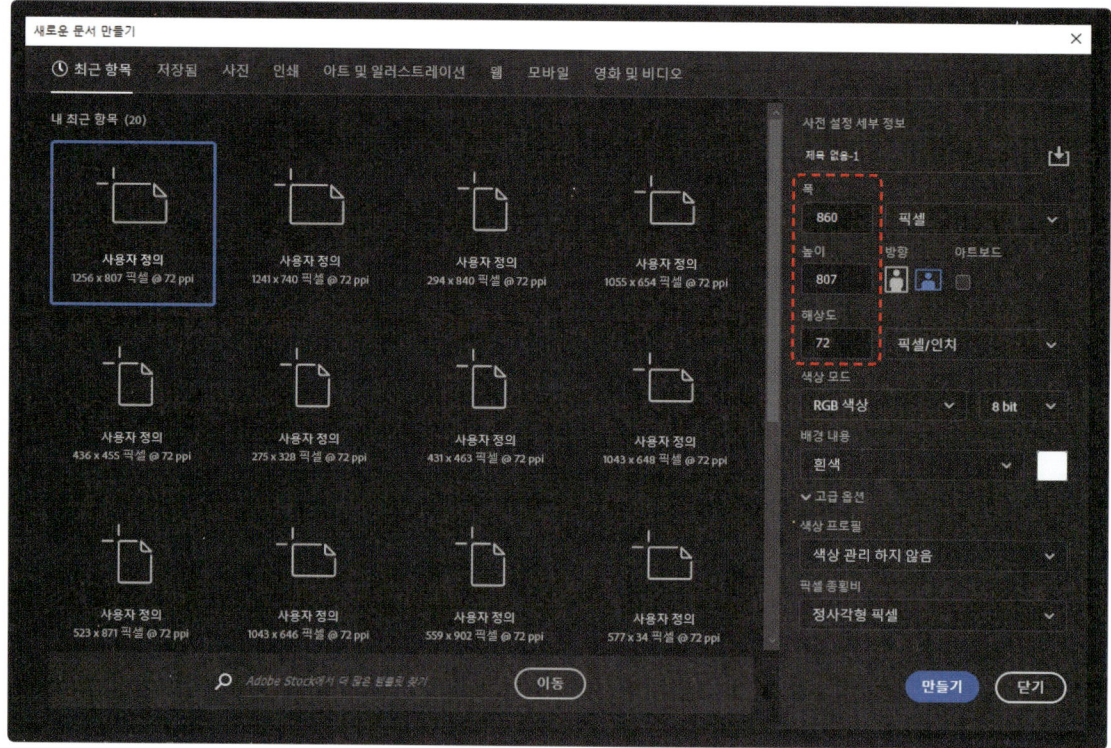

2) 파일 열기

작업했던 포토샵 파일이나 이미지 파일(jpg, gif, png 파일 등)을 여는 방법입니다. 방법에는 3가지가 있습니다.

- 일반 프로그램들처럼 파일/열기 메뉴로 들어가 파일 열기

① 좌상단에서 '파일' 클릭

② 열기 클릭

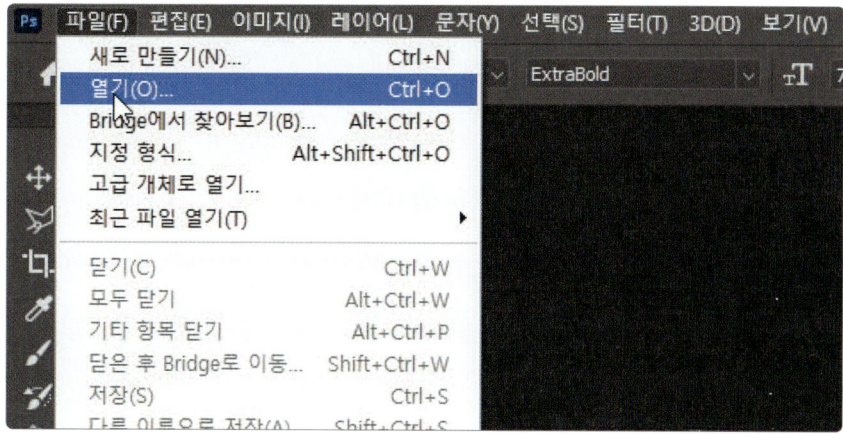

③ 카페에서 다운받은 이미지를 임의로 선택

④ '열기' 버튼 클릭

• 열고자 하는 이미지 파일을 포토샵에 드래그하여 열기

① 카페에서 다운받은 이미지를 임의로 선택

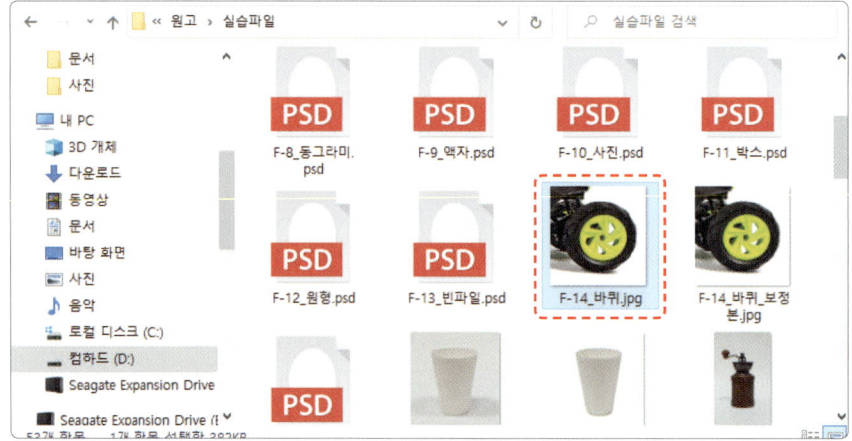

② 포토샵의 바탕으로 드래그

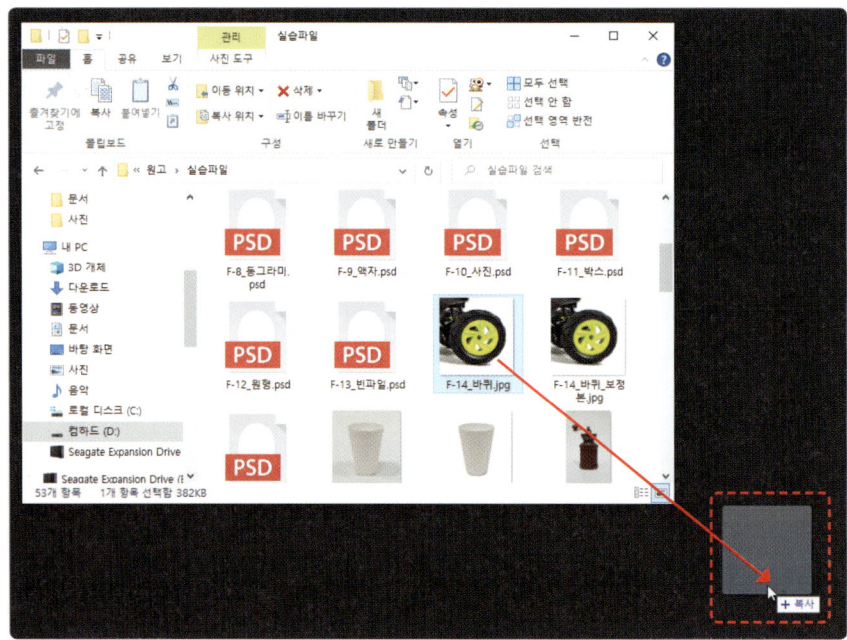

• 포토샵의 바탕을 더블클릭하여 파일 열기

① 포토샵의 빈공간에 더블클릭

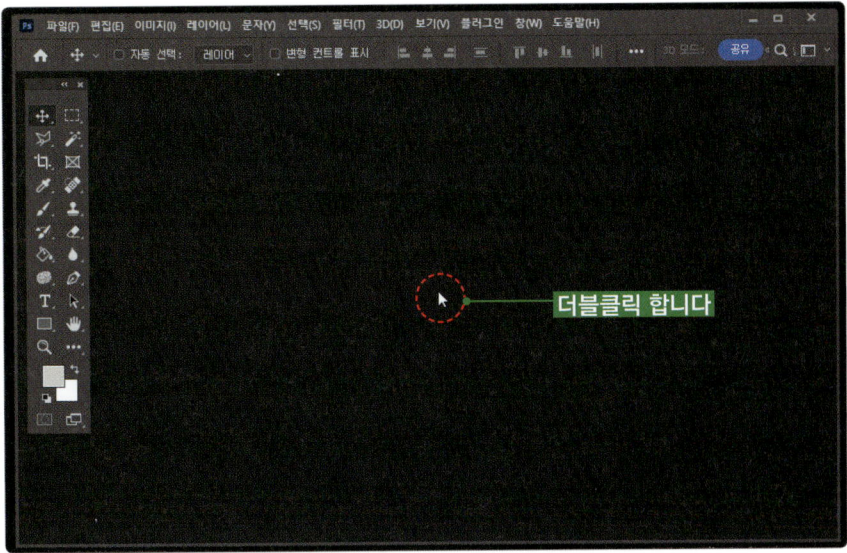

② 카페에서 다운받은 이미지를 임의로 선택

③ '열기' 버튼 클릭

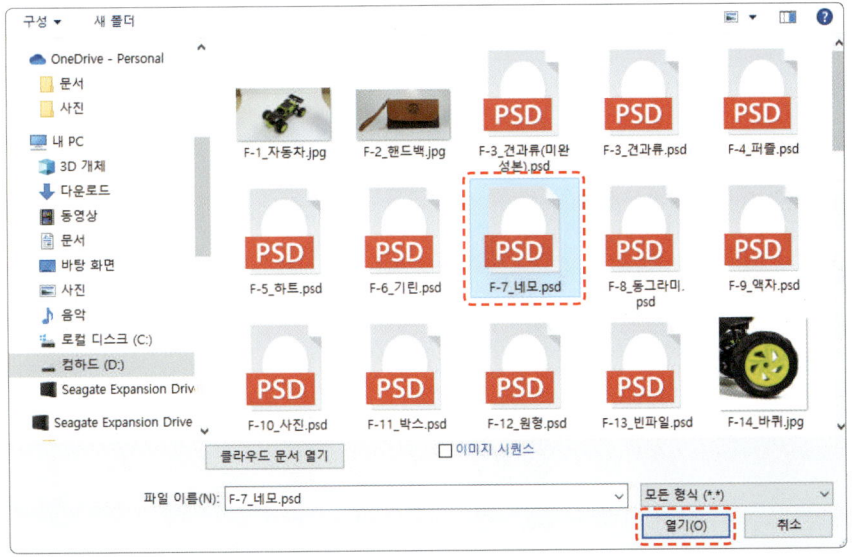

QR코드로
영상강의를 확인해보세요.

3) 전체 이미지 사이즈의 변경

작업하고 있는 전체 이미지의 크기를 변경하는 기능입니다.

① 실습파일(F-1_자동차.jpg) 열기

② Ctrl + Alt + I 를 눌러 '이미지 크기'창 열기

③ 폭이나 높이를 원하는 데로 변경하고 '확인'버튼

이때 폭과 높이를 묶어주는 체인 아이콘이 아래처럼 클릭되어 있는지 꼭 확인하세요. 이 아이콘이 클릭되어 있어야 폭과 높이가 같은 비례로 바뀌게 됩니다.

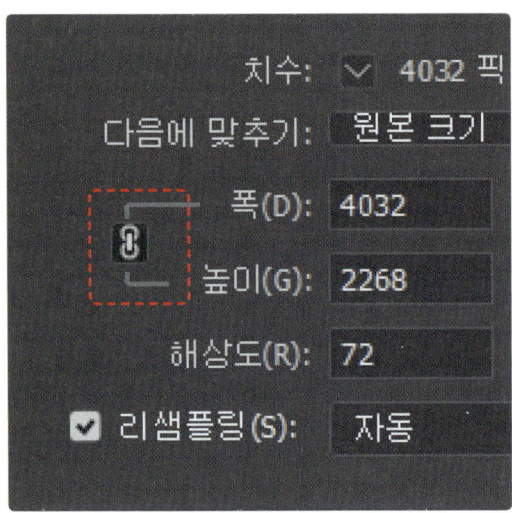

단축키: Ctrl + Alt + I

QR코드로
영상강의를 확인해보세요.

4) psd파일로 저장하기

Psd 파일이란 포토샵으로 만든 파일로서, 작업중인 모든 소스들이 다 살아있는 원본 파일입니다. 이 파일은 오직 포토샵으로만 열어 편집할 수 있습니다. 왜 psd 파일이라고 할까요? 워드 문서는 확장자가 docx이고 한글 파일의 확장자는 hwp죠? 포토샵 파일의 확장자는 psd이기 때문에 일반적으로 psd파일이라고 부릅니다. 확장자가 psd인 파일로 저장하는 방법은 다음과 같습니다.

• **새로 만든 파일로서 레이어가 있는 경우**

레이어가 뭐냐구요? 뒤에서 자세히 배우게 됩니다.

① Ctrl+S 누름

② 파일 형식에서 PSD 선택 (기본 PSD로 설정되어 있음) 후 Enter

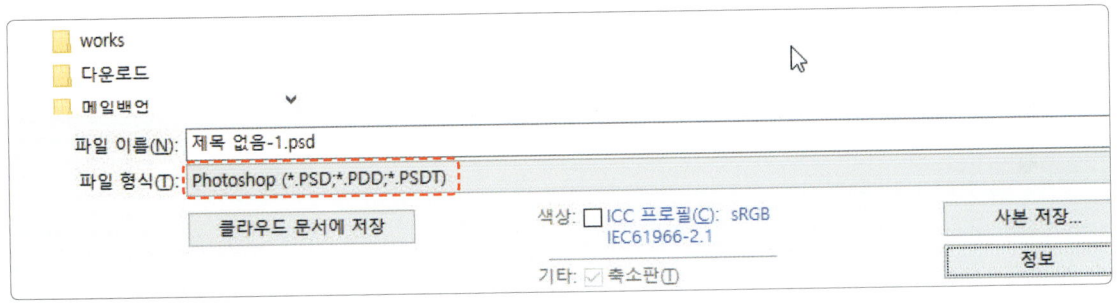

• **레이어가 없는 파일의 경우**

① 파일 > 다른이름으로저장 메뉴 클릭

② 파일 형식을 PSD로 선택 후 Enter

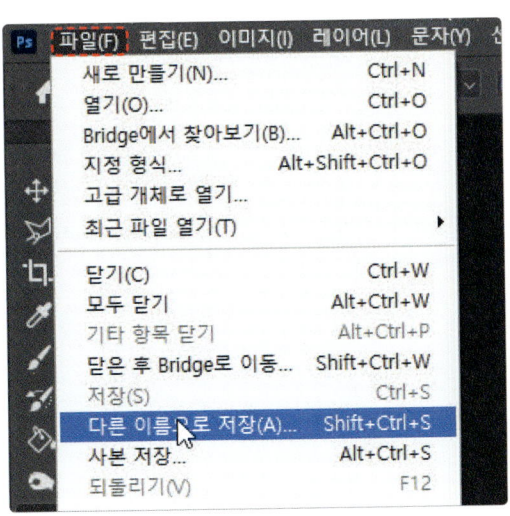

- 이미 PSD파일로 저장한 경우

수시로 Ctrl+S를 누르면 저장됩니다.

단축키: Ctrl+S

QR코드로
영상강의를 확인해보세요.

포토샵으로 작업하면서 수시로 Ctrl+S를 눌러 저장하는 습관을 들이시기 바랍니다. 저장 안 하고 장시간 작업하다가 컴퓨터가 다운되거나 하면 작업한 모든 파일이 영원히 사라져버리는 불상사가 생길 수 있기 때문입니다.

여기서 잠깐!
이미지 파일은 확장자별로 다음과 같이 구분됩니다. 꼭 숙지해 주세요.
- psd: 포토샵으로 작업한 원본 파일입니다. 포토샵에서만 수정 가능합니다.
- jpg(=jpeg): 상품 등록할 때 사용되는 이미지 파일입니다. 특별한 이유가 없다면 무조건 jpg파일로 상품을 등록 하세요. 블로그, SNS, 홈페이지 등 인터넷 환경에서 사용하는 이미지는 무조건 jpg 파일로 해주세요.
- gif: 이미지 파일이지만 무겁고 화질이 좋지 않습니다. Gif애니메이션용으로만 사용하세요.
- png: 배경을 투명으로 해야할 때만 사용됩니다. 쇼핑몰에서는 그다지 쓰이지 않습니다.

5) 웹용 파일로 저장하기

웹용 파일이란 쇼핑몰, 홈페이지, 블로그, 인스타그램 등 인터넷상에 사용하기 위해 만든 파일을 말합니다. 보통은 jpg(=jpeg), gif, png 파일 정도를 지칭합니다. 포토샵으로 만든 PSD파일을 웹용으로 변환하는 방법입니다. 이렇게 변환 과정을 거쳐야 이미지를 인터넷에 올릴 수 있습니다.

① 실습 파일(F-1_자동차.jpg) 열기
② Shift+Ctrl+Alt+S 를 눌러 '웹용으로 저장'을 연다
③ 원하는 파일 포맷(GIF, JPEG, PNG)으로 설정한다.
④ JPEG로 설정한 경우 '품질'을 설정한다. (70~80정도면 무난함)
⑤ 다른 것을 만지지 않고 하단의 '저장'버튼을 클릭하여 원하는 경로로 저장.

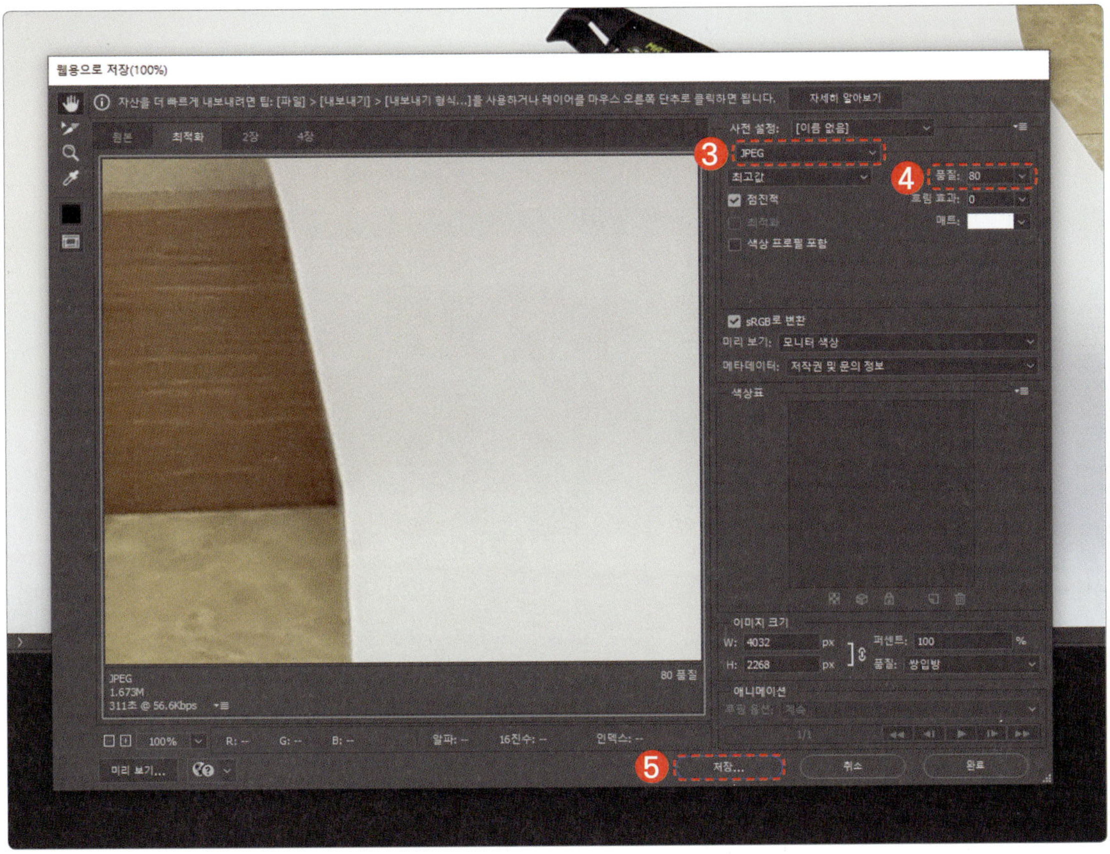

단축키: Shift+Ctrl+Alt+S

단축키가 안되는 경우에는 우측 메뉴로 들어가서 저장하시면 됩니다. [파일〉내보내기〉웹용으로 저장(레거시)]

QR코드로
영상강의를 확인해보세요.

04 기본기능

1) 바탕 흰색 만들기

제품 사진의 바탕을 흰색으로 만드는 방법입니다. 색상이 진한 제품의 사진에만 사용할 수 있으며, 흰색이나 밝은색, 투명 제품의 사진에는 적합하지 않습니다.

① 실습 파일(F-2_핸드백.jpg) 열기
② Ctrl + L 을 눌러 '레벨'창 열기
③ 가장 우측의 스포이드 클릭

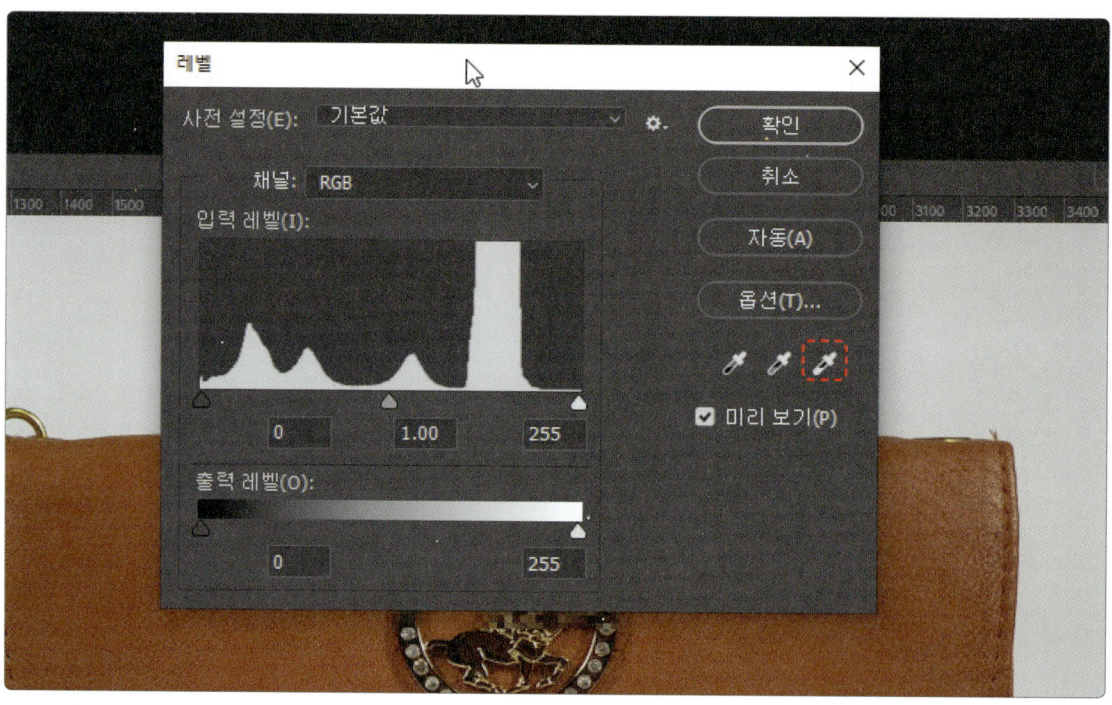

④ 사진에서 흰색바탕 부분을 클릭

⑤ '확인' 클릭

단축키: Ctrl + L

QR코드로
영상강의를 확인해보세요.

2) 밝기 미세 조절

어둡게 찍힌 사진을 밝은 영역, 중간 영역, 어두운 영역으로 구분하여 밝기 조절을 할 수 있는 기능입니다. 직접 움직이면서 어떻게 반응하는지 확인해보세요.

① 실습 파일(F-2_핸드백.jpg) 열기
② Ctrl + L 을 눌러 '레벨'창 열기
③ 세모 버튼 3개를 조절하면서 반응확인하기 (좌측 세모는 어두운 영역, 중간 세모는 중간 영역, 우측 세모는 밝은 영역을 조절)

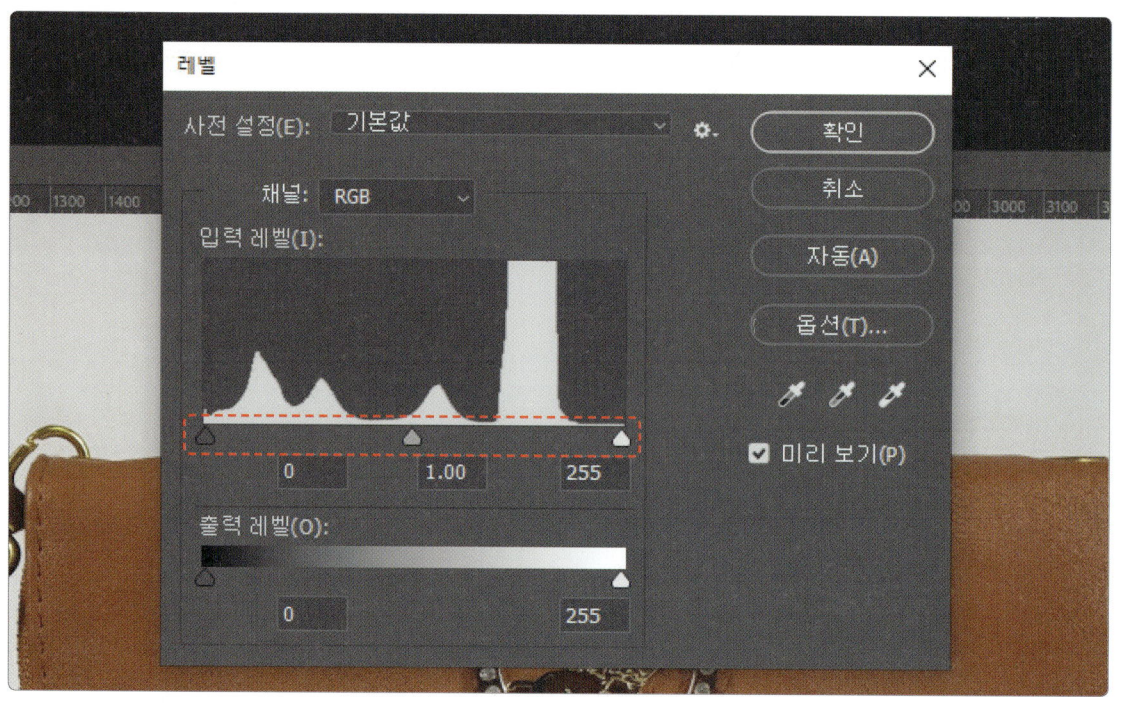

④ '확인' 클릭

단축키: Ctrl + L

QR코드로
영상강의를 확인해보세요.

3) 채도 변경하기

채도란, 색상의 맑거나 탁한 정도를 말합니다. 색상이 너무 눈에 튀는 경우, 약간 탁하게 만들어 가라 앉혀줄 수 있으며, 반대로 탁한 색상을 맑고 선명하게 만들어줄 수도 있습니다.

① 실습 파일(F-2_핸드백.jpg) 열기
② Ctrl + U 을 눌러 '색조/채도'창 열기
③ 채도 영역의 세모를 조절하면서 반응확인하기(좌측으로 가면 탁해지고, 우측으로 가면 맑아짐)

④ '확인' 클릭

단축키: Ctrl + U

QR코드로
영상강의를 확인해보세요.

5) 사진 확대/축소

작업하고 있는 이미지를 크게 보거나 작게 보는 기능입니다. 작업이 편하도록 작은 것은 크게 확대하고, 큰 것은 작게 축소해서 보는 기능입니다. 종종 이미지 파일 자체의 크기를 변경하는 것으로 오해하시는 분들이 있습니다. 이미지 자체의 크기 변화가 아니고, 화면으로만 확대/축소해서 보는 것입니다.

① 실습 파일(F-1_자동차.jpg) 열기
② 키보드에서 Ctrl + 플러스 키를 눌러 확대되는 모습 확인
③ Ctrl + 마이너스키를 눌러보며 축소되는 모습 확인

• 처음 파일을 열었을때의 상태

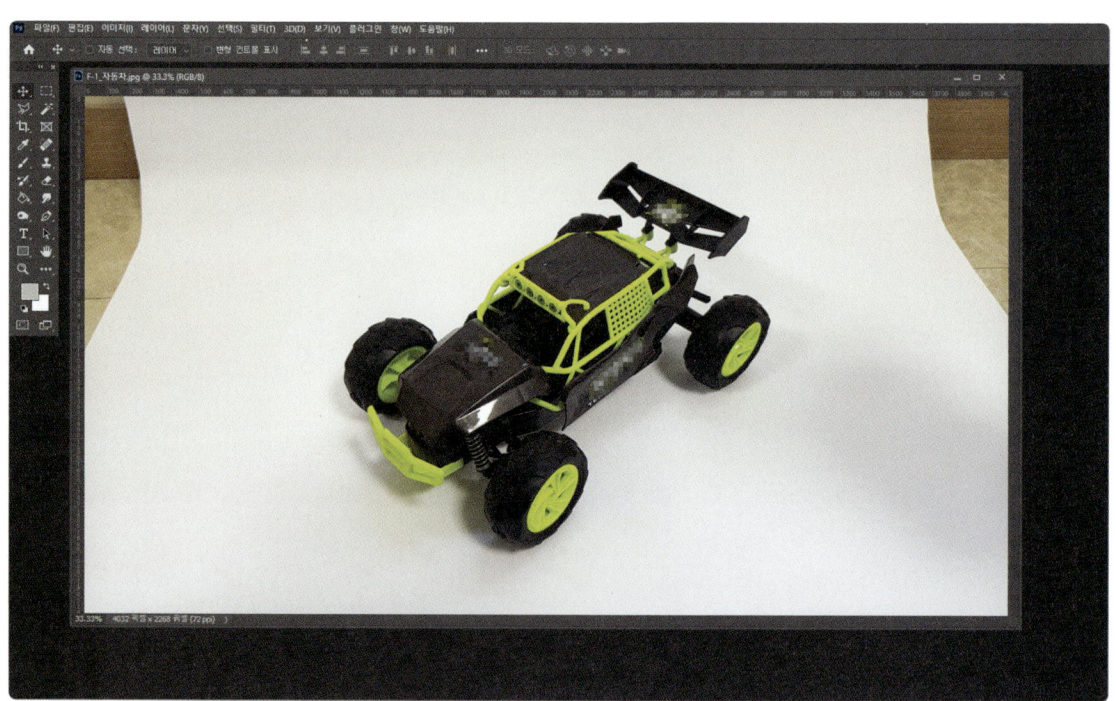

• 확대한 상태

• 축소한 상태

단축키: Ctrl + 플러스키 또는 마이너스키

QR코드로
영상강의를 확인해보세요.

6) 큰 사진 움직이면서 보기

이미지가 너무 큰 경우, 마치 손으로 잡고 이리저리 움직이면서 보는듯한 기능입니다.

① 실습 파일(F-1_자동차.jpg) 열기
② 키보드의 스페이스바를 누른 상태에서 마우스로 이미지를 이리저리 드래그

커서가 손모양으로 바뀝니다.

단축키: 키보드의 스페이스바를 누른 상태 + 마우스로 이미지를 드래그

QR코드로
영상강의를 확인해보세요.

7) [매주 중요!]이미지 개체의 크기 변경/회전

특정 이미지 개체의 크기를 줄이거나 늘리거나 회전할 때 사용됩니다. 단축키에서 T는 Transform을 의미합니다. 크기를 변경할 때 가로세로 비율이 깨지면서 사진이 찌그러질 경우가 있습니다. 이때는 Shift키를 잡고 변경하면 됩니다.

① 실습 파일(F-3_견과류.psd) 열기
② 이동 도구를 선택

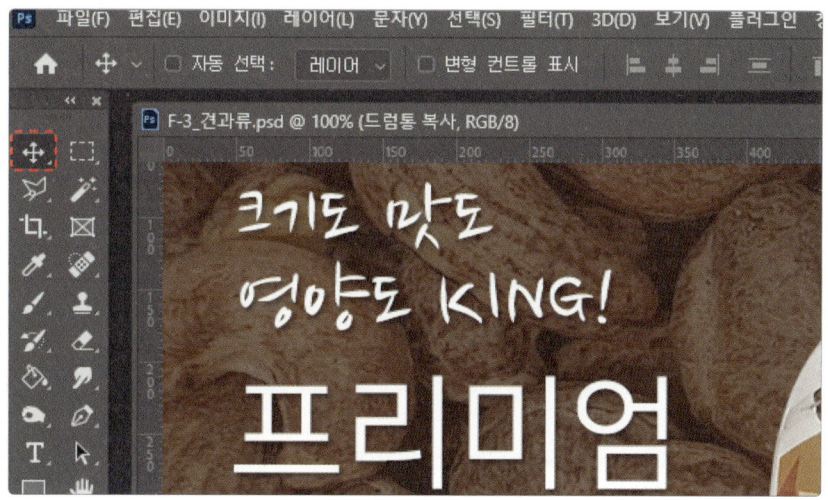

③ Ctrl을 누른 상태로 가운데 제품 사진을 클릭하여 선택

④ Ctrl + T를 누름

⑤ 이미지 주변에 생긴 조절점을 드래그 하여 크기 변경 연습

⑥ 사각모서리 조절점에 커서를 갖다 대어 ↻ 회전아이콘이 생기면 드래그 하여 회전연습

⑦ 원하는 대로 변형이 완료되면 Enter.

단축키: Ctrl + T

QR코드로
영상강의를 확인해보세요.

여기서 잠깐!

Ctrl + T를 누르면 사진 주변으로 조절점이 생겨서 크기를 조절할 수 있습니다. 그러나 크기를 조절하려는 사진이 너무 큰 경우, 조절점이 보이지 않아 당황하는 경우가 많습니다. 이 경우, 사실 조절점이 안보이는 것이 아니라 사진이 너무 커서 가려진 것일 뿐입니다. 이럴 경우 상단 옵션에서 H에 커서를 올린 후 좌우로 드래그 하면 편리하게 크기를 조절할 수 있습니다. 좌로 드래그하면 축소, 우로 드래그하면 확대입니다.

8) 작업 취소하기

방금 한 작업이 마음에 들지 않을 때 취소하는 방법입니다. Ctrl+Z를 눌러 이전 단계로 돌아갈 수 있습니다. 작업 내역 패널을 이용하면 원하는 단계로 손쉽게 돌아갈 수 있습니다.

① 실습 파일(F-3_견과류.psd) 열기
② 임의로 다양한 작업을 함
③ Ctrl+Z를 눌러 이전 단계로 돌아가는 것을 확인
④ 작업 내역 패널 오픈
⑤ 패널의 작업항목들을 클릭하여 이전 단계로 돌아가는 것을 확인.

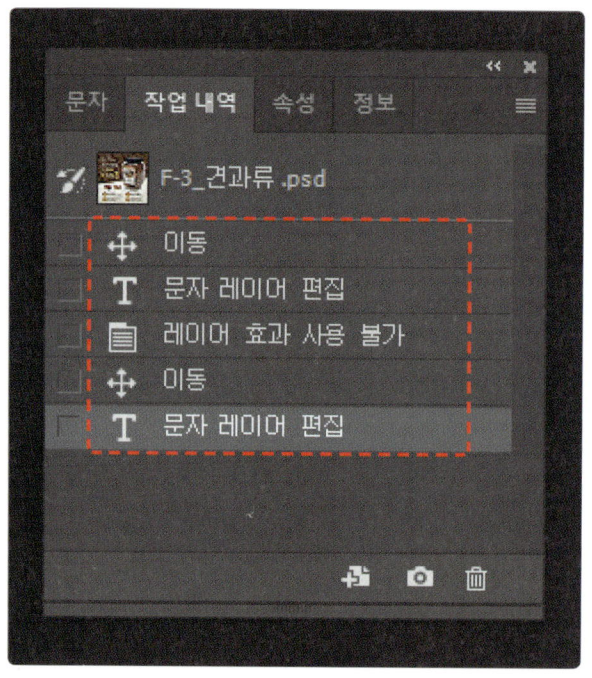

단축키: Ctrl+Z

 QR코드로
영상강의를 확인해보세요.

05 [중요!]레이어 패널

레이어 개념을 이해하지 못하면 포토샵을 제대로 사용할 수 없습니다. 완벽하게 이해하고 넘어가시기 바랍니다!

1) 레이어란 무엇인가?

레이어(Layer)란, 투명 유리판이라고 생각하시면 됩니다. 사진, 일러스트, 글씨, 아이콘 등이 그려진 얇은 유리판들이 쌓여있는 상태라고 보시면 됩니다. 이 상태를 위에서 내려다 보면 하나의 조합된 이미지로 보이게 되는 것입니다. 좀더 자세히 설명 드리겠습니다.

여기 그림이 그려진 4장의 유리판이 있습니다.

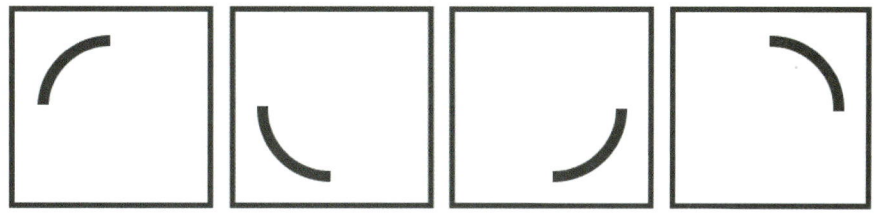

이 유리 4장을 아래처럼 겹칩니다. 이 겹쳐진 유리를 위에서 내려다보면 이렇게 보이겠죠?

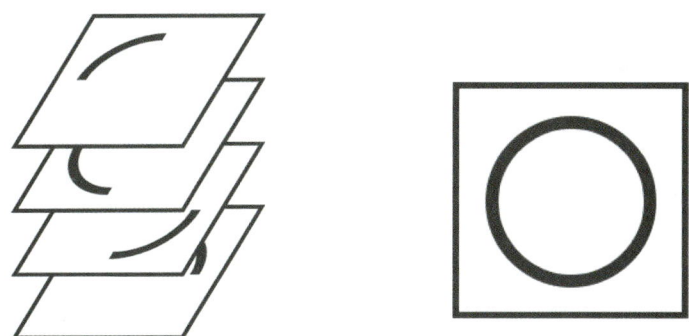

포토샵은 이와 같이 다양한 그림들이 그려진 유리판, 즉 레이어들이 모여 하나의 이미지를 만들어 내는 구조로 되어 있습니다. 포토샵은 왜 굳이 이렇게 복잡하게 레이어 구조로 되어 있을까요? 그 이유는 이렇게 따로 분리되어 있어야 넣고, 빼고, 이동하고, 변형하는 등 자유로운 편집이 가능해지기 때문입니다.

2) 새 레이어 만들기

아무 그림도 없는 새 투명 유리판을 추가하는 것과 같은 작업입니다.

① 실습 파일(F-4_퍼즐.psd) 열기
② 레이어 패널 보기
③ 레이어 패널 하단 ➕ 아이콘을 클릭
④ 새 레이어가 만들어진 것을 확인

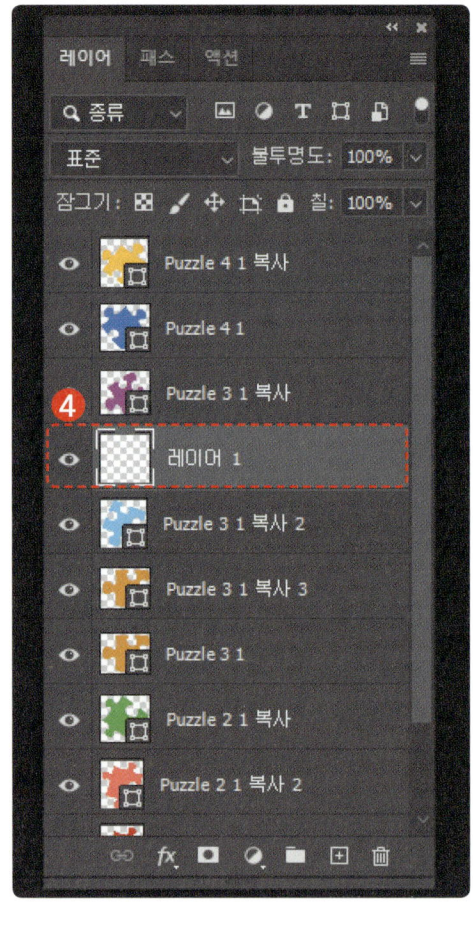

QR코드로
영상강의를 확인해보세요.

3) 똑 같은 레이어 만들기

똑 같은 레이어를 하나 더 만들어서 다양한 목적으로 사용할 수 있습니다. 같은 제품을 나란히 정렬하거나 겹치게 할 수 있습니다.

① 실습 파일(F-4_퍼즐.psd) 열기

② 이동 도구를 선택한 후 Ctrl을 누른 상태로 중간에 있는 '빨간색 퍼즐'을 클릭하여 선택

③ 레이어 패널에서 선택된 '빨간색 퍼즐' 레이어를 레이어 패널 하단 아이콘 위로 드래그

QR코드로
영상강의를 확인해보세요.

4) 레이어 순서 변경

레이어의 순서를 원하는 데로 위아래로 바꿀 수 있습니다. 위치 변경에 따라 레이어간에 서로 가릴 수 있으므로 이에 주의해야 합니다.

① 실습 파일(F-4_퍼즐.psd) 열기
② 레이어창에 있는 다양한 레이어들을 임의로 드래그 하여 위치를 변경 (드래그 할 때 파란색 가로선이 생기며, 그 선이 있는 위치로 드래그한 파일이 이동함)

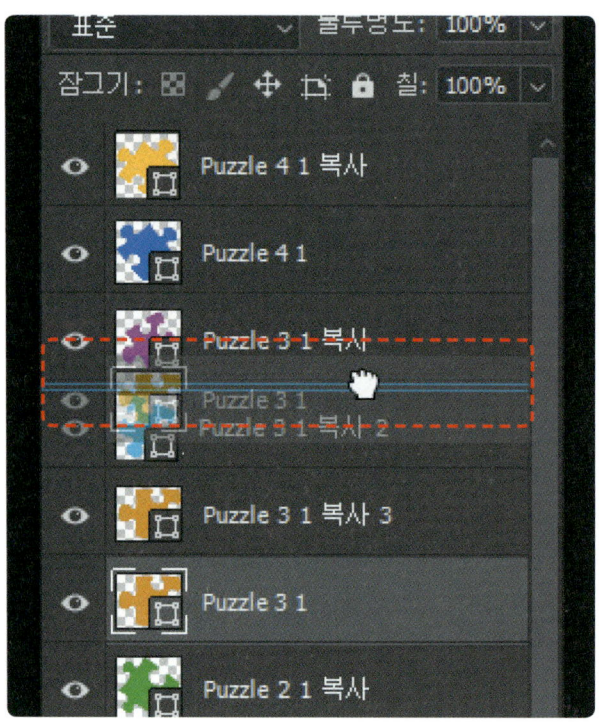

QR코드로
영상강의를 확인해보세요.

5) 여러 레이어 선택하기

여러 레이어를 한꺼번에 이동, 변형, 삭제할 때 사용합니다. 연달아서 여러 개의 레이어를 선택할 때는 Shift키를 누른 상태에서 선택합니다. 특정 레이어들만 선택할 때는 Ctrl키를 누른 상태에서 선택합니다.

① 실습 파일(F-4_퍼즐.psd) 열기

② 특정 레이어를 선택

③ Shift를 누른 상태에서 다른 레이어를 클릭하여 한꺼번에 선택된 레이어 확인

선택된 레이어는 색상이 바뀝니다.

④ 특정 레이어를 다시 선택

⑤ Ctrl키를 누른 상태에서 임의로 다양한 레이어를 클릭하여 선택되는 것을 확인

QR코드로
영상강의를 확인해보세요.

6) 그룹 만들기

컴퓨터 작업을 하다 보면 수백 개의 파일들이 생기게 되고, 이걸 그대로 두면 엉망으로 뒤섞여서 대혼란에 빠지게 됩니다. 그래서 우리는 폴더를 만들어 체계적으로 정리를 하는 것입니다. 이처럼 포토샵 작업을 하다 보면 수백 개의 레이어가 정신없이 생기게 되고, 나중에는 레이어의 정글 속에서 헤매는 고통을 겪게 됩니다. 이러한 혼란을 막기 위해 관련된 레이어들을 폴더 형태로 묶어 정리하는 기능입니다. 레이어들을 깔끔하게 정리하는 것을 습관화 해야 특정 부분을 옮기거나 삭제할 때 손쉽게 작업할 수 있습니다. 그 반대의 경우에는 큰 어려움을 겪게 됩니다. 정리를 철저히 해주세요.

• **한번에 그룹으로 묶기**
① 실습 파일(F-5_하트.psd) 열기
② 레이어 패널에서 홍길동, 이몽룡, 성춘향, 심청이 레이어를 일괄 선택

③ 레이어 패널 하단의 ▣ 아이콘 클릭

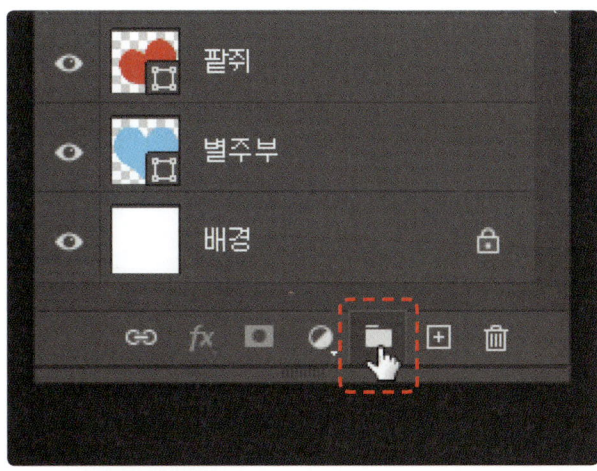

④ 새로 생긴 ∨▣ 그룹1 에서 >를 클릭하여 묶여진 레이어들 확인

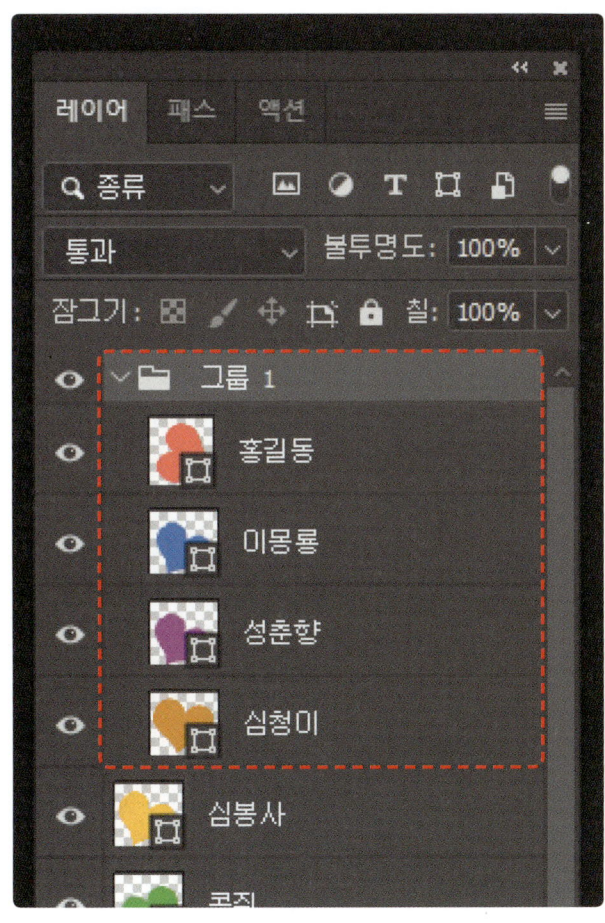

• **그룹을 먼저 만들고 레이어 추가하기**

① 위와 동일한 실습 파일

② 레이어 패널 하단에서 ▭ 아이콘 클릭

③ 새로 생긴 ▸▭ 그룹 2 위로 심봉사, 콩쥐, 팥쥐 레이어를 드래그

④ ▾▭ 그룹 2 에서 >를 클릭하여 묶여진 레이어들 확인

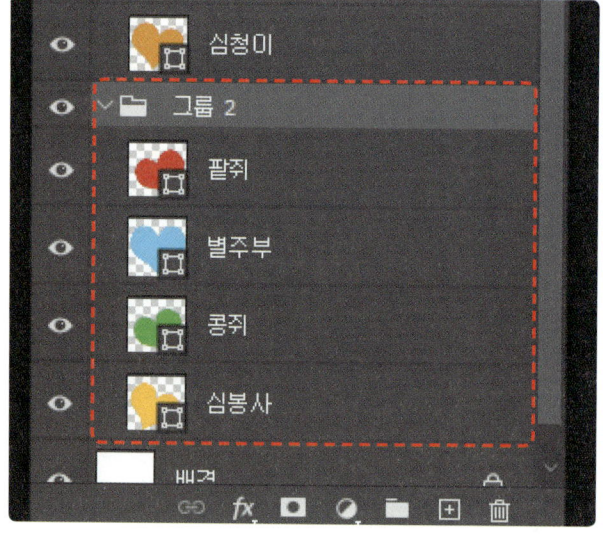

7) 레이어와 그룹의 이름 변경하기

레이어나 그룹이 너무 많으면 구별이 힘들기 때문에 이름을 붙여줄 수 있습니다. 이름 변경시 반드시 레이어의 글자 영역을 더블클릭해야 합니다. 레이어 우측의 빈 공간을 클릭하면 '레이어 스타일' 창이 열리니 주의하십시오.

① 실습 파일(F-6_기린.psd) 열기
② 기린 레이어에서 기린 글씨 부분을 더블클릭
③ 이름을 변경하고 Enter

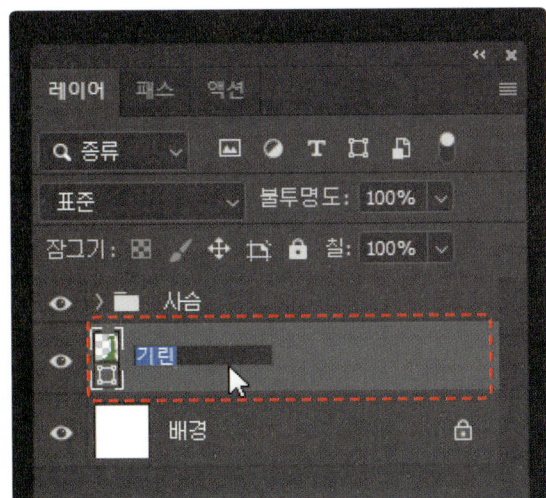 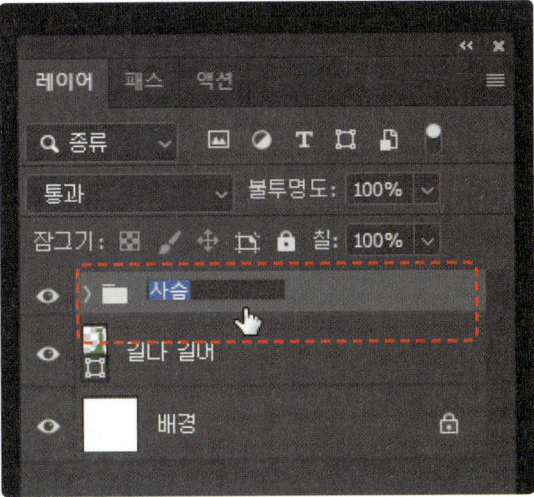

④ 사슴 그룹에서 사슴 글씨 부분을 더블클릭
⑤ 이름을 변경하고 Enter.

 QR코드로
영상강의를 확인해보세요.

8) 다른 파일에서 이미지 가져다 쓰기

다른 PSD파일에 있는 이미지들을 새로 작업하는 PSD로 드래그하여 가져 올 수 있습니다.

① 실습 파일(F-7_네모.psd, F-8_동그라미.psd) 열기

② ✥ 이동 도구를 선택한 후, Ctrl을 누른 상태로 가운데 네모를 클릭하여 선택

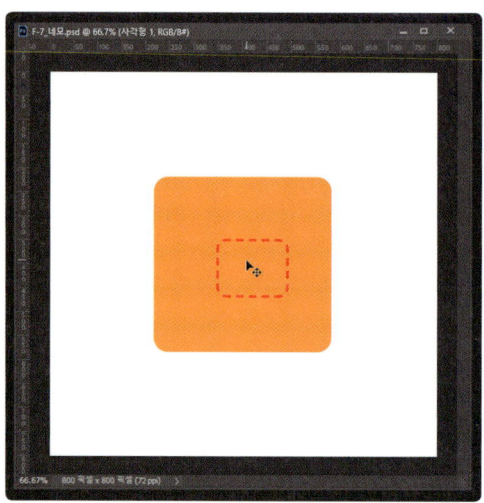

③ 선택한 레이어를 동그라미 파일로 드래그하여 이동

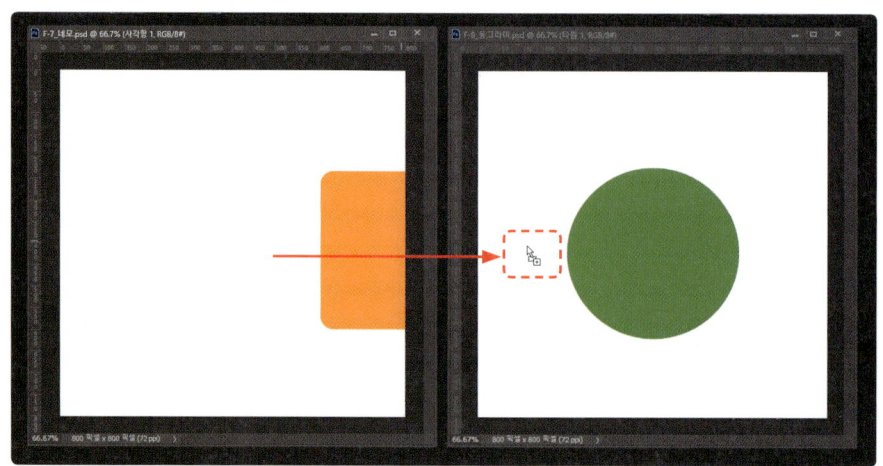

④ 동그라미 파일에서 동그라미를 선택하여 네모 파일로 이동

QR코드로
영상강의를 확인해보세요.

9) [중요]클리핑 마스크

저는 이 기능을 액자 기능이라고 부릅니다. 왜냐하면 액자 안에 사진을 넣는것과 같기 때문입니다. 사각 박스 안에 제품 사진을 넣는것과 같은 작업에 자주 사용되므로 완벽하게 숙지해주세요.

① 실습 파일(F-9_액자.psd, F-10_사진.psd) 열기
② 액자 파일 클릭, 이동 도구를 선택한 후 Ctrl을 누른 상태로 네모 박스를 클릭하여 선택
③ 사진 파일에서 자동차를 선택한 후, 액자 파일의 네모박스 위로 드래그하여 이동

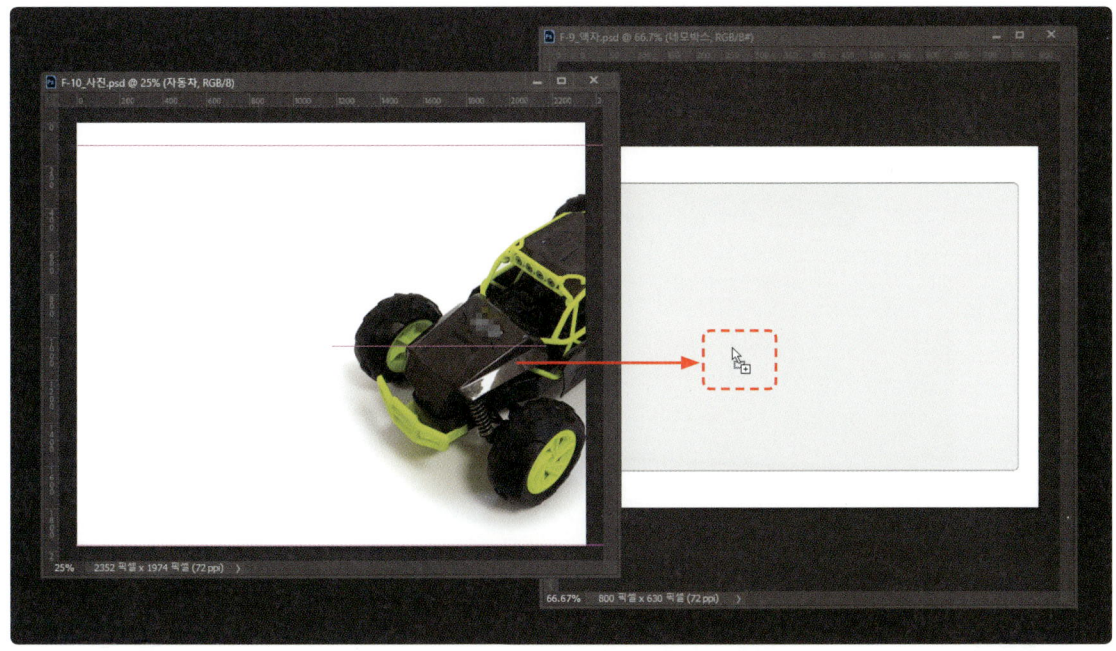

④ 자동차가 네모박스 위로 이동한 것을 확인

⑤ Alt를 누른 상태로 레이어창에서 커서를 자동차 레이어와 네모박스 레이어 사이로 위치시켜 커서가 ⬇□ 모양으로 바뀔 때 클릭

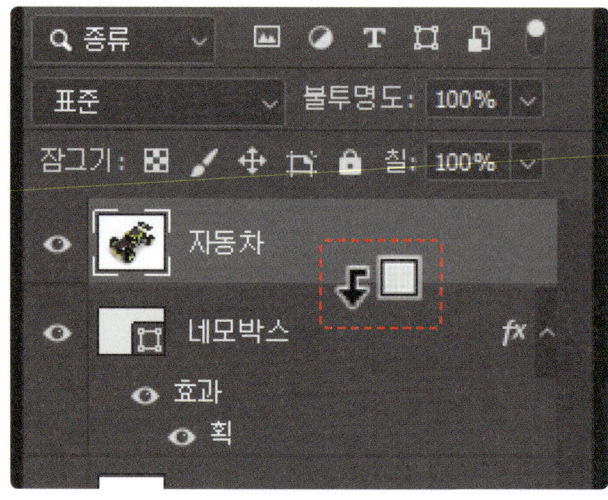

⑥ 자동차가 네모박스 안으로 들어간 상태를 확인

⑦ 레이어 패널에서 자동차 레이어 선택

⑧ Ctrl + T를 눌러 자동차 레이어를 적당한 크기로 조절 후 Enter

 QR코드로
영상강의를 확인해보세요.

Chapter 03

포토샵 도구 사용

아래 이미지에서 1번은 포토샵이 제공하는 다양한 도구들이며, 2번은 내가 선택한 도구의 기능을 세부적으로 설정할 수 있는 옵션 영역입니다.

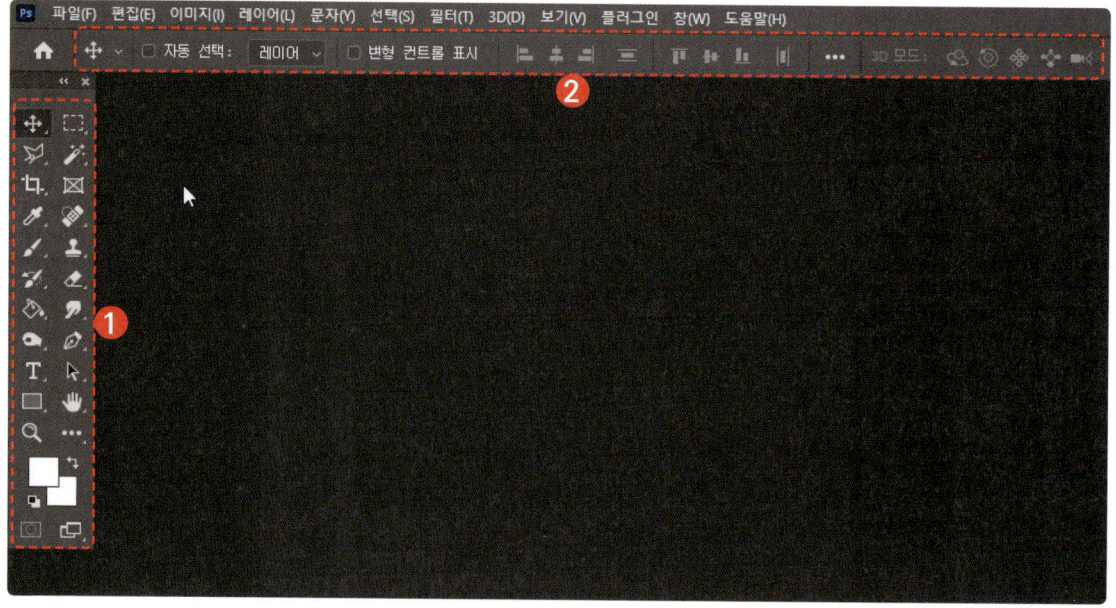

을 보면 우측하단에 작은 세모점이 있지요? 이 점은 더 많은 도구들이 숨겨져 있다는 뜻입니다. 이 아이콘을 꾹 누르고 기다려보세요. 그러면 아래와 같이 숨겨져 있는 도구들이 보이게 됩니다. 다른 도구들도 한번씩 눌러보세요.

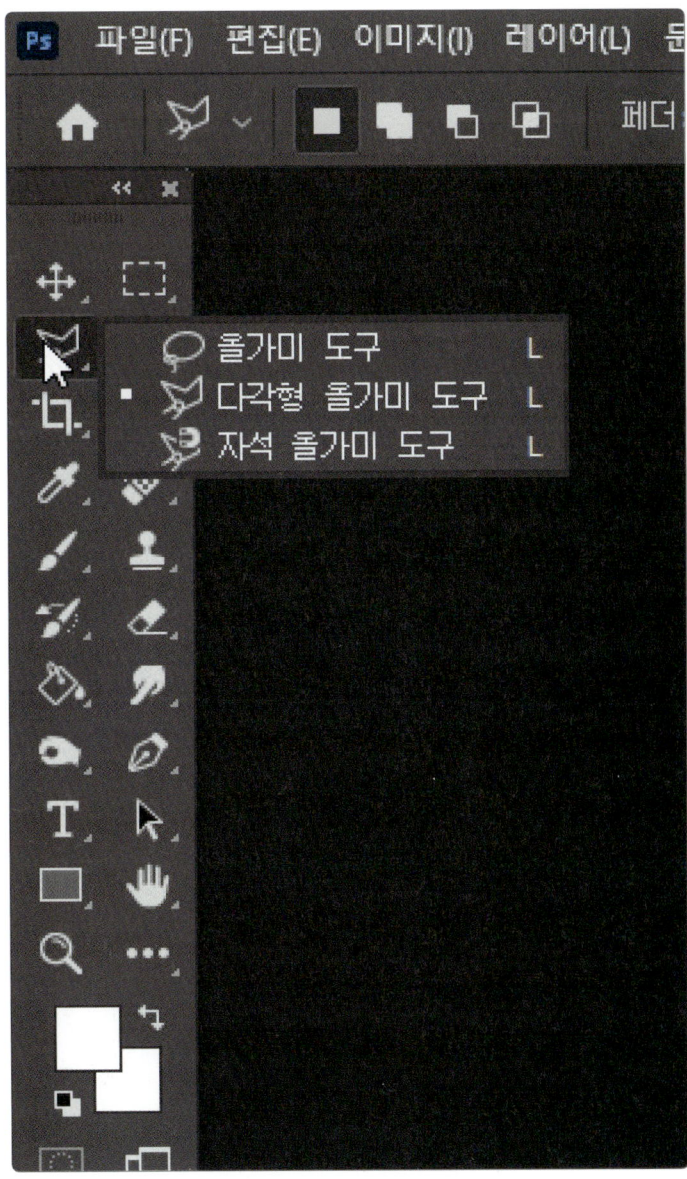

01 개체 선택 및 이동

1) ✥ 이동 도구

이미지나 글씨 등 다양한 개체들을 선택하고 위치를 이동하는 도구입니다. 원하는 개체를 선택할 때는 해당 개체위에서 Ctrl키를 누른 상태에서 마우스 왼쪽 버튼을 클릭하면 됩니다. 이동 도구를 선택하면 상단 옵션 영역에 자동 선택 체크박스가 생깁니다. 이 부분은 항상 해제해 주세요.

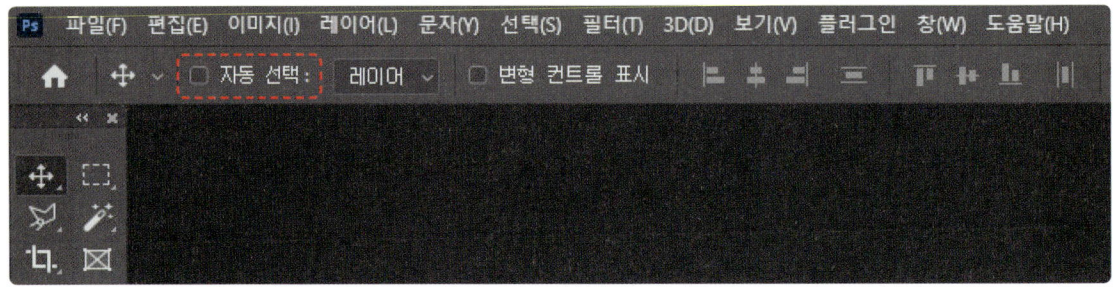

이 부분을 체크하게 되면 클릭할 때 마다 자동으로 개체들이 선택되어 실수로 개체들을 이동시키거나 삭제하는 등의 문제가 발생될 수 있기 때문입니다.

① 실습 파일(F-3_견과류.psd) 열기
②  이동 도구를 선택

③ Ctrl+클릭하여 다양한 이미지 개체를 선택하고 이동함.

 QR코드로
영상강의를 확인해보세요.

02 영역 선택

이미지내에서 특정 영역을 삭제하거나, 특정 영역안에서만 작업을 하려면, 해당 영역을 지정해줘야 합니다. 이를 영역선택이라고 합니다.

1) ▣ 사각형, ◯ 원형 선택 도구

사각형이나 원형으로 선택하는 도구입니다.

① 실습 파일(F-3_견과류.psd) 열기
② ✥ 이동 도구 선택하고, 견과류 병을 Ctrl키를 누른 상태에서 마우스 왼쪽 버튼을 클릭하여 선택
③ 사각형 선택 도구를 선택

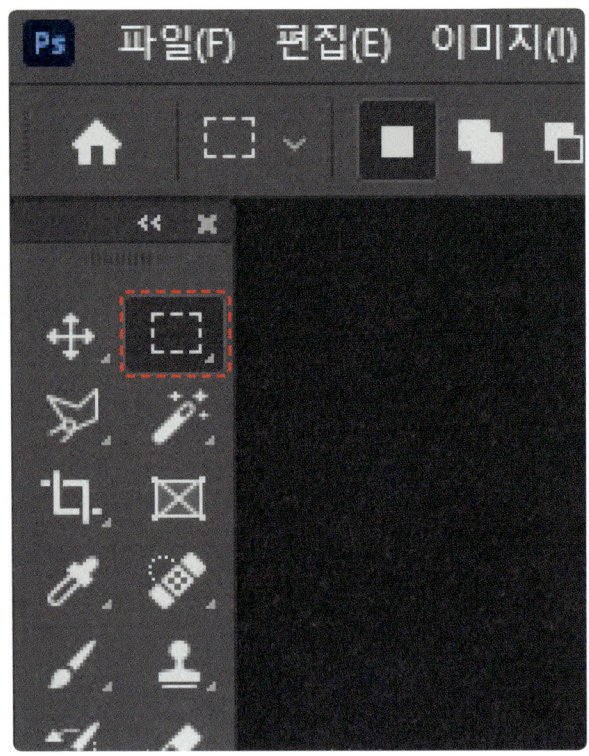

④ 견과류 병 위에서 드래그 하여 사각형 모양으로 일부 선택

⑤ 키보드에서 Delete키를 눌러 사각형 모양으로 삭제되는 것을 확인

⑥ 원형도 동일하게 연습

 QR코드로
영상강의를 확인해보세요.

2) ◯ 올가미 선택 도구

올가미는 마우스로 선을 그리면서 자유로운 곡선으로 선택할 수 있습니다.

① 실습파일(F-3_견과류.psd) 열기
② 선택도구를 이용하여 견과류 병 선택
③ 올가미 선택 도구 선택

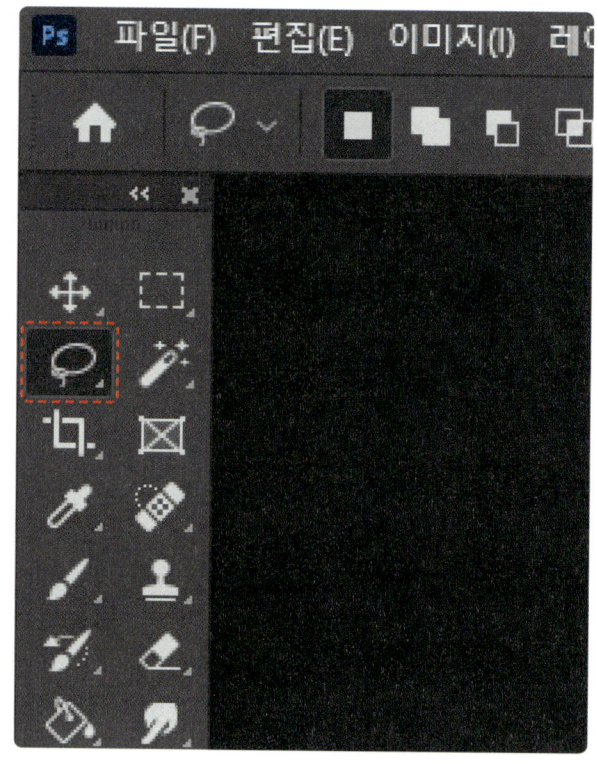

④ 견과류 병 위에서 곡선으로 드래그 하며 시작점까지 이동하여 선택

⑤ 키보드에서 Delete키를 눌러 곡선 모양으로 삭제되는 것을 확인

QR코드로
영상강의를 확인해보세요.

3) 다각형 선택 도구

다각형은 직선을 이용하여 각진 형태로 선택하는 도구로서 박스 같은 것을 보정할 때 많이 쓰입니다. 선택 방법은 드래그가 아니라 꼭지점에서 클릭하는 것입니다.

① 실습 파일(F-11_박스.psd) 열기
② 다각형 선택 도구 선택

③ 꼭지점 마다 클릭하여 아래 사진처럼 선택

④ 키보드에서 Delete키를 눌러 각진 모양으로 삭제되는 것을 확인

QR코드로
영상강의를 확인해보세요.

4) 자동 선택 도구

색상이 비슷한 영역을 자동으로 선택해 줍니다. 허용치 값에 따라 자동 선택의 민감도를 조절할 수 있습니다. 수치를 올리면 다른 색상까지 선택 영역이 넓어집니다. 인접 체크박스 선택에 따라 선택 범위가 바뀝니다. 인접을 체크하면 내가 선택한 칼라와 인접한 곳만 선택되며, 인접의 체크를 풀면, 사진 전체에서 내가 선택한 칼라와 비슷한 모든 칼라가 선택됩니다. '앤티 앨리어스'는 늘 체크 상태로 두세요. 실습하면서 변화를 확인해 보겠습니다.

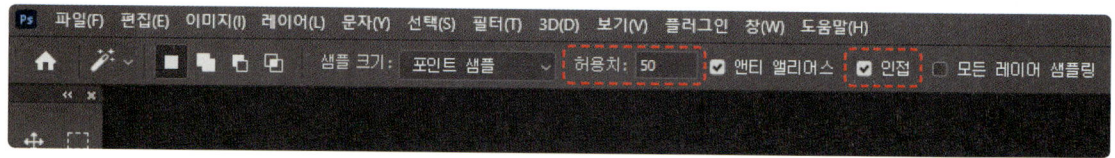

- 허용치 값에 따른 선택 범위의 변화
  ① 실습 파일(F-12_원형.psd) 열기
  ② 자동 선택 도구 선택

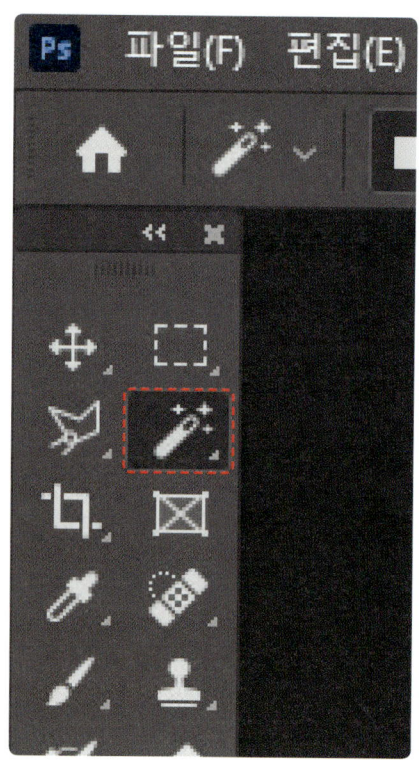

③ 허용치 값을 10으로 설정, 인접 체크

④ 자동 선택 도구로 중심의 가장 빨간 부분을 클릭하여 선택된 범위 확인

⑤ Ctrl + D 누름

⑥ 허용치 값을 100으로 설정

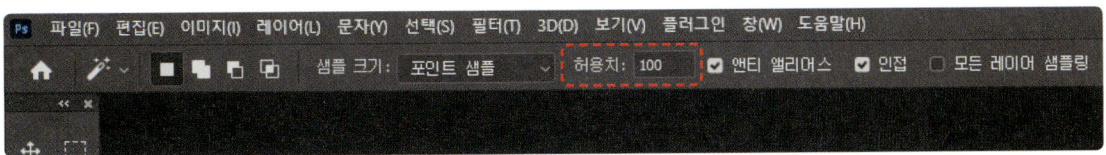

⑦ 자동 선택 도구로 중심의 가장 빨간 부분을 클릭하여 선택된 범위 확인
(더 넓은 범위가 선택된 것을 확인할 수 있음)

허용치를 높이자 더 넓은 범위가 선택된 것을 보실 수 있습니다.

- 인접 설정에 따른 선택 범위의 변화
① 위와 동일 파일 열기
② 자동 선택 도구 선택
③ 인접 체크박스를 체크하고 자동 선택 도구로 중심의
가장 빨간 부분을 클릭하여 선택된 범위 확인

④ Ctrl + D 누름

⑤ 인접 체크 박스의 체크를 해제하고 자동 선택 도구로 동일 위치를 클릭하여 선택된 범위 확인

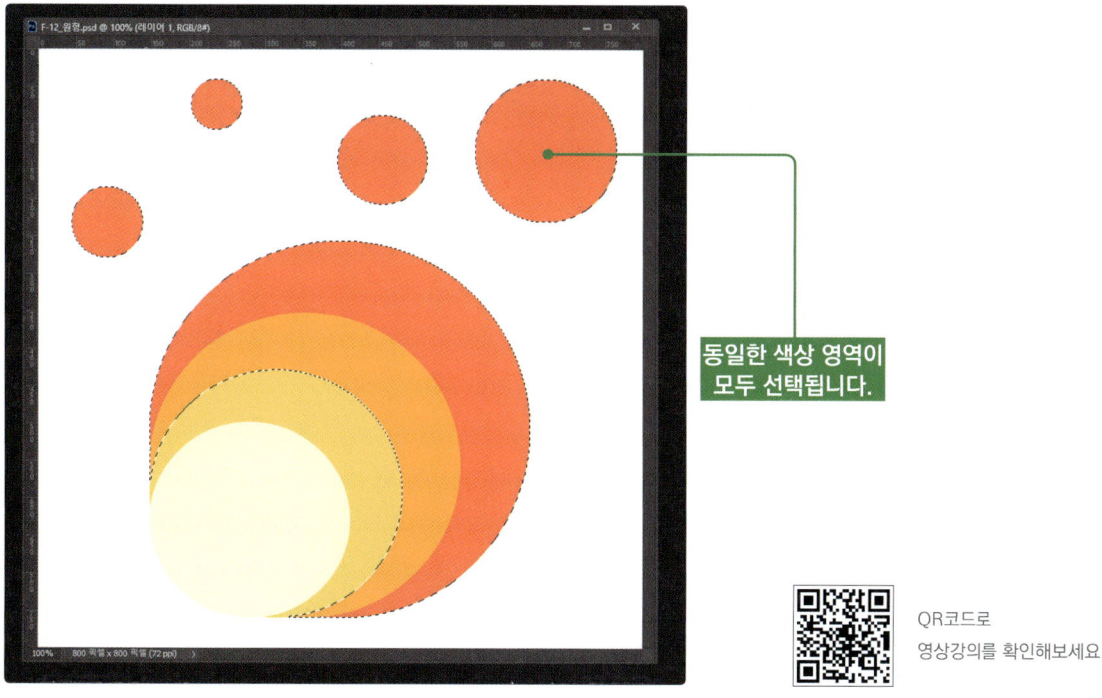

동일한 색상 영역이 모두 선택됩니다.

QR코드로
영상강의를 확인해보세요.

5) ![crop icon] 자르기 도구

제작한 이미지에서 불필요한 부분이나 여백을 통째로 잘라내는 기능입니다.

① 실습 파일(F-1_자동차.jpg) 열기
② 자르기 도구 선택

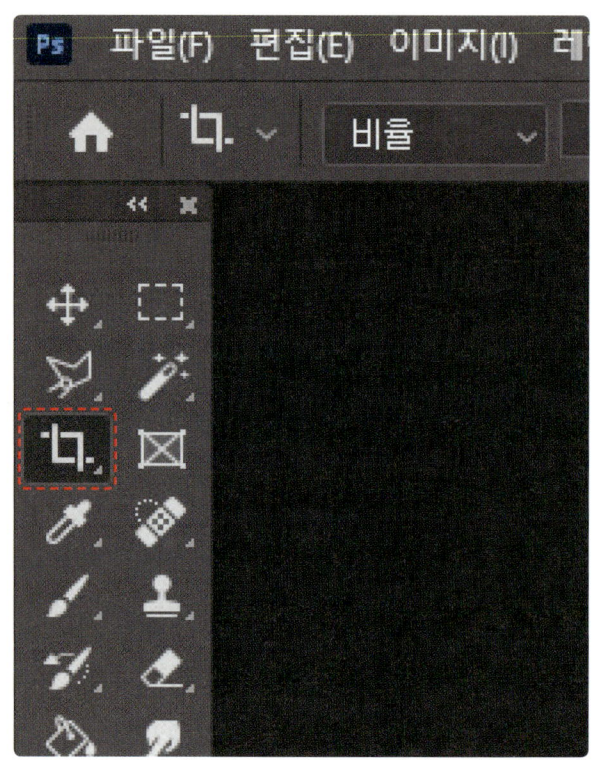

③ 실습 파일 위에서 드래그 하여 필요한 부분만 선택

④ Enter

앞서 선택한 부분만 남습니다.

⑤ 자르기도구를 다시 클릭한 후, 상하좌우에 있는 조절점을 조정하여 크기를 키움

선택영역을 다시 조절할 수 있습니다.

⑥ Enter

이처럼 자르기도구를 이용하여 언제든 원하는 만큼 여백을 키울 수 있습니다.

QR코드로
영상강의를 확인해보세요.

03 다양한 모양 만들기

1) ▫ **사각형,** ◯ **타원,** △ **삼각형,** ⬢ **다각형**

다양한 모양을 드래그해서 그릴 수 있습니다.

① 실습 파일(F-13_빈파일.psd) 열기
② 전경색 아이콘 클릭

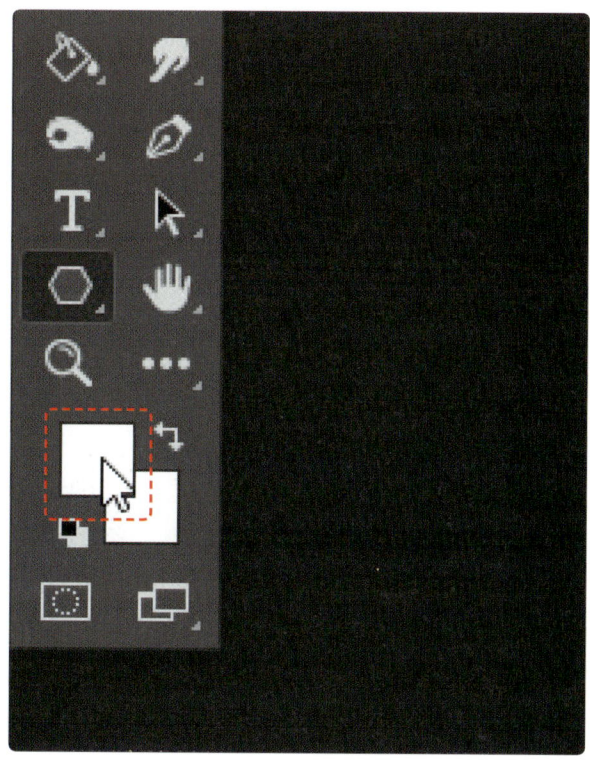

③ 원하는 색을 선택 후 '확인' 버튼 클릭

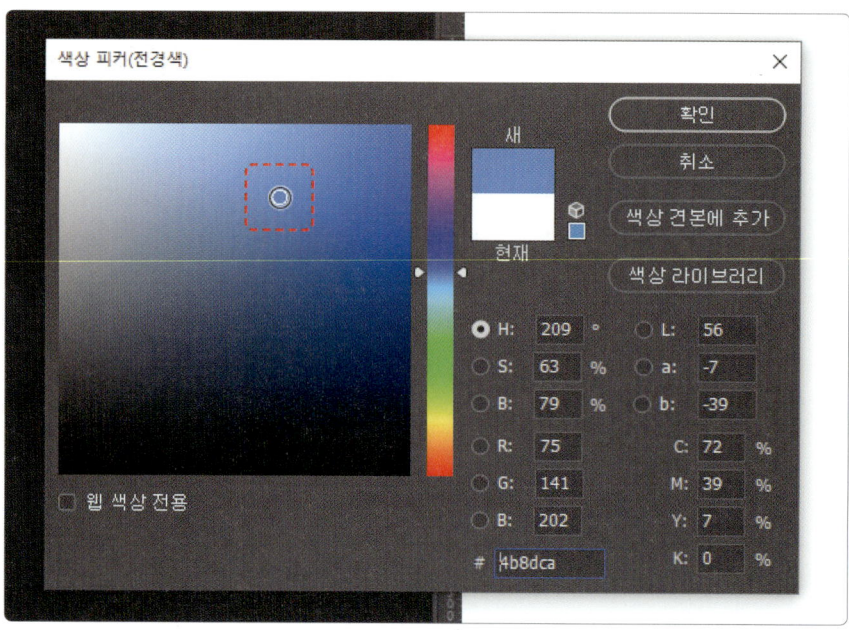

④ 사각형 도구 선택

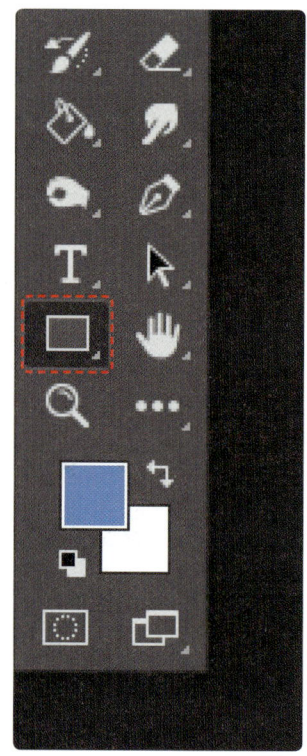

⑤ 좌에서 우로 드래그하여 사각형 개체 그리기

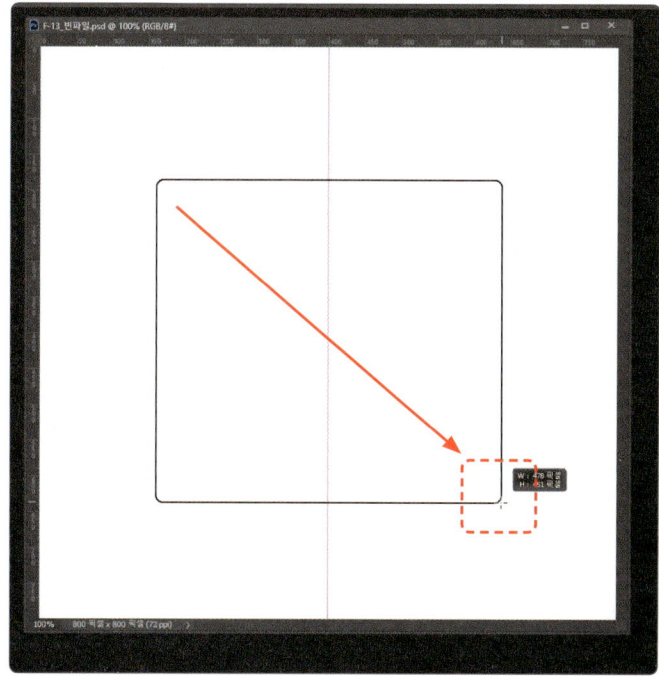

⑥ 내부 조절점을 클릭하여 모서리를 둥글게 변경

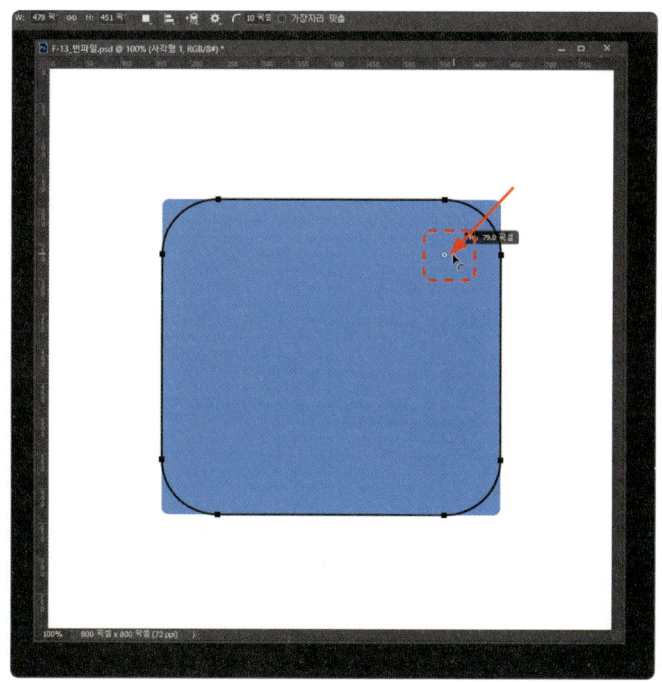

⑦ 레이어창에서 조금 전에 그린 사각레이어를 더블클릭

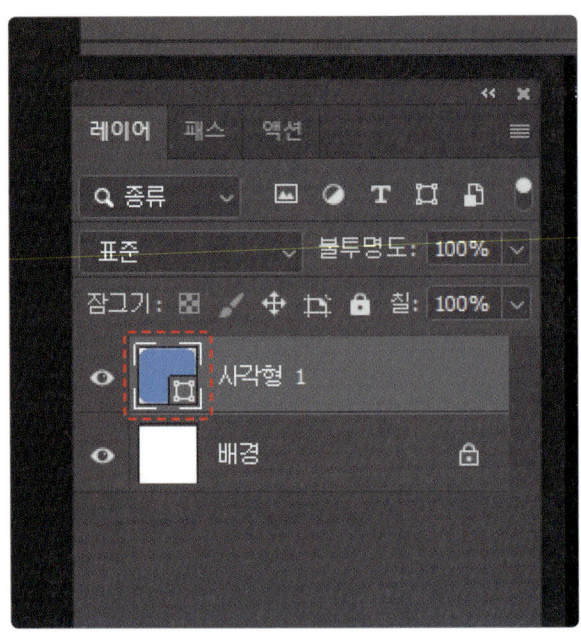

⑧ 색상피커창에서 색상 변경 및 확인 클릭

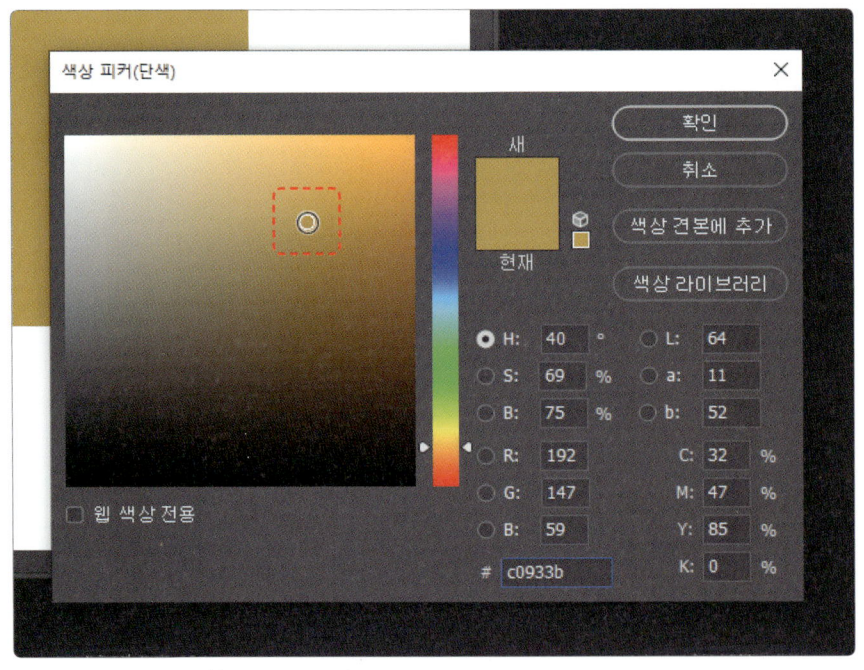

⑨ 변경된 색상 확인

⑩ 타원, 삼각형, 다각형도 동일하게 연습 (타원만 제외하고 모두 모서리를 둥글게 할 수 있음)

QR코드로
영상강의를 확인해보세요.

2) ◪ 선, 화살표

선, 또는 화살표가 있는 선을 그릴 수 있습니다. 화살표가 있는 선은 사이즈 표기 시 자주 사용되니 꼭 익혀 두세요.

· 선만 그리기

① 실습 파일(F-13_빈파일.psd) 열기

② 선 도구 선택

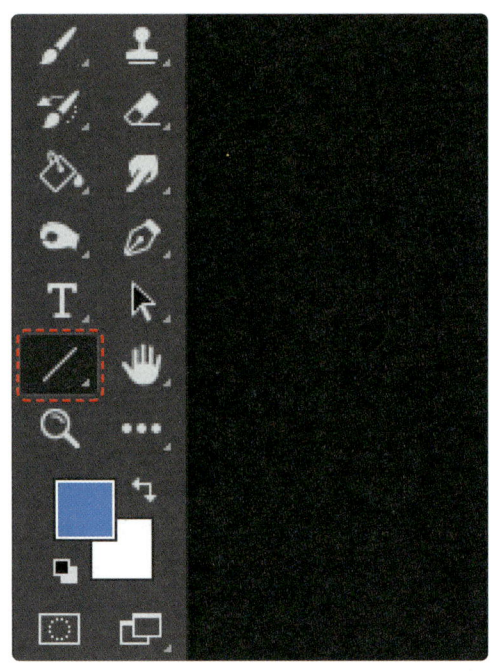

③ 옵션에서 두께를 1픽셀로 설정

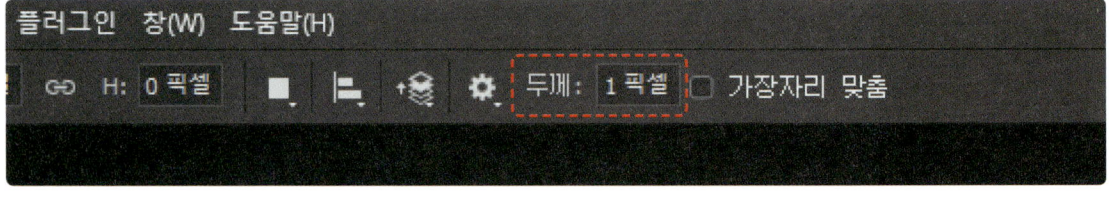

④ 드래그 하여 선 그리기

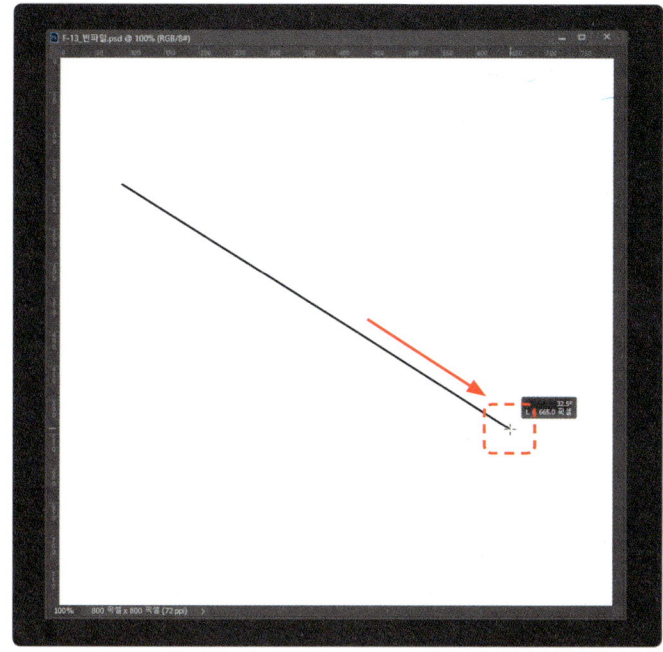

⑤ 레이어창에서 조금전에 그린 선레이어를 더블클릭

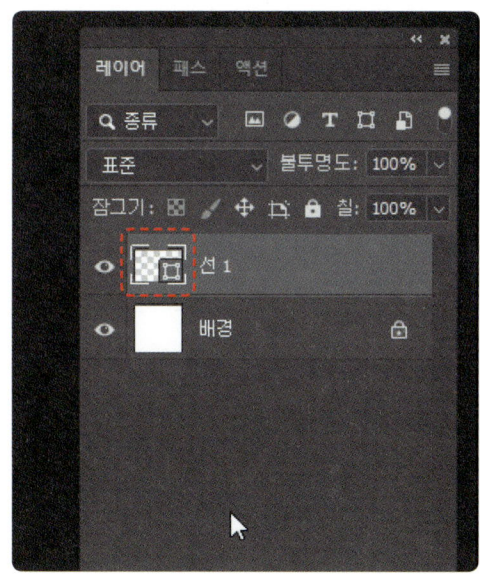

⑥ 색상피커창에서 색상 변경 및 확인

⑦ 변경된 색상 확인

• 화살표가 있는 선 그리기

① 실습 파일(F-13_빈파일.psd) 열기

② 선 도구 선택

③ 옵션에서 클릭

④ 패스 옵션의 화살촉 영역에서 시작과 끝을 체크

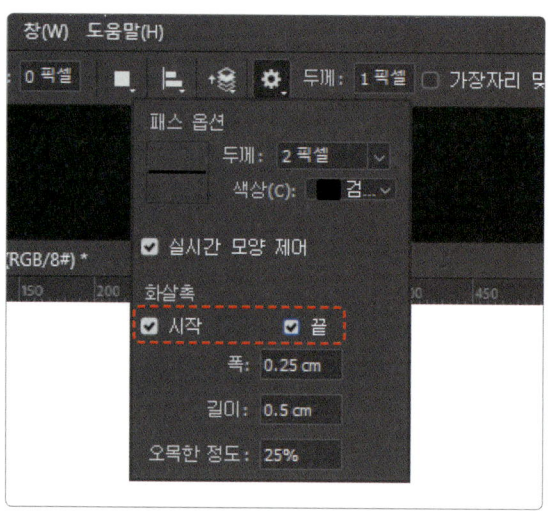

⑤ 드래그 하여 선 그리기 (수직선, 수평선, 45도 사선을 반듯하게 그리려면 Shift키를 누른상태로 그림)

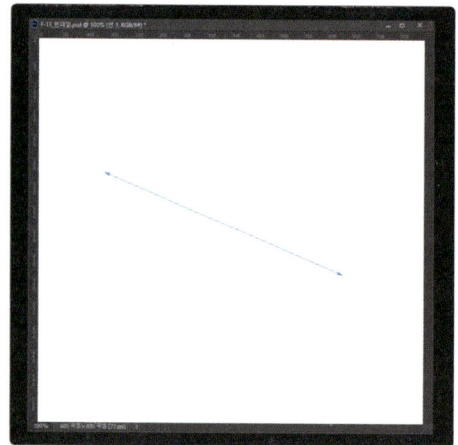

 QR코드로
영상강의를 확인해보세요.

3) 사용자 정의 모양 도구

포토샵에서 제공하는 다양한 아이콘들을 드래그하여 그릴 수 있습니다. 이 책의 'P.110의 03 포토샵 기본 세팅'에서 말씀드린 설정을 해야 다양한 아이콘들을 사용하실 수 있습니다. 다양한 아이콘들이 안 보인다면 앞으로 돌아가 기본 세팅을 해주세요.

① 실습 파일(F-13_빈파일.psd) 열기
② 사용자 정의 모양 도구 선택

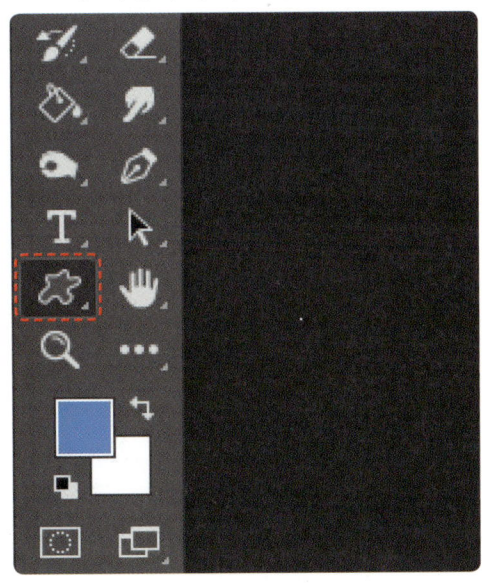

③ 옵션에서 모양 탭 클릭

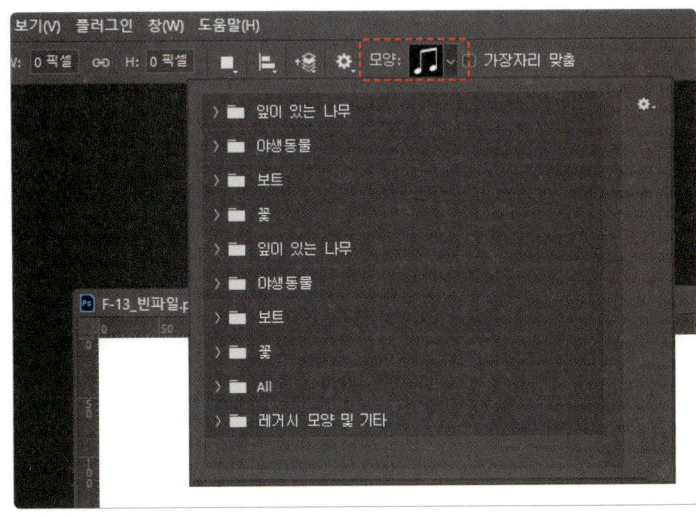

④ 원하는 아이콘 클릭

⑤ 드래그하여 아이콘 그리기

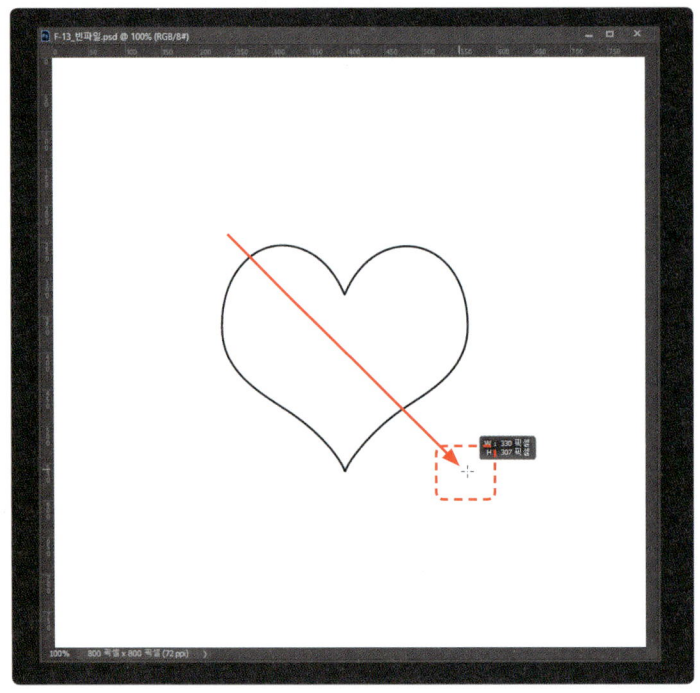

⑥ 다른 다양한 아이콘으로 그리기 연습

QR코드로
영상강의를 확인해보세요.

4) 색상, 외각선 바꾸기

앞서 그린 모양들의 색상 또는 외각선을 원하는 데로 설정할 수 있습니다.

① 실습 파일(F-4_퍼즐.psd) 열기

② ✥ 이동 도구를 선택한 후 Ctrl을 누른 상태로 원하는 모양을 클릭하여 선택

③ 모양 도구 영역 클릭

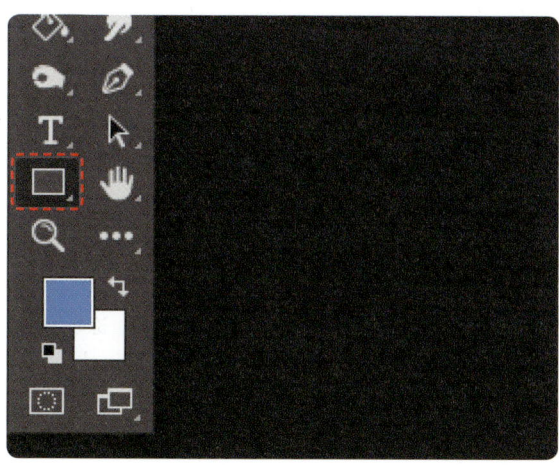

④ 옵션에서 칠, 획, 선 굵기 영역, 선 종류 영역을 임의로 설정하여 반응 확인

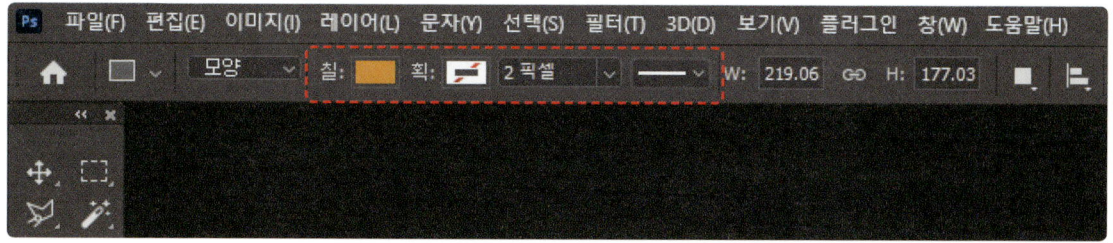

QR코드로
영상강의를 확인해보세요.

04 그리기와 지우기

1) 🖌 브러시 도구

선을 긋거나 색깔을 칠할 때 사용합니다.

① 실습 파일(F-13_빈파일.psd) 열기
② 전경색을 클릭하여 원하는 칼라 선택

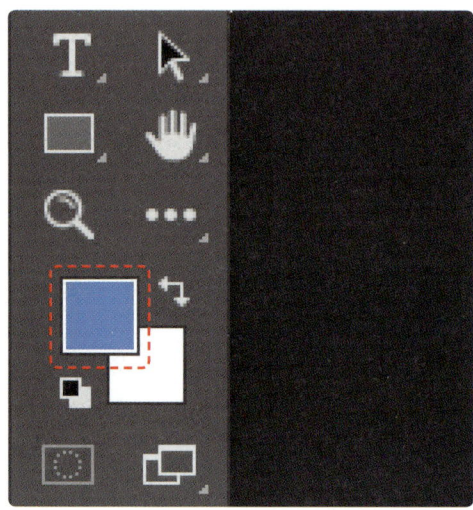

③ 브러시 도구 선택

④ 옵션에서 붓의 크기와 종류 선택

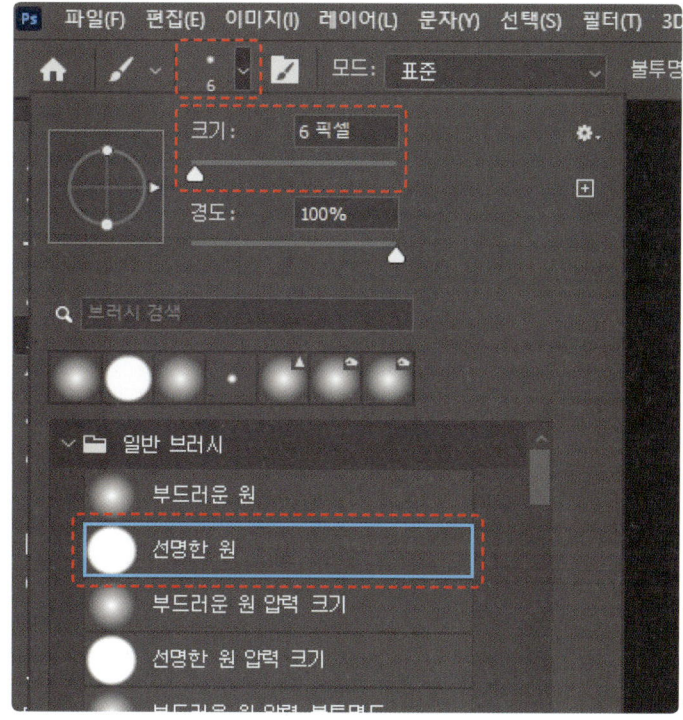

⑤ 드래그하여 그리기

⑥ 키보드에서 ']'를 클릭하여 붓의 굵기를 크게

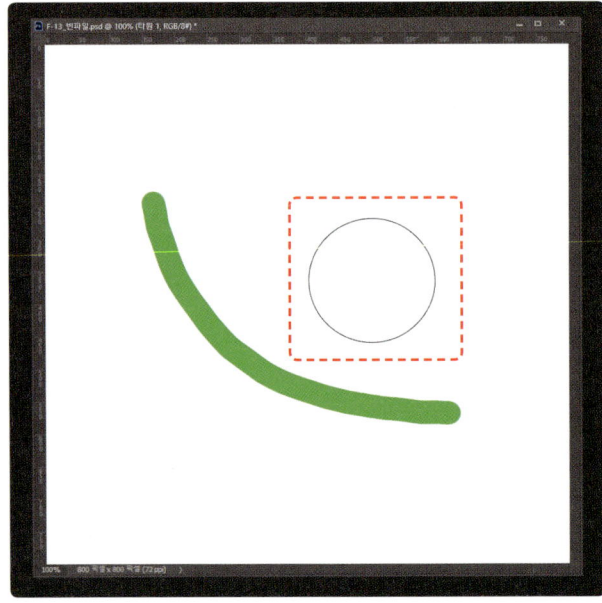

⑦ 키보드에서 '['를 클릭하여 붓의 굵기를 작게

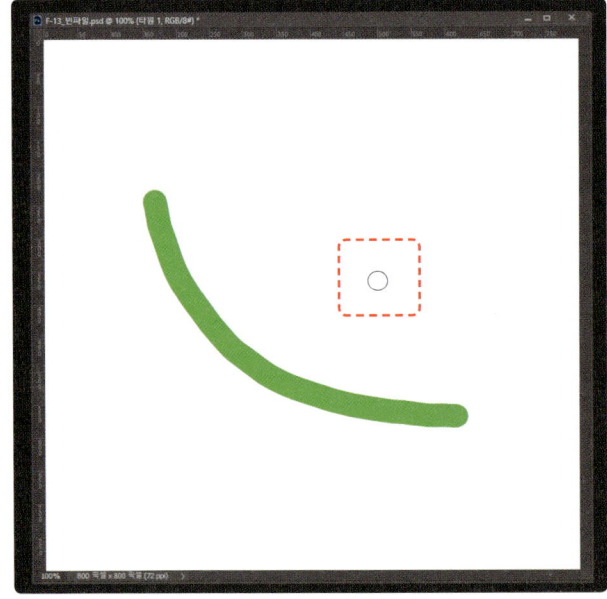

⑧ 다양한 붓의 크기와 종류를 선택하여 연습

QR코드로
영상강의를 확인해보세요.

2) 🔍 스포이드 도구

이미지에서 원하는 색깔을 스포이드처럼 콕 찍어서 추출하는 기능입니다.

① 실습 파일(F-3_견과류.psd) 열기
② 스포이드 도구 클릭

③ 실습파일에서 원하는 부분에 클릭

④ 스포이드 도구를 클릭할 때마다 바뀌는 전경색을 확인

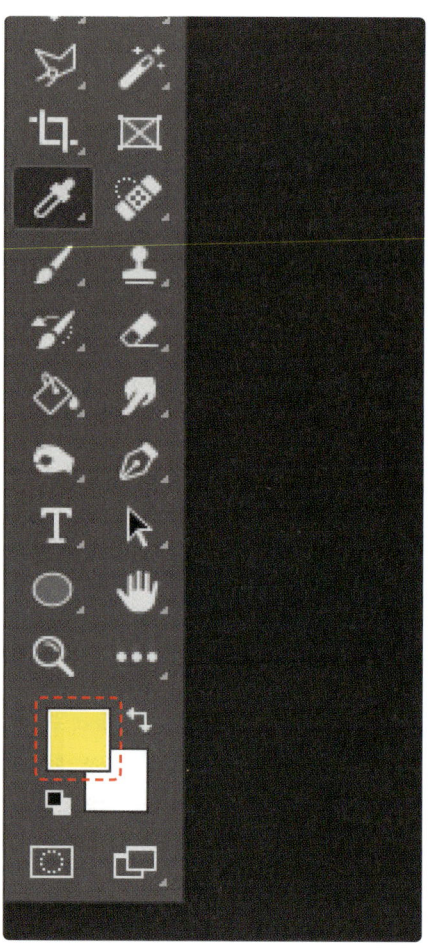

QR코드로
영상강의를 확인해보세요.

3) 지우개 도구

실제 지우개처럼 이미지에서 불필요한 부분을 지우는 기능입니다.

① 실습 파일(F-3_견과류.psd) 열기

② 견과류 병을 선택합니다.

③ 지우개 도구 선택

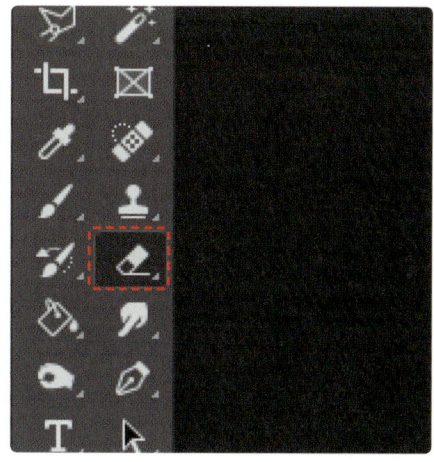

④ 옵션에서 지우개의 크기와 종류 선택

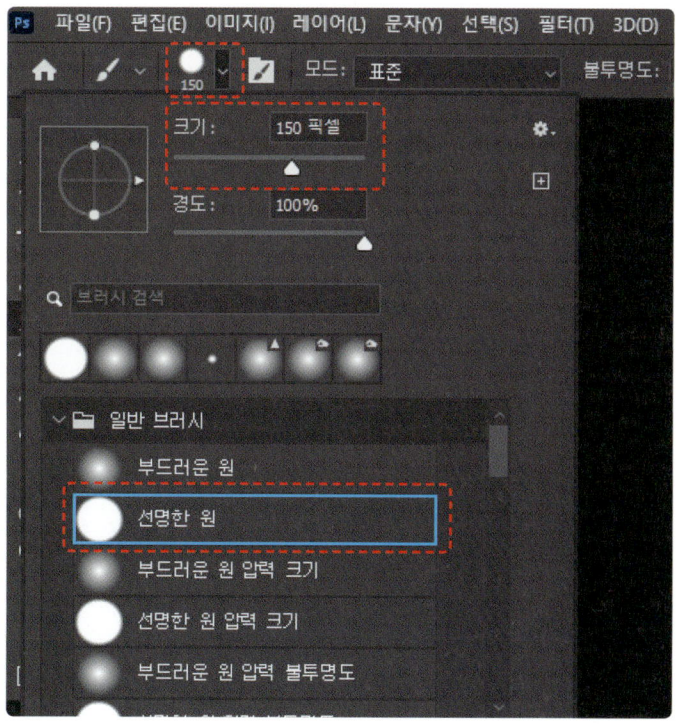

⑤ 드래그하여 지우기

⑥ 앞서 배운 브러쉬처럼 키보드에서 '[']'를 클릭하여 지우개의 굵기 변화 확인

⑦ 다양한 지우개의 크기와 종류를 선택하여 연습

 QR코드로
영상강의를 확인해보세요.

4) 스팟복구 브러시 도구

제품 사진에서 점이나 먼지, 지저분한 부분을 콕 찍어서 사라지게 하는 기능입니다. 사진관에서 고객들의 얼굴에 있는 점도 복구 브러시로 제거합니다.

① 실습 파일(F-14_바퀴.jpg) 열기
② 스팟 복구 브러시 도구 선택

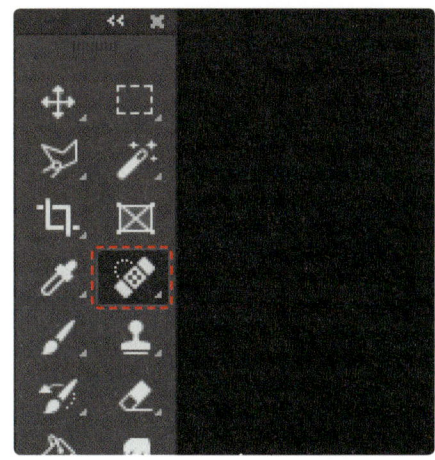

③ 제품 사진에서 먼지 부분을 클릭하여 제거

타이어에 붙은 하얀 먼지들을 클릭하면 사라집니다.

④ 먼지가 제거된 사진 확인

먼지가 모두 사라진 것을 볼 수 있습니다.

QR코드로
영상강의를 확인해보세요.

05 글씨 쓰고 편집하기

1) T 문자 도구

글씨를 쓰고 편집하는 도구입니다. 일반 워드 프로그램과 사용방법이 거의 유사합니다. 상단 옵션영역이나 문자 패널에서 상세한 설정이 가능합니다.

• 새롭게 글씨 쓰기
① 실습 파일(F-13_빈파일.psd) 열기
② 문자 도구 선택

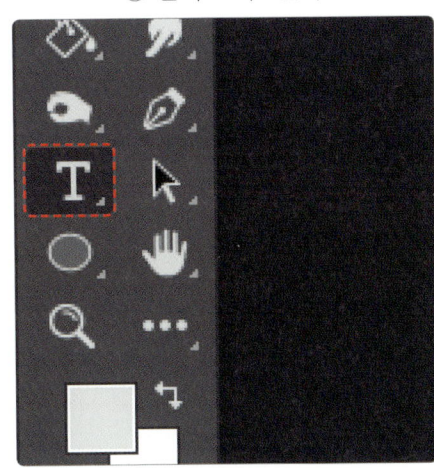

③ 실습 파일의 빈 곳에 클릭하여 커서 삽입

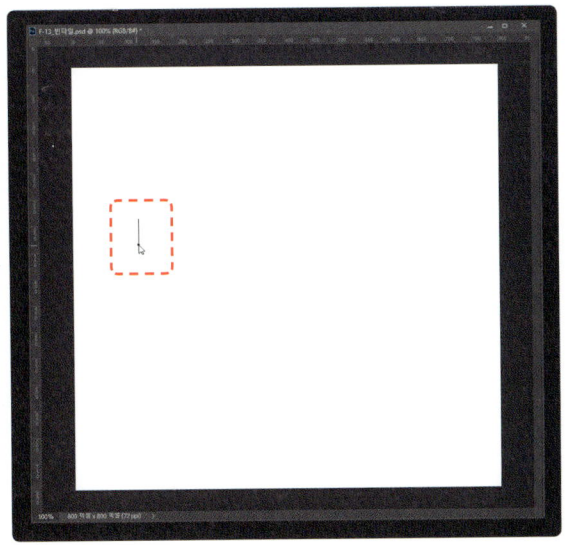

④ 글씨 타이핑

⑤ Ctrl+T를 눌러 적당히 크기 확대하고 Enter.

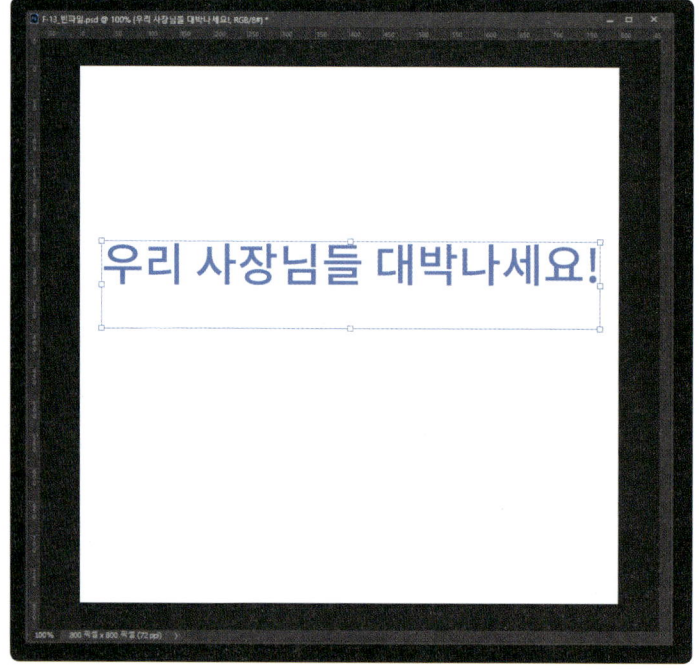

⑥ 타이핑한 글씨의 일부를 드래그로 선택

⑦ 옵션에서 서체, 굵기, 크기 변경 연습

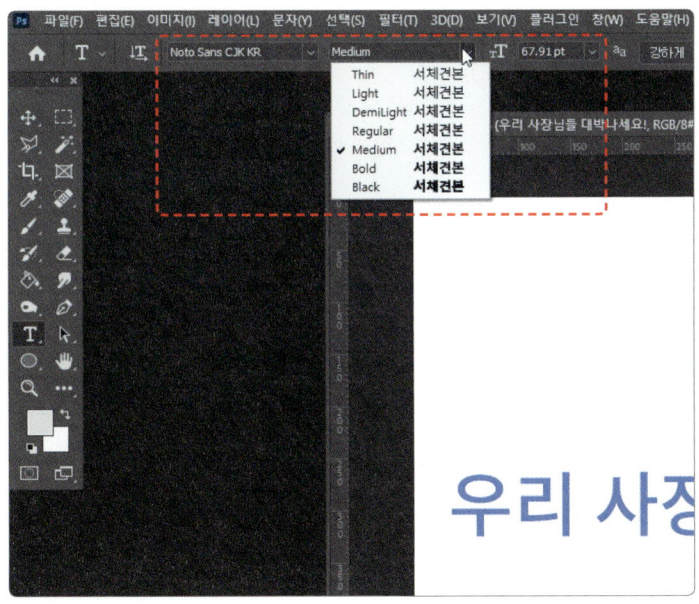

⑧ 다른 영역의 글씨를 드래그로 선택

⑨ 옵션에서 색상 설정 네모 클릭

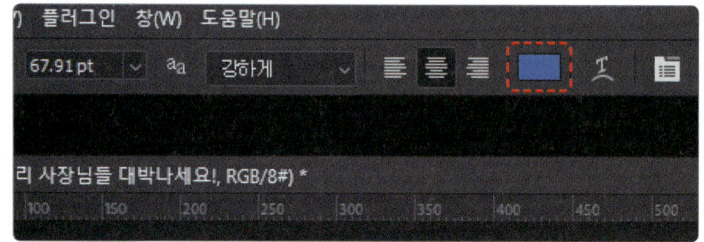

⑩ 색상 선택 및 확인 클릭

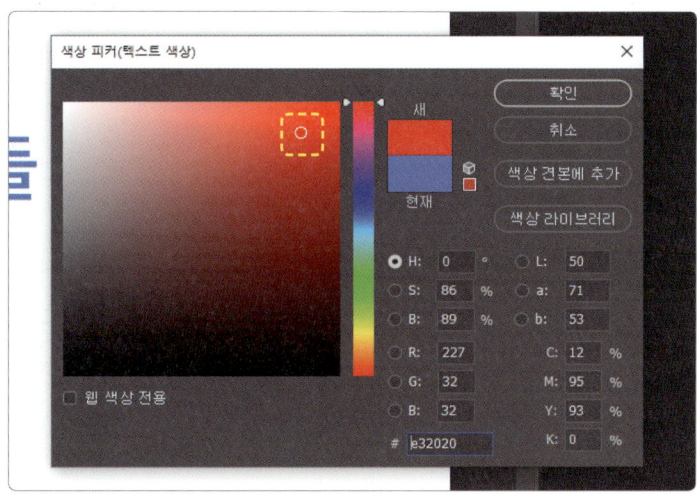

⑪ 변경된 색상 확인

• 기존 글씨 수정하기

① 실습파일(F-15_문구수정.psd) 열기

② 문자 도구 선택

③ 수정을 원하는 글씨 위에 클릭하여 커서 삽입

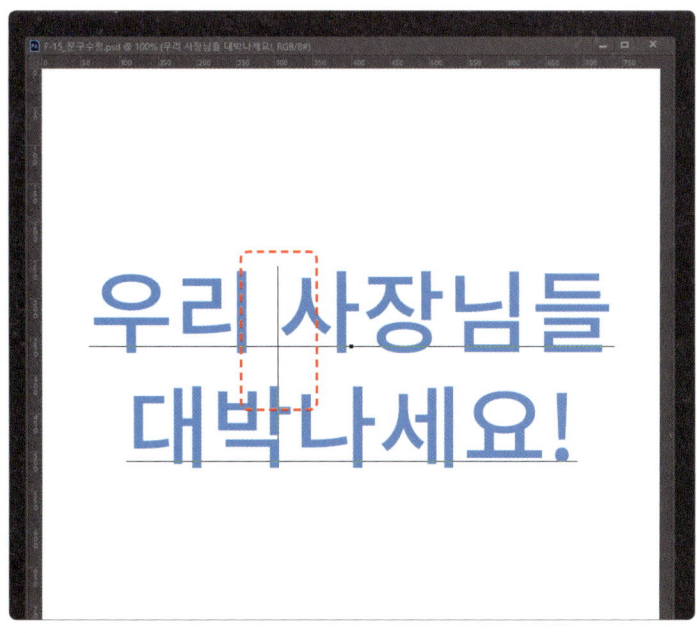

④ 드래그하여 수정하고자 하는 부분 선택

⑤ 문구 타이핑하여 수정

• 문자패널에서 보다 정교한 편집

문자 패널에서 일반 워드 프로그램처럼 행간, 자간, 언더라인, 취소선 등 다양한 편집이 가능합니다.

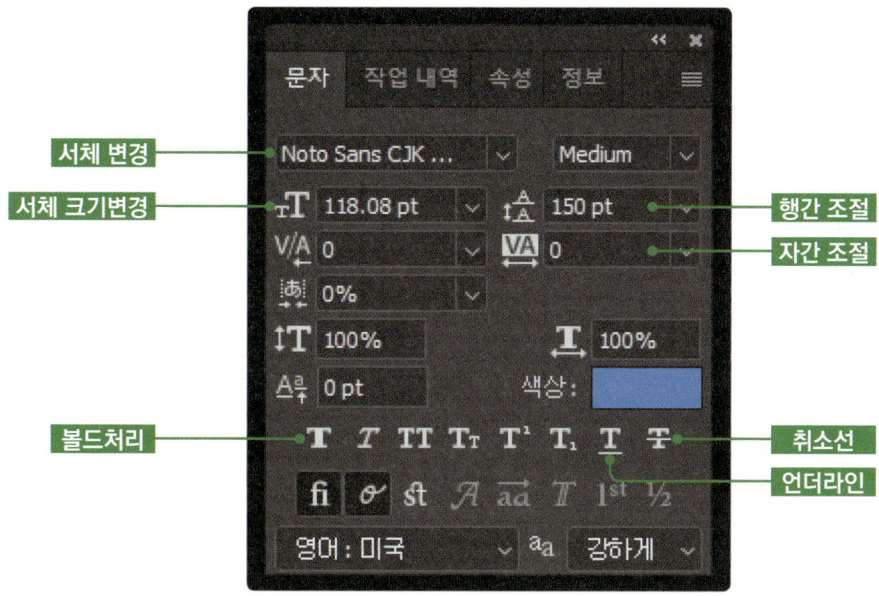

① 실습 파일(F-15_문구수정.psd) 열기
② ✥ 이동도구 선택
③ Ctrl + 클릭하여 텍스트 선택
④ 영역의 수치를 임의로 변경하여 행간이 변하는 모습 확인

⑤ VA 영역의 수치를 임의로 변경하여 자간이 변하는 모습 확인

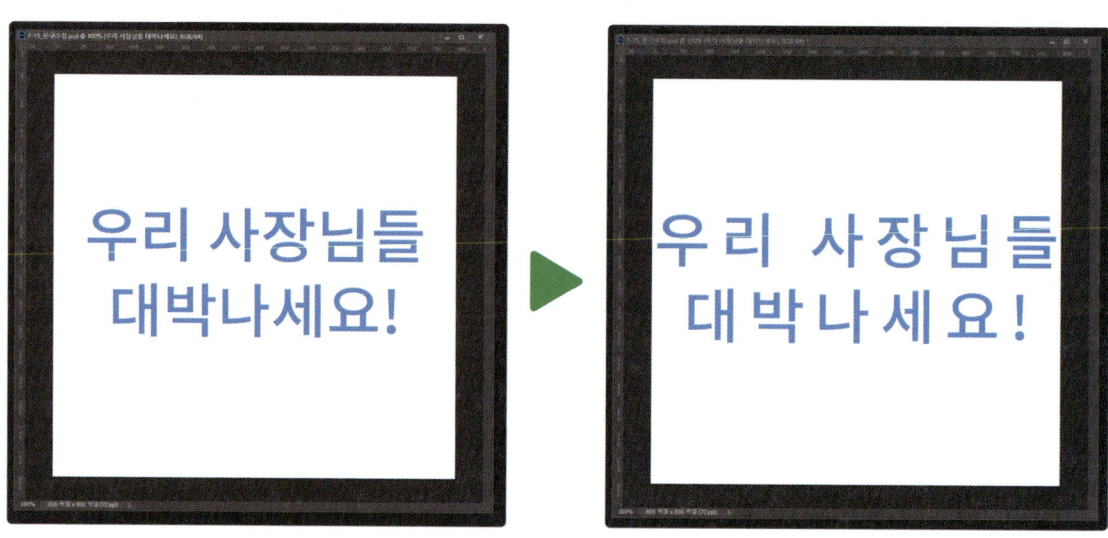

⑥ T 를 클릭하여 폰트가 굵어지는 모습 확인

⑦ 서체를 '나눔스퀘어'로 바꾸고 ■를 클릭하여 언더라인이 생기는 모습 확인

⑧ ■를 클릭하여 취소선이 생기는 모습 확인

QR코드로
영상강의를 확인해보세요.

06 비트맵과 벡터

이미지에는 비트맵 이미지와 벡터 이미지가 있습니다. 비트맵은 점으로 이뤄진 이미지고 벡터는 라인으로 이뤄진 이미지입니다. 둘이 전혀 종류가 다른 이미지입니다. 저희는 판매자이므로 이정도 까지만 아시면 됩니다. 문제는 벡터 이미지로 인하여 다음과 같은 상황이 발생된다는 것입니다.

앞서 '03 다양한 모양 만들기'를 통해 다양한 모양을 만들었습니다. 그리고 '05 글씨 쓰고 편집하기'를 통해 글씨도 썼습니다. 그런데 모양이나 글씨 레이어 위에 붓으로 칠하려고 하거나 지우개로 지우려고 하면 다음과 같은 경고 메시지가 뜹니다.

문구는 조금씩 다르겠지만 결국 "래스터화 하겠습니까?" 라는 질문입니다. 래스터화란 벡터를 비트맵으로 변환하는 것을 말합니다. 다시 말해 지금 벡터라 편집이 안되니 비트맵으로 변경 하겠습니까? 라는 질문입니다. 이때 확인을 누르면 벡터상태가 비트맵으로 바뀌면서 그리기나 지우기가 가능해집니다. 이런 상황이 되면 당황하실까봐 미리 말씀드리는 것입니다. 결론! 그냥 확인을 누르고 작업하시면 됩니다. 단 이렇게 바꿀 경우 모양이나 글씨가 모두 단순 이미지로 변하여 기존에 지니던 특성들이 다음과 같이 사라지게 됩니다.
1) 모양: 크기를 키워도 형태가 선명하게 유지되는 특성이 사라짐.
2) 글씨: 폰트를 바꾸거나 자간, 행간을 바꾸는 등의 편집이 불가능해짐.

일러스트레이터에서 이미지를 복사하여 붙여 넣은 경우 등 이렇게 편집이 안되는 상황이 다양하게 발생됩니다. 이때 당황하지 마시고 그냥 확인 누르고 작업하시면 됩니다.

07 [매주 중요!] 패스 따기 (=누끼 따기)

포토샵에서 가장 어렵지만 가장 중요한 기능입니다. 패스 기능을 통하여 제품 사진을 보다 정교하게 보정할 수 있고 사진의 바탕을 흰색으로 바꿔주는 작업에 절대적으로 필요한 기능입니다. 충분한 시간을 두고 반복연습해서 반드시 마스터하시기 바랍니다!

1) 펜 도구

펜 도구를 이용하여 특정 영역을 선택하는 과정을 "패스 딴다"라고 보통 말합니다. 제품사진 보정 시 패스를 따는 과정은 아래와 같습니다. 반드시 영상을 먼저 본 후 아래와 같이 반복 연습해서 마스터 해주세요. 제가 제공 드리는 실습파일에는 다양한 제품 사진들이 있습니다. 하나씩 열어 패스 따기를 반복연습해서 완전히 숙달되도록 해주세요.

① 실습파일(F-16_종이컵.jpg) 열기
② 레이어를 ⊞ 에 드래그 하여 레이어복제

③ 아래 원본 레이어를 선택 후, 컨트롤 + U를 눌러 밝기를 최대로 올려 흰색으로 만듦

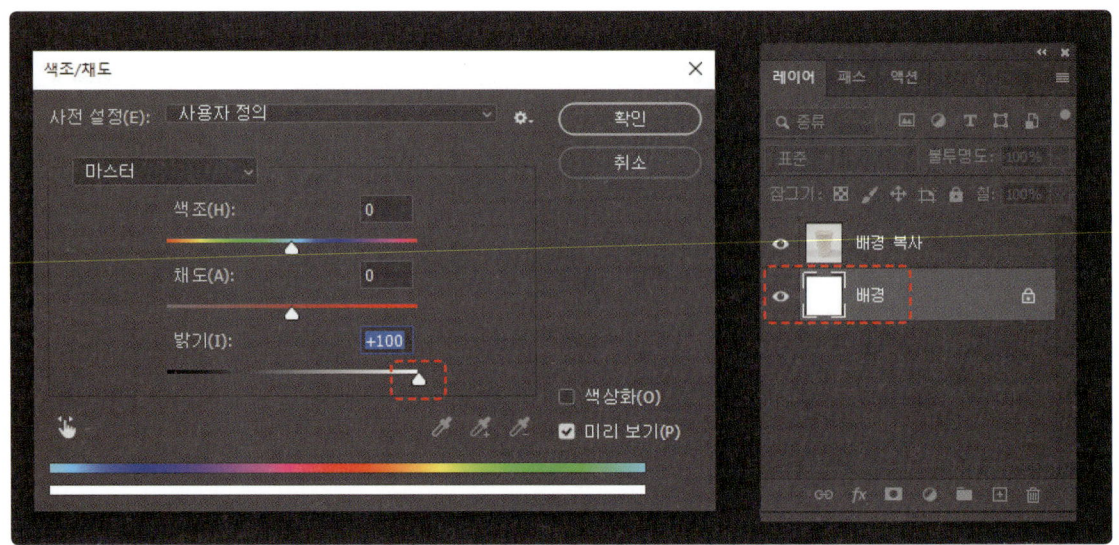

④ 복제한 레이어 선택

⑤ 도구판에서 펜도구 클릭

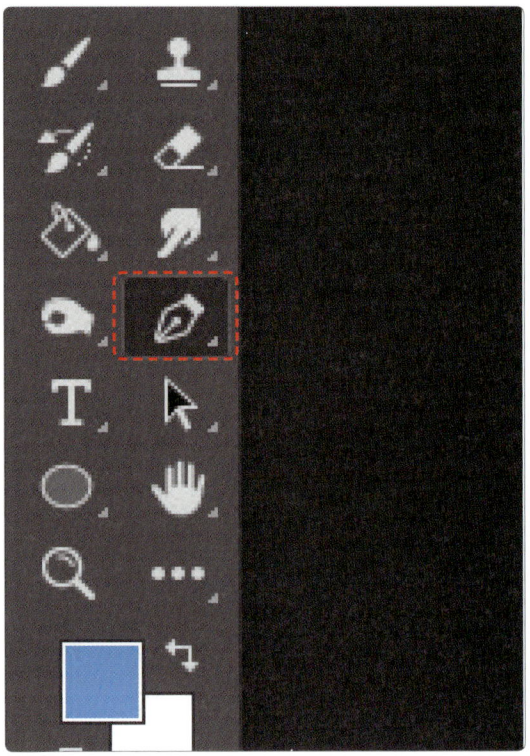

⑥ 제품과 바탕 경계선에 펜도구 클릭

⑦ 다음 클릭 후 곡선 조절 (직선은 조절X)

⑧ Alt+중간점 클릭

⑨ 다음 클릭 후 곡선을 조절

⑩ Alt+중간점 클릭 (이하 반복)

⑪ 최초클릭점에 클릭 (이때 동그라미 원이 보임)

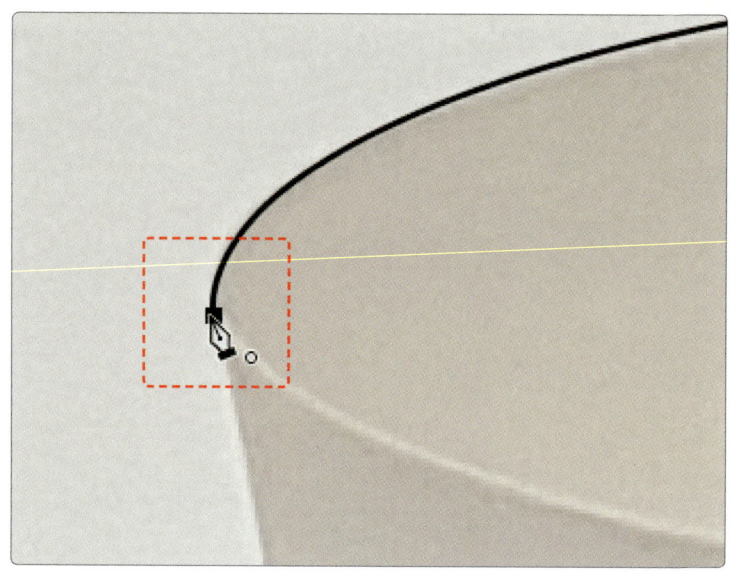

⑫ Ctrl+Enter (바탕이 아닌 제품이 선택된 경우, Shift+Ctrl+I하면 선택 반전)

⑬ Delete

⑭ Ctrl+D (선택 해제)

 QR코드로
영상강의를 확인해보세요.

[필독!] 포토샵 기본기 연습 무한반복!

'포토샵 시작하기'와 '포토샵 도구 사용' 챕터는 눈감고 할 정도로 무한반복해서 숙달해주세요. 포토샵은 절대 어렵지 않습니다. 단지 반복숙달과정을 거치지 않고 끝내 버리기 때문에 어렵게 느껴지는 것입니다. 어떤 기술이든 배운 걸로는 충분하지 않습니다. 배운 것을 반복숙달해야 실무에서 사용할 수 있습니다. 이걸 제대로 익히지 않고 넘어가면 이후에 진행되는 사진 보정 및 조립식 상세페이지 제작을 할 수 없게 됩니다.

Chapter 04

포토샵 실전 연습

01 사진 보정

사진보정이란?

막 촬영한 제품사진 원본의 상태는 그렇게 좋지 않습니다. 대부분 이런 상태입니다.

- 약간 어둡게 찍혀있다.
- 사진 속 제품의 색상이 실제 제품과 다르다.
  (조명과 촬영 기기의 특성으로 인해 색상 왜곡 발생)
- 사진 속 제품의 형태가 실제 제품과 다르게 왜곡되어 있다.
- 먼지나 잡티, 스크래치 등 흠이 있다.

이런 원본 상태를 그대로 쇼핑몰에 올리면 내 제품이 고객들에게 매력적으로 보이지 않겠죠? 그래서 우리는 포토샵을 이용하여 이런 결점들을 보완해야 합니다. 이런 사진 보완작업을 사진 보정이라고 합니다. 일반적으로 '뽀샵빨'이라고 하죠.

여기, 제품 사진을 보정하면서 맞닥뜨리게 되는 다양한 상황들을 모았습니다. 아래 실습과제들을 능숙하게 보정 할 수 있을 때까지 반복 연습 해주십시오. 이 보정과제들을 능숙하게 처리할 수 있는 수준에 이르게 된다면 사진 보정의 고수가 되어 있을 것입니다.

아래 사진 보정 과정은 다소 길고 복잡하기 때문에 자세한 설명글과 사진을 제공하지 않습니다. 반드시 영상을 보시고 따라해 보시기 바랍니다.

실습1) 색상이 진한 무광 제품

가장 보정이 쉬운 경우입니다. 대부분 Ctrl + L로 한번에 해결됩니다.

〈실습 파일: F-17_그라인더.jpg 〉

QR코드로
영상강의를 확인해보세요.

실습2) 흰색 제품

흰색 제품은 바탕도 희고, 제품도 희기 때문에 포토샵이 제공하는 자동기능들을 대부분 사용할 수 없습니다. 그래서 반드시 패스를 따서 보정해야 합니다.

〈실습 파일: F-18_소독제.jpg〉

QR코드로
영상강의를 확인해보세요.

실습3) 진한 색과 밝은 색이 섞여 있는 제품

실습1과 실습2가 뒤섞인 상황입니다. 이 경우 '자동 선택 도구'로 진한 부분을 처리하고, 뒤이어 밝은 부분은 패스로 처리해 줍니다.

〈실습 파일: F-19_오토바이가방.jpg〉

QR코드로
영상강의를 확인해보세요.

실습4) 색상을 바꿔야 할 경우

색상 변경은 다음 두가지 상황이 있습니다.

① 제품 전체의 색상을 바꾸는 경우

　　Ctrl + U로 바꿀 수 있습니다.

〈실습 파일: F-20_명함지갑.jpg〉

QR코드로
영상강의를 확인해보세요.

② 사진에서 일부분만 바꾸는 경우

　　색상 대체 기능을 이용하여 바꿀 수 있습니다. (이미지 〉 조정 〉 색상 대체)

〈실습 파일: F-21_오카리나.jpg〉

QR코드로
영상강의를 확인해보세요.

실습5) 제품 박스

'다각형 올가미 도구'를 사용해서 빠르게 배경을 흰색으로 만들 수 있습니다.

〈실습 파일: F-22_박스.jpg〉

QR코드로
영상강의를 확인해보세요.

실습6) 다수의 개체가 같이 있을 경우

한 장의 사진에 여러 개의 제품이 있을 경우, 제품 수량만큼 레이어를 복사하여 하나하나 처리하는 것이 가장 편리합니다. 예를 들어 사진에 사과와 포도, 바나나가 있다면 레이어를 복사하여 3개를 만듭니다. 그 다음 첫번째 레이어는 사과만 남기로 다 지우고, 두번째는 포도, 세번째는 바나나만 남기고 지우면 됩니다.

〈실습 파일: F-23_이어폰.jpg 〉

QR코드로
영상강의를 확인해보세요.

실습7) 투명한 플라스틱 병

흰색 제품과 마찬가지로 제품과 흰색 배경이 뒤섞이기 때문에 포토샵의 자동 기능을 사용할 수 없습니다. 반드시 패스를 따야하며 외각선이 선명하게 보이도록 하기 위해 '내부 광선' 기능이 사용됩니다.

〈실습 파일: F-24_병.jpg〉

QR코드로
영상강의를 확인해보세요.

실습8) 거울이 있는 제품

거울이 부착되어 있는 제품은 촬영 시 거울 표면에 다양한 것들이 비춰져서 지저분하게 보일 수 있습니다. 이 경우 거울 표면 위에 패스로 모양을 만들어 덮어주고 그 모양을 '그레이디언트 오버레이'로 처리해줍니다.

〈실습 파일: F-25_거울.jpg〉

QR코드로
영상강의를 확인해보세요.

실습9) 고광택 스테인레스 제품

사진 원본에 사람이나 주변의 사물들이 너무 많이 비춰져 있다면 보정 자체가 불가능해집니다. 반드시 이 책에서 소개드린 우드락을 활용한 촬영법으로 찍으시기 바랍니다. 이렇게 촬영한 경우 패스로 외각만 따주면 됩니다.

〈실습 파일: F-26_수전.jpg〉

QR코드로
영상강의를 확인해보세요.

실습10) 금속성 광택이 있는 화장품

실습 9번과 동일한 요령으로 보정합니다.

〈실습 파일: F-27_화장품.jpg〉

QR코드로
영상강의를 확인해보세요.

실습11) 뜨거운 김(수증기) 합성

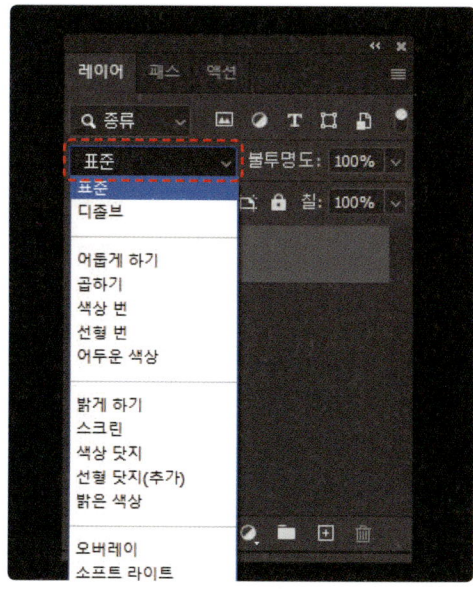

음식 사진 위에, 김 사진을 올리고 레이어 패널이 제공하는 다양한 믹스 기능으로 합성하면 됩니다. 저작권 때문에 영상에 나오는 '음식 사진', '김 사진'을 제공해드리지 못하는 점 양해 부탁드립니다. 필요하실 경우 별도로 이미지 제공 사이트에서 구매하시기 바랍니다.

〈실습 파일: 저작권 때문에 제공드리지 못합니다〉

QR코드로
영상강의를 확인해보세요.

실습12) 제품과 사진 합성

합성은 보통 제품을 패스로 따서 사진 위에 올리면 됩니다. 만일 탁자 위에 올려놓는 형태로 합성할 경우에는 제품 촬영 시, 제품의 밑면과 사진 속 탁자 면의 각도를 동일하게 맞춰서 찍고 그림자 처리를 하면 자연스럽게 합성할 수 있습니다. 저작권 때문에 영상에 나오는 '배경 사진'을 제공해 드리지 못하는 점 양해 부탁드립니다. 연습시 필요하실 경우 구글에서 다운받으시기 바랍니다. (구글에서 다운받은 이미지는 연습용으로만 사용해야 하며 상업용으로는 절대 사용하면 안됩니다)

〈실습 파일: F-28_선크림.jpg〉

QR코드로
영상강의를 확인해보세요.

02 GIF애니메이션 제작

실습1) 사진으로 만드는 GIF에니메이션

사진을 먼저 촬영하고 포토샵에서 조합하는 방식입니다.

① 실습 파일(F-30_캐리어_1.jpg) 열기
② F-31_캐리어_2.jpg, F-32캐리어_3.jpg파일을 앞에서 열었던 파일 위로 드래그 한후 X표시가 보이면 Enter 2번

③ 창 > 타임라인 열기

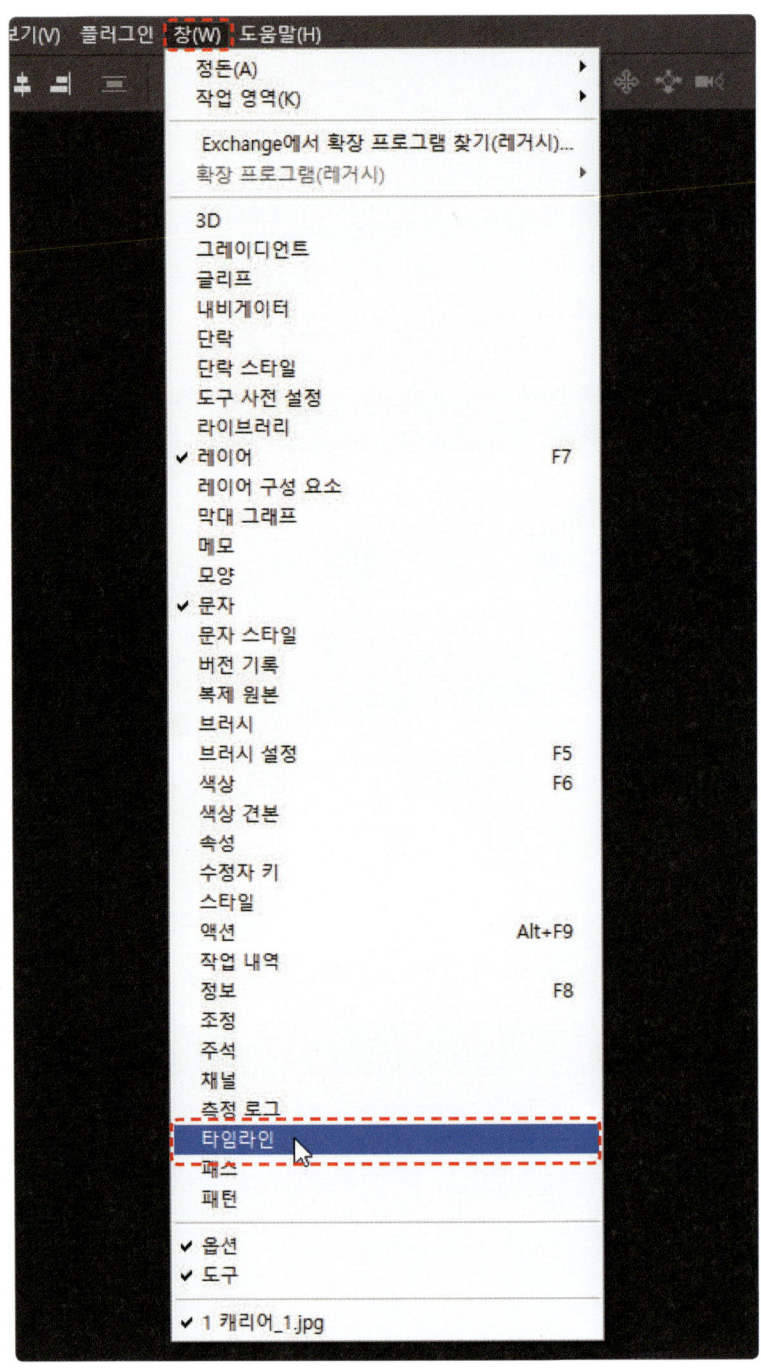

④ 타임라인 창 중간의 '비디오 타임라인 만들기' 클릭

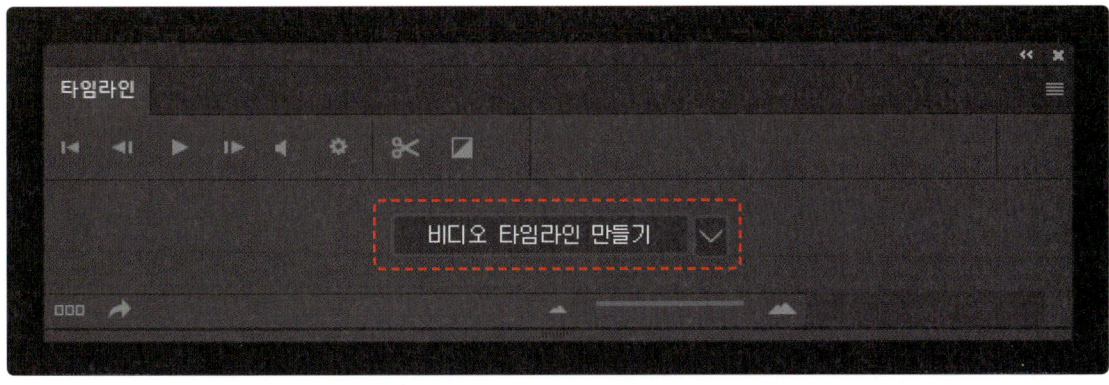

⑤ 타임라인 창 좌 하단의 ▭▭▭ 을 클릭

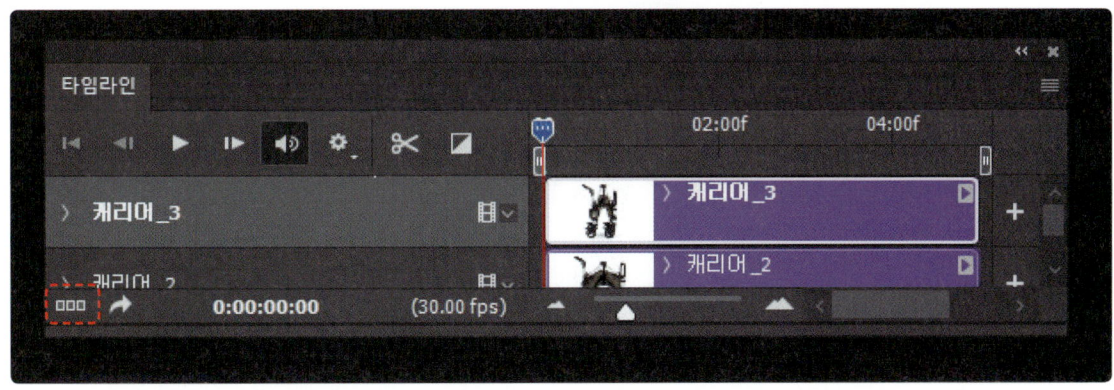

⑥ ⊞ 를 눌러 원하는 만큼 프래임 추가. 이 경우 3번 클릭하여 프래임을 4개 만듦

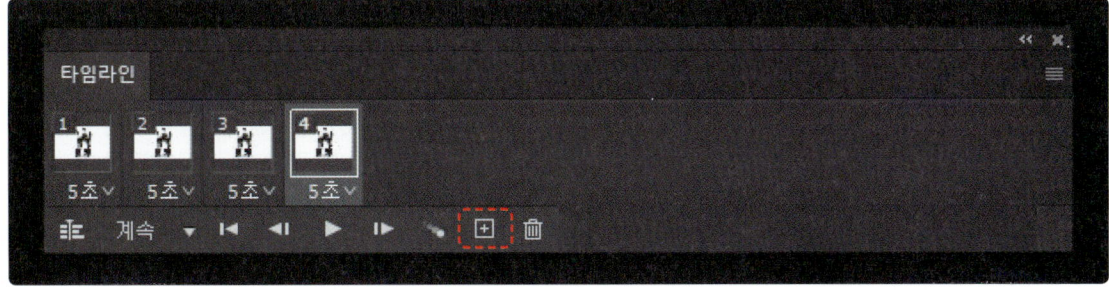

⑦ 1번 프레임 선택 후 레이어 패널에서 '배경' 레이어만 👁 을 켬 (나머지는 끔)

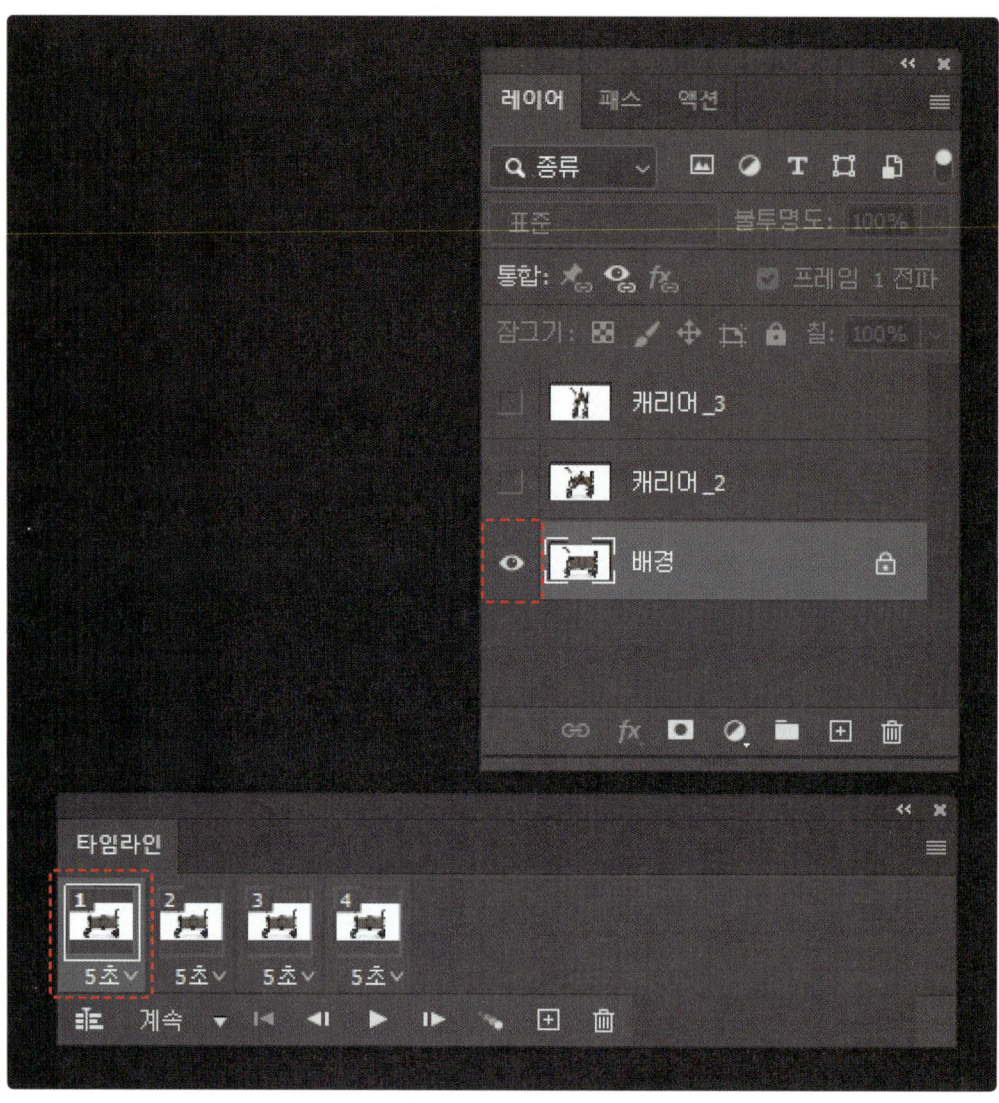

⑧ 2번 프래임 선택 후 레이어 패널에서 '캐리어_2' 레이어만 👁 을 켬

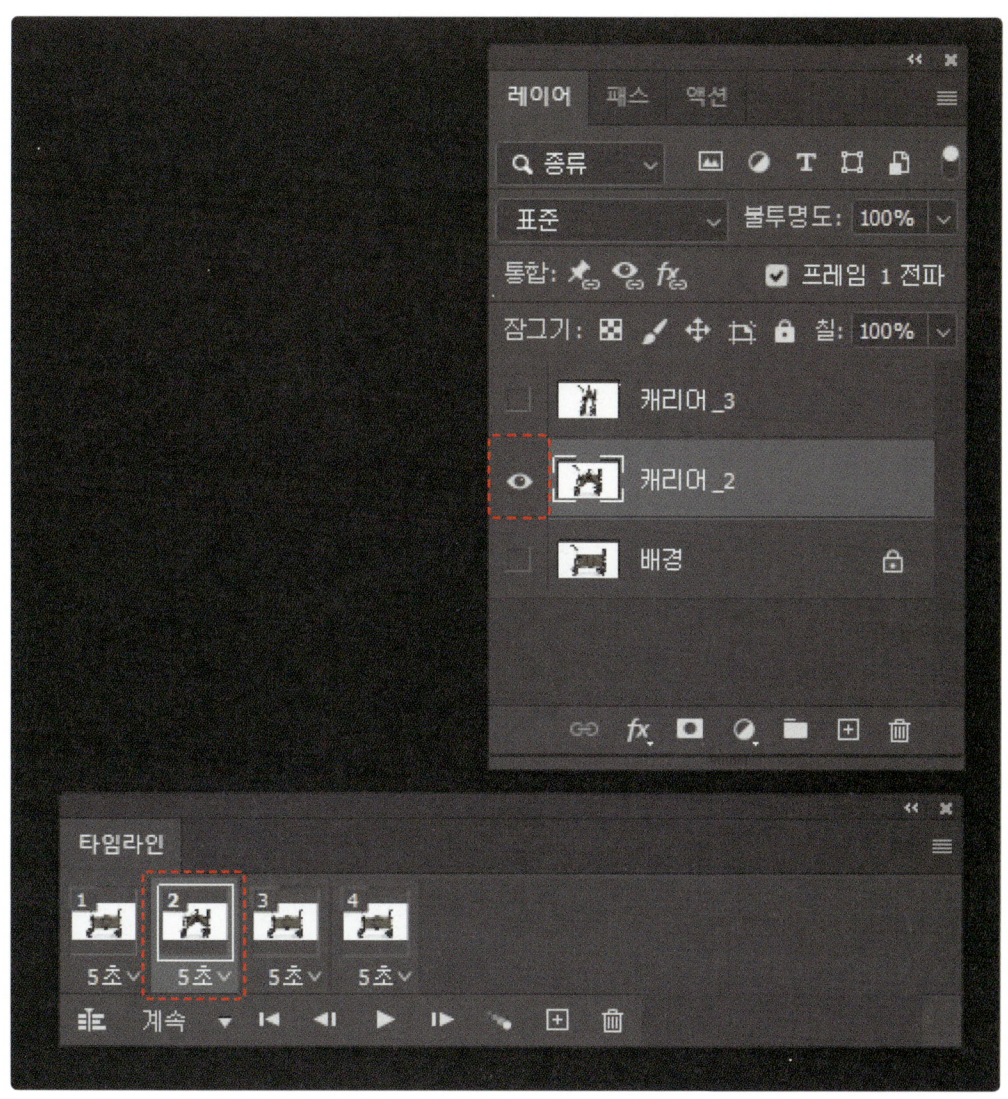

⑨ 3번 프레임 선택 후 레이어 패널에서 '캐리어_3' 레이어만 👁 을 켬

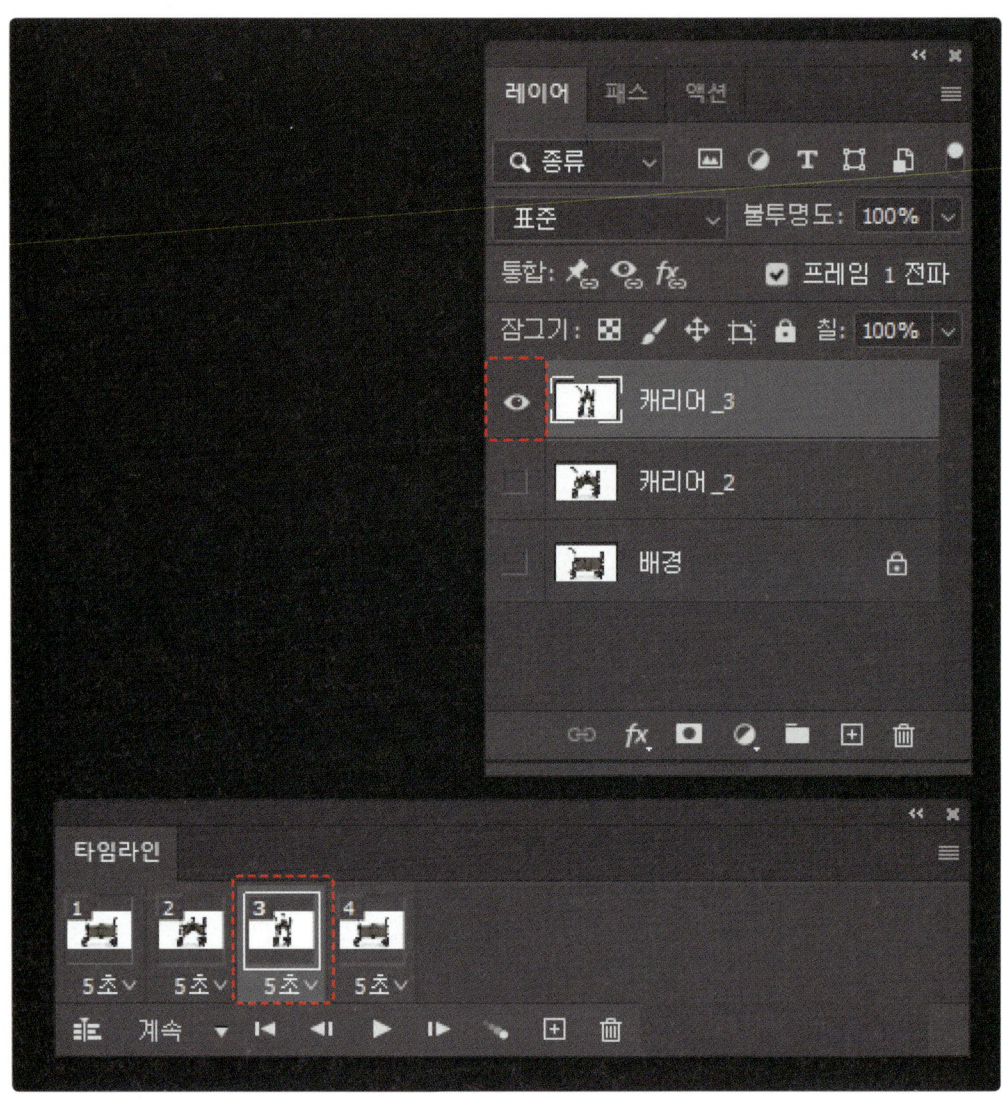

⑩ 4번 프레임 선택 후 레이어 패널에서 '캐리어_2' 레이어만 👁 을 켬

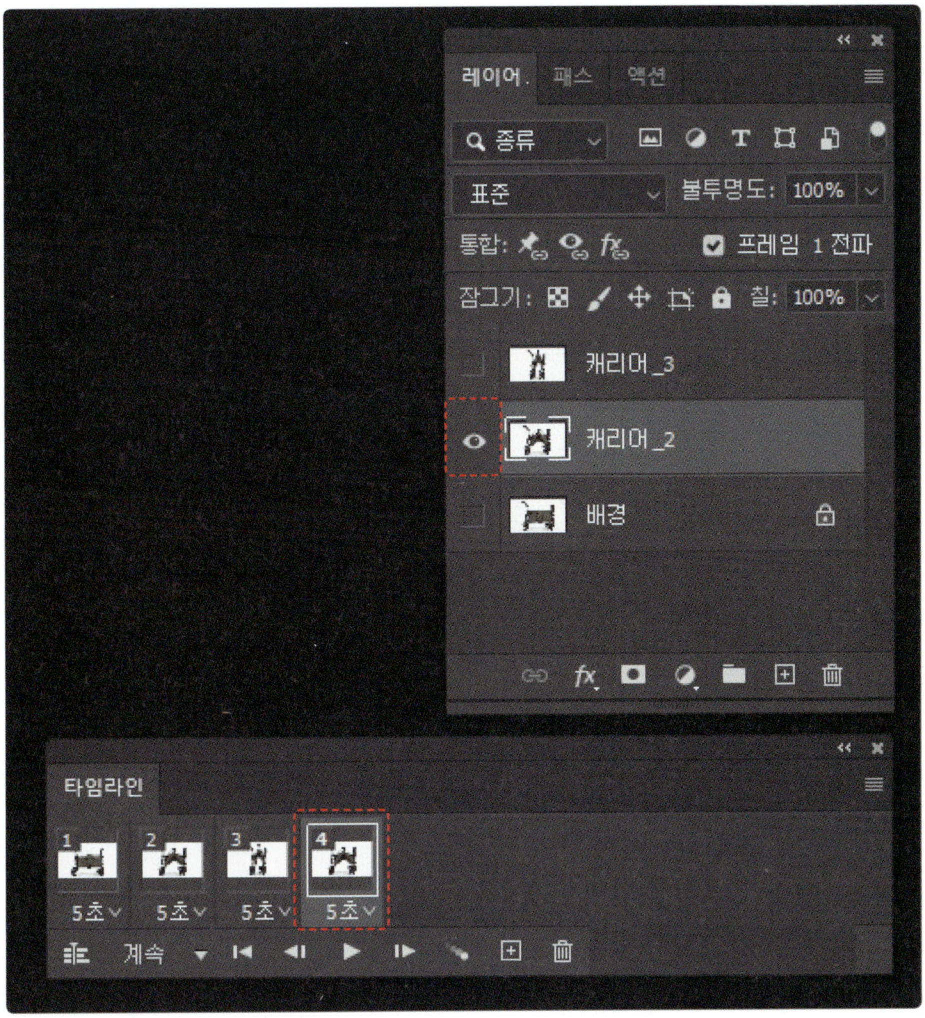

⑪ Shift를 누르고 모든 프레임 선택

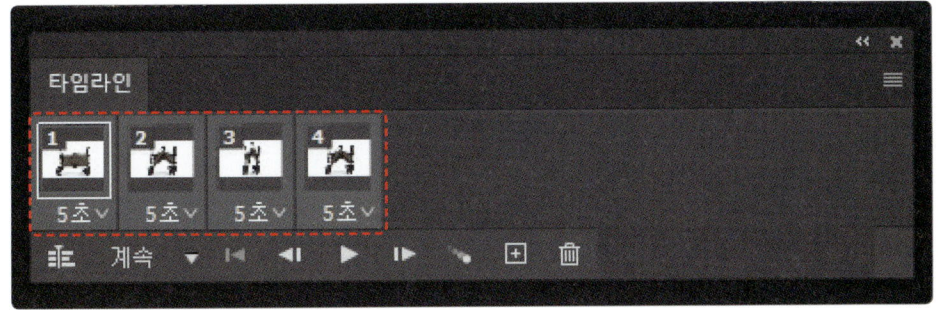

⑫ 프레임 하단 시간 부분을 클릭하여 지속시간을 0.5초로 설정

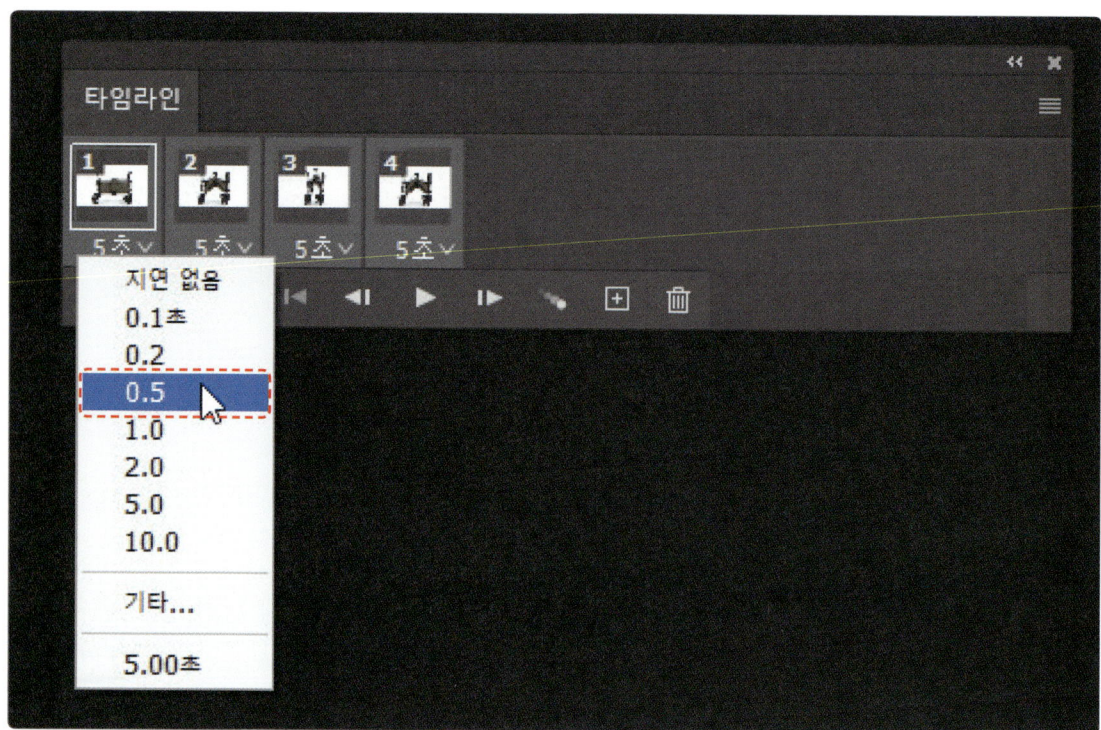

⑬ ▶을 클릭하여 플레이 해서 에니메이션 확인

⑭ Shift + Ctrl + Alt + S 를 눌러 gif파일로 저장

 QR코드로
영상강의를 확인해보세요.

실습2) 영상으로 만드는 GIF에니메이션

촬영한 영상을 포토샵에서 불러들인 후 불필요한 부분을 제거하고 GIF에니메이션으로 변환하는 방식입니다. 용량을 최소화 하기 위해 불필요한 부분을 제거하는 것이 포인트입니다.

① [파일] 〉 [가져오기] 〉 [비디오 프레임을 레이어로] 메뉴를 통하여 실습 파일
(F-29_네비거치대.mp4) 열기
② 좌측 포인터로 영상의 시작점을, 우측 포인터로 영상의 끝점을 정하고
(영상 앞뒤로 불필요한 부분을 제거하기 위함) 확인버튼 클릭

③ 영상 화면 중간, 제품 작동 부분 외의 불필요한 부분을 '자르기 도구'로 자름 (용량 최소화를 위해 최대한 군더더기 없이 고객에게 보여줘야 할 부분만 남김)

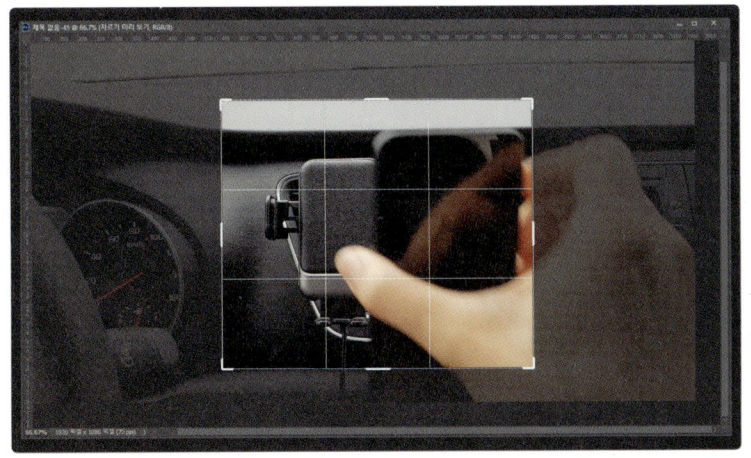

④ Ctrl + Alt + I를 눌러 이미지 사이즈를 최소화 함
(특별한 기준은 없으나 용량의 최소화를 위해 가로 길이를 500픽셀 이하로 하는 것을 권장)

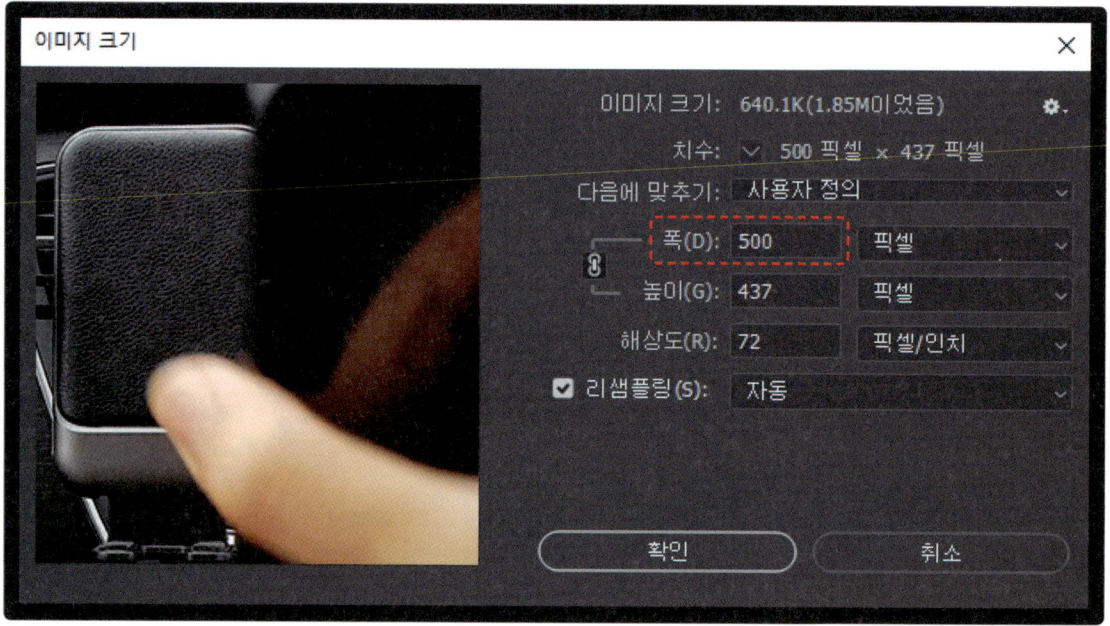

⑤ Shift + Ctrl + Alt + S를 눌러 '웹용으로 저장'창 오픈
⑥ 파일 종류를 GIF로 설정한 후 저장 버튼 클릭하여 Gif에니메이션 파일 최종 완성

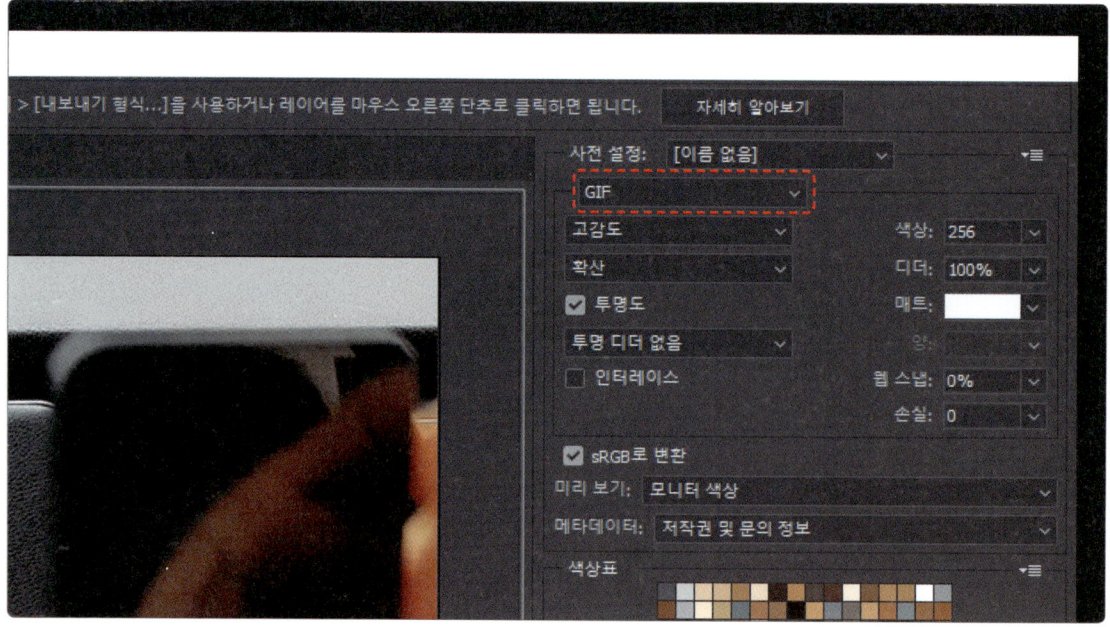

 QR코드로
영상강의를 확인해보세요.

여기서 잠깐!

영상과 GIF애니메이션은 용도가 서로 다릅니다. 다음과 같은 기준으로 사용해주세요.

- 영상: 영상+사운드 조합으로 길고 자세한 설명이 필요할 때 사용
  - 장점: 가장 강력한 표현 수단이다
  - 단점: 실외에서는 데이터가 많이 소모되므로 고객이 클릭을 망설일 수 있다.
- GIF애니메이션: 2~3초내에 짧고 임팩트 있게 설명할 때 사용
  - 장점: 별도의 조작 없이 바로 플레이 돼서 부담이 없다.
  - 단점: 용량이 너무 큰 경우(5메가 이상), 저속 인터넷 환경에서 정상적으로 플레이 되지 않을 수 있다.

03 포토샵-레이아웃

실습1) 개체 레이아웃 조정

사진, 아이콘, 글씨 등 개체를 자유자재로 움직일 수 있어야 상세페이지를 만들 수 있습니다. 아래 실습 파일을 능숙해질 때까지 반복 연습해 주세요.

① 실습 파일(F-3_견과류.psd) 열기
② 실습 파일(F-3_견과류(미완성본).psd) 열기
③ 지금까지 배운 기능들을 총동원하여 'F-3_견과류(미완성본).psd'를 'F-3_견과류.psd'처럼 만듦
[힌트] 이동 도구를 사용하여 개체를 이동시키고, 그룹으로 묶여있는 레이어들은 해당 그룹을 선택해서 한꺼번에 이동시킴

QR코드로
영상강의를 확인해보세요.

Chapter 05

포토샵 조립식 상세페이지 제작

상세페이지 제작 프로세스상 영상제작까지 완료된 후 상세페이지 제작 단계로 넘어와야 합니다. 그러나 본 책에서는 포토샵 학습의 흐름이 끊기지 않도록 영상을 맨 뒤로 이동시켰다는 점 참조 부탁드립니다.

01 예술 하지 말고 장사를 하자!

1) 디자이너가 될 필요는 없다.

저는 이 책에서 '디자인'이라는 말을 최대한 쓰지 않으려고 강박적으로 피했습니다. 왜냐하면 포토샵만 열면 자꾸 아트를 하려는 사장님들을 너무 많이 봐왔기 대문입니다. 이 책 초반에 있는 '상세페이지란 무엇인가?' 챕터를 꼭 기억해주세요. "상세페이지란, 제품의 특장점을 전달하는 상품설명서"입니다. 예쁜 디자인이 아니라 제품의 특장점(=세일즈포인트)을 단순명료하게 전달하는 것에 집중하십시오.

2) 디자인 스타일? 그냥 쉽게 가자.

소싱하랴, 쇼핑몰 운영하랴, CS하랴… 바쁜 판매자가 디자인 스타일까지 고민해야 하겠습니까? 흰색배경에 제가 드린 템플릿으로 담백하게 만드십시오. 세일즈 포인트 명확하고, 사진 보정 잘 돼있고, 영상이 제품의 장점을 잘 표현해 주고 있다면 그것으로 충분합니다. 그 어떤 고객도 판매자에게 세련된 디자인 스타일을 요구하지 않습니다.

02 포토샵형 VS 블로그형 VS 믹스형

상세페이지 제작 방식에는 세가지가 있습니다. 같이 살펴보시죠.

포토샵형 상세페이지란?

보편적으로 우리가 상세페이지라고 하면 포토샵으로 처음부터 끝까지 만든, 통 이미지로 되어있는 상세페이지를 말합니다.

블로그형 상세페이지란?

말그대로 블로그처럼 타이핑한 글 + 사진 + 영상으로 구성된 것을 말합니다. 그냥 상품을 소개하는 블로그라고 보시면 됩니다. 의류, 잡화, 농산물 분야는 블로그형이 이미 보편화 되었습니다. 지금 네이버쇼핑에 접속하여 상단에 아래 메뉴들을 클릭하여 상세페이지들을 살펴보시면 블로그형이 무엇인지 확인하실 수 있습니다.

믹스형 상세페이지란?

포토샵형과 블로그형을 뒤섞은 형태입니다. 포토샵형 상세페이지는 쇼핑몰에 등록할 때 보통 상세페이지 이미지를 여러 조각으로 나눠서 등록을 합니다. 나눠진 이미지와 이미지 사이에 블로그처럼 텍스트를 타이핑해 넣은 형태입니다.

앞에서 힘들게 포토샵에 대해서 말씀드렸지만 사실, 대세는 블로그형 상세페이지 입니다. 블로그형 상세페이지는 포토샵형 상세페이지에 비해 미적인 면에서는 다소 떨어지지만 다음과 같은 압도적인 강점이 있습니다.

1) 검색이 더 잘된다.

인터넷상에 새로운 웹 페이지가 생기면, 그 웹 페이지에 네이버나 구글 등 포털들의 크롤러(정보수집 프로그램)가 방문하여 내용을 읽고 수집하게 됩니다. 그렇게 수집된 정보는 각 포털의 데이터베이스에 저장되어 고객들이 검색했을 때 보여지게 됩니다. 이것이 검색의 기본 원리입니다. 크롤러가 정보를 수집할 때 블로그형이 포토샵형보다 훨씬 유리합니다. 왜냐하면 블로그형은 텍스트가 그대로 살아있어 크롤러가 텍스트를 읽고 내용을 보다 정확히 파악할 수 있기 때문입니다. 이에 반해 포토샵형은 모든 텍스트가 이미지상태이기 때문에 크롤러가 내용 파악에 어려움을 겪게 됩니다. 크롤러 입장에서 보면 포토샵형 상세페이지는 그저 그림이나 사진에 불과하기 때문입니다. 이런 이유로 인해 블로그형 상세페이지가 더욱 검색이 잘 되는 것입니다. 검색노출량과 매출은 비례합니다. 이것이 블로그형의 막강한 강점입니다. 만일 검색과 미적인 부분을 모두 잡고 싶다면 믹스형으로 제작하면 됩니다.

2) 디자이너 없이 저비용으로 제작, 운영 가능

이 책을 보고 계시는 분들은 아마도 쇼핑몰 창업자, 개인사업자 대표님, 실무자이실 것이라 생각됩니다. 비용을 들이지 않고 쉽고 빠르게 제작 및 운영을 원하실 경우, 블로그형 상세페이지를 추천드립니다.

3) 번역 가능

저는 중국어를 전혀 할 줄 모릅니다. 그래서 제가 알리바바 사이트에서 소싱할 때 포토샵형 상세페이지는 무조건 패스! 도저히 읽을 방법이 없으니까요. 그러나 블로그형 상세페이지는 크롬에서 마우스 오른쪽 버튼을 눌러 한국어로 번역해서 보고 있습니다. 외국인의 입장에서도 번역이 불가능한 포토샵형 상세페이지는 이처럼 불편할 수 밖에 없습니다. 국내 외국인 고객이나, 해외 판매까지 염두에 두셨다면 상세페이지는 단연 블로그형입니다.

※ 참조로 네이버 웨일 브라우저를 이용하면 포토샵형 상세페이지에 있는 외국어도 번역해서 볼 수 있습니다.

4) 의외로 세련된 외국 스타일

지금 샤넬이나 루이비통의 홈페이지에 들어가서 상세페이지를 확인해 보십시오. 어떤가요? 대부분의 명품 상세페이지들이 블로그형으로 되어 있습니다. 이런 상세페이지를 디자인이 빈약하다고 말하는 사람은 별로 없겠죠? 서구권의 상세페이지들은 대부분 텍스트+사진+영상 조합으로 매우 심플하게 되어 있습니다. 이게 의외로 세련된 느낌을 줍니다. 왜냐하면 화려하게 치장하지 않고 절제되어 있기 때문입니다. 사진퀄리티만 충분하다면 블로그형도 세련되고 고급질 수 있습니다.

5) 가벼운 용량

위에서 아래까지 통이미지로 만든 포토샵형에 비해 이미지의 양이 상대적으로 적은 블로그형이 압도적으로 용량이 가볍습니다. 이는 카페나 공공시설처럼 저속 인터넷 환경에서도 고객들이 쾌적하게 볼 수 있음을 의미합니다.

물론, 블로그형 상세페이지에도 만만치 않은 단점이 있습니다.

쇼핑몰을 여러개 운영할 경우, 각각의 쇼핑몰의 상품등록창에 들어가 일일이 글을 붙여넣어 편집하고, 이미지를 불러오고, 영상을 삽입해야하는 중노동을 해야한다는 것입니다. 만일 쇼핑몰을 10여개 정도 운영해야 한다면 정말 골치아픈 일이 아닐 수 없습니다. 이 경우 포토샵형 상세페이지는 이미지만 간단하게 올리면 되기 때문에 압도적으로 효율적입니다. 이 점 꼭 감안하셔서 상세페이지 제작방식을 결정하시기 바랍니다.

여기서 잠깐!

물론, 블로그형 상세페이지의 이런 단점을 해결할 방법도 있습니다. 그것은 플레이오토나 사방넷과 같은 '쇼핑몰통합솔루션'을 이용하는 것입니다. 이런 통합솔루션을 이용하면 솔루션내에서 한번 상품을 등록하는 것만으로 여러 개의 쇼핑몰에 동시에 상세페이지를 올릴 수 있기 때문입니다. 네이버에서 '쇼핑몰통합솔루션'이라고 검색하시면 다양한 솔루션들을 만나보실 수 있습니다.

03 모바일 최적화

앞서 '상세페이지 기획' 쳅터에서 "긴 글은 죄악"이라고 말씀드렸던 거 기억나시는지요? 짧게 다시 정리하면 온라인 거래의 80% 이상이 스마트폰을 통해 이뤄지고 있고, 그래서 고객들은 사장님의 상세페이지 또한 스마트폰의 작은 화면으로 보게 된다는 것입니다. 사장님의 상세페이지가 깨알같은 글씨와 콩알만한 사진으로 이뤄지 있다면 고객은 바로 떠나버릴 것입니다. 왜냐하면 그런 상세페이지를 보는 것은 힘든 일이기 때문입니다. 우리 판매자들은 고객들이 폰에서도 쾌적하게 상세페이지를 볼 수 있도록 배려해야 하는데, 이를 '모바일 최적화'라고 합니다. 모바일 최적화는 아주 쉽습니다. 그냥 글씨와 사진을 크게 크게 넣어주면 끝입니다.

1) 텍스트 크기는 어떻게 할까?

- 포토샵형 상세페이지:

최소 30포인트 이상으로 하십시오. 글의 양이 많지 않다면 50포인트 이상 과감하게 키워도 괜찮습니다. PC에서는 과도하게 커 보이겠지만 모바일에서는 쾌적하게 보입니다. 글씨 잘 보인다고 짜증 낼 고객은 없습니다.

- 블로그형 상세페이지:

스마트스토어에서는 19포인트 이상으로 하십시오. 좀 크지 않나? 싶은 정도로 하십시오. 기타 쇼핑몰에서도 마찬가지입니다.

2) 레이아웃은 어떻게 할까?

사진 배치 시 특별한 의도가 없다면 2단보다는 1단으로 해서 사진이 최대한 크게 보이도록 하십시오. 1단으로 하면 PC에서는 너무 커 보이지만, 모바일에서 보면 그리 크지 않습니다.

- 2단 예시

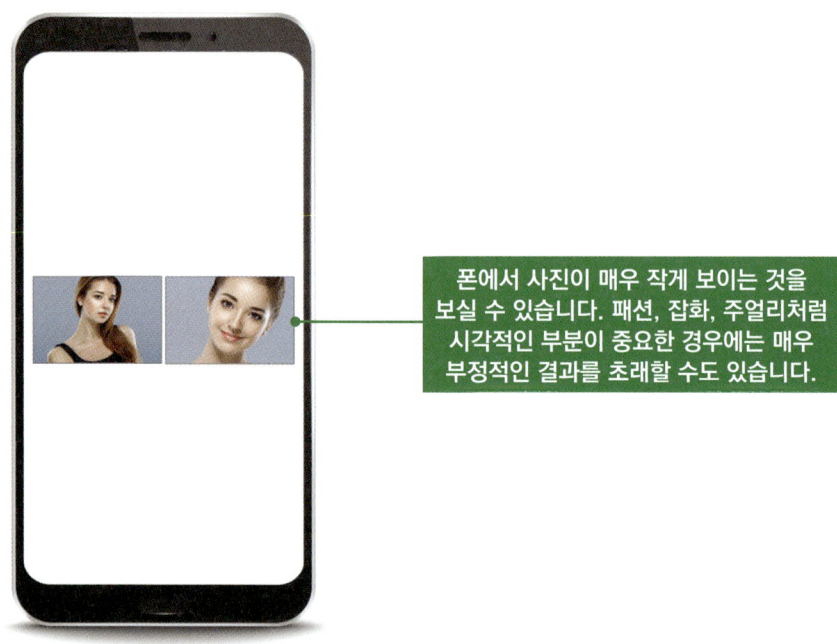

폰에서 사진이 매우 작게 보이는 것을 보실 수 있습니다. 패션, 잡화, 주얼리처럼 시각적인 부분이 중요한 경우에는 매우 부정적인 결과를 초래할 수도 있습니다.

- 1단 예시

2단보다 훨씬 크고 쾌적하게 보이는 것을 확인하실 수 있습니다.

04 이미지 소스(사진, 아이콘, 폰트 등) 구하는 법

판매자들이 아무리 열심히 포토샵을 배워도 전문 디자이너들만큼 화려한 상세페이지를 만드는 것은 어렵습니다. 왜냐하면 전문디자이너들에게는 디자인적 감각과 화려한 유료 이미지 소스들이 있기 때문입니다. 전문 디자이너인 저 또한 매달 이미지 소스를 이용하기 위해 10만원 이상씩 지출하고 있습니다. 자신의 상세페이지를 보다 화려하게 꾸미고 싶어하는 판매자들이 많기 때문에 이미지 소스를 유료로 구하는 방법, 무료로 구하는 방법을 소개시켜 드리겠습니다.

1) 유료 이미지 소스

구글에서 '유료 이미지 사이트'로 검색하면 다양한 유료 사이트를 찾으실 수 있습니다. 보통 이미지 하나에 몇만 원씩 하기 때문에 필요한 수량만큼 따로따로 구매하면 비용 부담이 상당히 큽니다. 그러므로 특정 기간 중에 수백 장씩 쓸 수 있는 정액제로 이용하시는 것을 권해드립니다. 업체간 소스의 퀄리티와 정액제 비용을 비교해서 정하시면 됩니다.

2) 무료 이미지 소스

구글에서 '무료 이미지 사이트', '무료 아이콘 사이트'를 검색하면 다양한 사이트를 찾을 수 있습니다. 그런데 무료 사이트다 보니 라이센스 문제로부터 100% 자유롭다고는 할 수 없습니다. 자기 사이트의 이미지가 무료라고는 하지만 막상 문제가 터지면 책임져주지는 않으니까요. 그래서 저는 이 방법을 추천드리지는 않습니다. 그럼에도 비용절감을 위해 쓰실 거라면, 라이센스 문제가 발생될 때를 대비해서 내가 사용한 이미지가 언제 어느 사이트에서 어떤 조건으로 다운을 받았는지 알 수 있도록 캡쳐하여 자료를 남겨놓으시기 바랍니다. 향후 단속을 당했을 때 면피용으로 사용하기 위해서입니다.

여기서 잠깐!
캡쳐한 이미지를 체계적으로 보관하는 것은 생각보다 번거로운 일입니다. 가장 손쉬운 방법은 포토샵으로 작업할 때, 무료이미지를 사용했다면 해당 이미지의 레이어 밑에 캡쳐한 이미지를 삽입하고 보이지 않게 👁 눈을 꺼놓는 것입니다. 이렇게 하시면 손쉽게 캡쳐 이미지를 찾을 수 있어 편리합니다.

3) 무료 폰트

디자이너가 아닌 판매자라면 네이버가 제공하는 무료폰트만으로도 충분합니다. 네이버에서 '네이버 나눔글꼴'이라고 검색하고 설치해보세요.

여기에서 원하는 폰트를 다운받아 설치하면 됩니다. 이미 이 책에서는 안내드린대로 '03 포토샵 기본세팅 > 8) [매우 중요!]기본 무료폰트 설치'에서 필요한 최소한의 폰트를 설치했기 때문에 추가적인 폰트를 설치 하지 않으셔도 됩니다.

여기서 잠깐!

인터넷상에 있는 이미지나 폰트를 무단으로 사용할 경우 무거운 법적 처벌을 받게 됩니다. 또한 경쟁사 상세페이지에 있는 이미지를 내 상세페이지에 무단으로 사용할 경우, 내 상세페이지를 내려야 하는 곤경에 처할 수도 있습니다. 그러므로 반드시 적법한 절차에 의해 구한 이미지 및 폰트만을 사용하십시오! 판매하면서 신경쓸 것도 많은데 이런것 때문에 스트레스 받을 필요 없으니까요.

05 기획서를 그대로 적용

치열한 기획 과정 없이 포토샵을 열어놓고, 또는 상품 등록 창을 열어놓고 그냥 즉흥적으로 문구를 쓰고 이미지를 제작하는 분들을 많이 보았습니다. 이렇게 엉터리로 만든 상세페이지가 제대로 자기 역할을 할 수 있을까요? 그러나 이 책을 통해 기획을 배우신 분들은 이미 치밀하게 작성된 기획서가 준비되어 있을 것입니다. 자 그럼 이렇게 상세페이지를 만드시면 됩니다.

1) 기획서에 작성되어 있는 문구를 선택하여 복사한다. (Ctrl+C)
2) 포토샵 형은 포토샵에 문구를 붙여 넣고, 블로그 형은 상품등록창에 문구를 붙여 넣는다. (Ctrl+V)
3) 말씀드린 '합리적 프로세스'에 따라 사진이나 영상도 다 제작되어 있으므로 기획서 대로 삽입해 주면 됩니다.

이미 기획단계에서 치밀하게 기획이 되어 있기 때문에 실제 제작단계에서는 기계적으로 빠르게 진행하면 됩니다. 건물을 작성되어 있는 설계도대로 시공하는 것과 같은 이치입니다.

06 세련된 배색 방법

1) 색상을 쓰는 기본 원칙

색상의 사용은 매우 난해한 디자인적인 영역입니다. 그러나 저희는 디자이너가 아닌 판매자 이므로 그런 난해한 이론은 필요 없습니다. 제가 알려드리는 방법으로 하시면 쉽지만 세련된 배색이 가능하니 그냥 따라오시기 바랍니다. 포토샵으로 제작하기 전에 다음과 같이 색상 사용계획을 확정하시기 바랍니다.

- **기본 색상은 블랙 + 그레이 + 화이트**

헤드라인은 블랙, 바디 카피(작은 설명 문구)는 그레이, 바탕은 화이트로 하시면 됩니다. 제가 제공드리는 템플릿(샘플 파일)이 대부분 이렇게 세팅되어 있습니다.

- **메인 색상은 한가지만 정합니다**

상세페이지 전체에 걸쳐 메인으로 사용되는 색상입니다. 제품의 성격과 맞는 색상을 선택하셔야 합니다. 메인 색상은 반드시 하나여야 합니다. 메인 색상을 여러가지 뒤섞어 사용하면 상세페이지가 자칫 소위 "전단지"가 될 수 있기 때문입니다. 길에서 나눠주는 "전단지"가 매우 촌스러운 이유는 색상을 절제하지 않고 무분별하게 사용하기 때문입니다. 사장님들께서는 한가지 메인 색상만을 사용함으로써 자연스럽게 세련되고 절제된 색상을 쓰게 되는 것입니다. 한가지만 쓰면 너무 단조롭지 않냐고요? 네 맞습니다. 그래서 메인 색상을 진하게 흐리게 밝게 어둡게… 이런식으로 조금씩 변화를 주면 됩니다. 밑에서 더 자세히 설명 드리겠습니다.

- **포인트 색상은 메인 색상의 반대색(보색)으로 합니다.**

포인트 색상이란 특별히 강조가 필요할 때 아이콘이나 텍스트에 양념처럼 사용하는 색상입니다. 메인 색상과 완전히 반대 되기 때문에 눈에 매우 잘 띄므로 특정 내용의 강조목적으로 사용됩니다.

예시) 메인 색상 녹색 => 포인트 색상 빨간색 계통
　　　메인 색상 남색 => 포인트 색상 노란색 계통

2) 메인 색상의 선택 방법

- 제품과 관련된 색상 선택

보통은 제품의 로고나, 제품 패키지 및 제품자체의 색상 등에서 따오면 딱 좋습니다. 제품의 색상과 유사하므로 잘 어울리기 때문입니다.

이 배색방법으로 제작된 상세페이지를 보시죠. 이 예시에서는 로고의 색상을 메인 색상으로 사용했습니다.

짙은 녹색이 메인 색상이며 상세페이지 전반에 걸쳐 사용되는 것을 볼 수 있습니다.

메인 색상의 반대색(보색)인 오렌지 색상이 주요내용을 강조해주는 포인트 색상으로 사용되고 있습니다.

238 잘 팔리는 상세페이지 제작법

● **고정관념을 따른다.**

상큼한 과일을 파는데 메인 색상이 시커먼 검정색이라거나, 맛있는 떡볶이를 파는데 메인 색상이 창백한 파란색이라면 좀 쌩뚱맞을 것입니다. 물론 그런 파격적인 색상을 써서 매우 세련되고 참신한 느낌을 줄 수는 있겠지만, 우리는 디자이너가 아닌 판매자니까 그냥 무난하게 가는게 맞습니다. 색상을 잘 고른다고 매출이 오르는 건 아니니까 예술을 할 필요는 없지요. 그러니 다음처럼 카테고리별 고정관념을 따르면 됩니다.

- 여성/남성패션: 그레이 => 제품의 칼라가 더 돋보이도록 기타 칼라는 가라앉히는 것입니다.
- 가구, 인테리어: 브라운
- 화장품/미용: 자유롭게
- 식품: 오렌지, 레드, 연한 그린
- 출산/유아동: 연한 파스텔톤
- 반려동물용품: 자유롭게
- 생활/주방: 연한 그린, 연한 블루
- 가전: 자유롭게
- 컴퓨터/디지털: 네이비 => 네이비는 다소 딱딱하지만 신뢰감을 줍니다.
- 스포츠/레저: 네이비
- 건강/의료용품: 네이비
- 자동차용품: 네이비
- 취미/문구/악기/도서: 자유롭게

여기서 잠깐!

전문 디자이너가 아닌 판매자로서 저희에게 필요한 것은 감각적인 색상이 아닌 무난한 색상입니다. 너무 튀지 않고 무난하면서 비교적 세련된 칼라! 그런 칼라를 선택하는 방법은, **어떤 색상을 선택하든 채도를 낮추는 것입니다.** 다음 예시를 보시죠.

① 파란색 계열 예시

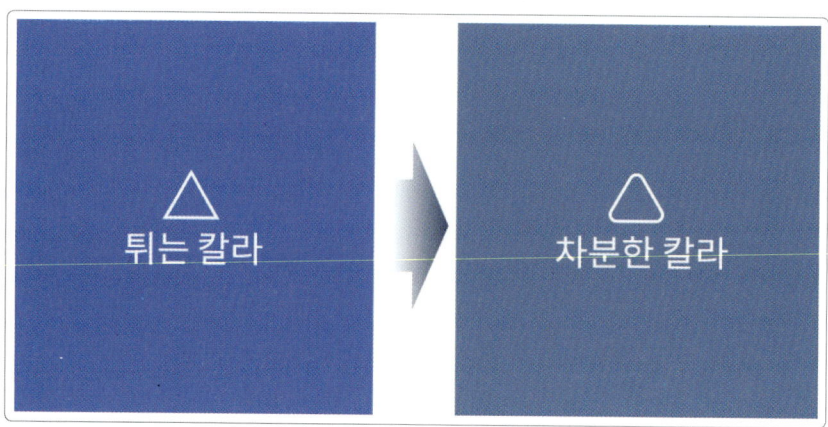

② 녹색 계열 예시

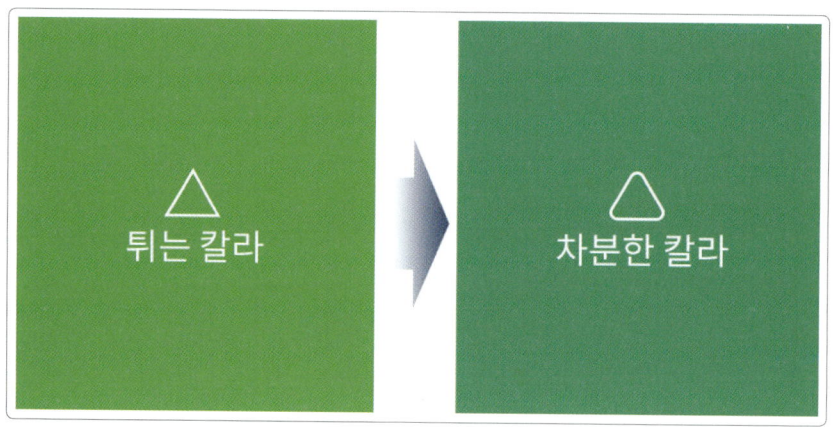

③ 갈색 계열 예시

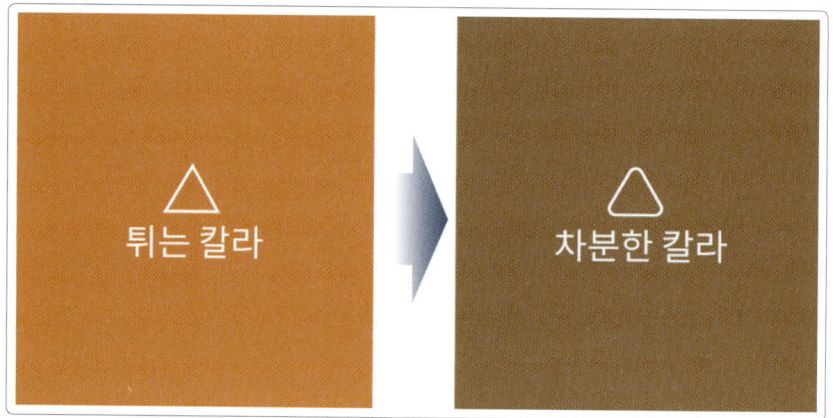

포토샵 색상 피커(전경색)의 색상 구성은 다음과 같습니다. 참조하여 밝기와 채도를 조절해주세요.

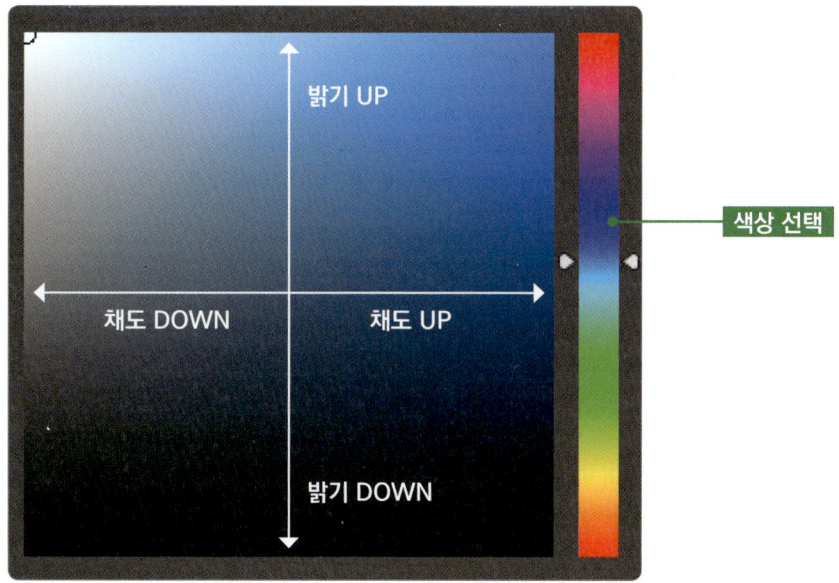

색상 피커에서 좌측으로 갈수록 채도가 낮아집니다.

 QR코드로
영상강의를 확인해보세요.

• 다른 상세페이지를 참조

색상을 정하는 것이 너무 어려우신가요? 이것저것 다 골치 아프시면 그냥 타사의 상세페이지 중 마음에 드는 색상을 흉내 내시면 됩니다.

07 사이즈 기본상식

1) 상세페이지 표준 가로 사이즈

가로 860픽셀, 세로는 마음대로입니다. 이렇게 정해진 이유는 국내 주요 쇼핑몰(스마트스토어, 옥션, 지마켓 등)들의 가로 사이즈가 860픽셀이기 때문입니다. 물론 860픽셀보다 작거나 큰 쇼핑몰들도 많습니다. 그러나 상품을 등록하면 자동으로 사이즈가 조정되기 때문에 그냥 860픽셀로 제작하시면 됩니다. 제가 상세페이지 템플릿으로 제공드리는 '상세페이지_기본형.psd'가 가로 860픽셀로 세팅되어 있기 때문에 그냥 이 파일로 제작하시면 됩니다. 가로 860픽셀은 판매자의 기본 상식이므로 꼭 외워 두시기를 바랍니다.

2) 대표 이미지 표준 사이즈

대표 이미지란 해당 상품을 쇼핑몰에서 검색했을 때 나오는 정사각형 이미지를 말합니다.

이를 썸네일이라고 부르시는 분들이 많은데, 공식명칭은 '대표 이미지'입니다. 표준사이즈는 가로 1000픽셀 X 세로 1000픽셀입니다. 이 사이즈로 제작하시면 대부분의 쇼핑몰에서 사용할 수 있습니다. 이것도 판매자의 기본 상식이므로 꼭 외워 두시기 바랍니다.

3) 해상도

상세페이지, 대표 이미지, gif 애니메이션 등 포토샵으로 웹용 이미지를 만들 때 항상 "해상도"라는 설정 항목이 있습니다. 인터넷용으로 사용되는 이미지의 해상도는 무조건 "72"입니다. 참조로 인쇄용 이미지는 "300"입니다. 제가 제공 드리는 템플릿 파일들은 모두 해상도 "72"로 되어 있으므로 그냥 사용하시면 됩니다. 이 또한 판매자의 기본 상식이므로 꼭 외워 두시기를 바랍니다.

08 [매우 중요!]실전! 조립식 상세페이지 제작

1) 왜 조립식이라 하는가?

저는 많은 판매자분들이 '맨땅에 헤딩'하는 식으로 상세페이지를 만드는 모습을 자주 보았습니다. 아무것도 없는 백지상태에서 만들기 때문에, 대부분의 판매자분들이 고생을 많이 할 뿐 아니라 그 결과물의 퀄리티 또한 매우 서글픈 수준이었습니다. 물론 열심히 기술을 연마하면 좋아질 수 있겠지만 그 단계까지 가기에는 너무 많은 시간과 노력과 돈이 들어가게 됩니다. 빨리 상품 등록하고 마케팅 열심히 해서 돈 벌어야 하는데, 상세페이지 제작에 발이 묶여있는 상황은 정말 아니다 싶었습니다. 그래서 저는 다음과 같은 고민을 했습니다.

- 어떻게 해야 판매자가 쉽게 상세페이지를 만들 수 있을까?
- 어떻게 해야 그럴듯한 상세페이지를 만들 수 있을까?

이런 고민 끝에 만들어낸 것이 조립식 상세페이지입니다. 원리는 간단합니다. 제가 만들어 놓은 다양한 템플릿(샘플 파일)과 다양한 이미지 소스들을 가져다가 마치 레고처럼 조립해 쓰는 방식입니다. 사장님들께서 하실 일은 적당한 템플릿과 이미지 소스를 가져와서 조립한 후, 기획서대로 글씨와 사진만 바꾸면 되는 것입니다.

2) 카페에서 템플릿 파일 다운로드

카페의 아래 경로에서 '상세페이지_기본형.psd', '조립식샘플.psd', '악세사리.psd'를 다운받아 판매자의 컴퓨터에 저장해주세요. 이 파일들은 계속 새로운 소스들이 추가되어 업데이트 되므로 종종 들러서 새로 다운받으시기를 권해 드립니다. (카페 회원만 다운로드 받으실 수 있습니다)

다운로드: 카페 / 실습용 자료 / 〈B-5〉 상세페이지 제작용 PSD파일

3) 조립식 상세페이지 제작 방법

드디어 이제, 포토샵을 이용하여 실제로 상세페이지를 만드는 단계입니다. 블로그형 상세페이지를 계획하고 계신분도 꼭 이 단계를 거치시기 바랍니다. 왜냐하면 이 과정을 거치면서 포토샵과 더욱 친해지게 되기 때문입니다. 포토샵이 능숙해지면 마케팅 시 필요한 다양한 이미지들을 직접 제작할 수 있는 능력을 갖출 수 있게 되는 것입니다. 예를 들어 인터넷 배너, 현수막, 블로그나 홈페이지에 들어가는 이미지, X-배너 등등.

이 책에서 가장 중요한 부분이므로 영상을 꼭 확인하시고 꼼꼼히 숙지 하시기 바랍니다. [주의!] 조립식 제작 방법을 자유자재로 활용하시려면, 이책의 '02 포토샵 시작하기', '03 포토샵 도구 사용', '04 포토샵 실전 연습'챕터를 거의 완벽한 수준으로 숙달한 상태이어야 합니다. 숙달 수준이 낮은 경우 따라가기가 힘드니 유의하시기 바랍니다.

여기서 잠깐!
아래 영상 속에 나오는 다양한 아이콘과 사진은 저작권이 있는 유료 이미지이므로 제공드리지 못하는 점 양해 부탁드립니다. 단, 카페를 통해 제공드리는 '상세페이지_기본형.psd', '조립식샘플.psd', '악세사리.psd'는 100% 제가 제작한 파일이므로 자유롭게 사용하셔도 됩니다.

- 이벤트 영역 제작

QR코드로
영상강의를 확인해보세요.

• 인트로 영역 제작

인트로는 단순히 멋있는 이미지를 보여주기 위한 영역이 아닙니다. 제품의 특장점이 드러나도록 구성되어야 합니다. 인트로는 생략하고 바로 본론으로 들어가는 것도 괜찮습니다.

 QR코드로
영상강의를 확인해보세요.

• 특장점 영역 제작

 QR코드로
영상강의를 확인해보세요.

• 선택옵션 영역 제작

 QR코드로
영상강의를 확인해보세요.

• 제품스펙 영역 제작

 QR코드로
영상강의를 확인해보세요.

• 고객센터 영역 제작

 QR코드로
영상강의를 확인해보세요.

4) '악세사리 템플릿'의 활용방법

'악세사리.psd'에 있는 다양한 이미지 소스들은 양념처럼 상세페이지를 아기자기하게 꾸며주는 역할을 합니다. 영상을 확인해주세요.

 QR코드로
영상강의를 확인해보세요.

<필독! 매우 중요!!!> 포토샵 지옥에 빠지지 않는 방법!

실제 교육을 해보면 많은 분들이 포토샵으로 인해 큰 고통을 겪는 것을 보게 됩니다. 그 주된 원인은 레이어 관리를 잘 못하는 데에 있습니다. 수백개의 레이어들이 뒤죽박죽 뒤섞여 그 속에서 헤매는 것입니다. 각종 이미지들을 이동시키고, 복사하고, 삭제하고 해야하는데 수백개가 뒤섞여 있으니 진땀을 빼는 것입니다. 이런 고통에서 벗어나려면 다음의 원칙을 꼭 지키시기 바랍니다.

- 레이어 정리 철저!

우리가 컴퓨터를 할 때 수많은 파일들을 종류별로 폴더에 넣어서 체계적으로 정리하는 것처럼, 포토샵도 마찬가지 입니다. 관련된 사진, 글씨, 아이콘 등을 '그룹'으로 꼼꼼하게 정리하면서 작업하시기 바랍니다. 그룹핑을 게을리 하면 모든게 뒤섞이면서 포토샵 지옥 속에 빠지게 됩니다.

- 외부에서 다양한 이미지를 삽입할 때 주의

새로운 사진, 글씨, 아이콘 등을 드래그 하여 작업중인 상세페이지 PSD파일에 삽입 할 때는 다음의 원칙을 지키십시오.
① 레이어 패널에서 삽입하고자 하는 그룹을 정한다.
② 정해진 그룹속의 특정 레이어를 이동도구로 클릭하여 선택한다.
③ 새로운 이미지를 드래그하여 삽입한다.
이 원칙을 지키면 새롭게 삽입한 이미지가 원하는 그룹속으로 삽입되어 레이어 뒤섞임으로 인한 고통에서 해방될 수 있습니다.

QR코드로
영상강의를 확인해보세요.

여기서 잠깐!
- 영상과 gif애니메이션 삽입방법

포토샵으로 상세페이지를 만들 때 영상과 gif애니메이션의 자리는 네모박스로 표시만 해두세요. 별도로 만들어 놓은 영상과 gif애니메이션은 상품등록할때 삽입합니다. 상품등록 쳅터에서 자세하게 다룹니다.

• 작업 중 포토샵이 말을 듣지 않는 경우

초보자들이 포토샵 작업을 하다 보면 갑자기 포토샵이 말을 듣지 않는 경우가 있습니다. 예를 들어 레이어가 원하는대로 움직이지 않거나 색칠을 하는데 색칠이 안되거나, 아무리 삭제버튼을 눌러도 지워지지 않거나, 아니면 그냥 먹통이 되기도합니다. 이럴 경우 다음과 같이 조치하십시오.

- Ctrl+D를 누른다.

이것은 선택을 해제하는 단축키입니다. 어딘가 나도 모르게 눈에 보이지 않을 정도로 조그맣게 선택이 되어 있는 경우 먹통이 되는 현상이 발생됩니다. 뭔가 작동이 안된다 싶으면 즉시 Ctrl+D를 누르시면 대부분 문제가 해소됩니다.

- 올바른 레이어에 작업하고 있는지 확인하세요.

생뚱맞게 다른 레이어에 작업을 하면서 왜 안되냐고 하는 경우가 많습니다. 즉시 내가 올바른 레이어에 작업하고 있는지 체크해보십시오.

다시 정리하면, 그냥 Ctrl+D 눌러보고 레이어 확인해보면 대부분의 문제가 해결될 것입니다.

Chapter 06
완성된 상세페이지 평가방법

상세페이지가 다 완료되면 평가 및 수정하여 완성도를 높이는 단계입니다. 색깔이 어떻니, 느낌이 어떻니 하는 막연한 평가는 이제 그만하십시오. 이건 예술하는 것이 아니라 마케팅을 하는 것이기 때문입니다. 그러므로 마케터의 관점에서 다음과 같은 기준으로 평가해야 합니다.

[주의!] 평가는 절대로 대형 모니터로 하지 마십시오. 온라인 거래의 80%가 스마트폰에서 이뤄지므로 고객과 같은 환경인 스마트폰으로 보면서 평가해야 합니다. 그리고 객관성을 높이기 위해 다른 직원이나 지인들과 함께 평가하는 것을 권해드립니다.

1) 상세페이지 상단에서 고객을 Hooking하고 있는가?
초반에 고객의 관심을 끌지 못하면 고객은 바로 떠나게 됩니다. 우리의 고객은 느리고 지루한것을 절대 참지 못한다는 것을 잊지 마십시오. 초반에 "춘향야 사랑해! 나랑 결혼하자!"와 같은 강력한 임팩트가 있어야만 하는 것입니다.

2) 상품의 세일즈포인트와 특장점이 쉽고 빠르게 인지되는가?
결국 세일즈포인트와 특장점이 제대로 고객에게 인지되어야 매출이 발생되는 것입니다. 제 3자들의 객관적 평가를 꼭 받아보시기 바랍니다.

3) 스마트폰상에서 내용이 잘 보이는가?

모바일 최적화가 잘 되어 있어 글과 사진, 영상이 쾌적하게 보여야합니다. 멋있는 디자인 보다 잘 보이는 것이 더 중요합니다!

4) 색상이 산만하지 않는가? 레이아웃이 차분한가?

색상과 레이아웃이 차분해야 고객이 정보를 보는데 방해가 되지 않습니다.

디자인이 좀 약해도 괜찮습니다. 1) 2) 3) 항목이 제대로 되어 있는지가 가장 중요합니다.

여기서 잠깐!

'조립식 상세페이지 제작방법'은 포토샵으로 최대한 쉽게 상세페이지를 만들 수 있도록 고안한 방법입니다. 그러나 포토샵이라는 프로그램 자체가 워낙 배워야할 것이 많고, 복잡하며, 숙달을 요하는 전문적 프로그램이기 때문에 상세페이지를 한번 만들어봤다고 실전에 바로 쓸 수 있는 것은 아닙니다. 시간을 내셔서 상세페이지를 3~4개정도 더 만들어보시기 바랍니다. 만일 너무 어려워서 힘들겠다는 생각이 드시는 분들은 이후에 나오는 '09. 상세페이지를 만드는 또 다른 방법'을 참조해보시기 바랍니다. 아마도 새로운 돌파구를 찾으실 수 있을 것입니다. 뭐로 가든 서울만 가면 됩니다.

Chapter
07

상세페이지를 등록용으로 자르기

1) 상세페이지를 자르는 이유

다 완성된 상세페이지는 통째로 올리는 것이 아니라 고등어처럼 토막을 내서 올려야 합니다. 그 이유는 토막을 내서 올려야 보다 빠르게 로딩되기 때문입니다. 요즘은 인터넷 환경이 좋기 때문에 어떻게 올리든 로딩이 잘 되지만, 카페나 전철 등 와이파이 이용자가 많은 저속 인터넷 환경에서는 느리게 로딩될 수 있기 때문에 반드시 잘라서 올려야만 합니다.

2) 토막의 표준 세로 길이는 2500픽셀

토막 낸 이미지의 사이즈는 가로의 경우 860픽셀로 고정. 세로는 2500픽셀만 넘지 않으면 됩니다. 쇼핑몰마다 규정이 천차만별이지만 세로 2500픽셀이면 무난하게 어느 쇼핑몰에나 업로드됩니다. 쇼핑몰에 따라 이 규정을 지키지 않으면 이미지 등록이 아예 안되는 경우가 많으니 꼭 지켜주세요.

3) 한 번에 자르는 방법

아래와 같이 하시면 한 번에 빠르게 자를 수 있습니다.

① 실습파일(F-33_자르기실습.psd) 열고 제일 상단 그룹 선택

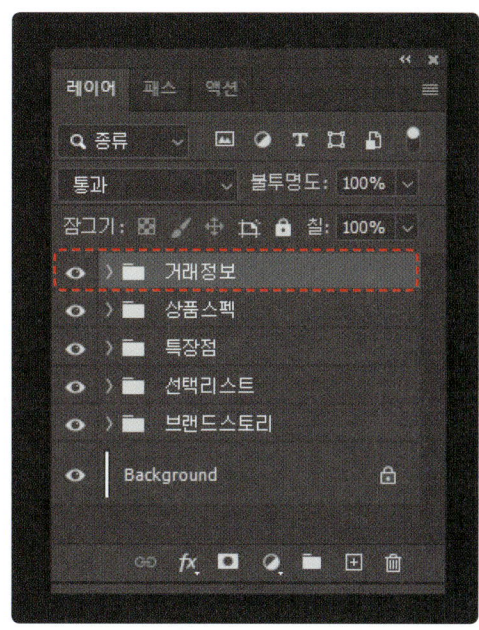

② 사각형 도구 선택

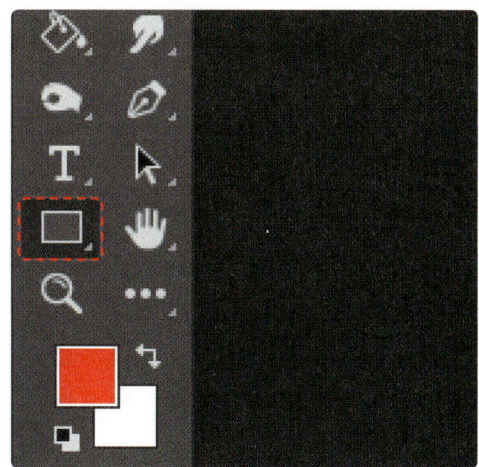

③ 상세페이지에 클릭하여 높이를 2500픽셀로 설정 및 확인

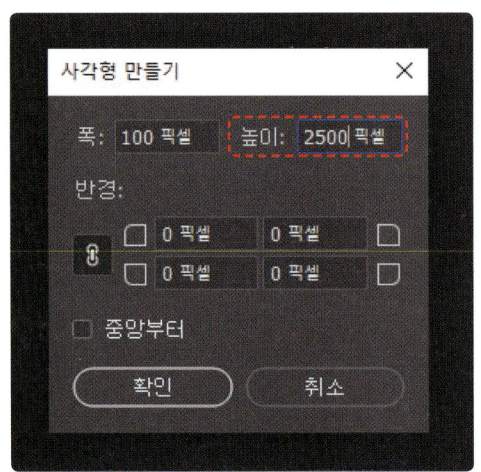

④ 생성된 높이 2500픽셀짜리 사각형을 수직으로 이동하면서 2500픽셀 단위로 가이드선을 그림

가이드선은 상단 '자'영역에서 드래그 하면 됨. 가이드선이 2500픽셀만 넘어가지 않는 선에서 적당히 그림 (자가 보이지 않을 경우 Ctrl + R 클릭)

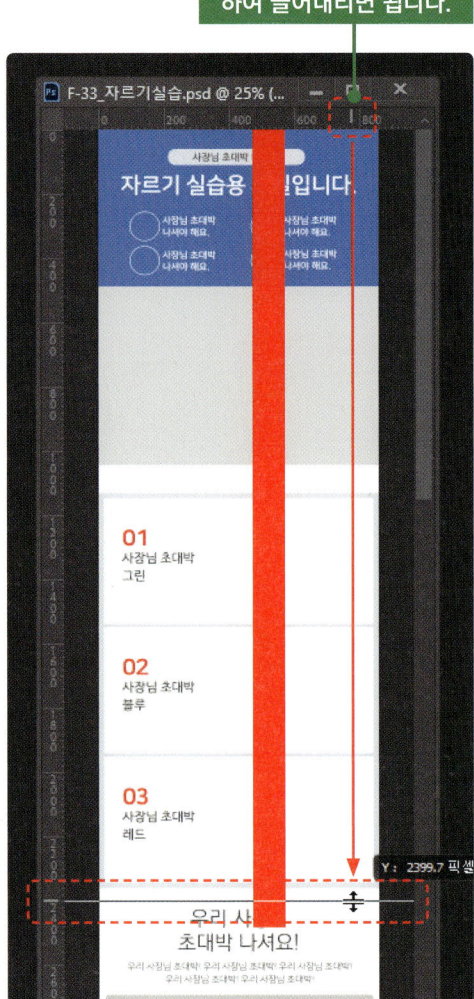

가이드선은 자에서 드래그 하여 끌어내리면 됩니다.

⑤ 영상이나 Gif애니메이션 영역은 위아래로 바싹 밀착하여 가이드선을 그림

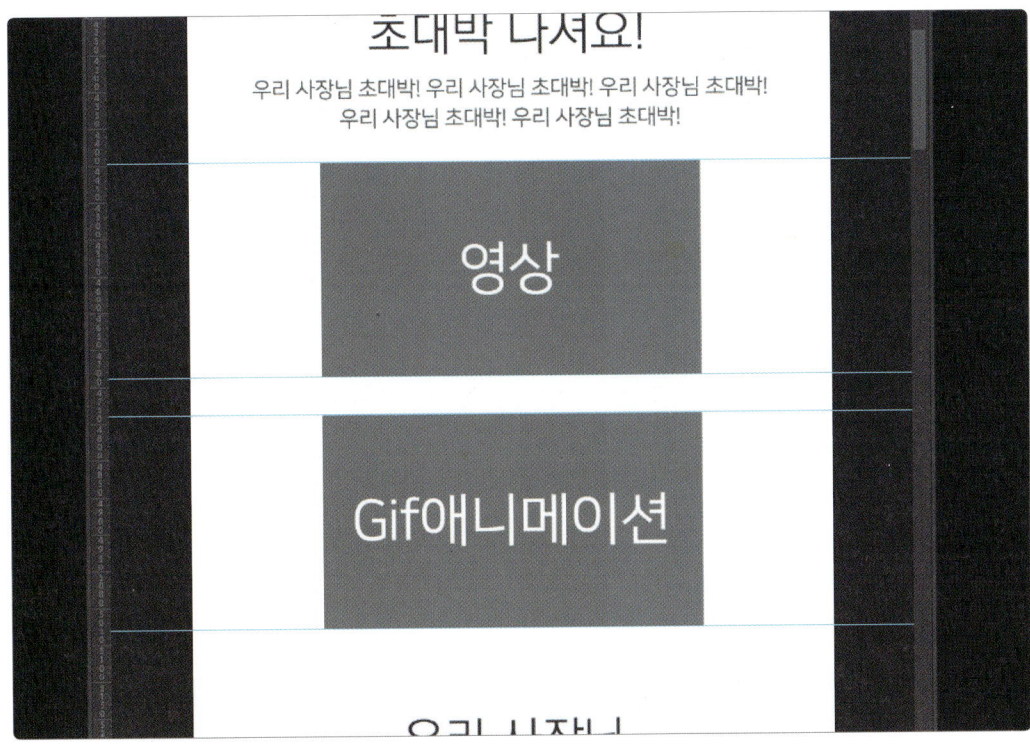

⑥ 높이 2500픽셀짜리 사각 레이어의 👁 을 끔.

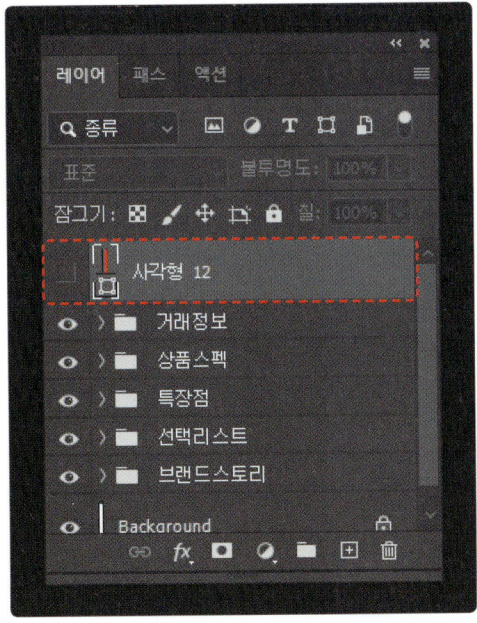

⑦ 분할 영역 도구 선택

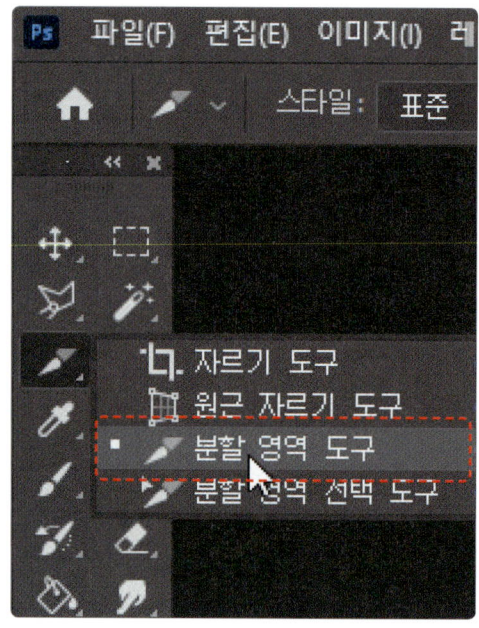

⑧ 도구 영역에서 '안내선에서 분할 영역 만들기' 클릭

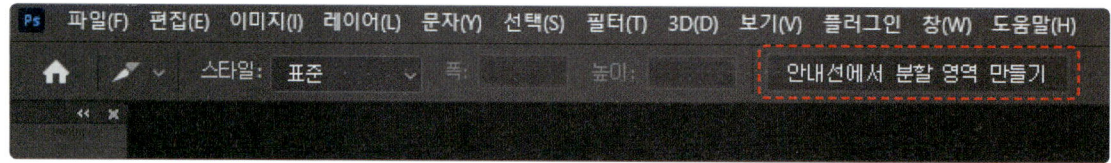

⑨ Shift + Ctrl + Alt + S 를 눌러 jpg파일로 저장

⑩ 저장한 위치에 image폴더가 생기며, 이곳에 잘려진 이미지들이 저장됨

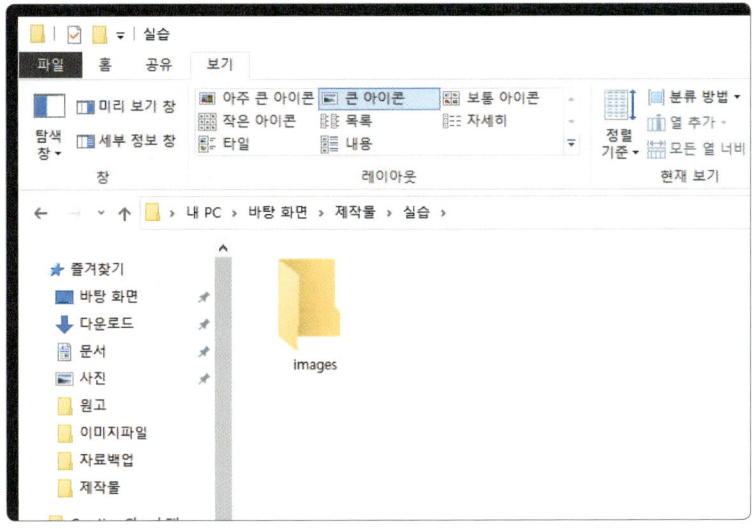

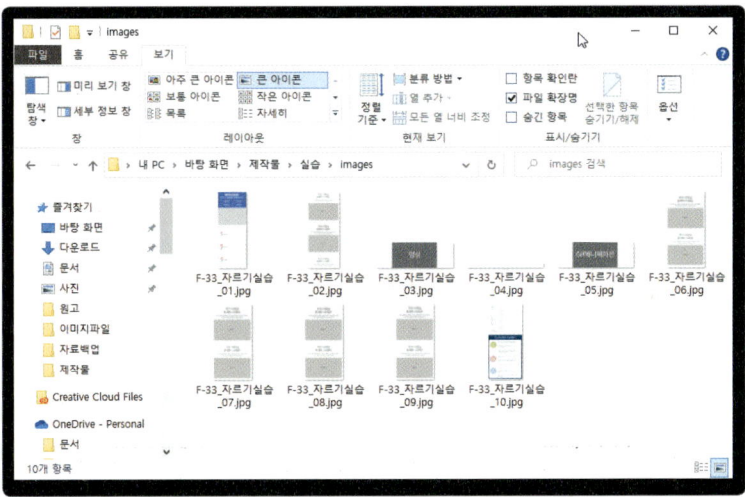

QR코드로
영상강의를 확인해보세요.

여기서 잠깐!

가이드선을 그리려 하는데 자가 보이지 않을 경우, Ctrl + R을 누르면 자가 나타납니다. 여기서 R은 Ruler(자)의 이니셜입니다. 알아두면 단축키 외우는데 도움이 됩니다.

Chapter 08

대표이미지 만들기

다음과 같은 규정을 지켜주시면 대부분의 쇼핑몰에서 사용할 수 있습니다.

- 사이즈는 1000 X 1000 픽셀

- 배경색상은 흰색

- 로고가 있는 경우 우상단에 배치

실제 제작 방법을 보시죠.
① Ctrl + N를 누름
② 폭과 높이를 1000픽셀로 설정 후, 만들기 버튼 클릭

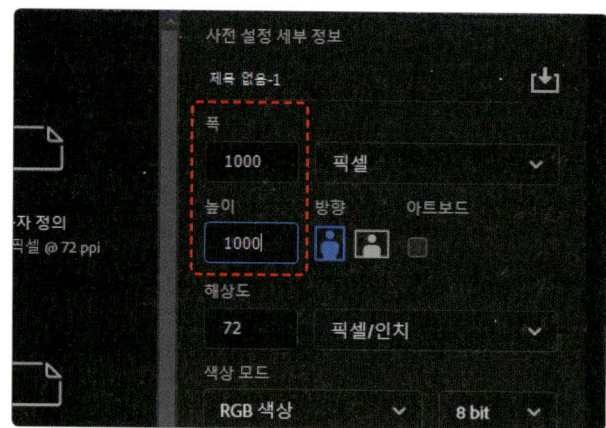

③ 실습용 제품사진(F-34_베개.psd) 열기

④ 이동도구를 이용해 제품사진을 조금전에 만든 1000X1000픽셀 이미지로 드래그하여 옮겨준다.

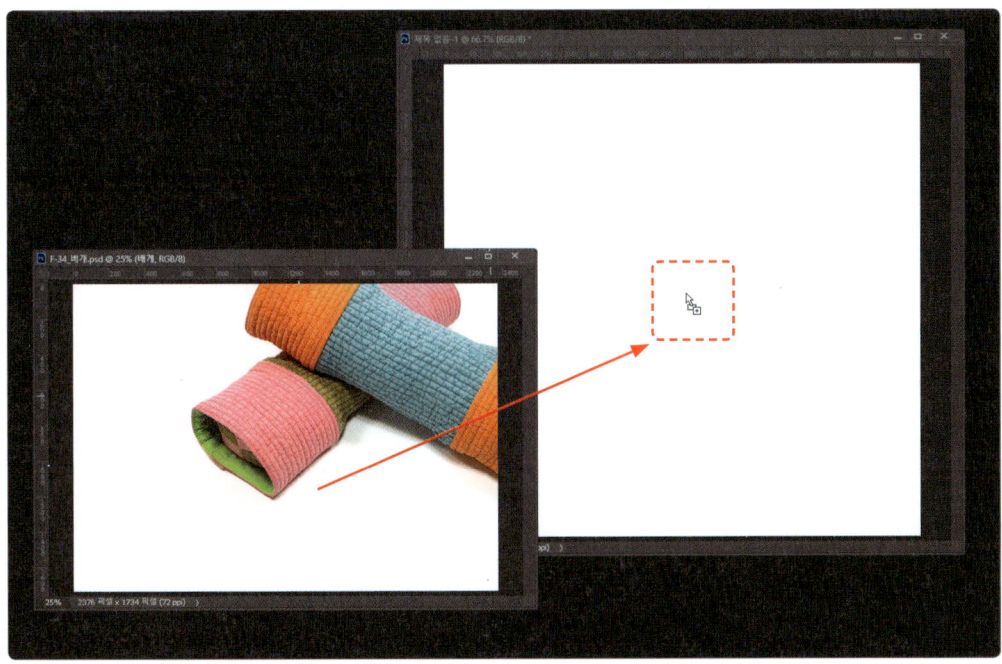

⑤ Ctrl + T 를 눌러 제품사진의 크기를 적당히 조절 후 Enter

⑥ 실습용 로고(F-35_로고.psd) 열기

⑦ 실습용 로고를 1000X1000픽셀 이미지로 드래그하여 옮겨준다.

⑧ Ctrl + T 를 눌러 로고의 크기를 적당히 조절하고 우상단으로 위치시킨 후 Enter

⑨ Shift + Ctrl + Alt + S를 눌러 jpg파일로 저장

QR코드로
영상강의를 확인해보세요.

Chapter 09

상세페이지를 만드는 또 다른 방법

1) 쉽게 블로그형 상세페이지 만들기

네이버 스마트스토어의 스마트에디터를 보면 카테고리별 템플릿을 제공합니다. 템플릿이란 만들어져 있는 샘플 상세페이지라고 보시면 됩니다. 기획한 문구와 사진만 준비되어 있다면 이 템플릿을 수정하여 문구와 사진을 바꾸는 방식으로 쉽고 빠르게 상세페이지를 만들 수 있습니다.

① [스마트스토어센터] > [상품관리] > [상품 등록] 으로 이동

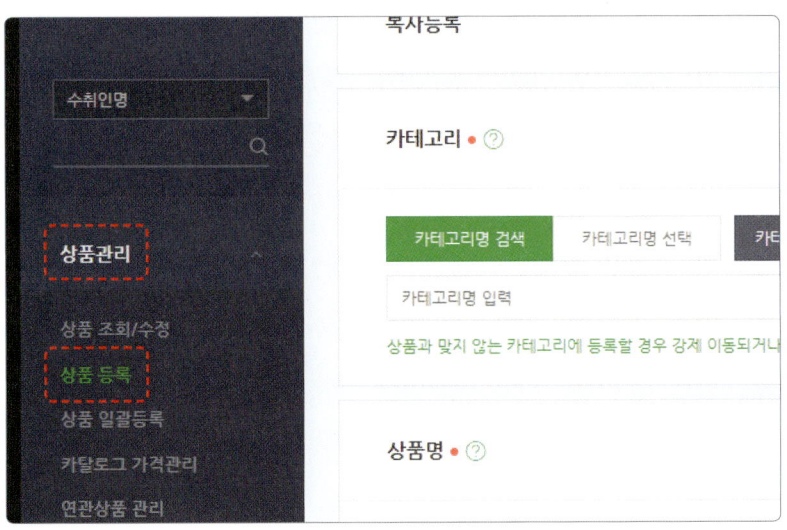

② 'Smart Editor ONE으로 작성' 버튼 클릭

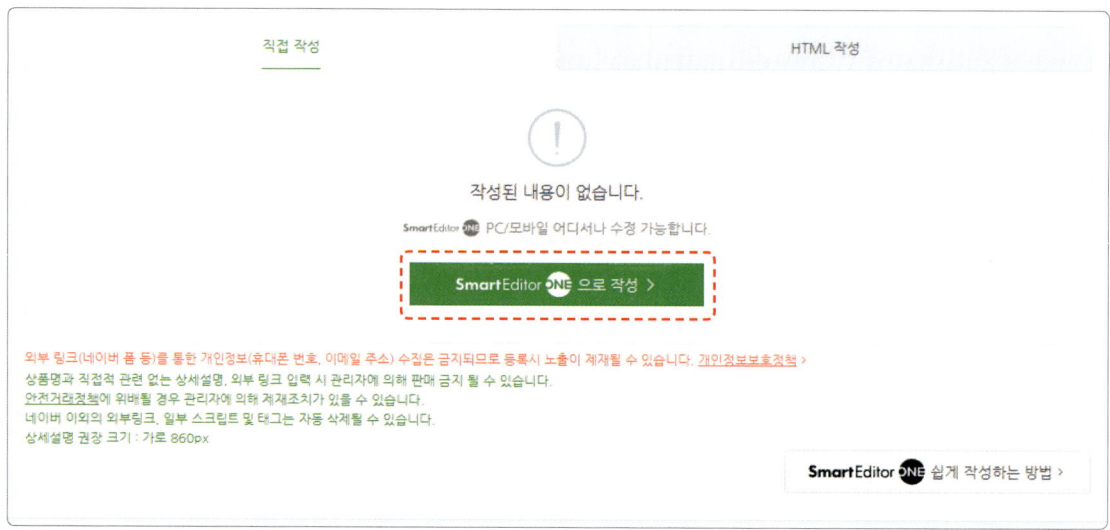

③ 우측 '템플릿' 버튼 클릭

④ 원하는 템플릿 선택

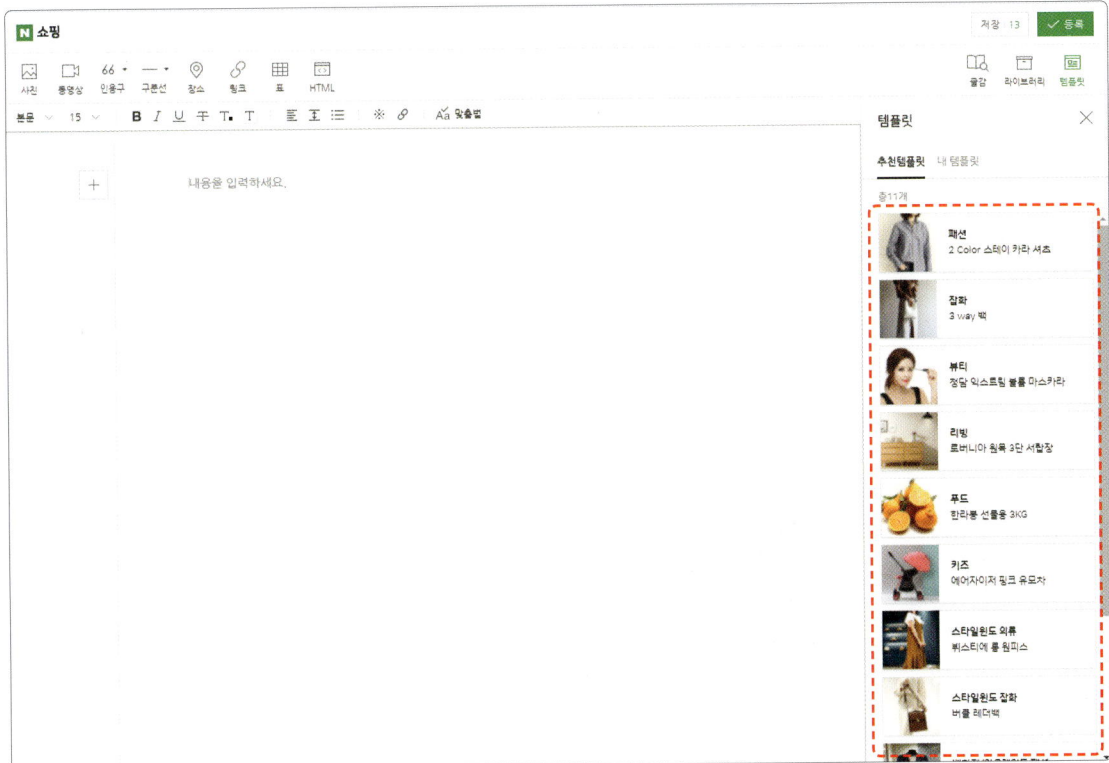

⑤ 열린 템플릿에서 사진과 문구를 교체하여 상세페이지 제작

> 편집툴을 이용해 사진/동영상 삽입, 텍스트 삽입/수정 등 원하는대로 편집이 가능합니다.

⑥ 편집이 완료되면 우상단의 '등록' 버튼 클릭

QR코드로
영상강의를 확인해보세요.

대다수 쇼핑몰들도 스마트에디터처럼 글을 편집하고 사진을 넣을 수 있는 기능이 있기 때문에 스마트스토어에서 만든 상세페이지를 그대로 가져와서 타 쇼핑몰에서도 만드시면 됩니다.

2) 디자인 플랫폼 이용해서 만들기

요즘은 포토샵을 못해도 멋진 상세페이지를 만들 수 있는 시대입니다. '미리캔버스'나 '망고보드'와 같은 디자인 플랫폼을 이용하시면 됩니다. 멋진 템플릿들이 많이 제공되기 때문에 문구를 바꾸고, 사진을 교체하는 식으로 기대이상의 멋진 상세페이지를 만들 수 있습니다. 네이버에서 검색하면 만나보실 수 있습니다.

3) 그러나 본질은 변하지 않는다.

상세페이지를 만드는 다양한 방법들이 있고, 또한 앞으로도 새로운 방법들이 나올 것입니다. 그러나 본질은 변하지 않습니다. 상세페이지에서 가장 중요한 것은 변함없이 '기획'입니다. 또한 포토샵의 중요성도 여전합니다. 왜냐하면 제품 사진 보정은 어떤 프로그램도 포토샵을 넘어설 수 없기 때문입니다. 포토샵이 어려워서 부담스럽더라도 이 책에서 소개 드리는 '제품 사진 보정 기술'은 꼭 익히시기를 권해드립니다.

Part 04

04 스마트폰 영상제작

> 몇 년 전, 제가 처음으로 영상을 직접 만들어 봐야겠다고 결심했을 때 많은 두려움이 있었습니다. 너무 어려워서 내가 못하면 어떻게 하나… 하는 걱정이 제일 컸습니다. 그러나 막상 뚜껑을 열고 보니 쓸데없는 걱정을 했다는 사실을 깨닫게 되었습니다. 영상은 늘 쓰고 있는 스마트폰으로 찍으면 되고, 편집은 무료 프로그램으로 하면 되기 때문입니다. 배우지 않아도 바로 쓸 수 있는 쉽고 단순한 영상편집 앱들도 많이 있습니다. 이제 누구도 부인할 수 없는 영상의 시대입니다. 사장님들의 제품을 영상으로 생생하게 보여줄 수 있습니다. 지금 저와 같이 시작하시죠!

Chapter01 왜 영상이 필요한가?
Chapter02 영상 제작 프로세스
Chapter03 시나리오 작성방법
Chapter04 배경음악, 효과음 구하기
Chapter05 스마트폰 영상촬영
Chapter06 영상편집

Chapter 01

왜 영상이 필요한가?

1) 보다 직관적인 상품설명을 위해

제품의 동작, 색상 변화, 사운드, 조립 방법 등 제품의 특장점을 가장 쉽고 직관적으로 보여줄 수 있는 방법은 영상이 최고이기 때문입니다. 라이브쇼핑이 각광을 받고 있는 이유도 바로 여기에 있습니다. 직접 보고 듣는 것만큼 확실한 것은 없으니까요.

2) 동영상 홍보를 위해

유튜브, 네이버TV, SNS 등 동영상 플랫폼에서의 정보 검색량이 날로 증가하고 있습니다. 이는 기존 포털들을 위협할 수준입니다. 이를 활용한다면 다음과 같은 흐름으로 신규 고객을 확보할 수 있습니다.

고객이 동영상 플랫폼에서 내영상 시청 > 영상에 제공된 링크를 통해 내 상세페이지로 고객 유입 > 신규 매출 발생

아래 영상은 제가 만든 홍보용 영상입니다.

QR코드로
영상강의를 확인해보세요.

여기서 잠깐!

판매자 입장에서 보면 영상에는 두가지가 있습니다.

① 짧은 기능 소개용 영상
- 용도: 상세페이지 중간중간에 삽입되어 제품의 기능을 짧게 보여준다.
- 제작: 별도의 기획 없이 단순하게 해당 기능을 촬영하여 제작한다.

② 비교적 긴 홍보용 영상
- 용도: 유튜브 등 영상 플랫폼에 업로드 되어 고객을 상세페이지로 유입 시킨다.
- 제작: 상세페이지를 만들 듯 기획-촬영-편집의 순서로 제작한다.

이 책에서는 홍보용 영상 제작을 기준으로 설명합니다.

Chapter 02

영상 제작 프로세스

영상도 상세페이지 제작과 동일합니다. 어떤 정보를 제공할 것인가 확정한 후 기획하고 실행하는 순으로 제작됩니다. 상세페이지를 영상화 한 것이라고 보시면 됩니다.

Chapter 03

시나리오 작성방법

단순히 1분 이내 길이로 상품의 장점 1~2개를 소개하여 상세페이지에 삽입하는 영상이라면 특별히 시나리오는 필요 없습니다. 그냥 찍어서 조합하여 올리면 됩니다. 그러나 비교적 긴 시간의 영상이라면 꼼꼼히 시나리오를 작성하여 제작해야만 빠르게 완성도 높은 결과물을 얻을 수 있습니다.

1) 시나리오 작성시 유의할 점

- 내 관점이 아닌 고객 관점에서 고객의 흥미를 유발할 만한 내용만 넣는다. 그래야 고객이 이탈하지 않고 보게 된다.
- 모든 고객은 성격이 급하다. 기다리는 것을 참지 못한다. 영상은 군더더기 없이 짧고 빠르게 본론만 이야기한다.
- 상세페이지처럼 영상도 두괄식이다. 초반에 고객의 관심을 끌지 못한다면 고객은 바로 이탈해버린다.

2) 시나리오 작성하기

시나리오를 작성한다고 부담스러워하실 필요 없습니다. 그냥 어떤 영상을 보여주고 어떤 멘트를 할 것인가에 대해서 글로 정리하는 것에 불과합니다. 그럼 우선 제가 만든 영상을 한번 보시죠.

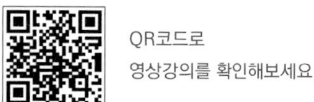 QR코드로
영상강의를 확인해보세요.

이 영상은 아래와 같이 시나리오를 사전에 작성하고, 그 시나리오대로 촬영하여 제작한 것입니다.

장면 설명	멘트
사진+제목으로 구성된 표지. 제목: SHYboy의 참 쉬운 영상제작	
거실 소파에서 멘트를 한다.	안녕하십니까? 서형윤 강사입니다. 오늘 강의를 통해서 유튜브 영상 제작에 필요한 모든 기능들을 배워 보도록 하겠습니다.
화자가 손으로 영상 모서리를 가리키면 로고가 등장	첫번째, 영상 상단에 로고를 고정시켜 보겠습니다. 예, 예쁘게 고정이 됐죠?
"와! 정말 쉽다!" 문구 삽입	다음으로 영상 안에 원하는 글씨나 이미지를 삽입해 보도록 하겠습니다.
"안녕하세요? 저는 자막입니다!" 문구 삽입"	네, 물론 영상하단에 자막삽입도 가능합니다.
시끄러운 음악 삽입	네 영상만 있으니까 되게 썰렁하죠? 그래서 음악을 깔아보겠습니다.
조용한 음악 삽입	(귀를 막으며)너무 시끄럽죠? 잔잔한 음악으로 바꿔보겠습니다. 이제 좀 낫네요? 대사도 더 잘 들리겠죠?
꽃 영상으로 전환	예, 이제 화면 전환효과를 적용해 보도록 하겠습니다.
잔디밭 영상으로 전환	네, 이렇게 TV에서나 볼 수 있는 다양한 영상전환이 가능합니다.
다시 거실 장면으로 전환	네 필요할땐 영상 위에 다른 영상을 삽입할 수도 있습니다.
화자가 사라진다.	그럼 저는 도사님처럼 조용히 사라지도록 하겠습니다.
Thank you!라는 자막을 보여주고 마무리	

위 표처럼 좌측에는 화면에 보일 내용을 묘사하시고, 우측에는 영상이 나올 때 하게 될 멘트를 작성하시면 됩니다. 꼭 위의 표처럼 만드실 필요는 없습니다. 본인이 보기 편하게 영상내역과 멘트를 자유롭게 정리하시면 됩니다.

위 영상은 인물과 멘트 중심으로 제작한 영상입니다. 이런 구성은 전문적인 정보의 전달이나 서비스의 홍보에 적합합니다. 그럼 상품의 기능 소개 중심으로 만든 영상도 보시겠습니다.

 QR코드로
영상강의를 확인해보세요.

이 영상 또한 다음과 같이 꼼꼼하게 시나리오를 작성한 후 제작한 것입니다. 이 경우에는 빠르게 기획하기 위해서 저만 알아볼 수 있게 형식에 구애받지 않고 작성했습니다.

(흰배경에서 촬영한다)

*공연현장에서 강하다.

- SI멀티튜너는 기타의 소리가 아닌 기타의 진동을 인식하기 때문에 시끄러운 장소에서도 잘 작동됩니다. 일렉기타를 앰프에 연결하지 않고 테스트 해보겠습니다.

(음악을 틀어놓고)

보세요. 잘 되죠?

- 공연장의 어두운 환경에서 액정이 크고 밝아서 잘 보입니다.
  선명하게 보이죠?

*액정화면 자세히 보기

- 왼쪽은 음이 낮은것을, 오른쪽은 높은 것을 의미합니다. 가운데 녹색부분에 화살표가 가면 음이 딱 맞았다는 뜻입니다.
- 줄을 퉁기면, 이처럼 음이 표시되고 좌측에는 몇번줄을 치는지 표시가 됩니다. 그래서 CDEFGABC와 같은 음의 알파벳 표기에 익숙하지 않은 분들도 쉽게 조율할 수 있습니다.
- 이부분은 어떤악기를 튜닝하고 있는지를 보여줍니다. 여기에 보이는 G는 기타를 의미합니다.

* 기타, 베이스, 우쿨렐레, 바이올린 조율OK

기타 조율은 앞에서 보셨으니까 우쿨렐레를 보시죠. (버튼을 조작한다)

기타처럼 잘 되죠?

이제 바이올린입니다.

네, 잘되는 것을 확인할 수 있습니다.

(이하 생략)

Chapter 04

배경음악, 효과음 구하기

인터넷에 돌아다니는 배경음악이나 효과음들을 무단으로 사용하시면 도용으로 인해 법적인 처벌을 받을 수 있습니다. 반드시 유튜브에서 제공하는 무료 배경음악과 효과음을 사용하시기 바랍니다. 다운로드 메뉴는 다음과 같습니다.

① 유튜브 접속 및 로그인
② 우상단 프로필 아이콘 클릭

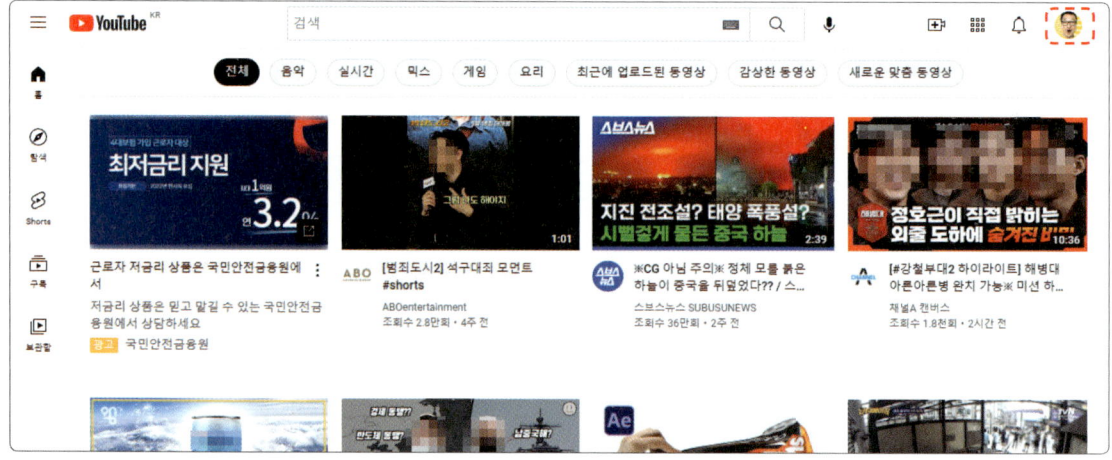

③ YouTube 스튜디오 클릭

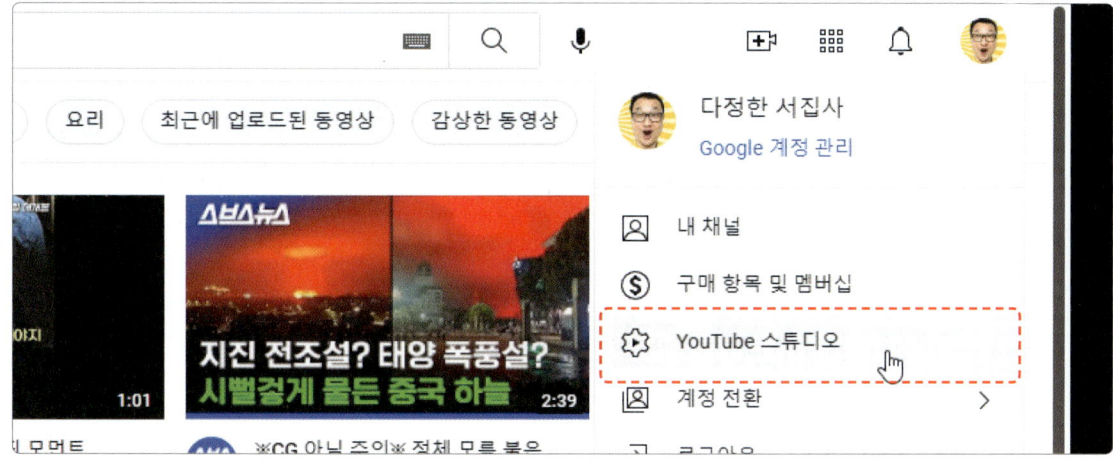

④ 좌측 오디오 보관함 클릭

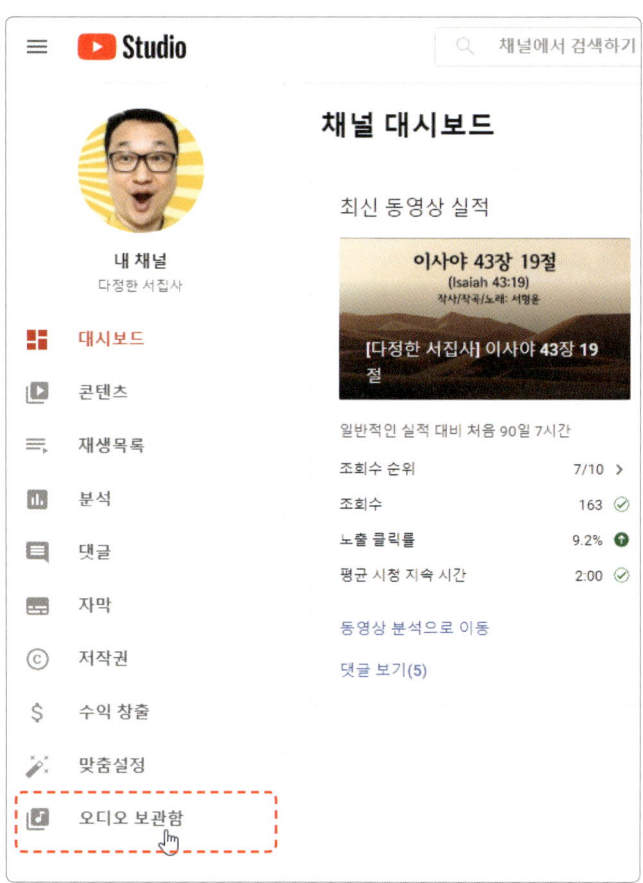

⑤ 여기서 음악을 mp3파일로 다운로드 받을 수 있음

⑥ 다양한 효과음도 mp3파일로 다운로드 받을 수 있음

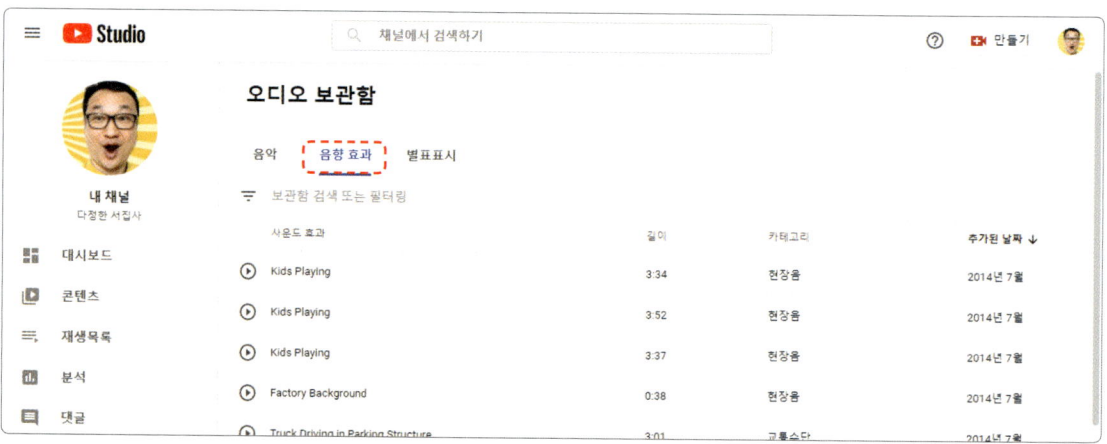

※ 본 메뉴의 위치나 구성은 유튜브의 서비스 정책에 따라 달라질 수 있습니다. 못 찾으실 경우 아래 영상을 참조해주세요.

QR코드로
영상강의를 확인해보세요.

Chapter 05

스마트폰 영상촬영

1) 가로세로 비율 세팅
앞서 '스마트폰 제품 촬영' 챕터에서처럼 스마트폰 카메라에서 영상의 전면/후면 카메라의 가로세로 영상 비율을 바꿔줘야 합니다. 16:9로 선택하면 됩니다. 다른 비율로 영상을 촬영할 경우 비율이 맞지 않아 위 아래나 좌우에 까만 공백이 생기는 상황이 발생할 수 있습니다. 반드시 16:9로 선택해주세요! 설정은 카메라를 켠 후 옵션에서 하시면 됩니다.

2) 영상 촬영 자세
앞서 '스마트폰 제품 촬영'에서 말씀드린 것과 동일한 자세입니다. 영상 또한 흔들리면 쓸 수 없기 때문에 촬영 자세에 주의하셔야 합니다.

3) 반드시 가로로 촬영
특별한 목적이 있지 않는 한 반드시 가로로 촬영하시기 바랍니다. 틱톡과 같이 일부 예외가 있긴 하지만 대부분의 영상 플랫폼은 가로를 기준으로 합니다. 그래서 세로로 촬영할 경우 영상의 좌우에 까만 공백이 생기거나 영상이 작아지는 사태가 벌어지게 됩니다.

4) 3초의 여유 시간을 두고 촬영

촬영을 시작할 때와 촬영을 마칠 때 3초의 여유시간을 줘야 합니다. 촬영 버튼을 누르자 마자 마음속으로 1초, 2초, 3초를 센 후 멘트 또는 동작을 합니다. 마찬가지로 촬영을 다 마쳤다면 1초, 2초, 3초를 센 후 촬영 종료 버튼을 누릅니다. 이렇게 하는 이유는 영상의 앞뒤로 여유분이 있어야 편집 시 용이하기 때문입니다. 특히 화면전환 효과를 줄 때 이 여유분이 반드시 필요합니다.

5) 멘트가 틀려도 계속 촬영

평상시 말을 잘하는 사람도, 카메라만 돌아가면 말을 더듬기 마련입니다. 멘트를 할 때 말이 틀렸다고 매번 다시 촬영한다면 촬영에 정말 많은 시간이 들게 됩니다. 멘트를 하다가 말이 틀렸다면 말을 2초정도 멈추고 다시 멘트하십시오. 조금 전 틀린 부분은 편집 프로그램에서 잘라내 제거하면 됩니다.

여기서 잠깐.

영상을 촬영할 때 자연스럽게 멘트를 하는 것은 생각보다 어렵습니다. 긴장이 돼서 자꾸 말을 더듬게 되기 때문입니다. 이럴 때는 멘트를 프린트해서 촬영하는 폰 밑에 붙여놓고 읽으시면 훨씬 수월하고 빠르게 촬영할 수 있습니다. 또 다른 방법은 프롬프터 앱을 이용하는 것입니다. 프롬프터앱을 이용하면 촬영하는 스마트폰 화면에 준비한 멘트가 위로 흐르면서 나오기 때문에 화면을 보면서 글을 읽기만 하면 됩니다. 구글플레이에서 '프롬프터'를 검색하시면 다양한 프롬프터 앱을 만나보실 수 있습니다.

6) 촬영한 영상파일을 PC로 이동
사진파일을 다운로드 받는 방법과 동일합니다.

Chapter 06

영상편집

1) 어떤 편집 프로그램을 써야하는가?

정말 많은 편집 프로그램들이 있고, 무료 앱들도 많습니다. 복잡한 프로그램이 싫으신 분은 곰믹스를 추천드립니다. 제 경우에는 특별히 배우지 않고도 바로 쓸 수 있을 정도로 쉬웠습니다. 모바일로 편집을 원하시면 VITA를 추천드립니다. 스마트폰앱이지만 전문 프로그램 못지 않은 막강한 기능을 보유하고 있습니다. 영상을 좀 그럴듯하게 만들고 싶으신 분은 단연 '다빈치리졸브'입니다.

2) 왜 다빈치리졸브인가?

- 무엇보다 무료입니다.
- 무료지만 전문 영상편집 프로그램이기 때문에 기능이 막강합니다.
- 기본 기능들만 사용한다면 비교적 쉽게 배워서 바로 사용할 수 있습니다. 고민하지 마시고 추천 드리는 프로그램을 사용해보세요!

※ 단점은, 컴퓨터 사양이 낮으면 다소 느려질 수 있습니다. 최소 사양은 구글에서 '다빈치리졸브 컴퓨터 사양'이라고 검색하면 확인해 볼 수 있습니다.

※ 본 책에서는 판매자에게 필요한 필수기능만을 소개시켜드립니다. 제품 소개영상, 유튜브 홍보영

상 제작은 제가 소개 시켜드리는 기능만으로도 충분합니다.

여기서 잠깐!
다빈치리졸브 프로그램의 다운로드 방법, 설치방법, 사용방법 등은 프로그램 개발사의 정책이나 프로그램의 업그레이드 상황에 따라 변경될 수 있으므로, 만일 책의 내용과 실제내용이 다를 경우, 제공드리는 영상을 참조해주세요.

3) 다빈치리졸브 프로그램 다운로드

① 구글에서 '다빈치리졸브'로 검색
② Blackmagic Design 클릭

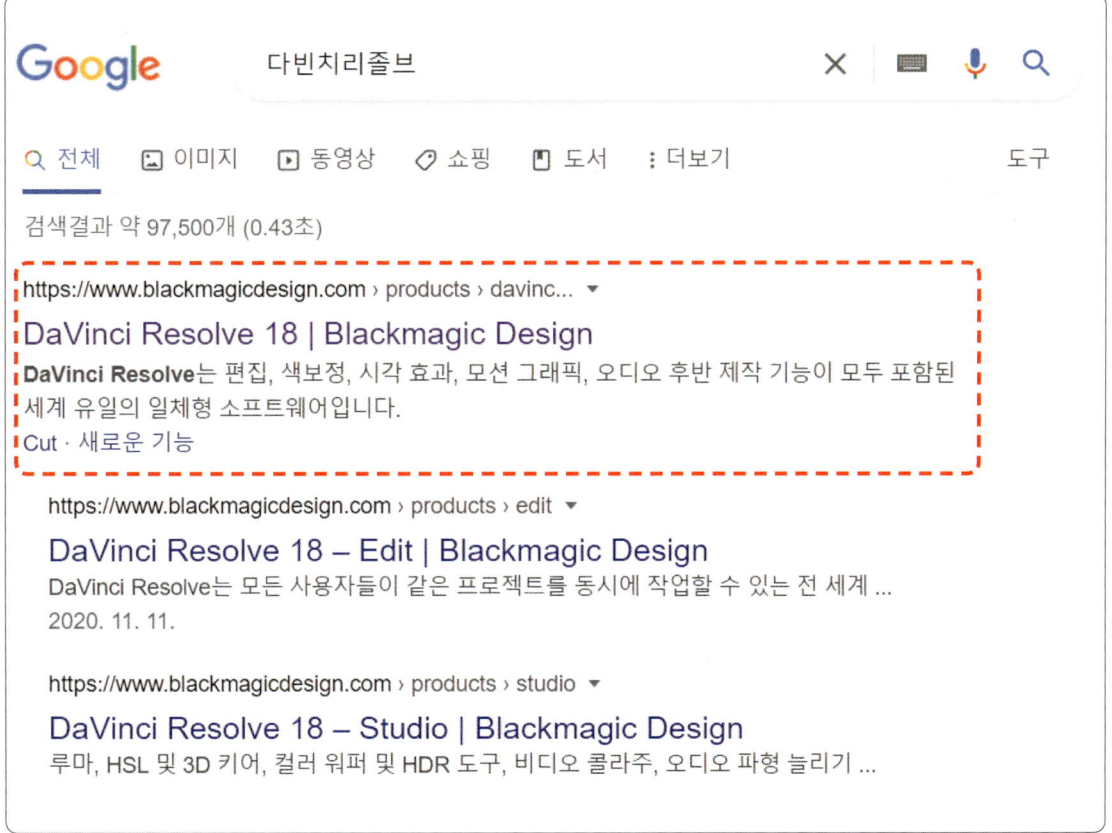

③ 지금 무료 다운로드 클릭

④ 자신의 컴퓨터OS에 맞는 버튼 클릭. 일단 윈도우 컴퓨터는 Windows, 맥킨토시는 Mac 클릭
(프로그램 버전은 원하는 것을 선택하세요. 어떤 버전도 괜찮습니다)

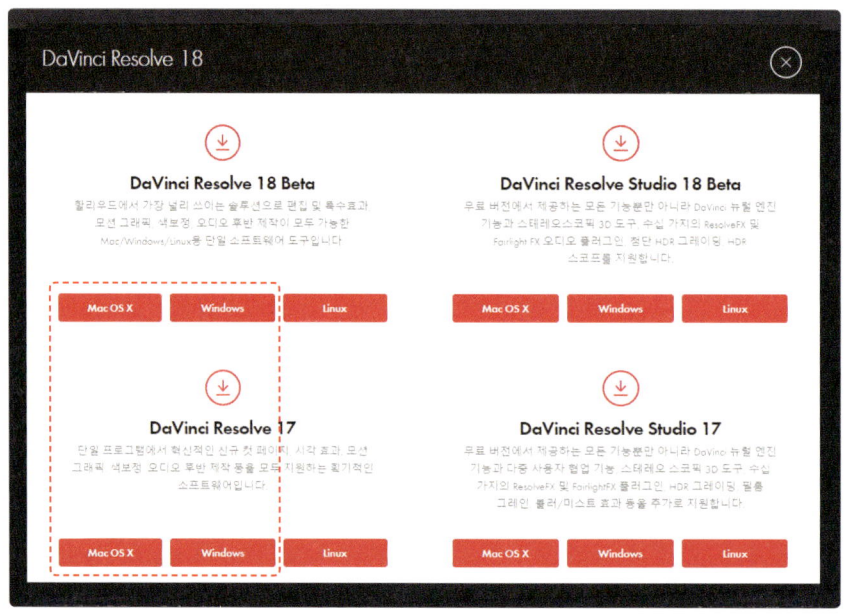

⑤ 정보입력 후 '등록&다운로드하기' 버튼 클릭하여 프로그램 다운로드

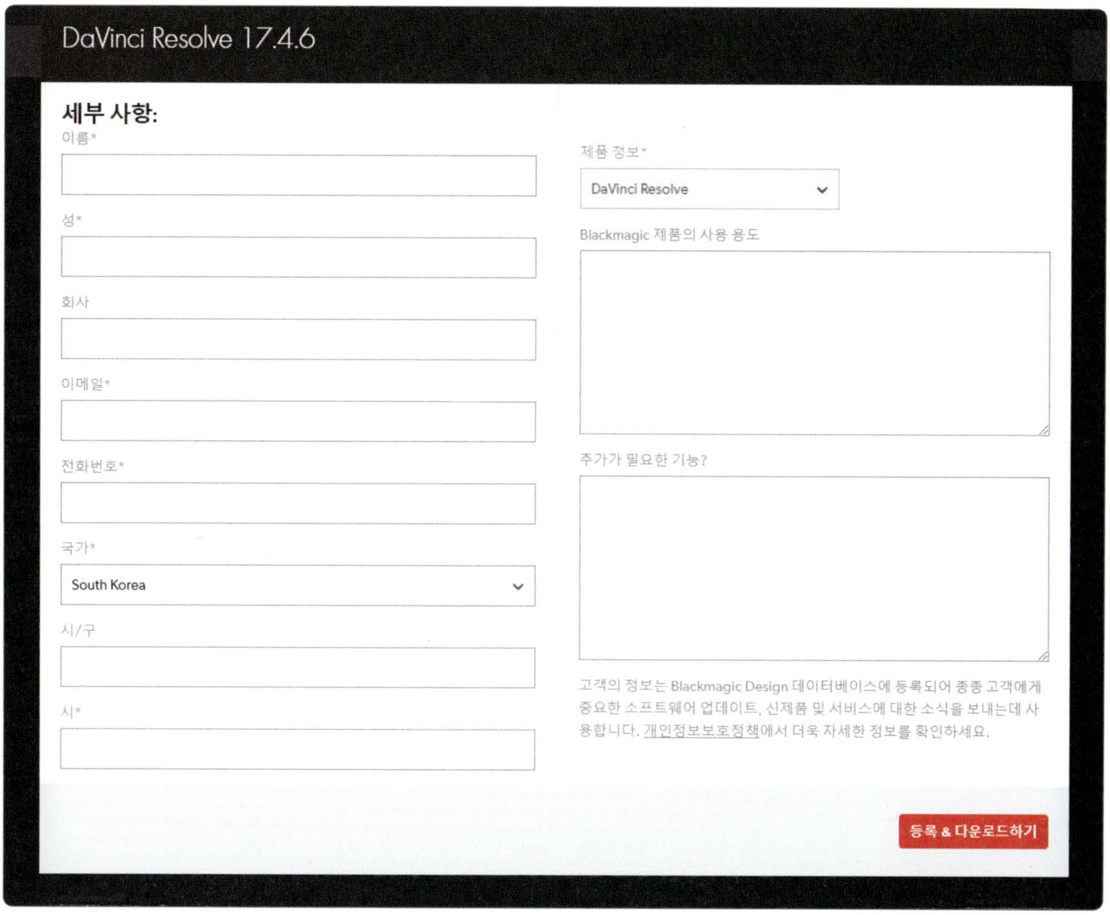

QR코드로
영상강의를 확인해보세요.

4) 다빈치리졸브 프로그램 설치

다운로드 받은 exe파일을 더블클릭해서 일반 프로그램들처럼 설치하시면 됩니다. 모든 물음에 동의하시면 됩니다. 설치가 완료되면 바탕화면에 실행아이콘이 생깁니다.

5) 하단탭의 기능설명

다빈치리졸브는 많은 기능을 가진 프로페셔널 영상 프로그램이입니다. 수많은 기능들이 7개의 탭으로 분류되어 있습니다. 우리는 판매자에게 딱 필요한 기능만 사용할 것입니다. 그래서 우리에게 필요한 것은 Edit탭과 Deliver탭, 이렇게 딱 두개입니다.

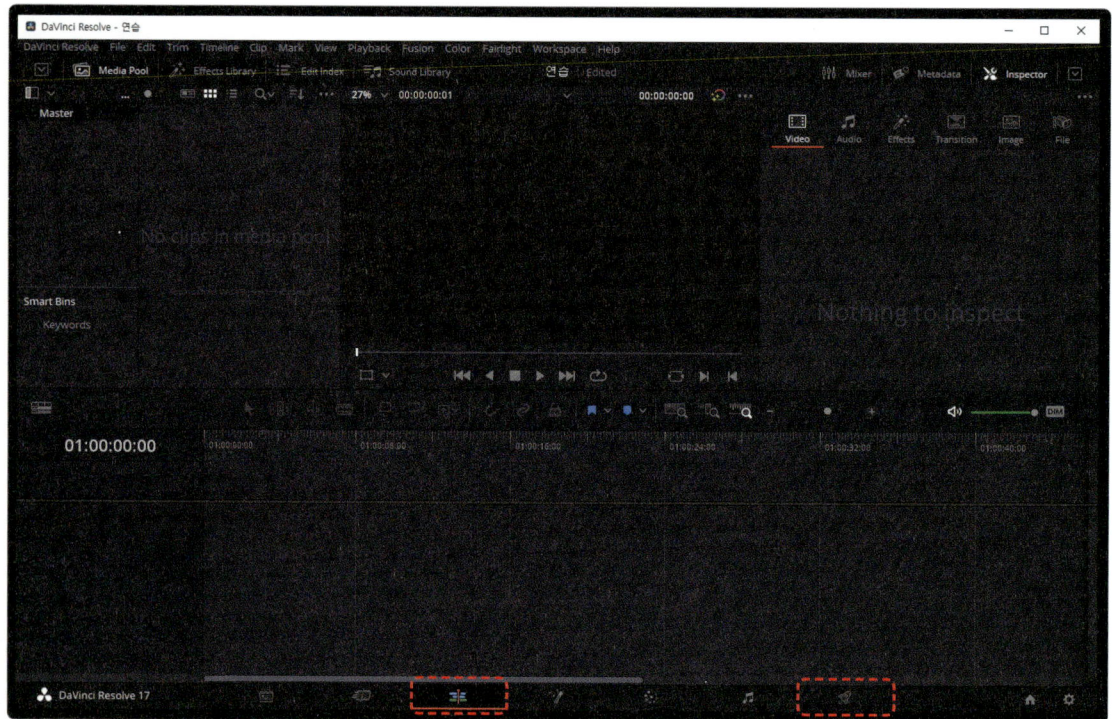

각 탭의 역할을 보시죠.

- Edit탭

영상, 음악, 사진 삽입 및 다양한 편집 작업을 진행하는 탭입니다. 이 탭에서 대부분의 작업들이 진행됩니다.

- Deliver탭

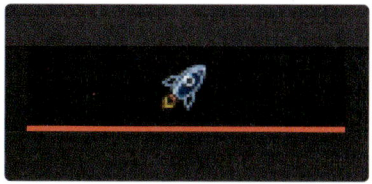

편집이 완료된 파일을 인터넷에 올릴 수 있도록 mp4나 mov같은 영상파일로 변환하는 탭입니다.

6) Edit탭의 화면 구성 살펴보기

먼저 모든 편집작업이 이뤄지는 Edit탭을 살펴보겠습니다. 화면 구성은 다음과 같습니다.

① Effects Library: 화면전환효과, 자막삽입 기능이 있는 영역

② 모니터 영상: 편집되는 영상이 보이는 모니터 영역

③ Video: 영상, 텍스트, 이미지 관련한 다양한 옵션들을 설정하는 영역

④ Audio: 음성이나 음악 관련한 다양한 옵션들을 설정하는 영역

⑤ 비디오 트랙: 영상을 삽입하고 편집하는 영역

⑥ 오디오 트랙: 음성이나 음악을 삽입하고 편집하는 영역

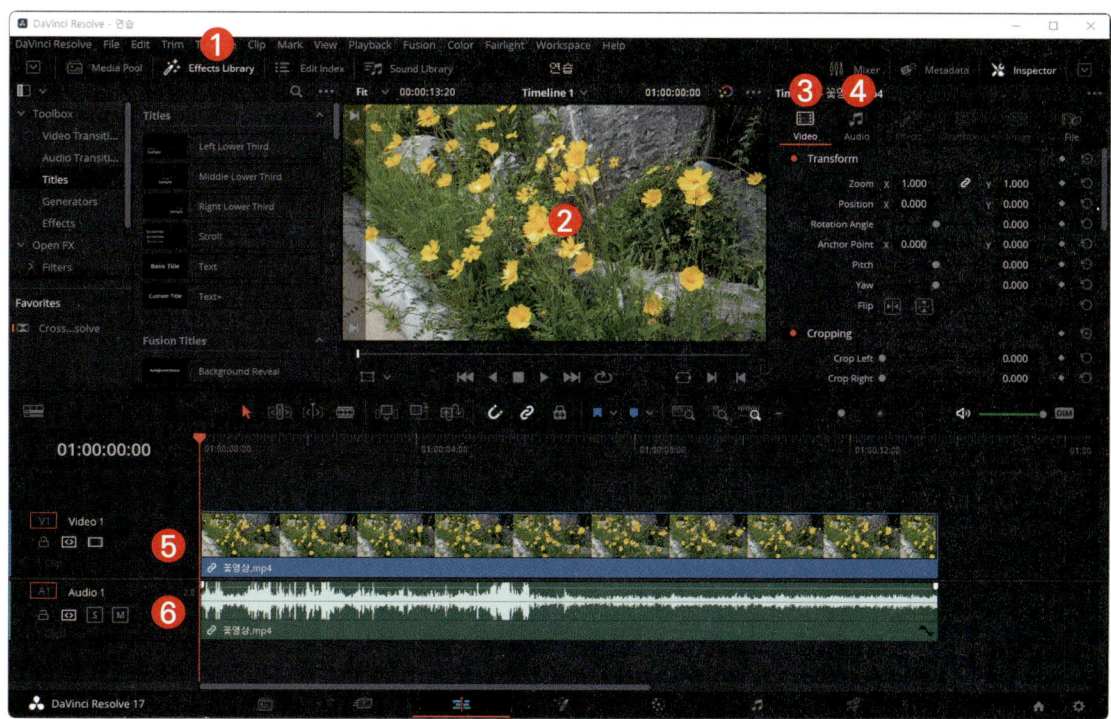

7) 비디오파일(영상, 사진, 일러스트), 오디오파일(음성, 음악, 효과음) 삽입하기

영상/배경음악/효과음/이미지를 트랙으로 불러오는 방법은 폴더에서 해당 파일을 선택해서 단순히 드래그하기만 하면 됩니다. 다음과 같이 드래그 하면 됩니다.

① 소리가 있는 영상 삽입: 영상파일을 비디오 트랙으로 드래그 해서 삽입하면 영상은 영상트랙으로, 소리는 오디오 트랙으로 자동삽입 됨.
② 사진/일러스트/아이콘과 같은 이미지 삽입: 비디오 트랙으로 드래그 하여 삽입
③ 배경음악/효과음 삽입: 오디오 트랙으로 드래그하여 삽입

자, 실습을 해보도록 하겠습니다.
　　① 영상삽입: 실습파일(F-36_장미.mp4)을 비디오 트랙으로 드래그하여 삽입

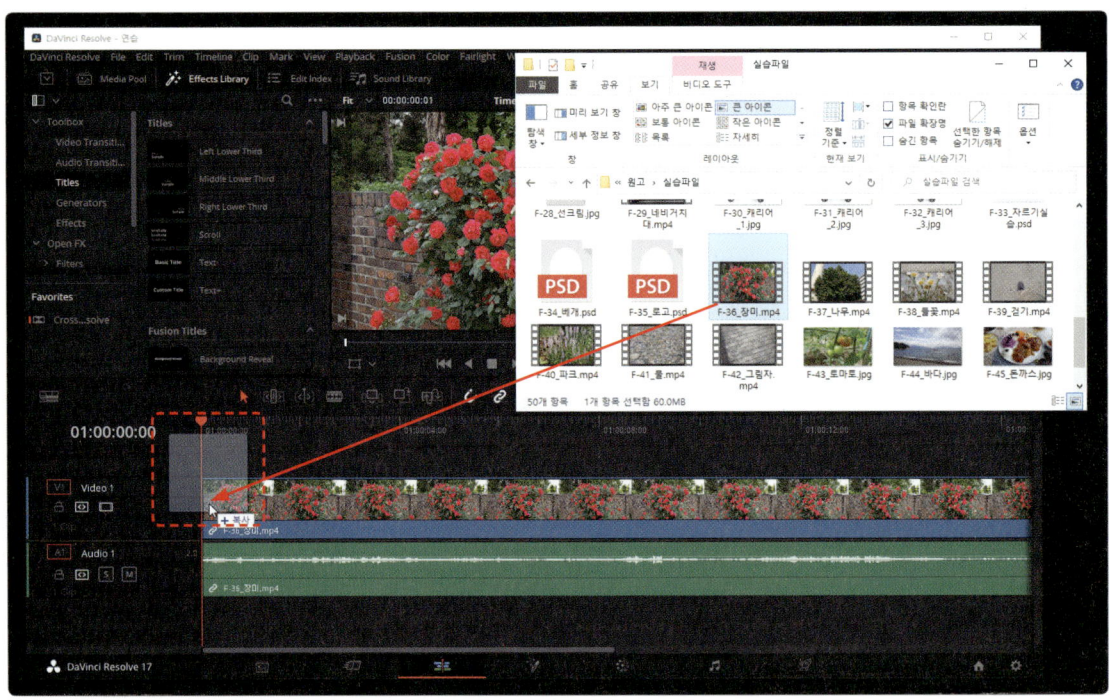

② 사진 삽입: 실습파일(F-44_바다.jpg)을 비디오 트랙으로 드래그하여 삽입

③ 음악삽입: 음악파일을 오디오 트랙에 드래그하여 삽입 (저작권 때문에 음악파일을 제공드리지 못합니다. 앞서 안내드린대로 'YouTube 스튜디오'에서 원하는 음악을 다운받아 연습해주세요. 가지고 계신 mp3파일도 삽입가능합니다)

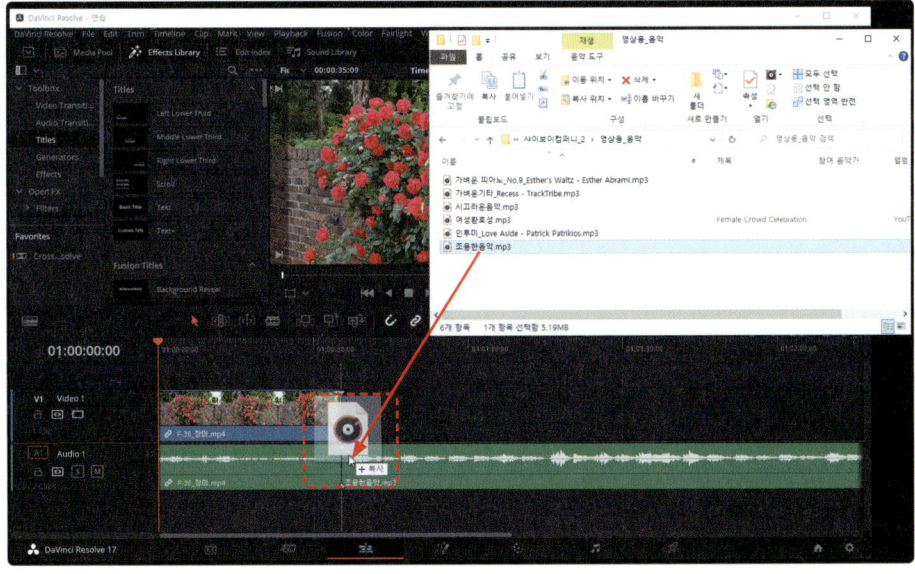

QR코드로
영상강의를 확인해보세요.

Part04 스마트폰 영상제작 **285**

8) 오디오 파일 소리크기 조절

스마트폰으로 촬영할 경우 종종 소리가 너무 작을때가 있습니다. 이때는 적절히 키워줘야 합니다. 음량 조절은 오디오 트랙의 개체에서 바로 할수도 있고 우상단 Audio영역에서 설정할수도 있습니다.

① 앞서 삽입했는 mp3파일을 오디오 트랙에 드래그하고 클릭하여 선택
② 오디오 개체에 있는 흰색 가로선 위에 커서를 올리면 커서 모양이 바뀜

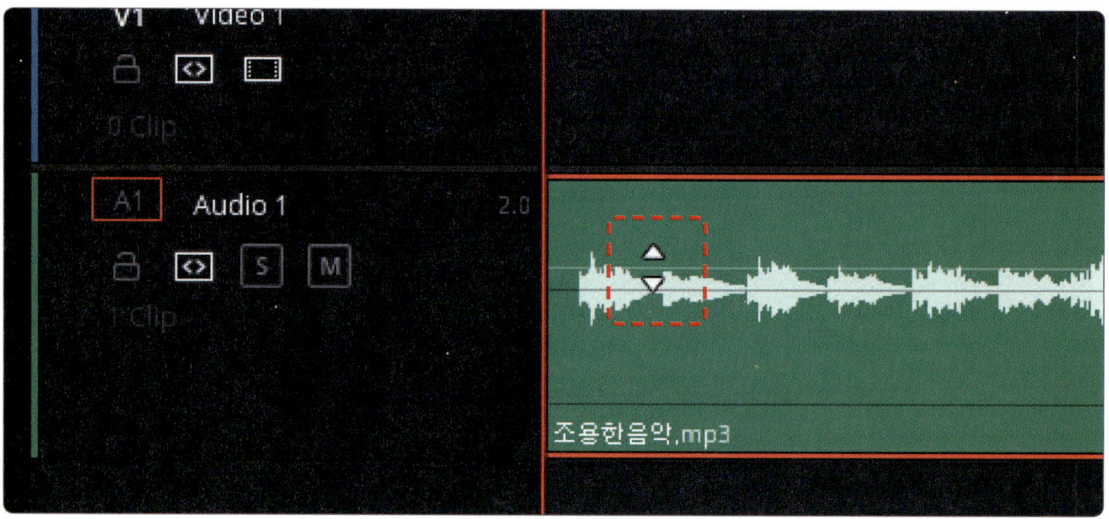

③ 이때 커서를 드래그해서 올리면 소리가 커짐(오디오 파형도 커져서 편집이 편해짐)

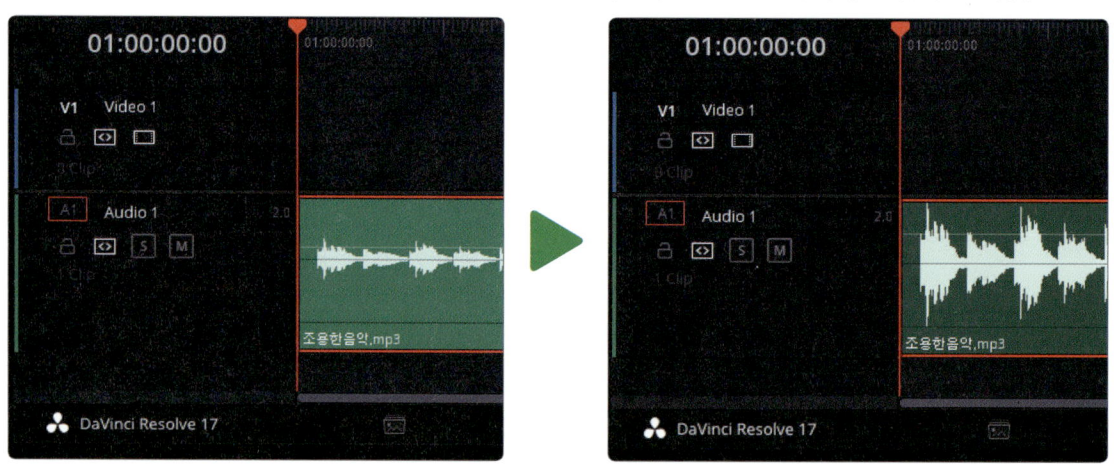

④ 커서를 드래그해서 내리면 소리가 작아짐

⑤ 좌상단 Audio영역의 Volume영역에서도 세밀하게 음량 조절 가능

QR코드로
영상강의를 확인해보세요.

9) 트랙에서 비디오파일, 오디오파일의 위치, 길이 조절

트랙에서 비디오나 오디오 파일의 위치를 조정한다는 것은 해당 파일의 등장과 퇴장의 타이밍을 조절하는 것입니다. 길이를 조절한다는 것은 등장한 파일이 지속하는 시간을 조절하는 것입니다. 위치와 길이를 조절하는 방법은 단순히 드래그로 가능합니다. 비디오와 오디오의 위치/길이 조절 방법은 동일하므로 비디오만 설명드리겠습니다.

• 위치 조절

① 실습파일(F-37_나무.mp4)을 비디오 트랙으로 드래그하여 삽입

② 영상의 중간지점을 클릭하여 좌우로 드래그하며 위치 변경

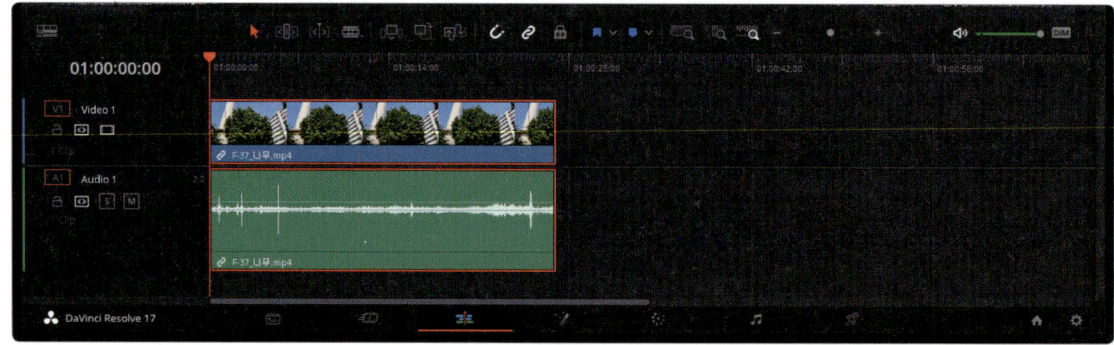

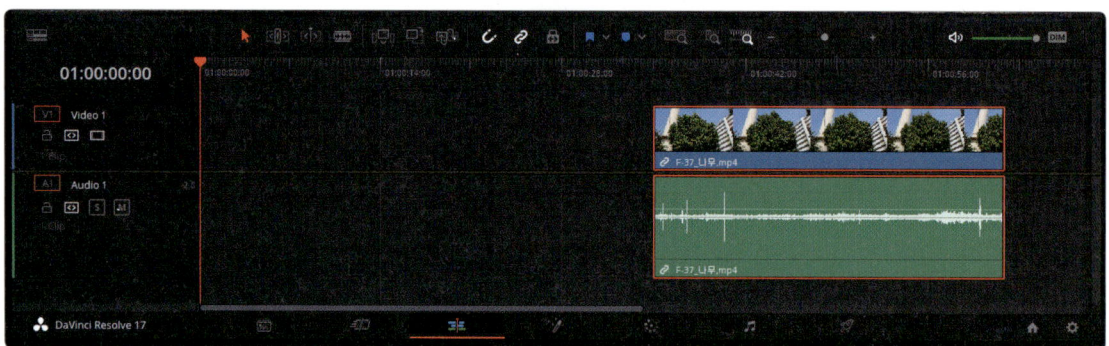

• 길이 조절

① 위와 동일한 파일로 실습

② 영상의 시작점을 클릭한 후 우로 드래그 하여 길이 조절

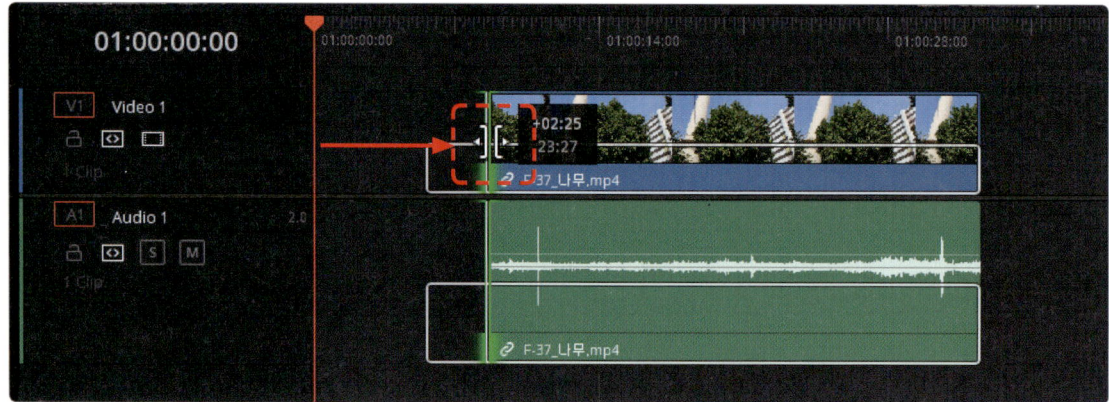

③ 영상의 끝점을 클릭한 후 좌로 드래그 하여 길이 조절

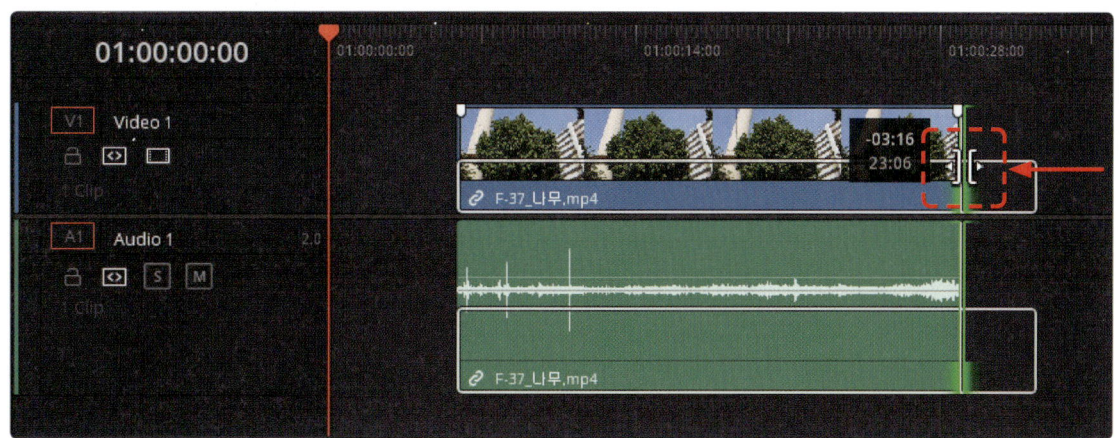

 QR코드로
영상강의를 확인해보세요.

10) 영상의 플레이

① 영상 플레이: 키보드의 스페이스바 클릭

② 영상 멈춤: 키보드의 스페이스바 클릭

③ 영상의 처음으로 이동: 키보드의 Home버튼 클릭

④ 영상의 마지막 지점으로 이동: 키보드의 End버튼 클릭

11) 컷편집

컷편집이란 영상에서 불필요한 부분을 잘라내서 제거하는 과정을 말합니다.

• 비디오와 오디오를 동시에 자르기

① 실습파일(F-38_들꽃.mp4) 을 비디오 트랙에 드래그

② ▦ 아이콘을 클릭

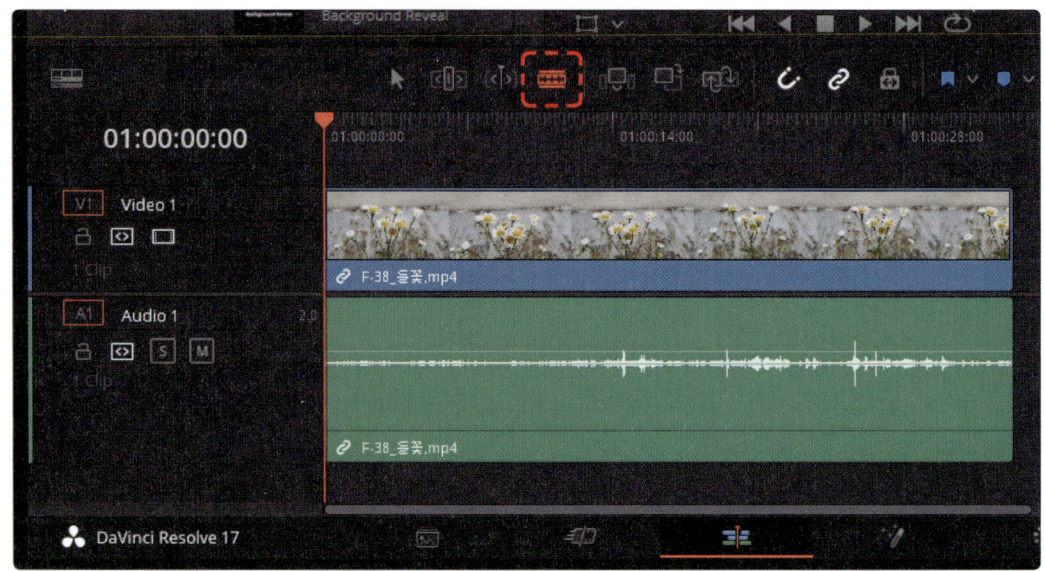

③ 비디오의 자르고자 하는 지점에서 클릭하면 해당 지점의 비디오와 오디오가 모두 잘린 것을 확인할 수 있음

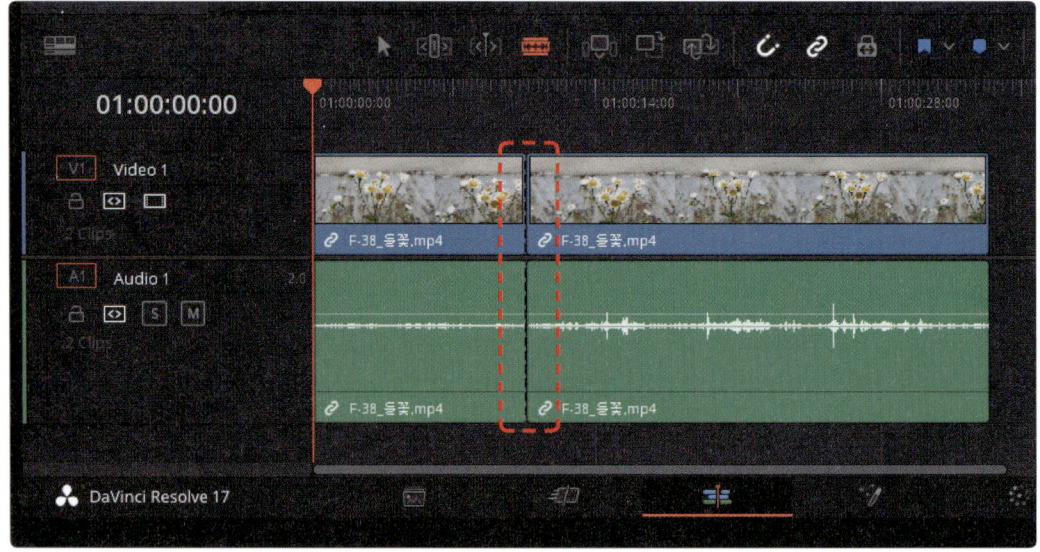

- 비디오와 오디오 중간부분을 제거하기

① 위와 동일한 파일로 실습

② 위와 같은 방법으로 두지점을 자름

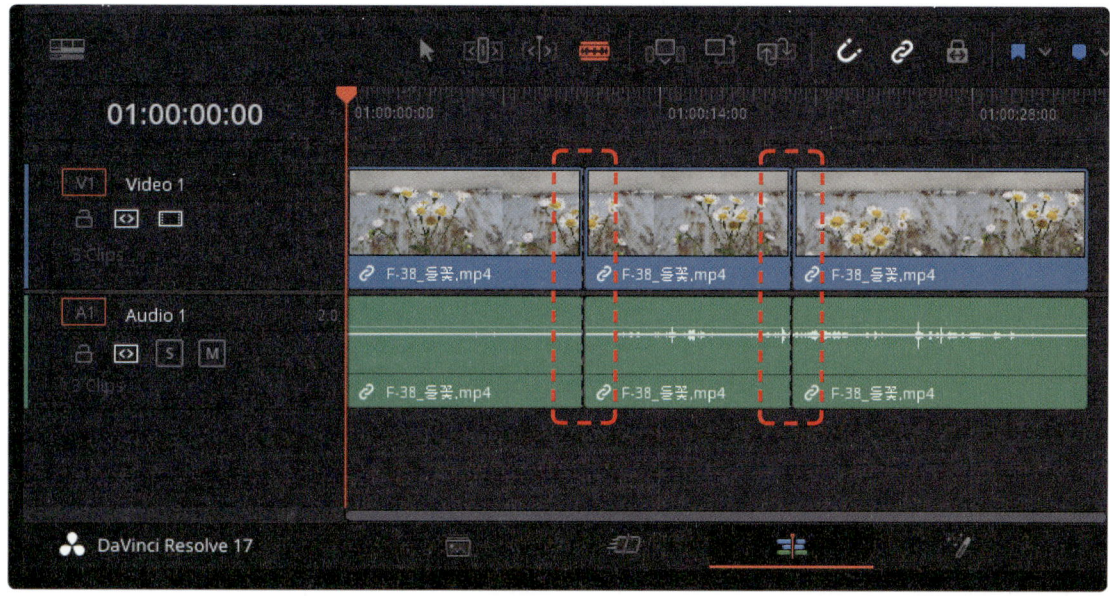

③ ▣ 를 선택

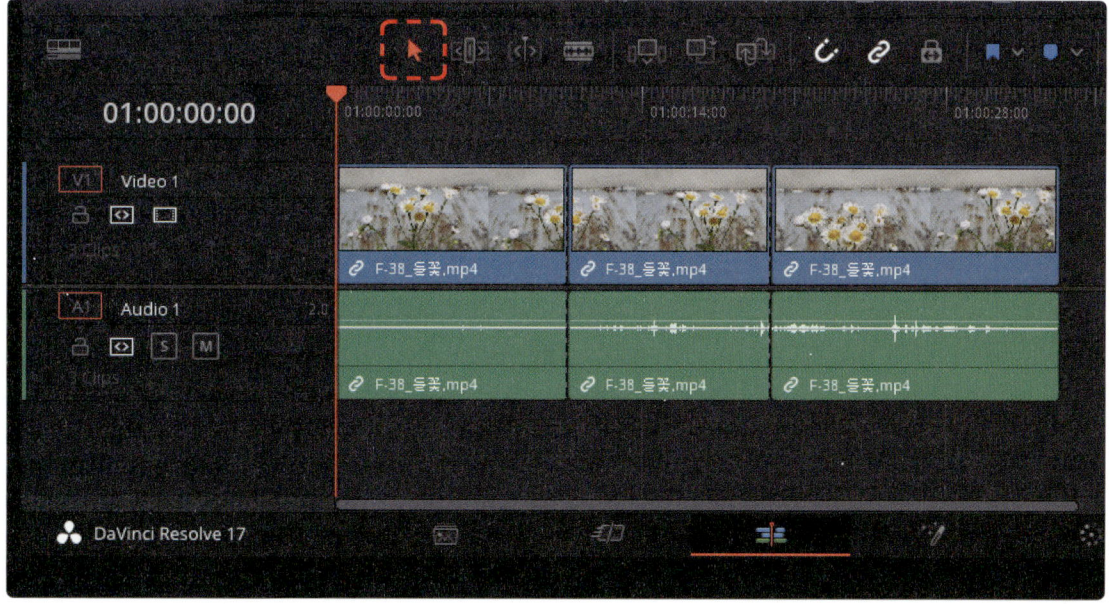

④ 비디오에서 잘려진 중간 부분을 클릭

⑤ Delete

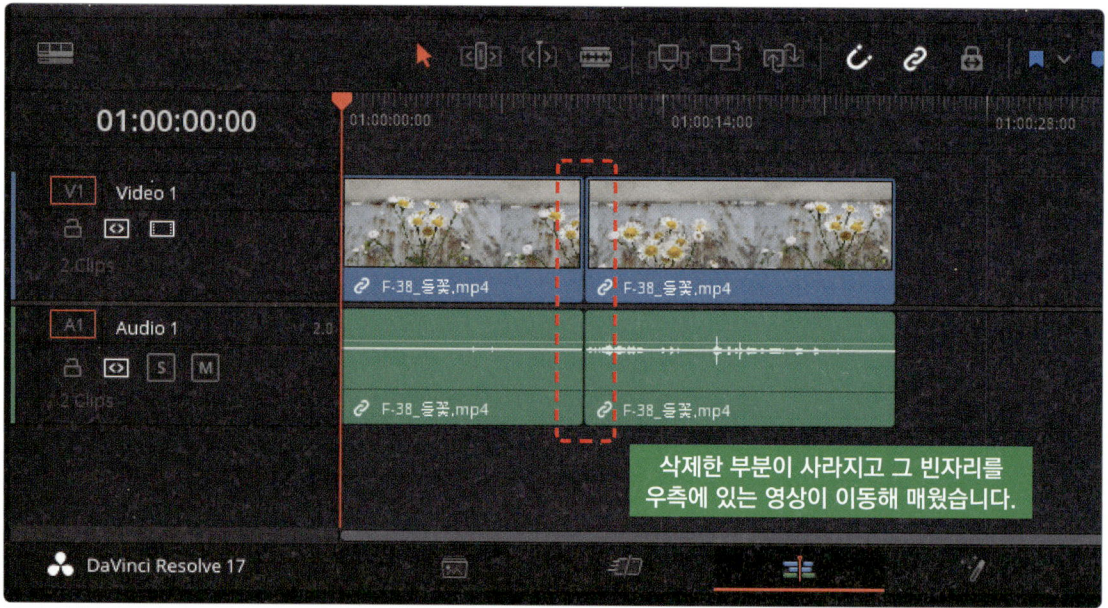

삭제한 부분이 사라지고 그 빈자리를 우측에 있는 영상이 이동해 매웠습니다.

- 보다 정교하게 자르는 방법

① 위와 동일한 파일로 실습

② ↺ 를 클릭하여 활성화 시킴

③ 화면을 보면서 빨간색 세로선을 자르고자 하는 지점까지 드래그

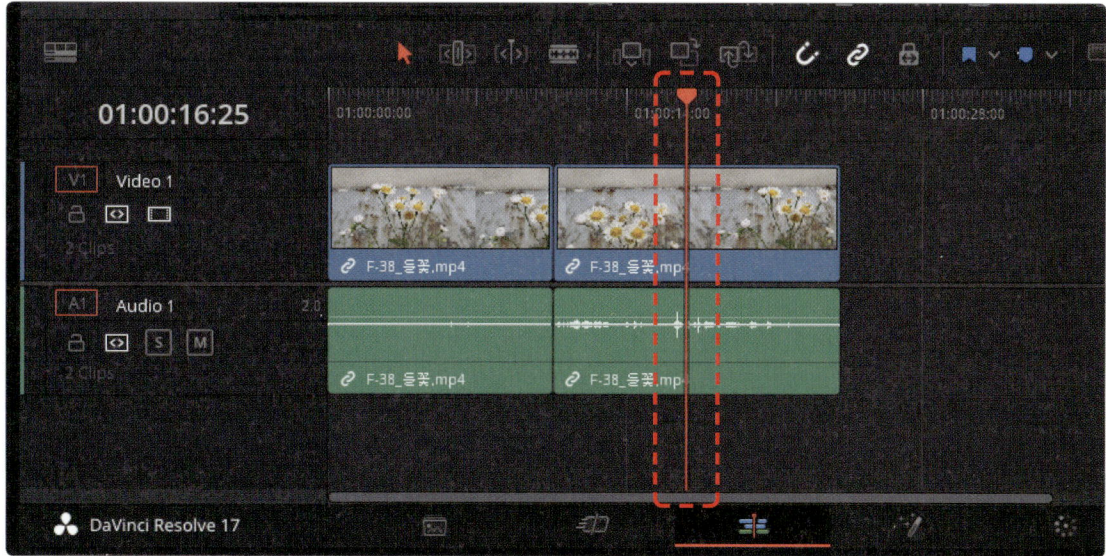

④  아이콘을 클릭

⑤ 빨간색 세로선에 클릭하면 해당 지점이 잘림

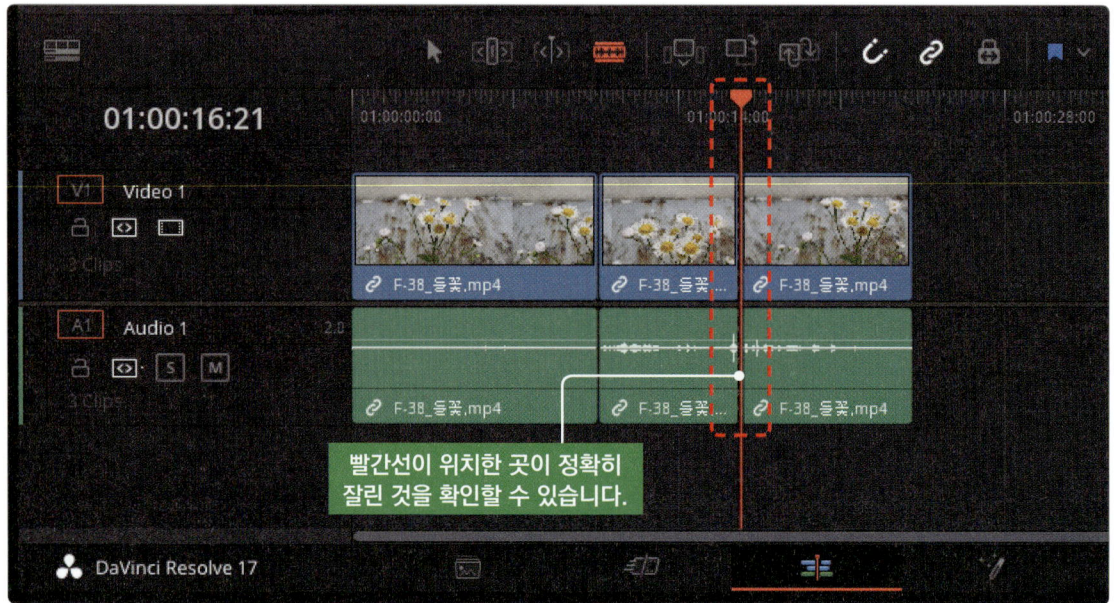

QR코드로
영상강의를 확인해보세요.

여기서 잠깐!

보다 정교한 편집을 위해 비디오와 오디오 소스를 확대해서 보는 방법이 있습니다. 중간에 있는 확대/축소 기능을 통해 영상소스를 가로로 확대해서 보거나 축소해서 볼 수 있습니다. 확대해서 보면 보다 정교한 작업이 가능하고, 축소해서 보면 긴 영상을 한눈에 볼 수 있어 편리합니다.

주의! 영상파일의 길이 자체가 바뀌는 것이 아닌, 단순히 확대/축소해서 보는 것이니 오해 없으시기 바랍니다.

① -를 클릭하면 축소됨

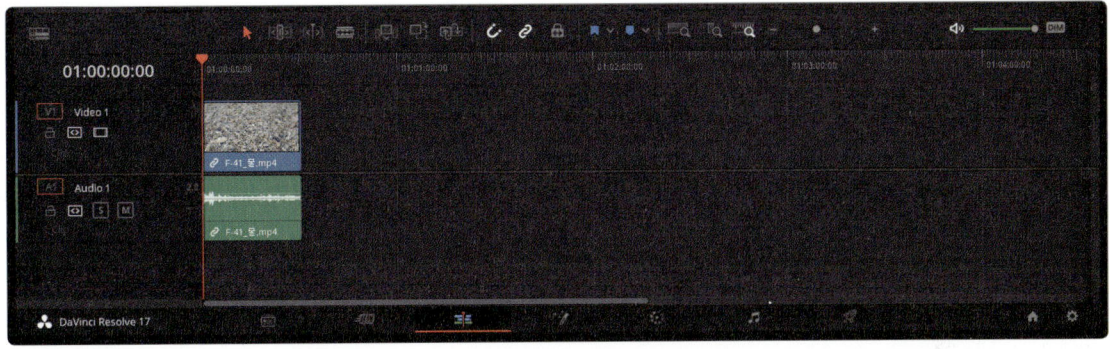

② +를 클릭하면 확대됨

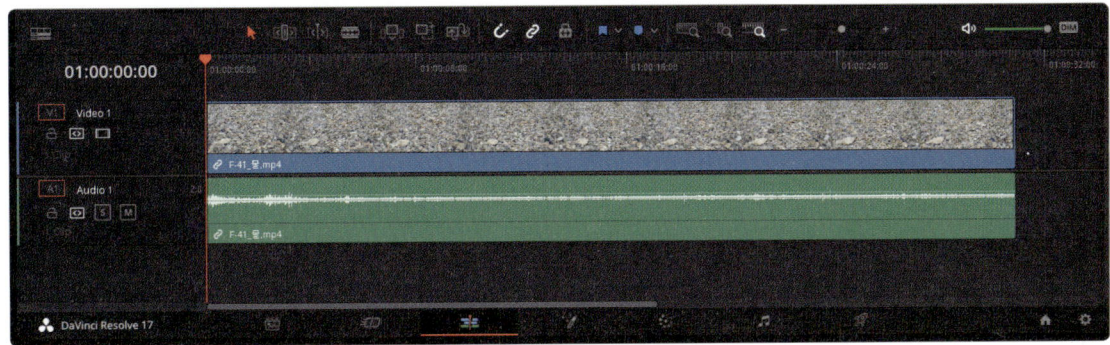

물론, 비디오와 오디오 소스를 수직으로 확대할 수도 있습니다. 음성파일 편집 시에 이 기능은 필수입니다. 왜냐하면 수직으로 확대해야 음성 파형이 잘보여서 편집이 더욱 쉬워지기 때문입니다.

① 확대하고자 하는 비디오 트랙 상단을 위로 드래그

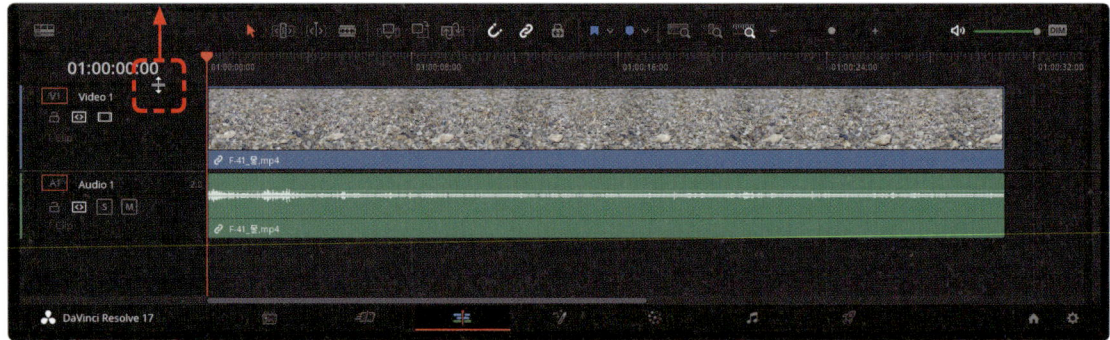

② 확대하고자 하는 오디오 트랙 하단을 아래로 드래그

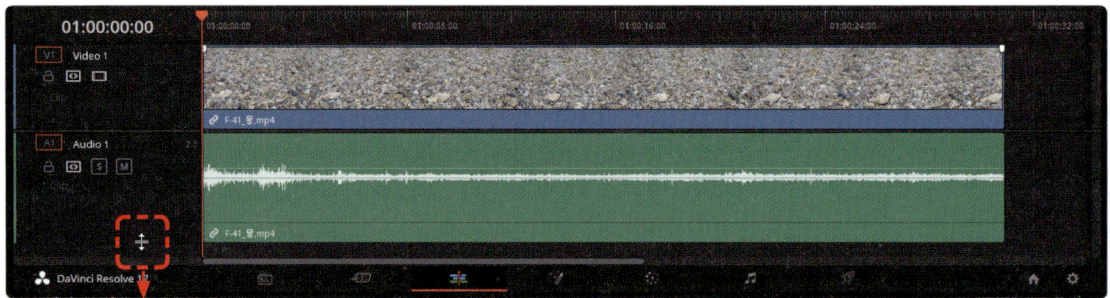

12) 영상의 속도 바꾸기

영상을 빨리 돌려야 할 때가 있습니다. 원하는 속도로 조절 가능합니다.

① 실습파일(F-39_걷기.mp4)을 비디오 트랙에 드래그
② ▦ 아이콘을 클릭
③ 비디오에서 빨리 돌리고자 하는 부분의 시작점과 끝점을 클릭해서 잘라냄

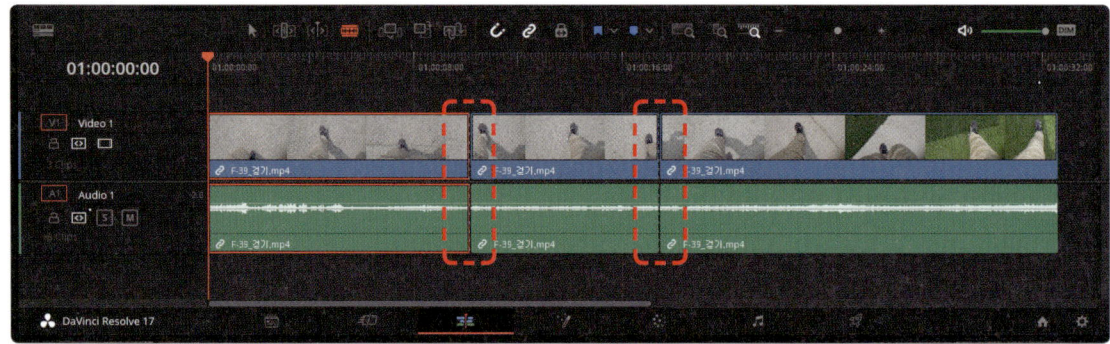

③ ▶ 를 선택

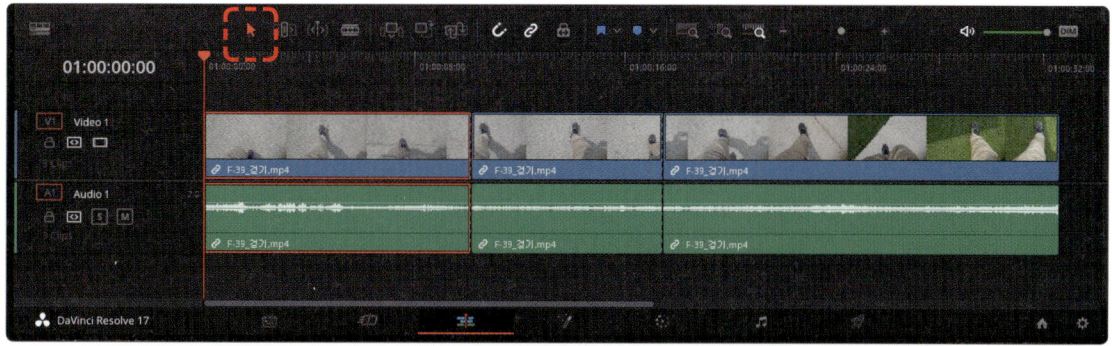

④ 빨리 돌리고자 하는 부분에 커서를 올리고, 오른쪽 마우스 클릭, 'Change Clip Speed' 클릭

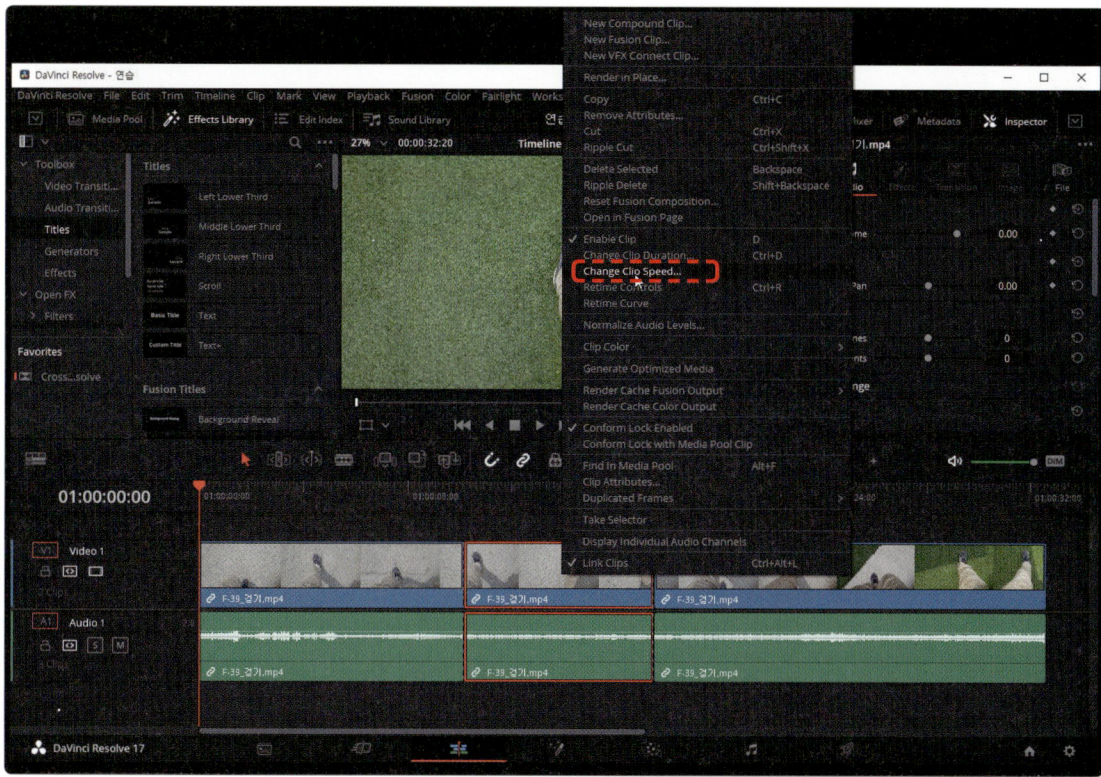

⑤ Speed 영역의 수치를 원하는데로 수정하고 Change버튼 클릭

Ex) 2배로 빠르게 돌릴 경우 200% 입력

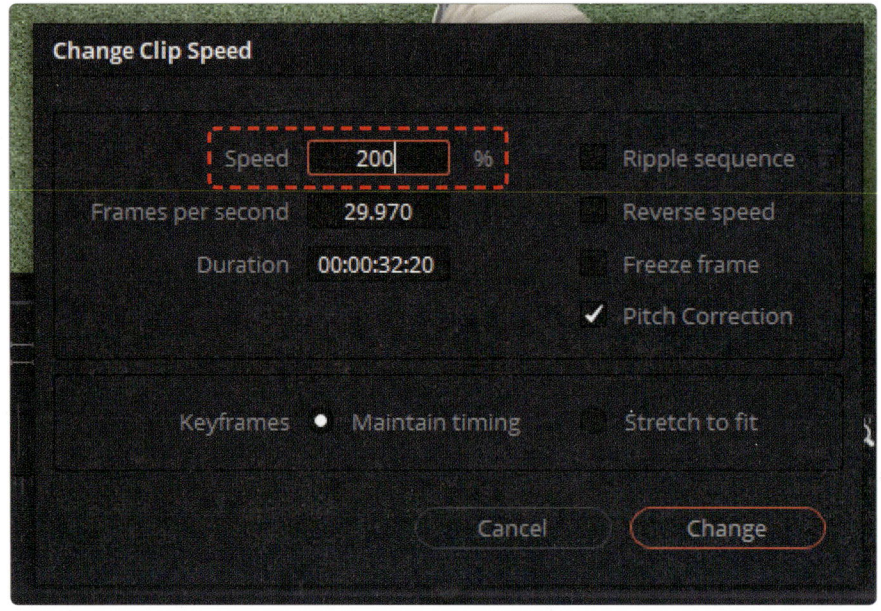

⑥ 영상을 플레이 하여 속도가 변하는 것을 확인

 QR코드로
영상강의를 확인해보세요.

13) 텍스트 삽입

텍스트를 삽입하고 서체, 크기, 자간, 행간, 정렬 등 원하는 대부분의 편집이 가능합니다.

- 텍스트 삽입

① 실습파일(F-36_장미.mp4)을 비디오 트랙에 드래그

② 좌상단의 Effects Library 클릭

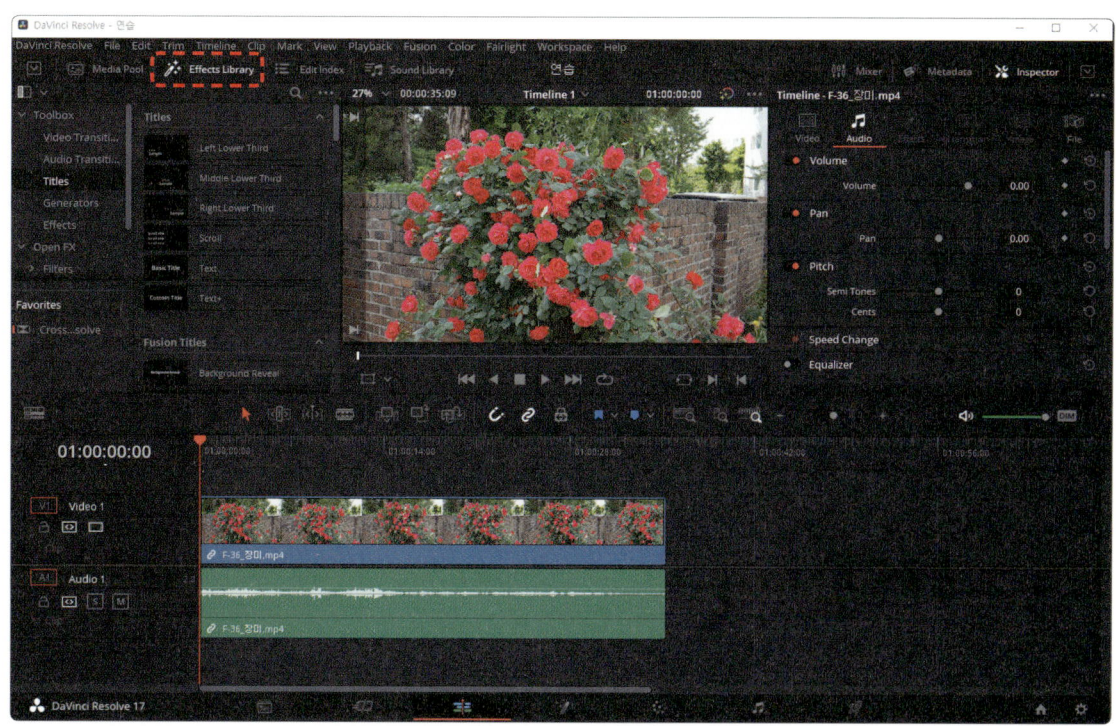

③ [Toolbox] 〉 [Titles] 〉 [Text] 클릭

Part04 스마트폰 영상제작 **299**

④ [Text]를 비디오 트랙의 비디오 파일 위로 드래그

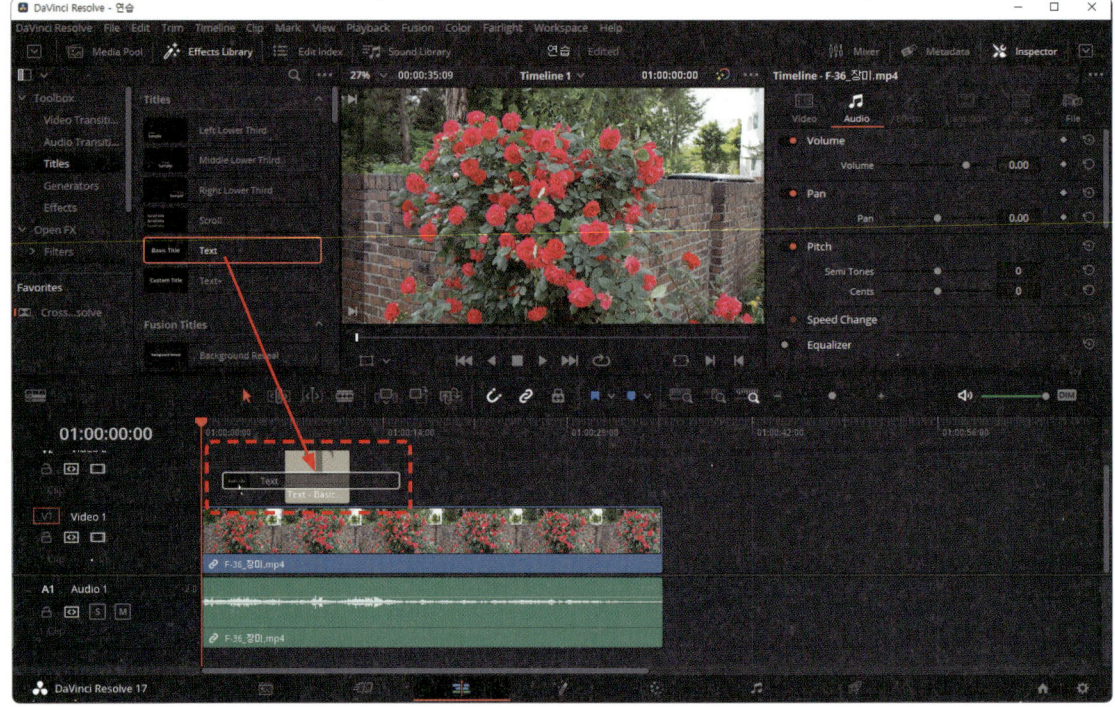

⑤ 조금 전 삽입한 텍스트 개체를 더블 클릭

⑥ 우상단 Video영역에서 'Basic Title' 텍스트를 원하는 문구로 수정

여기서 잠깐!

Video영역에서 수정한 문구를 화면에서 확인하려면 다음과 같이 빨간 세로선을 텍스트 개체위로 이동하면 됩니다.

- 텍스트의 편집

① 위 실습파일로 계속 실습
② 우상단 Video영역에서 주요 편집 기능을 사용해서 연습

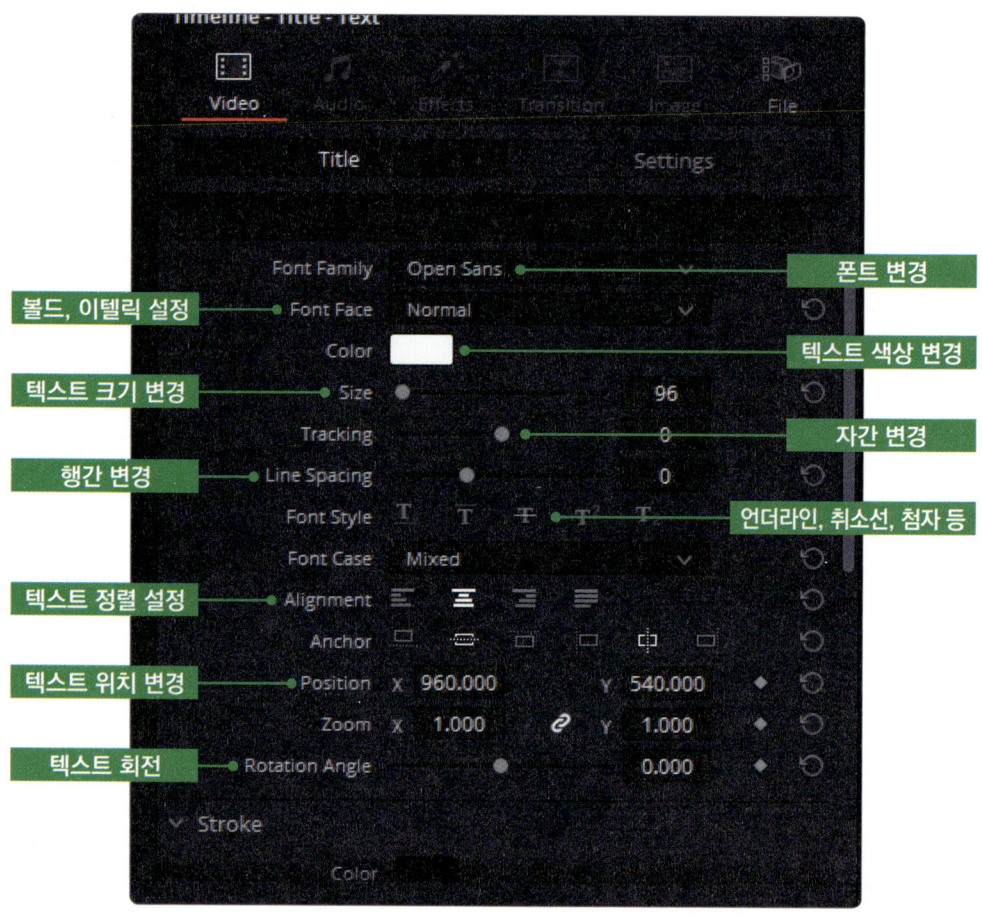

• 화면상 텍스트의 위치 변경

위치 변경에는 수치를 입력하는 방법과 드래그 하는 두가지 방법이 있습니다.

① 위 실습파일로 계속 실습

② Position 영역에서 X값과 Y값을 변경하며 위치 조절

숫자 위에 커서를 올리고 좌우로 드래그하여 수치를 변경할 수 있음.

③ 중앙화면 좌측의 ▢ 를 클릭

④ 화면에서 텍스트를 드래그 하여 위치 변경

• 텍스트에 가로띠 배경색 입히기

영상에 텍스트를 치면 텍스트가 잘 보이지 않을 때가 있습니다. 이럴 때는 아래와 같이 가로띠 배경색을 넣어주면 텍스트가 선명하게 보이게 됩니다.

① 위 실습파일로 계속 실습하며, 글을 아래와 같이 한줄로 바꿈

② Background항목으로 이동

③ Color 항목 우측 네모 클릭
④ 원하는 색상 선택 및 OK버튼 클릭

⑤ Height에서 수치를 올려 가로띠가 텍스트를 감쌀 정도로 설정

⑥ Width에서 수치를 올려 가로띠가 화면 좌우로 꽉차게 설정

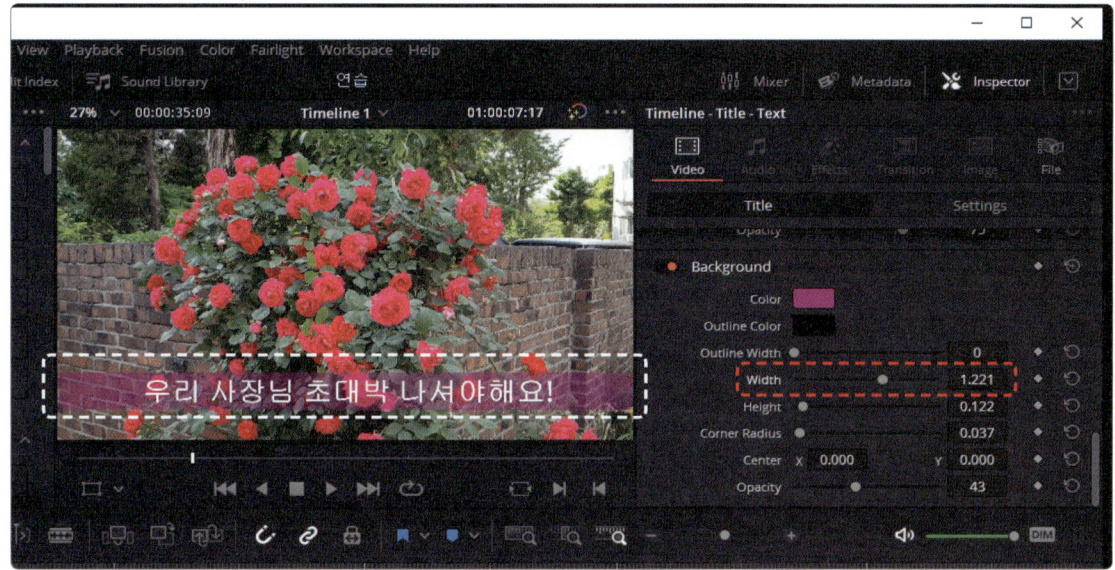

⑦ Opacity에서 투명도를 원하는데로 설정

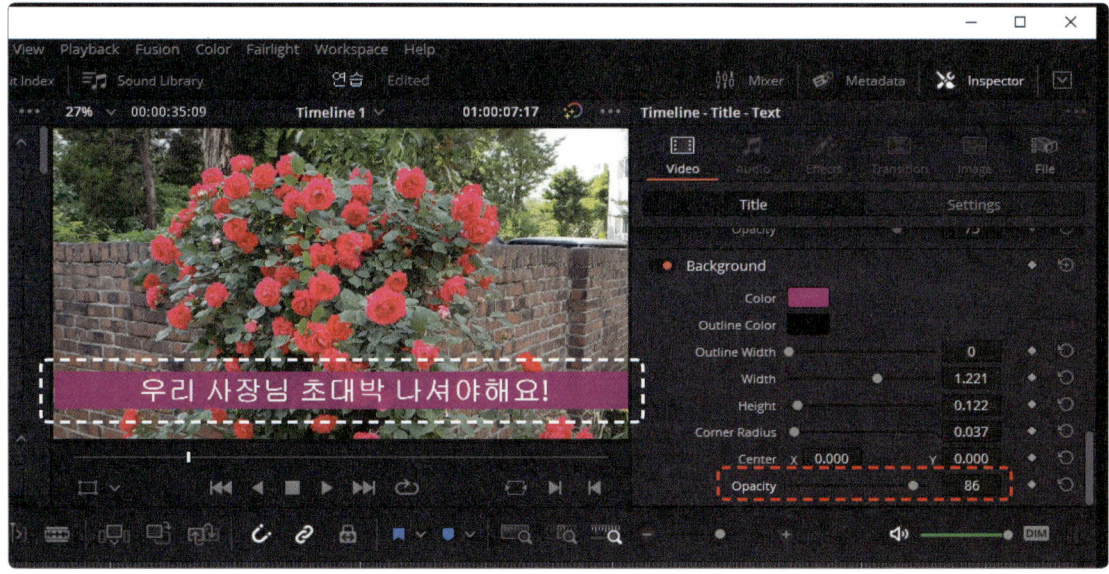

⑧ 같은 형태의 텍스트를 계속 사용할 경우, 비디오 트랙에서 텍스트 개체를 선택하고 Ctrl + C

⑧ 빨간 세로선을 붙여넣고 싶은 위치에 위치시키고 Ctrl + V

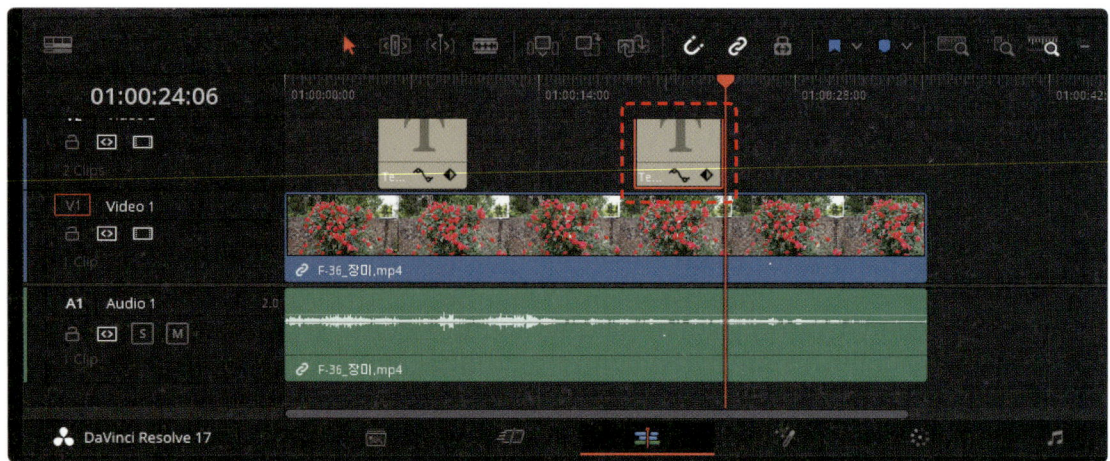

⑨ 붙여넣은 텍스트 개체를 클릭하여 Video 영역에서 수정

QR코드로
영상강의를 확인해보세요.

14) 텍스트 에니메이션

유튜브 영상을 보면 텍스트가 멋지게 움직이는 것을 볼 수 있습니다. 다빈치리졸브에서도 가능합니다. 좌상단의 Effects Library를 클릭, 좌측에서 Titles를 클릭하면 다양한 형태의 텍스트 에니메이션 항목들을 만나보실 수 있습니다. 아래 한가지 사례를 보여드리겠습니다. 나머지 항목들도 테스트해보시기 바랍니다.

① 실습파일(F-41_물.mp4)을 비디오 트랙에 드래그
② [Effects Library] > [Titles] 클릭

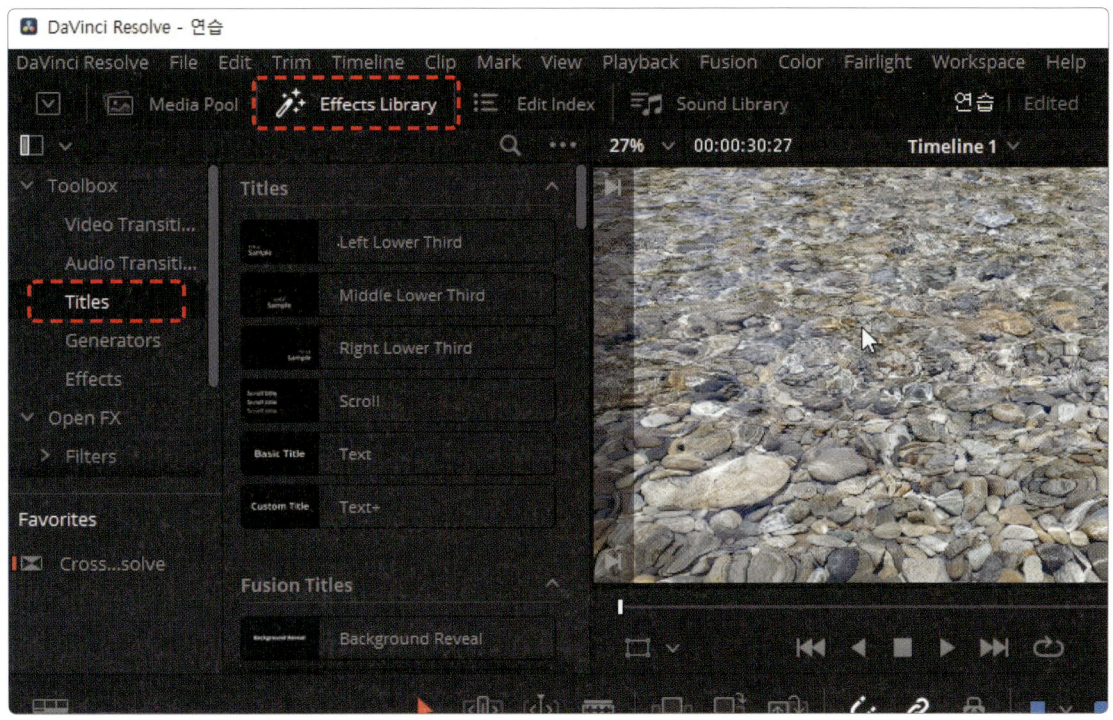

③ 텍스트 에니메이션 항목들 중에서 'Clean and Simple'을 선택하여 비디오 트랙의 비디오 파일 위로 드래그

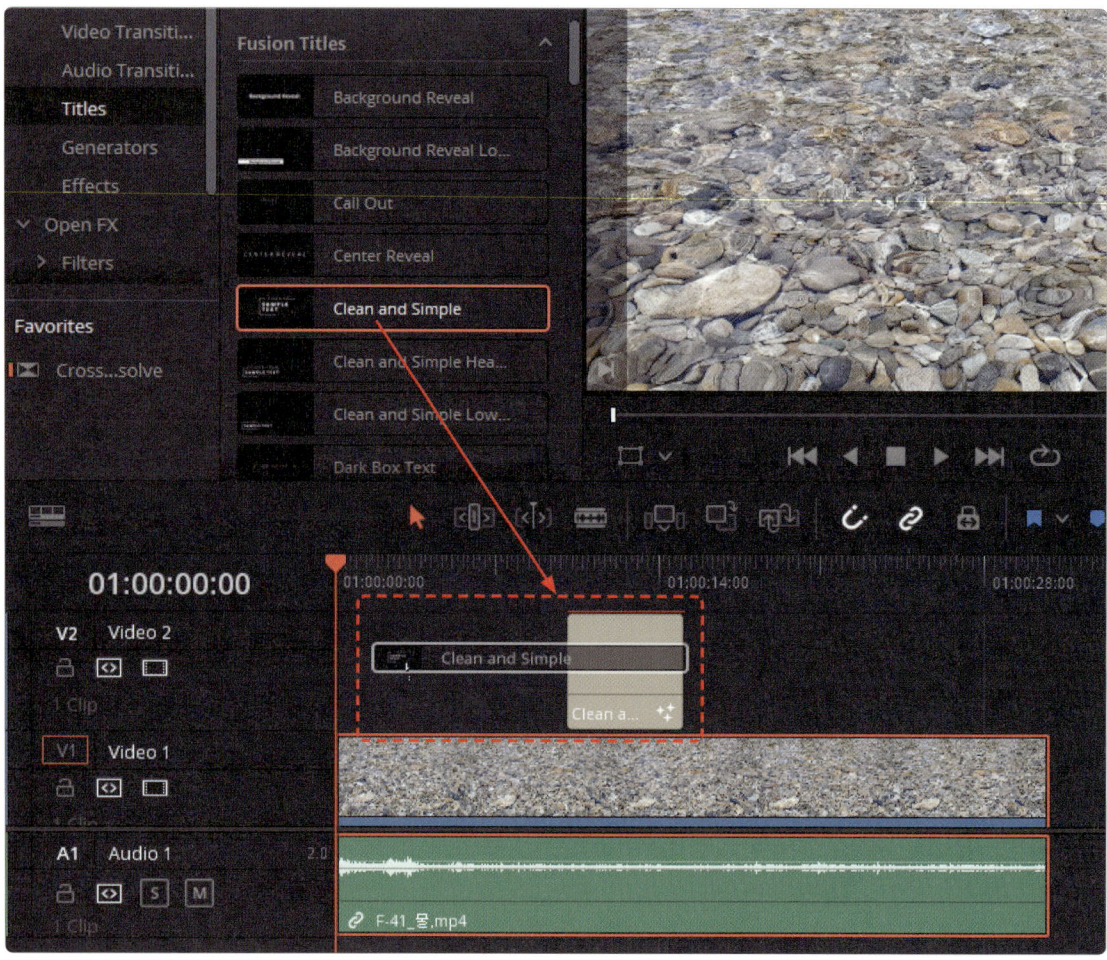

④ 조금 전 삽입한 텍스트 개체를 더블클릭

⑤ 우상단 Video영역에서 두 영역의 텍스트를 원하는대로 수정 (한글을 쓸 경우 종종 텍스트가 깨질 경우가 있습니다. 폰트를 Noto Sans CJK KR과 같이 호환성이 좋은 폰트로 바꿔보세요)

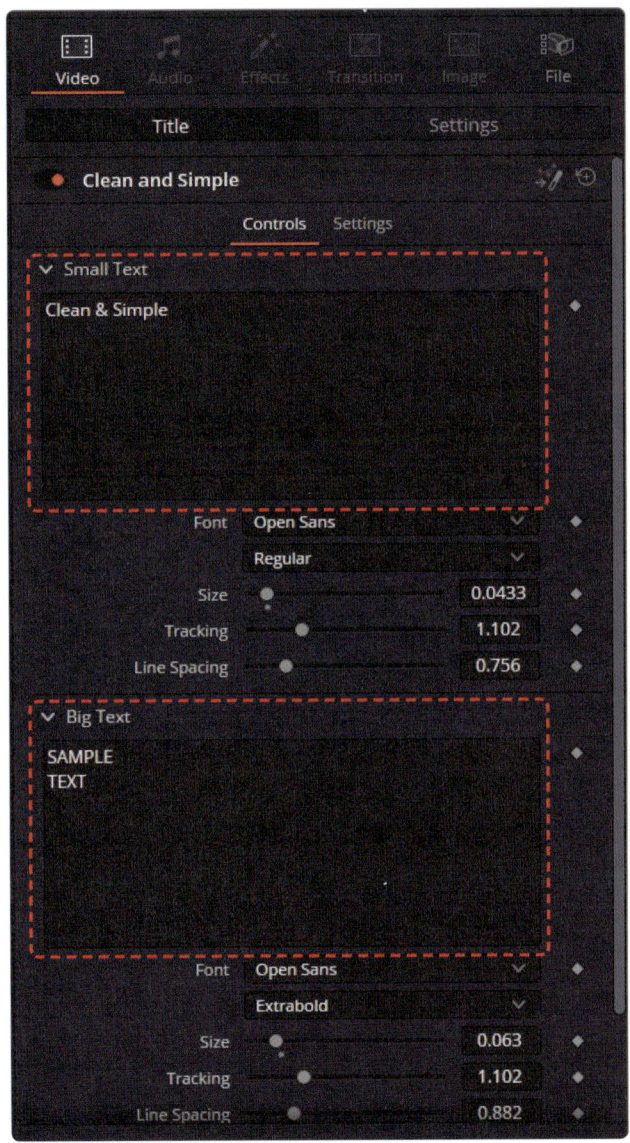

⑥ 영상을 플레이하여 텍스트 에니메이션 확인

QR코드로
영상강의를 확인해보세요.

15) 아이콘, 일러스트 삽입

사각형으로 된 사진이 아닌, 아이콘이나 일러스트만 단독으로 보이게 하는 방법입니다.

① 아이콘 실습파일(F-48_강아지아이콘.jpg)을 포토샵에서 열기

② 레이어에서 🔒 자물쇠 아이콘 클릭하여 해제

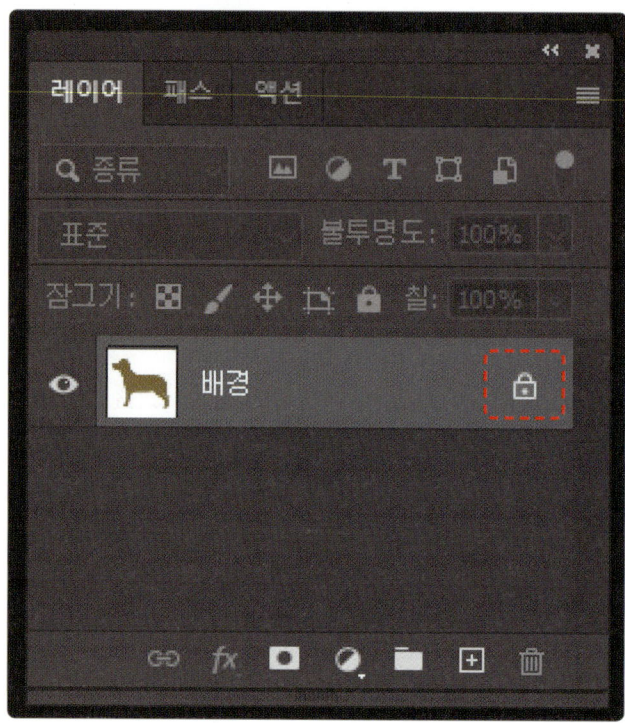

③ 🪄 자동 선택 도구 클릭

④ 아이콘 실습파일의 흰색바탕을 선택

⑤ Delete키를 눌러 바탕을 투명으로 만듦

⑥ 이 파일을 PSD파일로 저장
⑦ 다빈치 리졸브에서 실습파일(F-42_그림자.mp4)을 비디오 트랙에 드래그
⑧ 조금 전에 만든 강아지 아이콘 PSD파일을 비디오 트랙의 실습파일 위로 드래그(아이콘이 사각으로 보이지 않고 아이콘 이미지만 단독으로 보임)

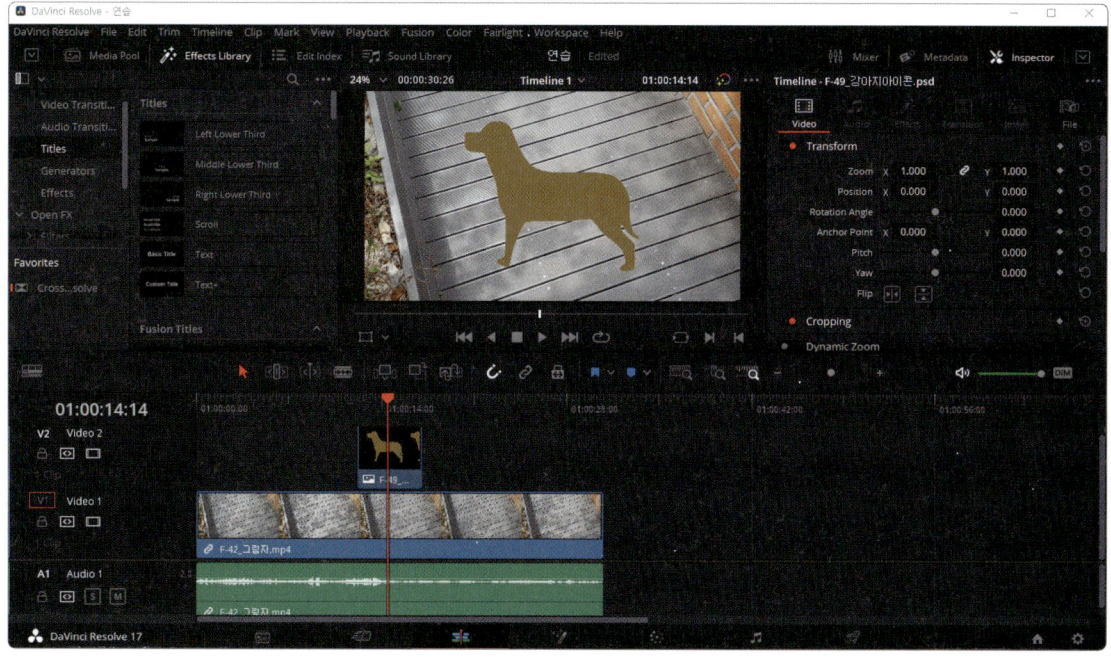

Part04 스마트폰 영상제작 **313**

⑨ 트랙에서 아이콘 개체를 클릭하여 선택

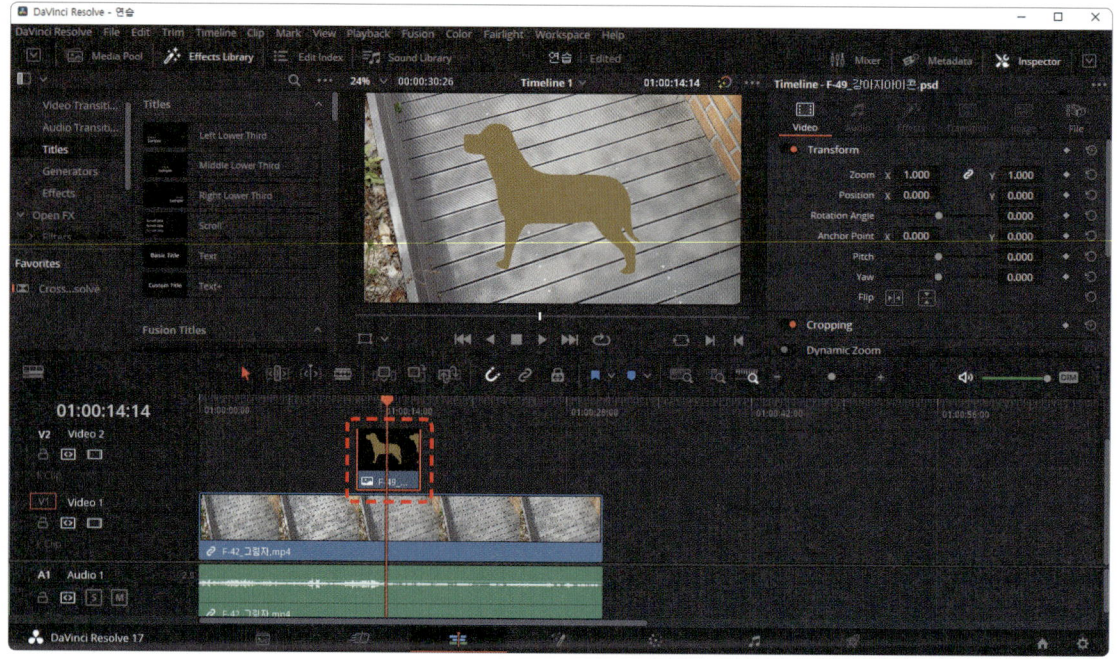

⑩ 중앙화면 좌측의 ☐ 를 클릭

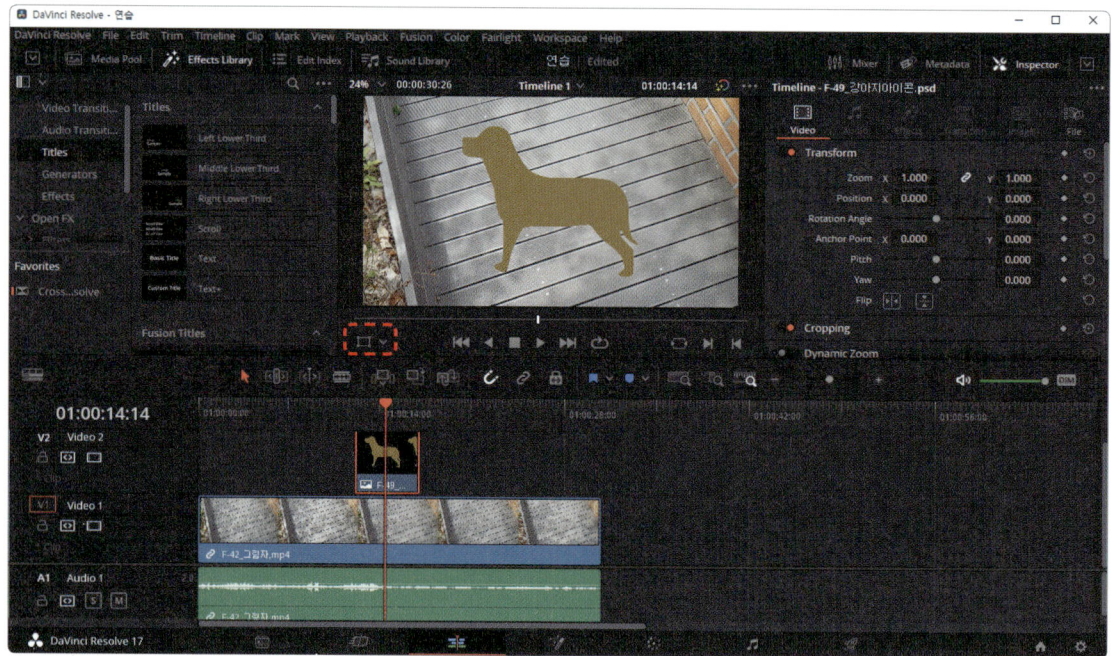

⑪ 화면에서 조절점을 조정하여 위치와 크기 조정

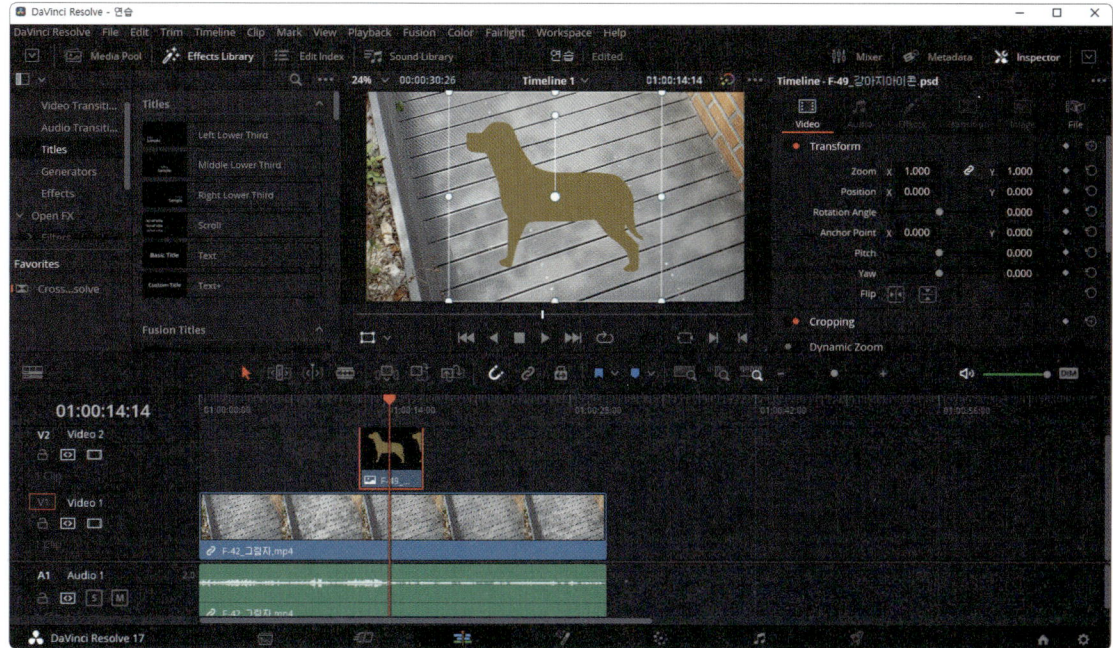

QR코드로
영상강의를 확인해보세요.

16) 화면전환

화면이 다른 화면으로 바뀌는 단계에 다양한 시각적 효과를 줄 수 있습니다.

① 실습파일(F-36_장미.mp4, F-37_나무.mp4)을 비디오 트랙에 드래그

② F-36_장미.mp4개체와 F-37_나무.mp4개체의 사이를 드래그하여 약간 벌림

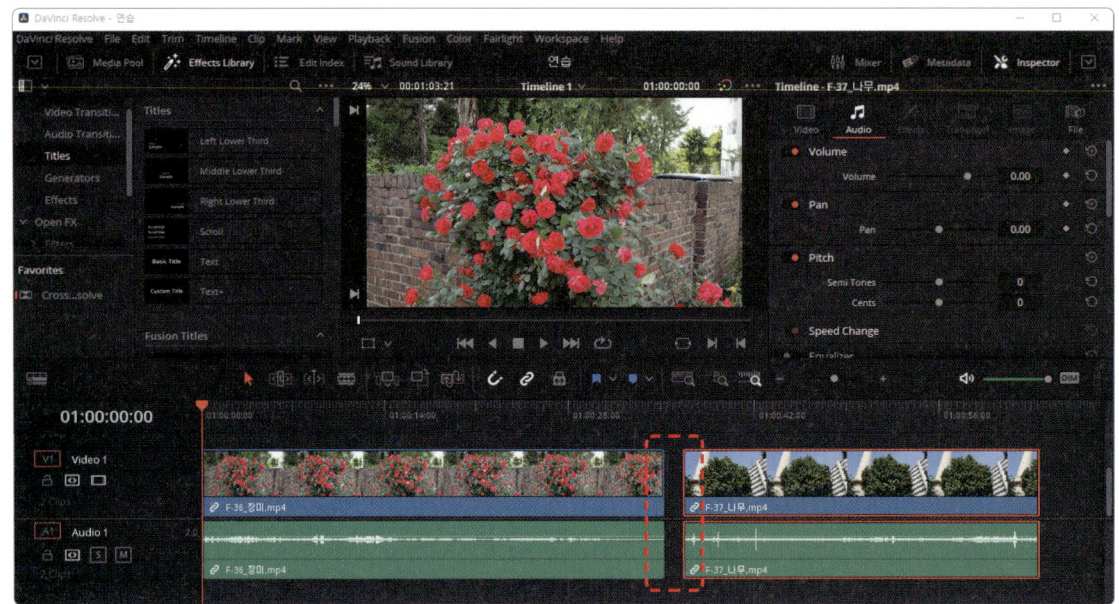

③ F-36_장미.mp4개체의 끝부분을 좌로 드래그 하여 축소

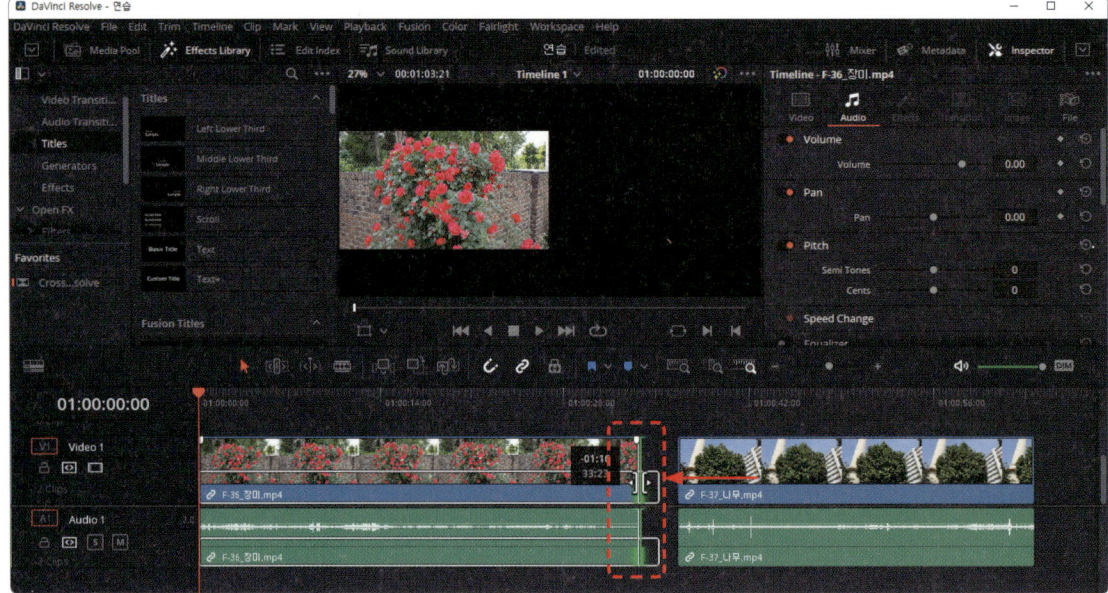

④ F-37_나무.mp4개체의 시작점 부분을 우로 드래그 하여 축소

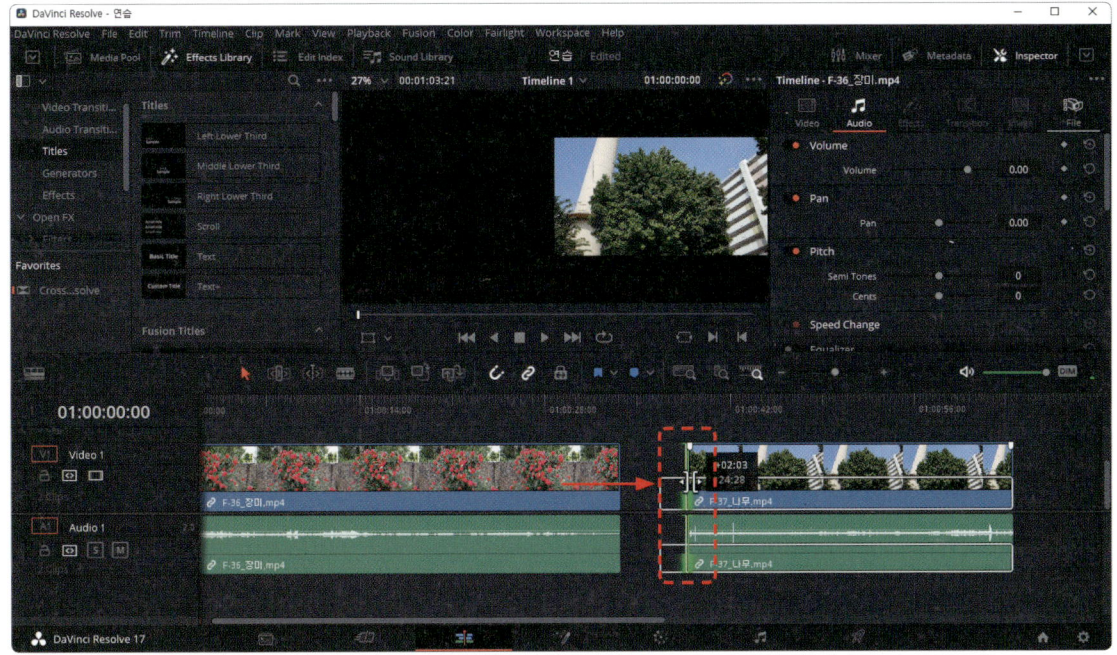

⑤ F-37_나무.mp4개체를 좌로 드래그 하여 F-36_장미.mp4와 붙임

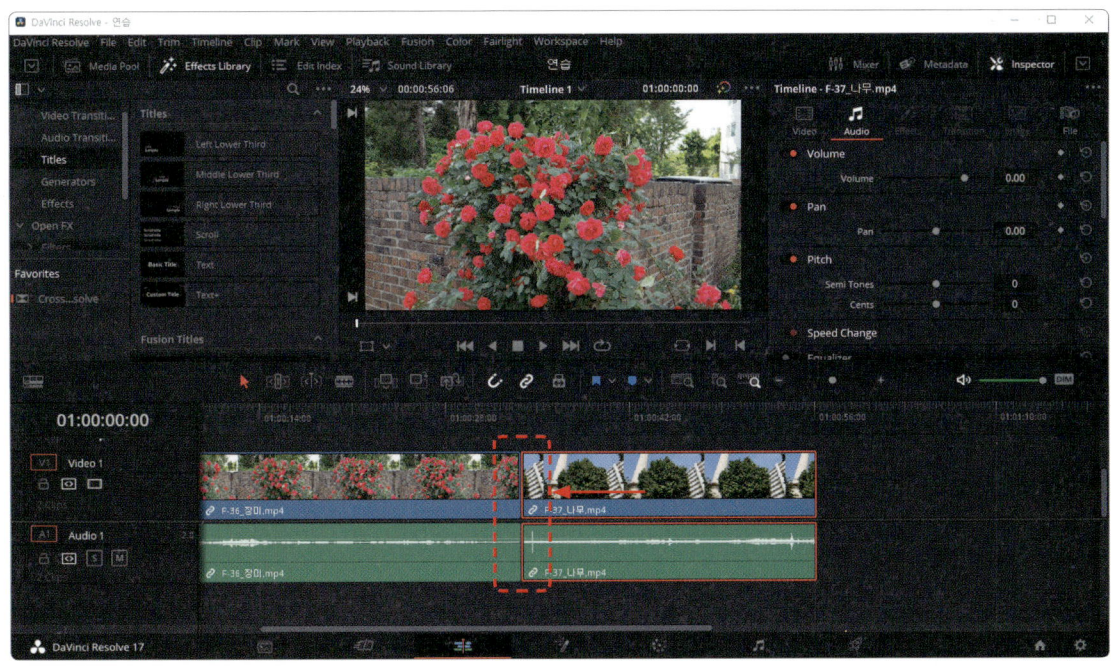

⑥ [Effects Library] > [Video Transitions] 클릭

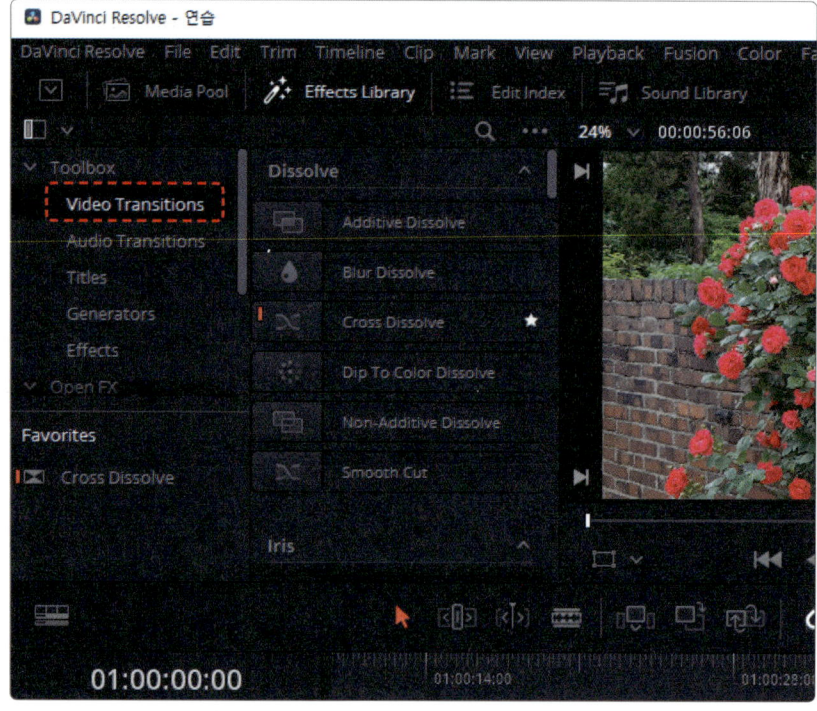

⑦ 화면 전환 항목들 중에서 'Cross Dissolve'를 선택하여 비디오 트랙의 F-36_장미.mp4, F-37_나무.mp4 사이로 드래그 하여 삽입

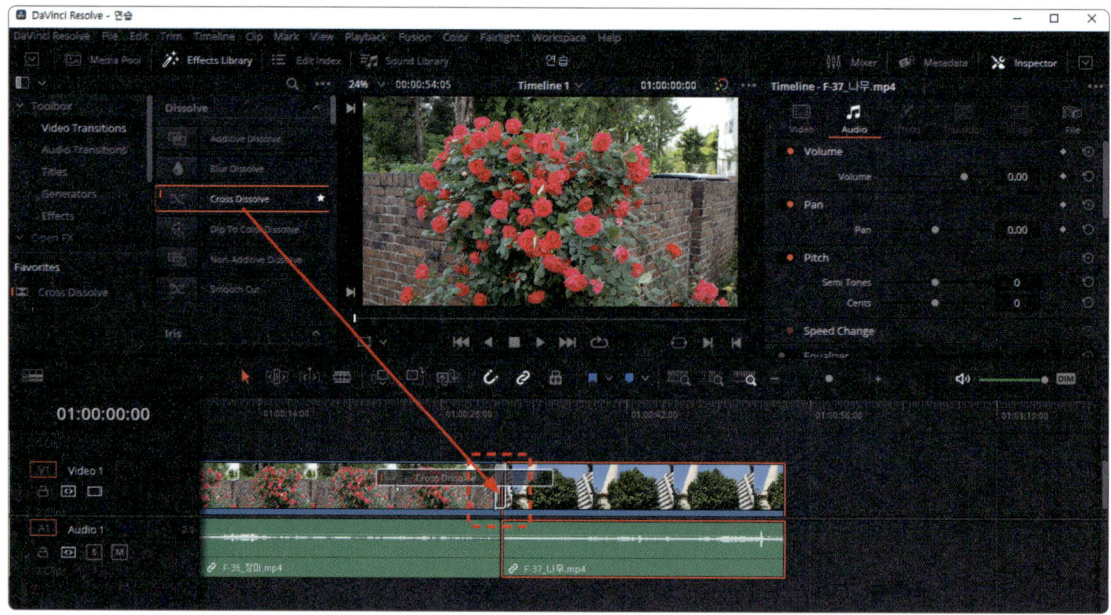

⑧ 플레이 하여 화면 전환 효과 확인
⑨ 다른 화면 전환 효과들도 위와 동일한 방법으로 확인

 QR코드로 영상강의를 확인해보세요.

여기서 잠깐!
화면 전환을 적용할 두 영상이 닿는 부분의 길이를 축소하는 이유는?
화면 전환이란, 영상과 영상을 겹친 후 효과를 주는 것입니다. 그러므로 영상길이의 축소작업을 통해 다빈치리졸브에게 축소한 길이만큼만 영상과 영상을 겹치게 해달라고 알려주는 것과 같습니다. 그럼 이런 궁금증이 생길것입니다. 화면전환 효과를 주면서 영상의 일부분이 줄어들게 되는 것 아니냐고. 네 맞습니다. 실제로 화면의 일부분이 줄어들게 되는 것입니다. 그래서 이를 보완하기 위해 영상을 촬영할 때 앞뒤로 2~3초정도 넉넉하게 여유길이를 두는 것이 좋습니다.

17) 서서히 나타나고 사라지는 효과

비디오나 오디오가 갑자기 나타났다가 갑자기 사라지면 볼품이 없겠죠? 비디오와 오디오가 서서히 나타나서 서서히 사라지게 하는 방법을 소개시켜 드립니다.
비디오, 이미지, 텍스트, 오디오 모두 방법은 동일하므로 텍스트와 오디오의 설정방법만 살펴보겠습니다.

① 실습파일(F-39_걷기.mp4)을 비디오 트랙에 드래그
② 음악파일을 오디오 트랙에 드래그하여 삽입 (저작권 때문에 음악파일을 제공드리지 못합니다. 앞서 안내드린대로 'YouTube 스튜디오'에서 원하는 음악을 다운받아 연습해주세요. 가지고 계신 mp3파일도 삽입가능합니다)
③ 음악 개체의 끝점을 드래그 하여 영상의 길이와 맞춤

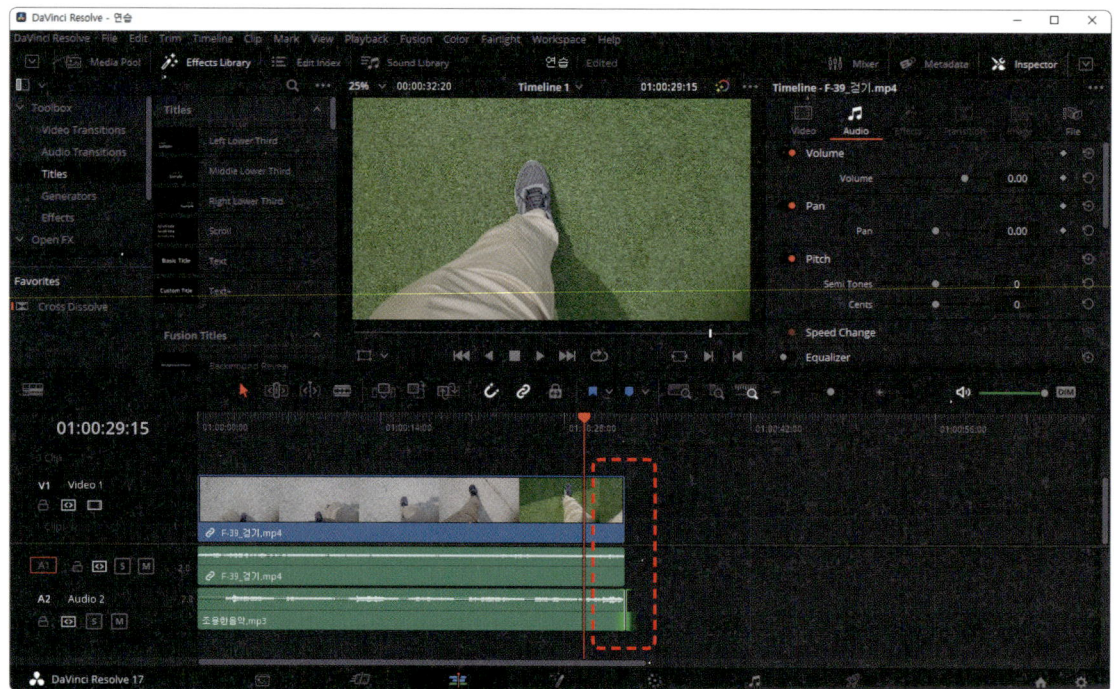

④ 좌상단의 Effects Library 클릭

⑤ [Toolbox] > [Titles] > [Text] 선택

⑥ [Text]를 비디오 트랙의 비디오 개체 위로 드래그

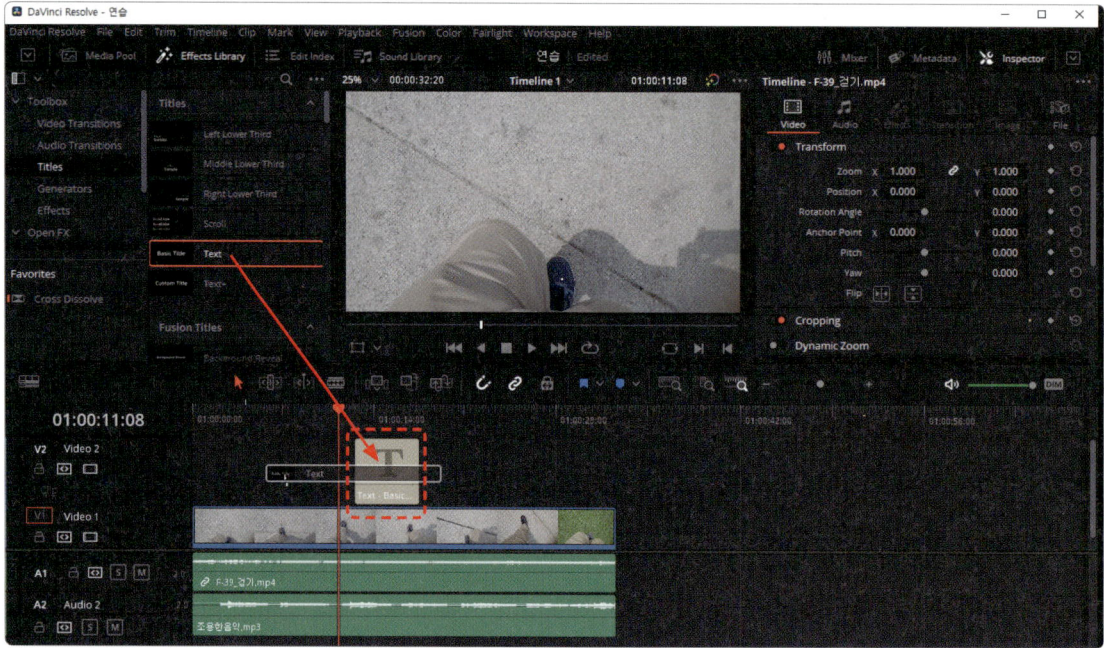

⑦ 조금 전 삽입한 텍스트 개체를 더블 클릭
⑧ 우상단 Video영역에서 'Basic Title' 텍스트를 원하는 문구로 수정
⑨ 텍스트 개체의 처음과 끝에 있는 조절점을 드래그하여 눕힘

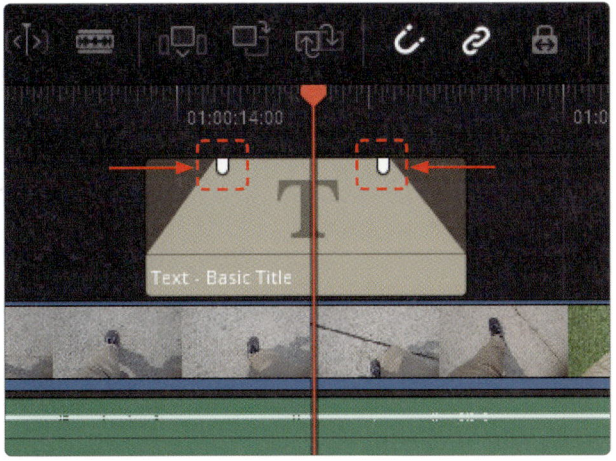

⑩ 영상을 플레이하여 텍스트가 서서히 나타나서 서서히 사라지는 효과를 확인
⑪ 음악 개체의 처음과 끝에 있는 조절점을 드래그하여 눕힘

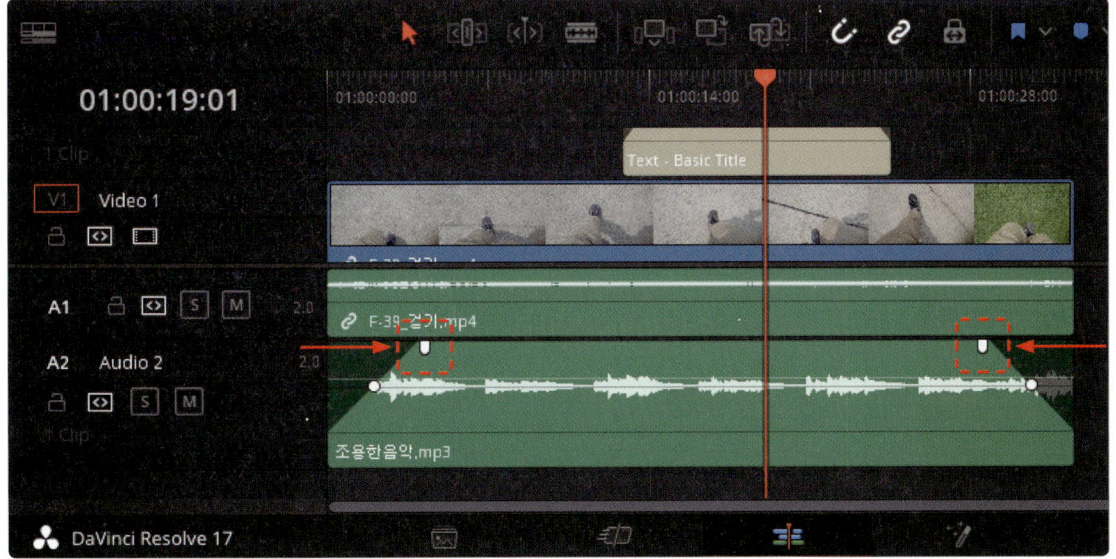

⑫ 영상을 플레이하여 음악이 서서히 나타나서 서서히 사라지는 효과를 확인

QR코드로
영상강의를 확인해보세요.

18) 영상 위에 영상 삽입

① 실습파일(F-41_물.mp4)을 비디오 트랙에 드래그

② 실습파일(F-36_장미.mp4)을 조금 전에 삽입한 비디오파일 위로 드래그

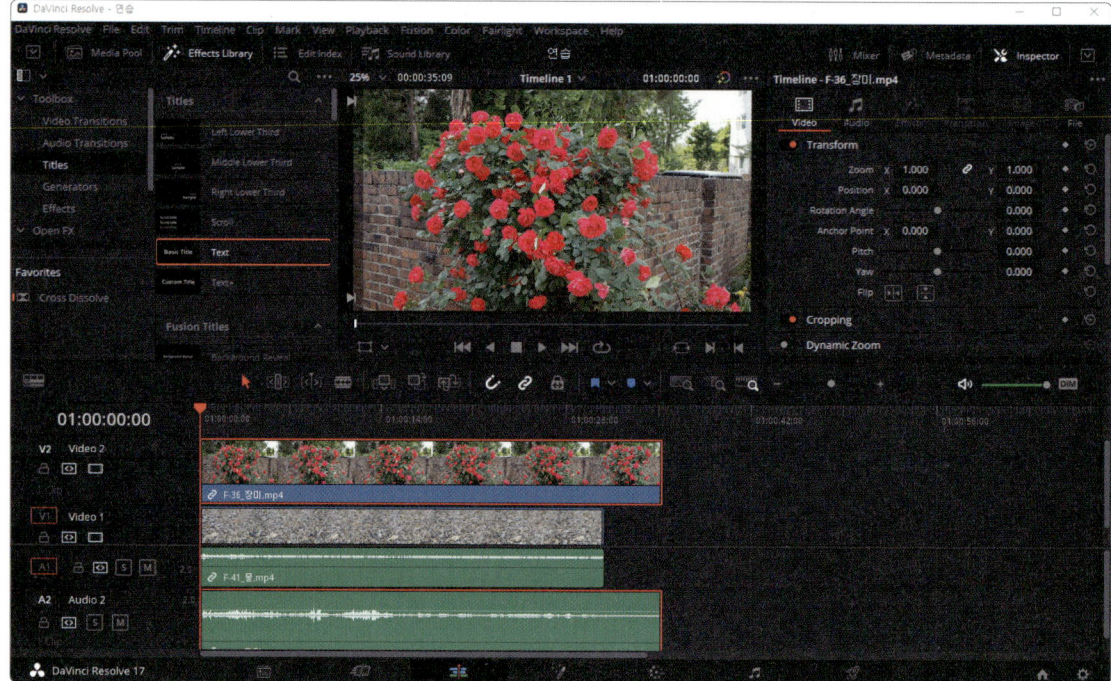

③ F-36_장미.mp4 개체를 선택

④ Video 영역에서 아래 각 값들을 조절하여 영상위에 있는 영상의 크기를 줄임

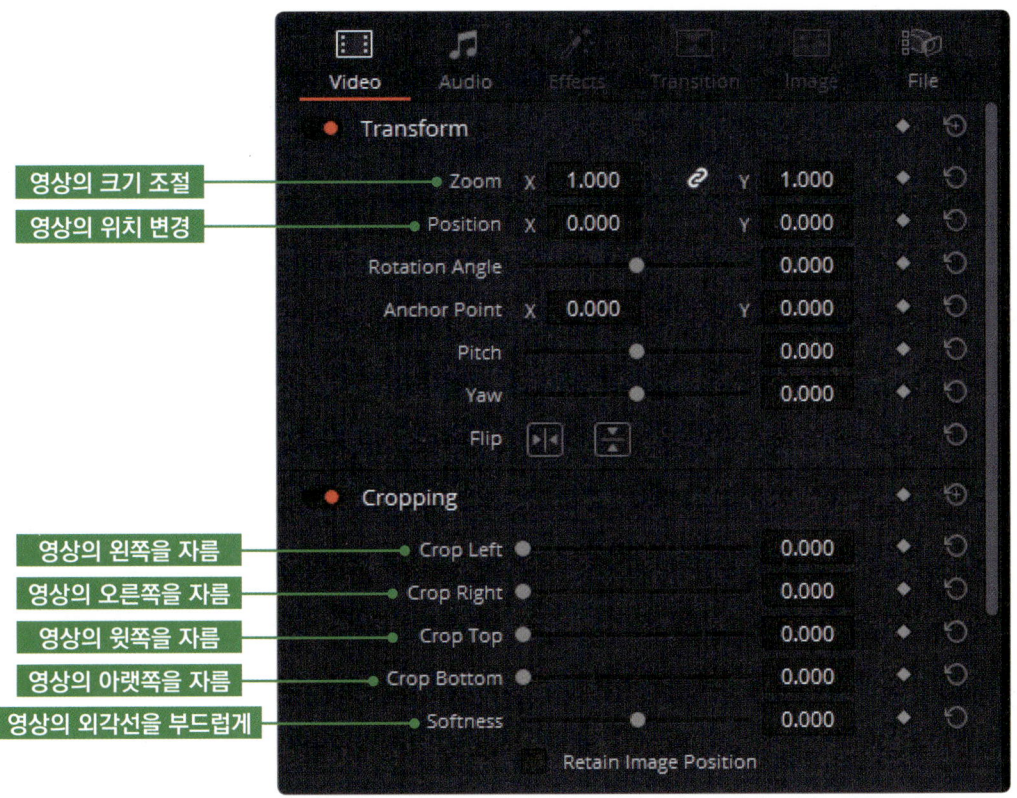

QR코드로
영상강의를 확인해보세요.

19) 삭제 시 발생되는 에러의 예방

편집하면서 일부 소스를 삭제하면 편집해 놓은 것들이 망가지는 상황이 발생하기도 합니다. 이를 막기 위한 방법입니다. 일단 편집이 망가지는 상황을 보도록 하겠습니다.

① 다음과 같이 파일들을 삽입

- 실습파일(F-37_나무.mp4, F-38_들꽃.mp4, F-39_걷기.mp4)을 비디오 트랙에 삽입
- 유튜브에서 다운받은 배경음악 파일: 오디오 트랙에 삽입
- 텍스트를 임의로 2개정도 삽입

② 트랙에서 F-38_들꽃.mp4 개체를 선택

③ Delete

④ 삽입된 소스들이 좌로 밀리면서 편집상태가 망가지는 현상 발생

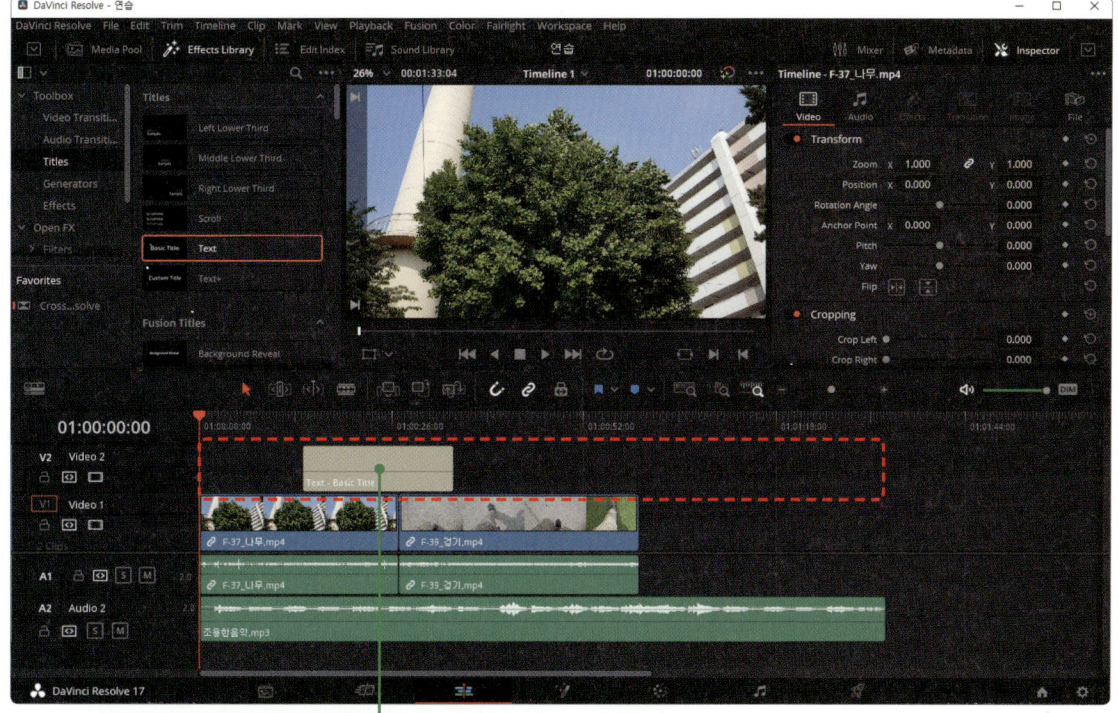

위와 같은 상황은 단순하기 때문에 쉽게 복구 할 수 있지만, 수많은 영상, 음악, 텍스트, 각종 효과들이 복잡하게 편집되어 있는 상황에서 발생된다면 문제는 매우 심각해 집니다.

이렇게 편집상태가 망가지는 현상을 막는 방법은, 삭제하고자 하는 개체를 선택한 후 저 멀리로 이동시켜 삭제하는 것입니다.

① 위 상황에서 실습 계속

② Ctrl + Z를 눌러 망가진 편집상태를 복원

③ 트랙에서 F-38_들꽃.mp4 개체를 선택한 후 우측으로 드래그 하여 최대한 멀리 보냄

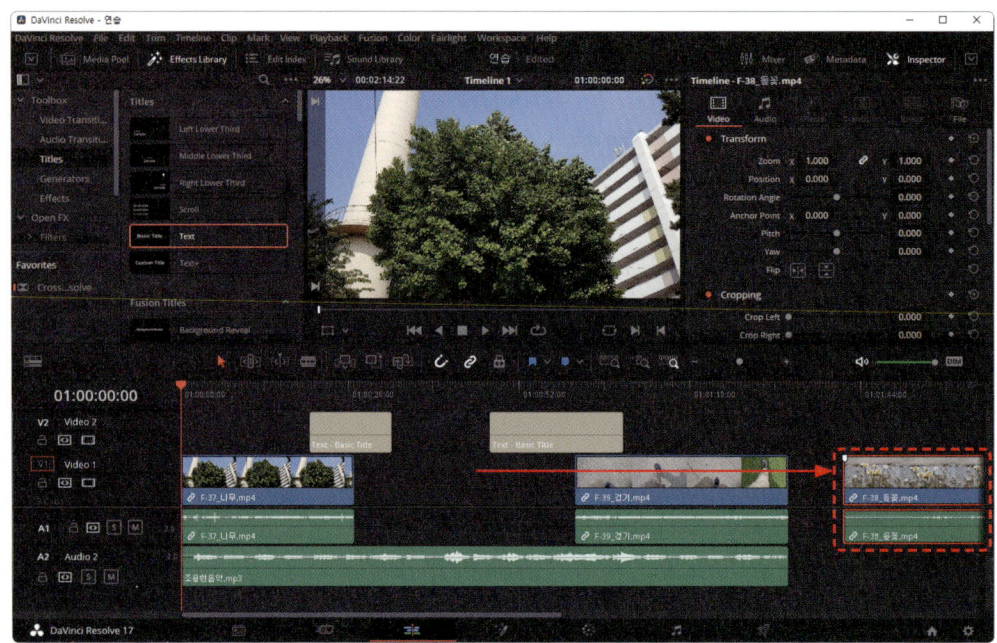

④ Delete를 누른 후 기존 편집상태가 유지되어 있는 상태 확인

QR코드로
영상강의를 확인해보세요.

20) 렌더링

렌더링이란 다빈치리졸브에서 편집한 것을 최종 인터넷에 올릴 수 있는 영상파일(mp4, mov)로 만드는 과정을 말합니다. PSD파일을 인터넷에 올리기 위해 JPG파일로 만드는 것과 같은 이치입니다.

① 제공드리는 다양한 실습파일을 이용하여 임의로 영상을 편집

② 우하단 Deliver탭 클릭

③ 파일 이름 작성

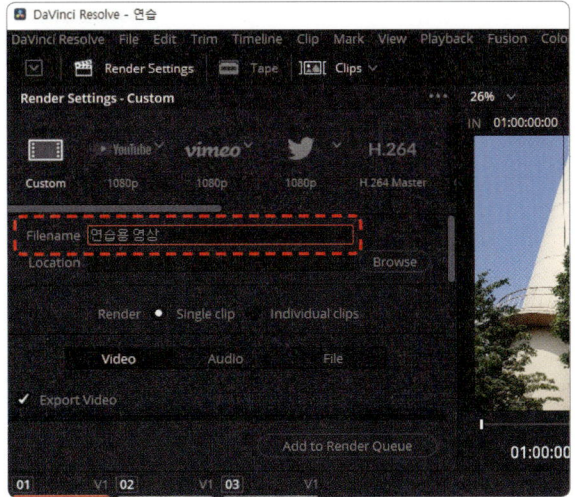

④ 'Browse' 버튼을 눌러 영상의 저장 위치 설정

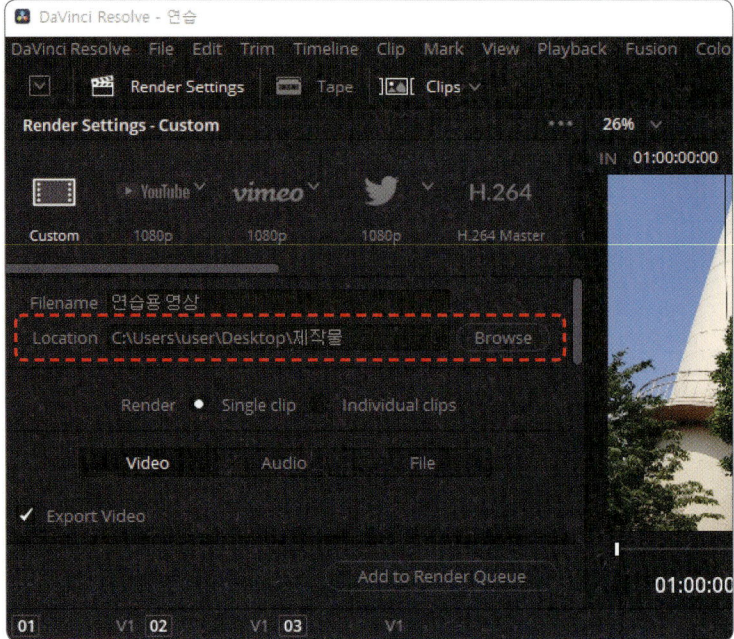

⑤ Format콤보에서 영상 포맷 선택. 가장 보편적인 포맷은 mp4이나, QuickTime으로 해도 OK

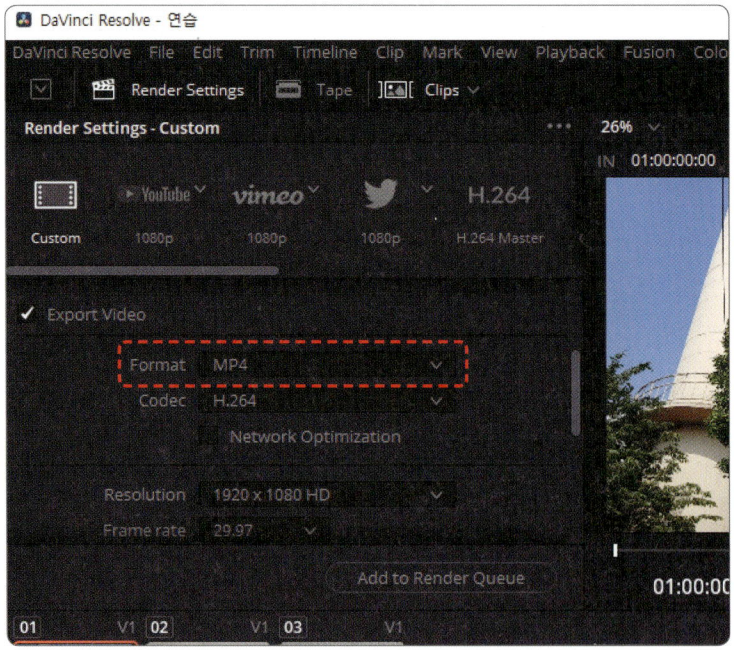

⑥ 'Add to Render Queue' 버튼 클릭

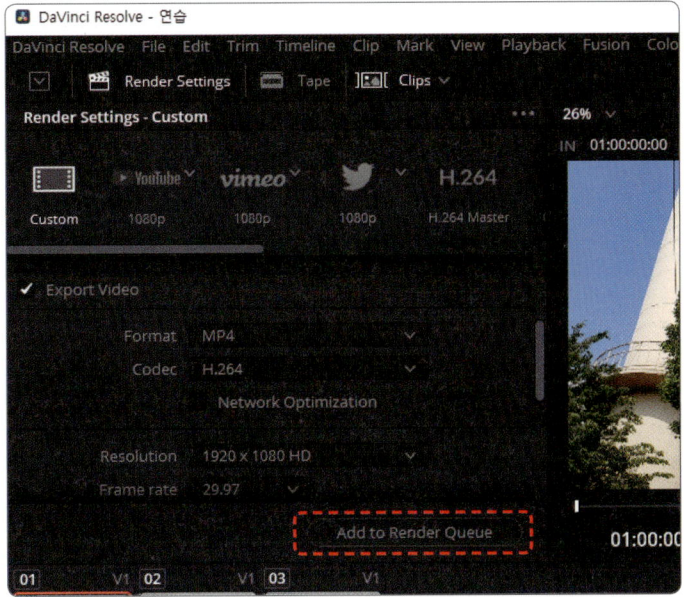

⑦ 우측 중단에 있는 'Render All' 버튼 클릭

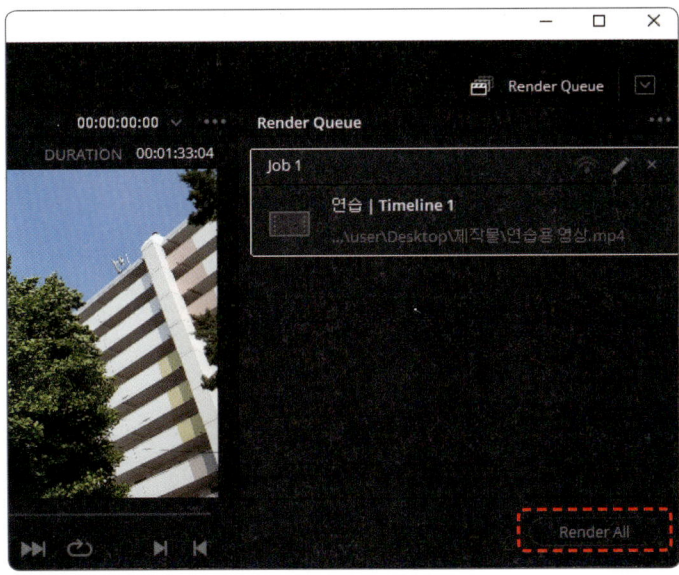

⑧ 렌더링이 완료된 후 저장위치에서 생성된 영상 파일 확인

QR코드로
영상강의를 확인해보세요.

21) 유튜브 업로드

① 유튜브에 접속 후 로그인

② 우상단의 클릭

③ '동영상 업로드' 클릭

④ 열린 팝업위로 만든 영상을 드래그 하면 업로드 개시

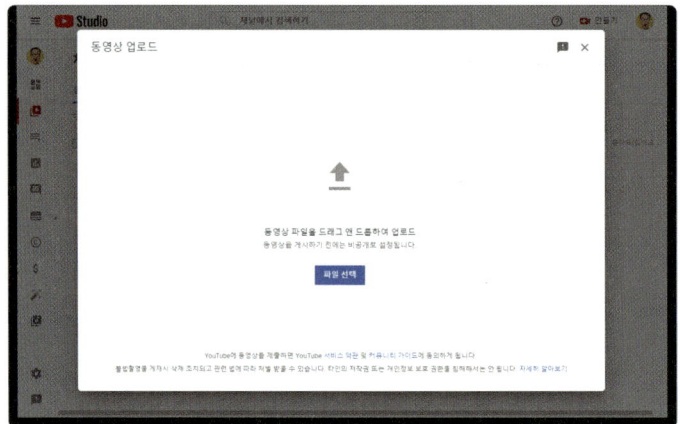

⑤ 세부정보 입력

여기에선 반드시 알아야할 주요 항목만 소개시켜 드리겠습니다.

하단의 '자세히 보기' 버튼을 눌러서 태그 영역까지 모두 작성해주세요.

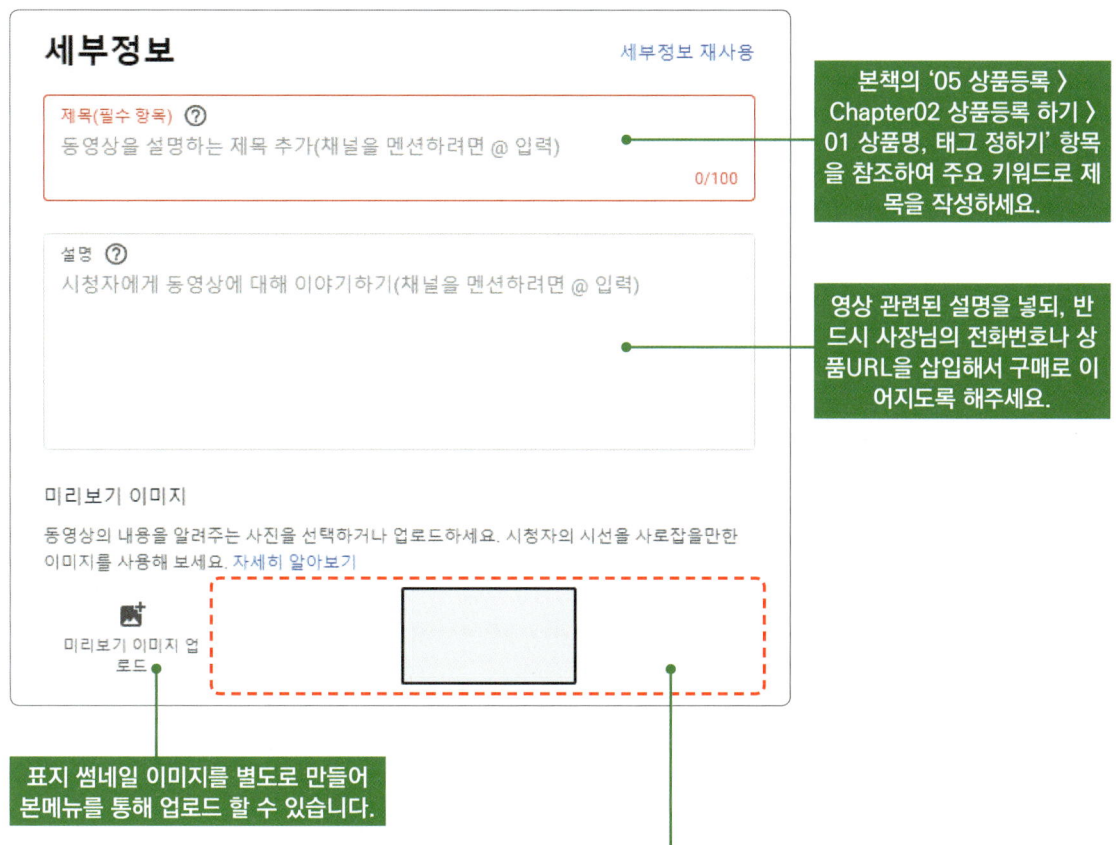

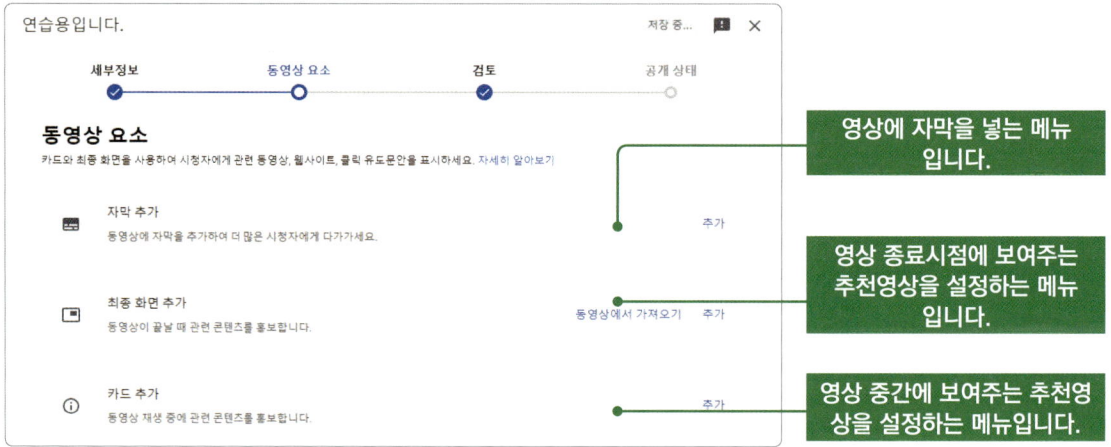

⑥ 동영상 요소 입력

⑦ 저작권 위반 항목이 있는지 검토한 결과 노출

⑧ 영상의 공개상태 설정

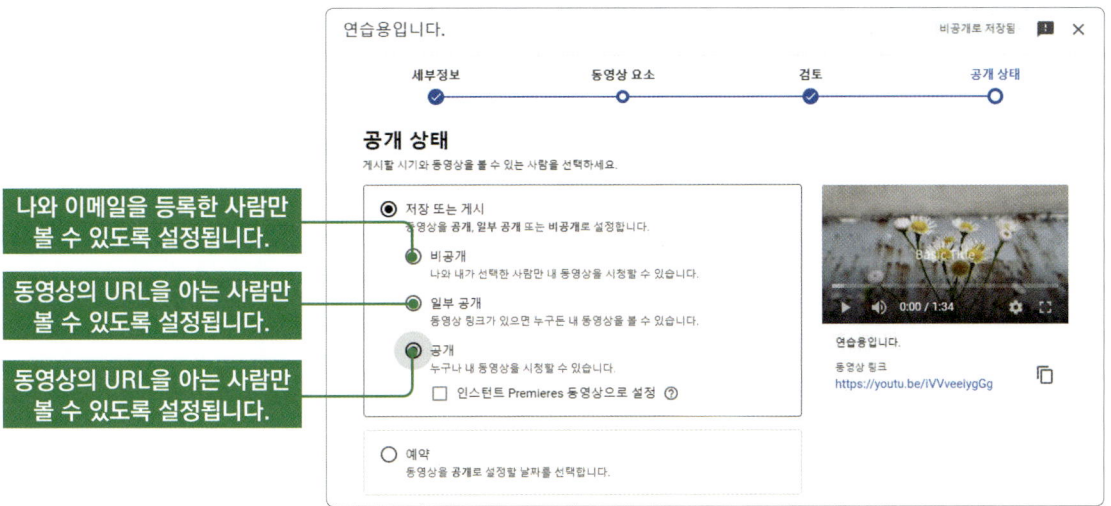

⑨ 게시버튼 클릭하여 업로드 완료

QR코드로
영상강의를 확인해보세요.

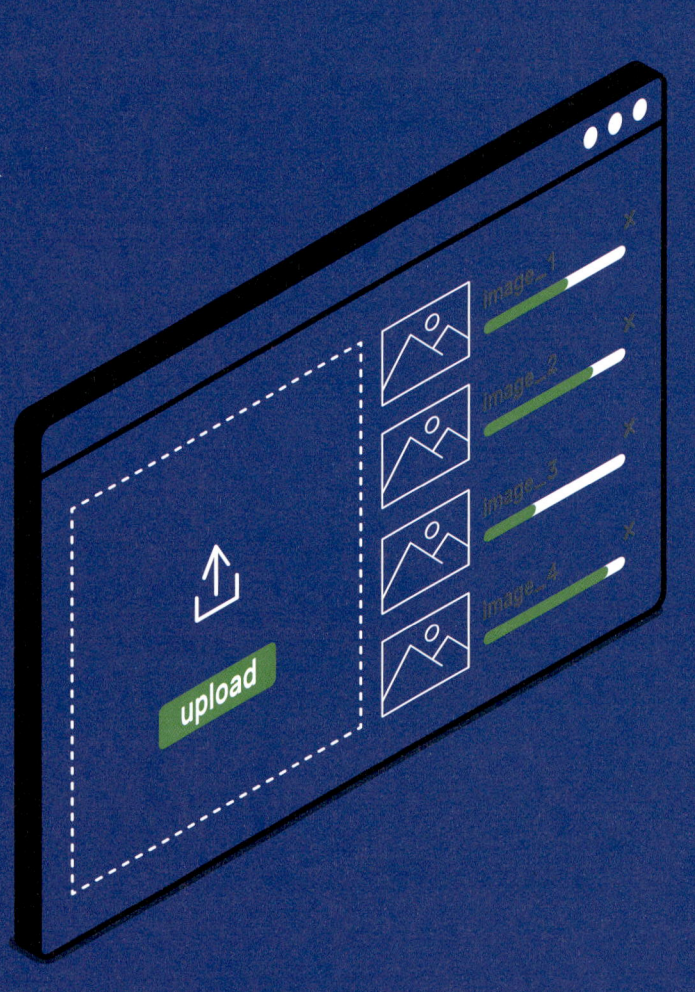

Part 05

05 상품등록

> 상품등록은 블로그에 포스팅하는 정도로 쉽습니다. 단 상품등록시 지켜야할 원칙들을 잘 지켜줘야 상세페이지의 노출량이 증가하고, 고객이 보다 쾌적하게 상세페이지를 볼 수 있게 됩니다. 이는 매출과 직결되는 것이므로 매우 중요합니다. 다소 번거롭지만 본 책에 소개된 원칙들을 꼭 지켜서 상품등록 해주세요.

Chapter01 스마트스토어 입점
Chapter02 상품등록 하기

Chapter 01

스마트스토어 입점

상품등록 시 어려워하시는 항목들 중심으로 설명드리겠습니다. 네이버 스마트스토어를 중심으로 설명 드리지만 타 쇼핑몰들도 대부분 비슷하므로 이용에 어려움이 없으실 것입니다. 각 쇼핑몰별로 자세한 등록방법을 알고 싶으신 분들은 각 쇼핑몰들의 판매자 센터가 제공하는 교육 영상을 참조하십시오.

여기서 잠깐!
1) 스마트스토어 입점 방법은?
네이버에서 '네이버 스마트스토어센터'를 검색하고 클릭하여 '판매자 가입하기' 버튼을 클릭합니다.

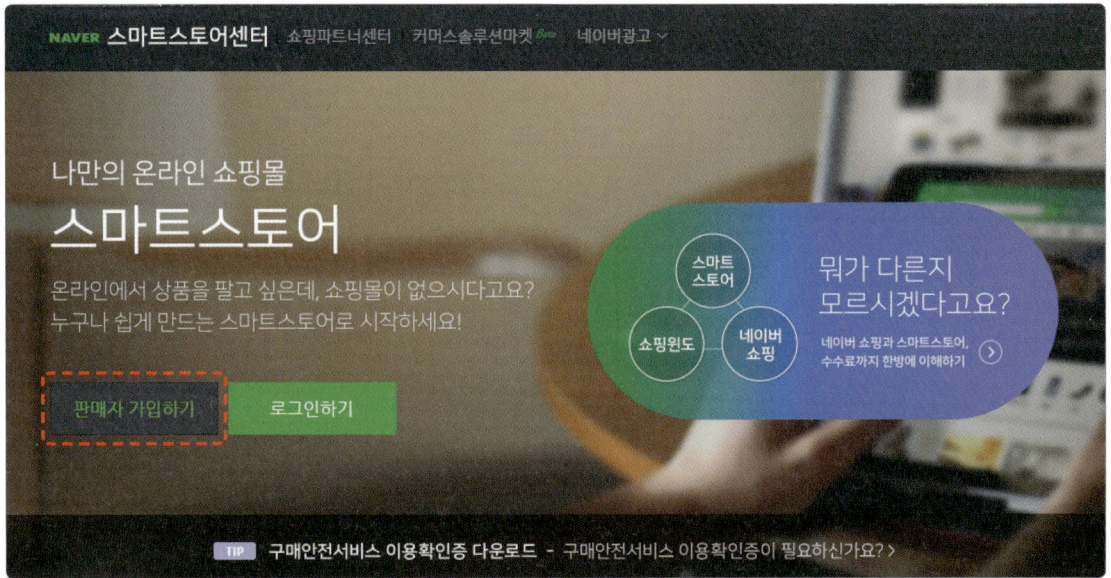

개인명의로 또는 사업자 명의로 입점 가능합니다. 스토어에서 요청하는 서류들을 준비하여 제출하면 입점할 수 있습니다. 당장 스토어를 시작하지 않고 학습을 먼저 하고 싶으신 분들은 사업자등록증 없이 개인 명의로 입점해도 괜찮습니다. 차후 변경하면 되니까요. 다른 쇼핑몰들도 네이버에서 "쿠팡 판매자센터"처럼 '쇼핑몰+판매자센터' 형태로 검색하시면 입점할 수 있는 페이지를 찾으실 수 있습니다.

2) 쇼핑몰 운영방법은 어디서 배우나?

스마트스토어의 경우, 네어버에서 '네이버 비즈니스 스쿨'이라고 검색 후 클릭하면 네이버의 교육서비스 사이트를 만나보실 수 있습니다.

'네이버 비즈니스 스쿨 Online' 베너를 클릭하시면 쇼핑몰 운영과 관련한 다양한 교육 프로그램을 만나실 수 있습니다. 대부분의 쇼핑몰들이 '판매자 센터' 내에 교육 프로그램을 운영하고 있으니 참조하시기 바랍니다.

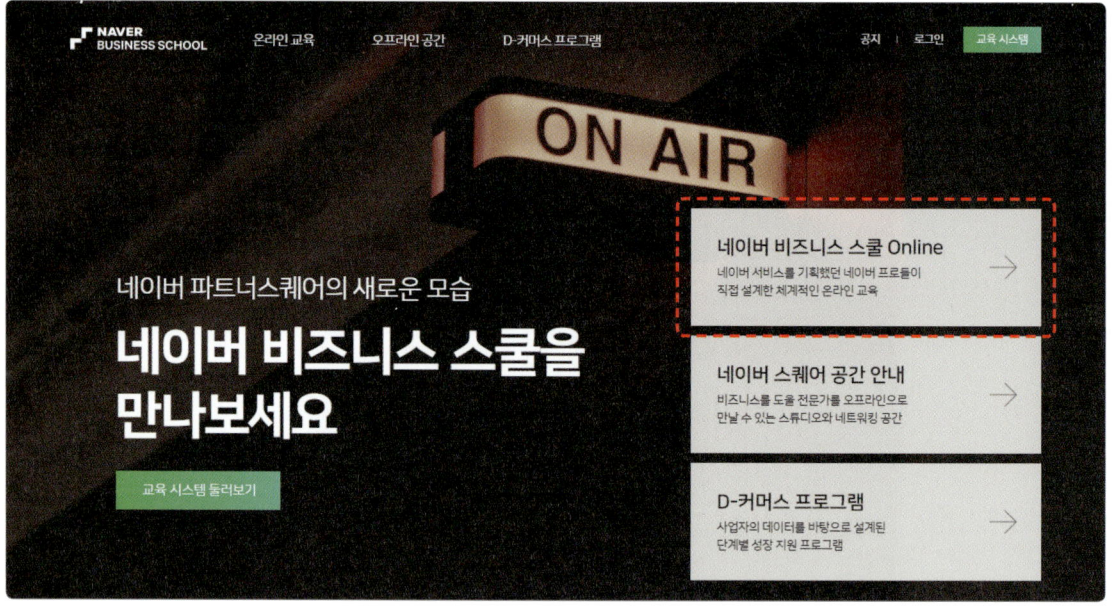

Chapter 02

상품등록 하기

① '스마트스토어센터'에서 로그인
② 좌측메뉴에서 [상품관리] > [상품등록] 클릭

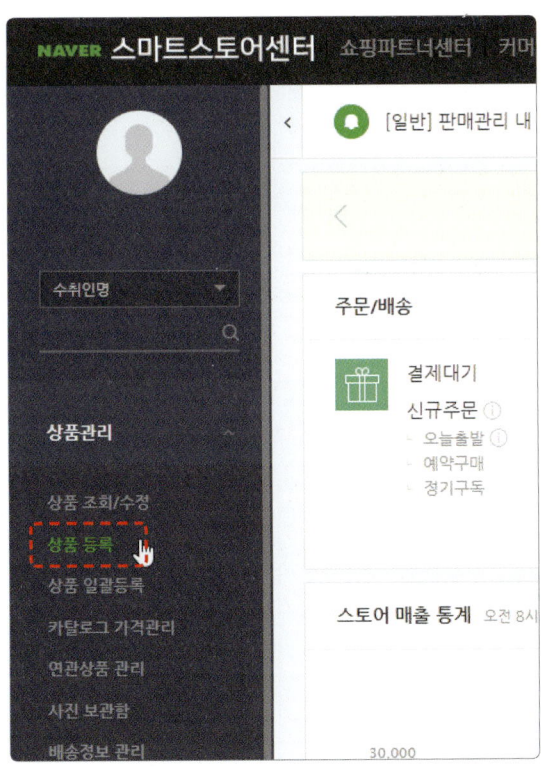

01 상품명, 태그 정하기

고객들이 쇼핑몰에서 '계란'을 검색할때, '계란'이라는 단어만 사용하는 것이 아닙니다. 다음과 같은 다양한 키워드를 사용합니다.

Ex) 유정란, 계란가격, 달걀, 초란, 방사유정란, 계란요리, 임산부용계란 등등

상세페이지를 '계란'이라는 단어로만 검색되게 세팅했을 때와 '유정란, 계란가격, 달걀, 초란, 방사유정란, 계란요리, 임산부용계란 등등'의 단어들로도 검색되게 세팅했을 때 검색노출량에는 엄청난 차이가 생깁니다. 검색노출량과 매출은 비례합니다. 그러므로 우리는 고객이 내 상품을 검색할 때 어떤 키워드를 사용하는지 정확히 알아야 하고, 이 키워드들로 내 상품의 상세페이지가 검색되도록 세팅해야만 합니다. 자 그럼 키워드 추출 방법과 세팅방법을 살펴 보시죠.

1) 네이버광고에서 키워드 추출하기

• 네이버광고 가입

① 네이버에서 '네이버광고' 검색 및 네이버광고 클릭

② '신규가입' 버튼 클릭하여 회원가입 및 로그인

(네이버 회원일지라도 광고주 회원으로 다시 신규 가입해야 함)

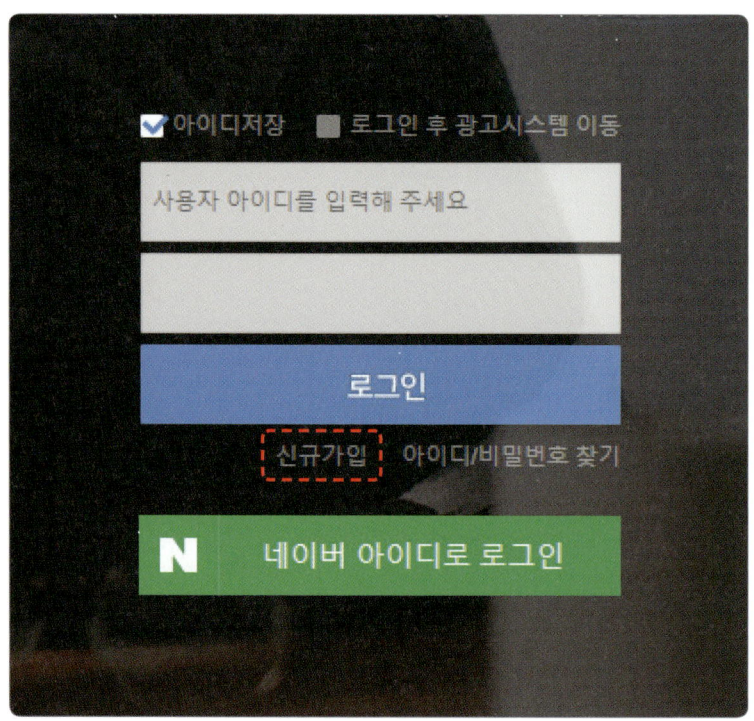

• 키워드 추출

① '키워드 도구' 버튼 클릭

② 키워드 영역에 원하는 키워드 입력 후 '조회하기' 버튼 클릭

③ 조회 결과에서 모바일 ⇕ 를 두번 클릭하여 수치를 내림차순(큰수 → 작은수)으로 정렬

연관키워드	월간검색수		월평균클릭수		월평균클릭률		경쟁정도	월평균노출 광고수
	PC	모바일	PC	모바일	PC	모바일		
칼림바	13,400	118,300	26.3	1,677.4	0.2			15
카포	3,470	13,600	2.5	2.8	0.0			15
ATTITUDE	2,820	10,700	0.5	29	0.02 %	0.30 %	중간	11
기타튜닝	840	7,880	0.7	3	0.09 %	0.05 %	중간	13
기타줄	1,470	7,780	6.7	59.3	0.51 %	0.82 %	높음	15
콘덴서마이크	3,680	7,500	7.3	39.1	0.22 %	0.55 %	높음	15
칼림바추천	900	6,540	1.9	38	0.22 %	0.58 %	높음	15
기타피크	1,090	5,530	4.5	76.3	0.45 %	1.46 %	높음	15
진공관앰프	2,080	5,470	20.7	96.3	1.09 %	1.90 %	높음	15

모바일 수치가 큰수에서 작은수로 재정렬 됩니다.

④ '다운로드' 버튼을 클릭하여 조회 결과를 엑셀파일로 다운로드

연관키워드	월간검색수		월평균클릭수		월평균클릭률		경쟁정도	월평균노출 광고수
	PC	모바일	PC	모바일	PC	모바일		
칼림바	13,400	118,300	26.3	1,677.4	0.21 %	1.50 %	높음	15
카포	3,470	13,600	2.5	2.8	0.08 %	0.03 %	높음	15
ATTITUDE	2,820	10,700	0.5	29	0.02 %	0.30 %	중간	11

2) 세부키워드로 정리

추출된 키워드 중에는 경쟁이 너무 심한 키워드도 많고, 또 전혀 관계없는 생뚱맞은 키워드들도 많습니다. 그래서 월간검색수 3,000~4,000회 이하의 키워드 중 내게 필요한 핵심 키워드만 정리하는 과정입니다. 월간검색수 3,000~4,000회 이하라는 것은 절대적인 기준이 아닙니다. 경쟁이 심한 키워드군을 공략하고 싶으신 분들은 수치를 더 올리셔도 됩니다. 본 책에서는 모바일 기준 월간검색수 3,000회 ~ 1000회를 기준으로 설명드리겠습니다.

① 다운받은 엑셀파일 열기

② 상단의 '편집사용' 버튼 클릭

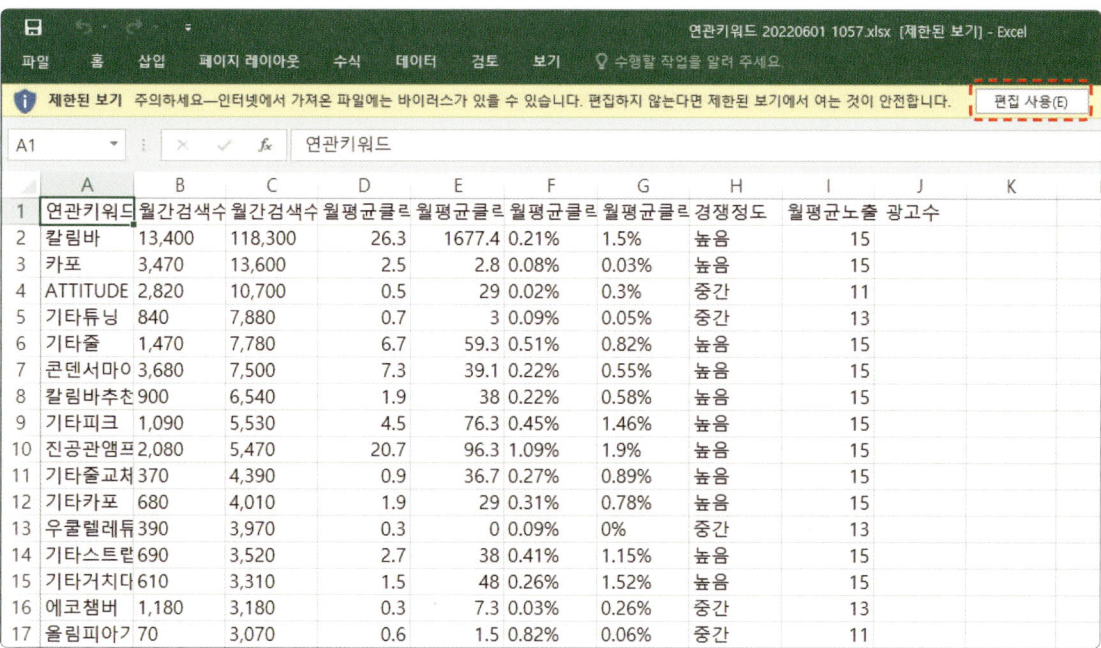

③ 엑셀상단바를 드래그하여 선택

	A	B	C	D	E	F	G	H	I	J
1	연관키워드	월간검색수	월간검색수	월평균클릭	월평균클릭	월평균클릭	월평균클릭	경쟁정도	월평균노출	광고수
2	칼림바	13,400	118,300	26.3	1677.4	0.21%	1.5%	높음	15	
3	카포	3,470	13,600	2.5	2.8	0.08%	0.03%	높음	15	
4	ATTITUDE	2,820	10,700	0.5	29	0.02%	0.3%	중간	11	
5	기타튜닝	840	7,880	0.7	3	0.09%	0.05%	중간	13	
6	기타줄	1,470	7,780	6.7	59.3	0.51%	0.82%	높음	15	
7	콘덴서마이	3,680	7,500	7.3	39.1	0.22%	0.55%	높음	15	
8	칼림바추천	900	6,540	1.9	38	0.22%	0.58%	높음	15	
9	기타피크	1,090	5,530	4.5	76.3	0.45%	1.46%	높음	15	
10	진공관앰프	2,080	5,470	20.7	96.3	1.09%	1.9%	높음	15	
11	기타줄교체	370	4,390	0.9	36.7	0.27%	0.89%	높음	15	
12	기타카포	680	4,010	1.9	29	0.31%	0.78%	높음	15	
13	우쿨렐레튜	390	3,970	0.3	0	0.09%	0%	중간	13	
14	기타스트랩	690	3,520	2.7	38	0.41%	1.15%	높음	15	
15	기타거치대	610	3,310	1.5	48	0.26%	1.52%	높음	15	
16	에코챔버	1,180	3,180	0.3	7.3	0.03%	0.26%	중간	13	

④ 셀과 셀 사이에서 더블클릭하면 셀이 벌어지면서 내용이 모두 보이게 됨

	A	B	C	D	E	F	G	H	I	J
1	연관키워드	월간검색수	월간검색수	월평균클릭	월평균클릭	월평균클릭	월평균클릭	경쟁정도	월평균노출	광고수
2	칼림바	13,400	118,300	26.3	1677.4	0.21%	1.5%	높음	15	
3	카포	3,470	13,600	2.5	2.8	0.08%	0.03%	높음	15	
4	ATTITUDE	2,820	10,700	0.5	29	0.02%	0.3%	중간	11	
5	기타튜닝	840	7,880	0.7	3	0.09%	0.05%	중간	13	
6	기타줄	1,470	7,780	6.7	59.3	0.51%	0.82%	높음	15	
7	콘덴서마이	3,680	7,500	7.3	39.1	0.22%	0.55%	높음	15	
8	칼림바추천	900	6,540	1.9	38	0.22%	0.58%	높음	15	
9	기타피크	1,090	5,530	4.5	76.3	0.45%	1.46%	높음	15	
10	진공관앰프	2,080	5,470	20.7	96.3	1.09%	1.9%	높음	15	
11	기타줄교체	370	4,390	0.9	36.7	0.27%	0.89%	높음	15	
12	기타카포	680	4,010	1.9	29	0.31%	0.78%	높음	15	
13	우쿨렐레튜	390	3,970	0.3	0	0.09%	0%	중간	13	
14	기타스트랩	690	3,520	2.7	38	0.41%	1.15%	높음	15	
15	기타거치대	610	3,310	1.5	48	0.26%	1.52%	높음	15	
16	에코챔버	1,180	3,180	0.3	7.3	0.03%	0.26%	중간	13	

연관키워드	월간검색수(PC)	월간검색수(모바일)	월평균클릭수(PC)	월평균클릭수(모바일)	월평균클릭률(PC)	월평균클릭률(모바일)
칼림바	13,400	118,300	26.3	1677.4	0.21%	1.5%
카포	3,470	13,600	2.5	2.8	0.08%	0.03%
ATTITUDE	2,820	10,700	0.5	29	0.02%	0.3%
기타튜닝	840	7,880	0.7	3	0.09%	0.05%
기타줄	1,470	7,780	6.7	59.3	0.51%	0.82%
콘덴서마이크	3,680	7,500	7.3	39.1	0.22%	0.55%
칼림바추천	900	6,540	1.9	38	0.22%	0.58%
기타피크	1,090	5,530	4.5	76.3	0.45%	1.46%
진공관앰프	2,080	5,470	20.7	96.3	1.09%	1.9%
기타줄교체	370	4,390	0.9	36.7	0.27%	0.89%
기타카포	680	4,010	1.9	29	0.31%	0.78%
우쿨렐레튜닝	390	3,970	0.3	0	0.09%	0%
기타스트랩	690	3,520	2.7	38	0.41%	1.15%
기타거치대	610	3,310	1.5	48	0.26%	1.52%
에코챔버	1,180	3,180	0.3	7.3	0.03%	0.26%

⑤ 왼쪽바를 드래그하여 모바일 기준 월간검색수 3,000이상 키워드 선택

연관키워드	월간검색수(PC)	월간검색수(모바일)	월평균클릭수(PC)	월평균클릭수(모바일)	월평균클릭률(PC)
칼림바	13,400	118,300	26.3	1677.4	0.21%
카포	3,470	13,600	2.5	2.8	0.08%
ATTITUDE	2,820	10,700	0.5	29	0.02%
기타튜닝	840	7,880	0.7	3	0.09%
기타줄	1,470	7,780	6.7	59.3	0.51%
콘덴서마이크	3,680	7,500	7.3	39.1	0.22%
칼림바추천	900	6,540	1.9	38	0.22%
기타피크	1,090	5,530	4.5	76.3	0.45%
진공관앰프	2,080	5,470	20.7	96.3	1.09%
기타줄교체	370	4,390	0.9	36.7	0.27%
기타카포	680	4,010	1.9	29	0.31%
우쿨렐레튜닝	390	3,970	0.3	0	0.09%
기타스트랩	690	3,520	2.7	38	0.41%
기타거치대	610	3,310	1.5	48	0.26%
에코챔버	1,180	3,180	0.3	7.3	0.03%
올림피아기타줄	70	3,070	0.6	1.5	0.82%
엘릭서기타줄	960	2,620	3	35.3	0.44%
슈어마이크	1,160	2,570	4.9	36.5	0.47%
마이크거치대	2,220	2,540	3.7	24.8	0.17%

⑥ 오른쪽 마우스를 눌러 '삭제'클릭

	A	B	C	D	E	F
1	연관키워드	월간검색수(PC)	월간검색수(모바일)	월평균클릭수(PC)	월평균클릭수(모바일)	월평균클릭률(PC)
2	칼림바	13,400	118,300	26.3	1677.4	0.21%
3	카포	3,470	13,600	2.5	2.8	0.08%
4			10,700	0.5	29	0.02%
5			7,880	0.7	3	0.09%
6			7,780	6.7	59.3	0.51%
7		3,680	7,500	7.3	39.1	0.22%
8		900	6,540	1.9	38	0.22%
9		1,090	5,530	4.5	76.3	0.45%
10		2,080	5,470	20.7	96.3	1.09%
11		370	4,390	0.9	36.7	0.27%
12		680	4,010	1.9	29	0.31%
13		390	3,970	0.3	0	0.09%
14		690	3,520	2.7	38	0.41%
15		610	3,310	1.5	48	0.26%
16		1,180	3,180	0.3	7.3	0.03%
17		70	3,070	0.6	1.5	0.82%
18		960	2,620	3	35.3	0.44%
19		1,160	2,570	4.9	36.5	0.47%
20		2,220	2,540	3.7	24.8	0.17%
21	통기타줄	510	2,520	2.8	38	0.59%

⑦ 월간검색 1,000이하 키워드 선택 (1,000이하도 원칙은 아님. 좀 더 세부키워드를 사용하고자 할 경우 더 내려갈 수 있음)

⑧ 오른쪽 마우스를 눌러 '삭제'클릭

⑨ 남은 키워드 중 제품과 전혀 관계없는 키워드는 하나하나 선택하여 삭제

⑩ 남은 키워드를 복사하여 메모장에 붙여넣음

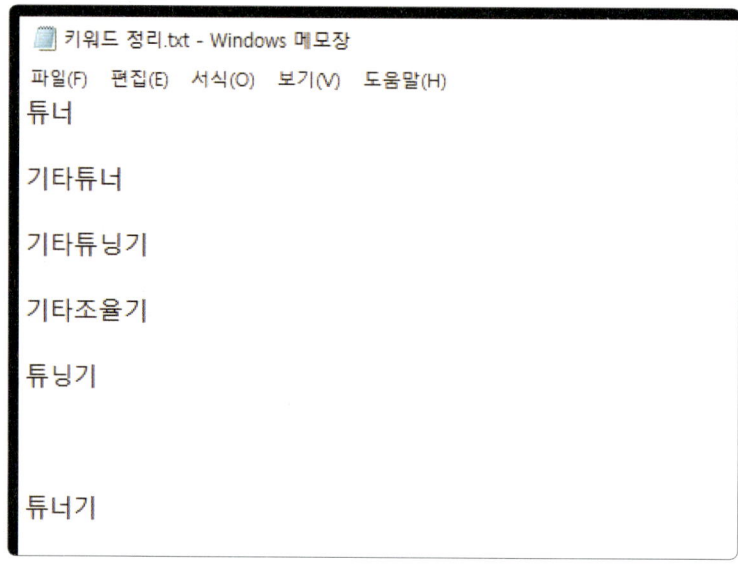

⑪ 붙여넣은 키워드를 한칸씩 떼고 정렬함으로서 세부키워드 정리를 마침

> 📄 키워드 정리.txt - Windows 메모장
> 파일(F) 편집(E) 서식(O) 보기(V) 도움말(H)
> 튜너 기타튜너 기타튜닝기 기타조율기 튜닝기 튜너기

키워드와 키워드 사이를 한칸씩 띄어쓰기 합니다.

3) 세부키워드를 상품명/태그영역/상세페이지 바디에 삽입하기

• 상품명 삽입

제품이름 + 추출 키워드 형식으로 상품명을 만듭니다.

Ex) SI 대화면 멀티 튜너, 튜너 기타튜너 기타튜닝기 기타조율기 튜닝기 튜너기

상품명을 만들 때 주의할 점은 같은 키워드가 반복되지 않고 한번만 나오는 것입니다. 위 상품명에는 '튜너, 기타, 튜닝기'라는 단어가 중복되고 있기 때문에 앞에서 하나만 남기고 모두 삭제해야 합니다. 결국 아래와 같이 상품명이 최종 결정됩니다.

Ex) SI 대화면 멀티 튜너, 기타 튜닝기 조율기 튜너기

쉼표는 안 넣어도 되지만, 고객에게 제품명을 인식시키기 위해 저는 넣었습니다.

실제 상품등록 메뉴에 삽입된 상품명입니다.

> 상품명 • ⑦
>
> [SI 대화면 멀티 튜너, 기타 튜닝기 조율기 튜너기]
>
> 판매 상품과 직접 관련이 없는 다른 상품명, 스팸성 키워드 입력 시 관리자에 의해 판매 금지될 수 있습니다.
> 유명 상품 유사문구를 무단으로 도용하여 ~스타일, ~st 등과 같이 기재하는 경우 별도 고지 없이 제재될 수 있습니다.
> 상품명을 검색최적화 가이드에 잘 맞게 입력하면 검색 노출에 도움이 될 수 있습니다. [상품명 검색품질 체크]

위 예시의 경우, 상품명에 키워드를 더 삽입할 수 있는 공간이 있습니다. 이 경우에는 월간 검색 키워드 1,000이하에서 관련 키워드를 더 추출해서 삽입해주는 것이 좋습니다.
참조로 스마트스토어가 추천하는 상품명 글자수는 50자입니다.

● **태그 삽입**

추출한 키워드를 태그 영역에 삽입합니다. 상품명에 들어가지 못한 키워드 중심으로 삽입해주십시오. 위 예시처럼 키워드가 부족할 경우, 월간검색수가 낮은 하위 키워드를 더 추출해서 삽입하시면 됩니다.

스마트스토어의 경우 검색설정 영역으로 들어가 '태그 직접 입력'항목을 체크하면 태그를 입력할 수 있게 됩니다.

● **상세페이지 바디에 삽입**

추출한 키워드를 상세페이지 바디에 삽입합니다. 그냥 삽입하면 단어들이 단순 나열되어 있어 고객에게 이상하게 보일 수 있으므로 가능한 문장형태로 만들어서 삽입해주세요. 블로그형 상세페이지의 경우, 키워드를 바디에 쉽게 삽입할 수 있지만, 포토샵형은 이미지들로 되어 있어 삽입방법이 애매할 것입니다. 이 경우에는 조각낸 이미지와 이미지 사이에 삽입하시면 됩니다.

QR코드로
영상강의를 확인해보세요.

02 옵션설정

상품이 빨간색, 파란색, 노란색처럼 선택할 수 있는 옵션이 있을 때 설정하는 방법입니다. 이책에서는 스마트스토어 기준으로 설명드리며, 대부분의 쇼핑몰들이 비슷비슷 하기 때문에 설정에 어려움이 없으실 것입니다.

• **옵션 내역 삽입**

① 판매가를 연습용 가격 '10,000' 입력

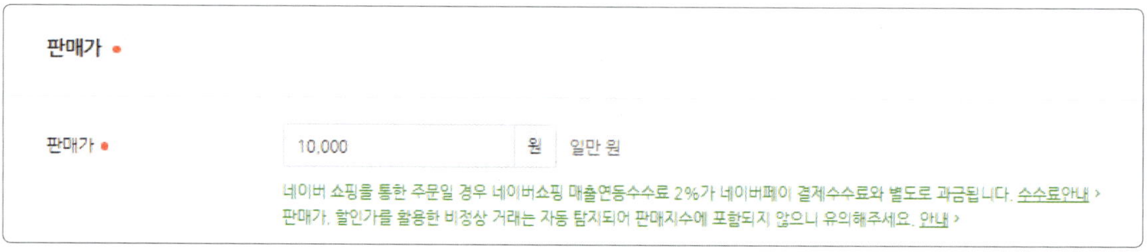

② '옵션' 영역 클릭

③ '선택형'에서 '설정함' 버튼 클릭

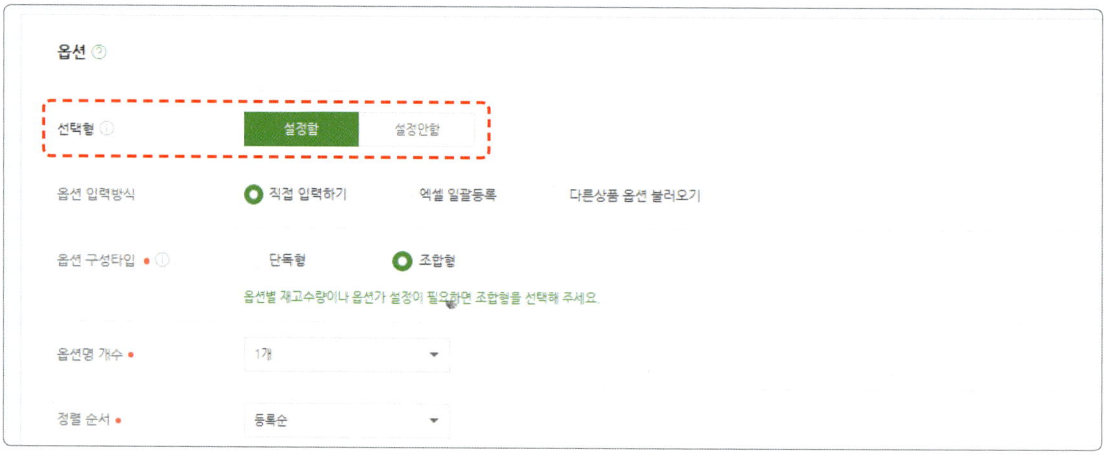

④ '옵션 구성타입'에서 '조합형' 선택

⑤ '옵션명 개수'에서 옵션의 개수를 선택

ex) 고객이 선택해야할 옵션이 색상과 치수가 있다면 2개

⑥ '옵션명'에 첫번째 옵션명 '색상' 입력.

'옵션값'에 쉼표로 구분하여 각 옵션값을 입력 ex) 빨간, 파랑, 노랑

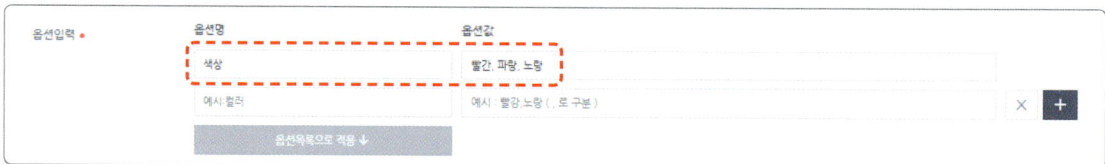

⑦ 두번째 '옵션명'에 '치수' 입력

'옵션값'에 쉼표로 구분하여 각 옵션값을 입력 ex) S, M, L, XL

⑧ 하단의 '옵션목록으로 적용'클릭하면 옵션목록으로 설정한 내용들이 삽입됨

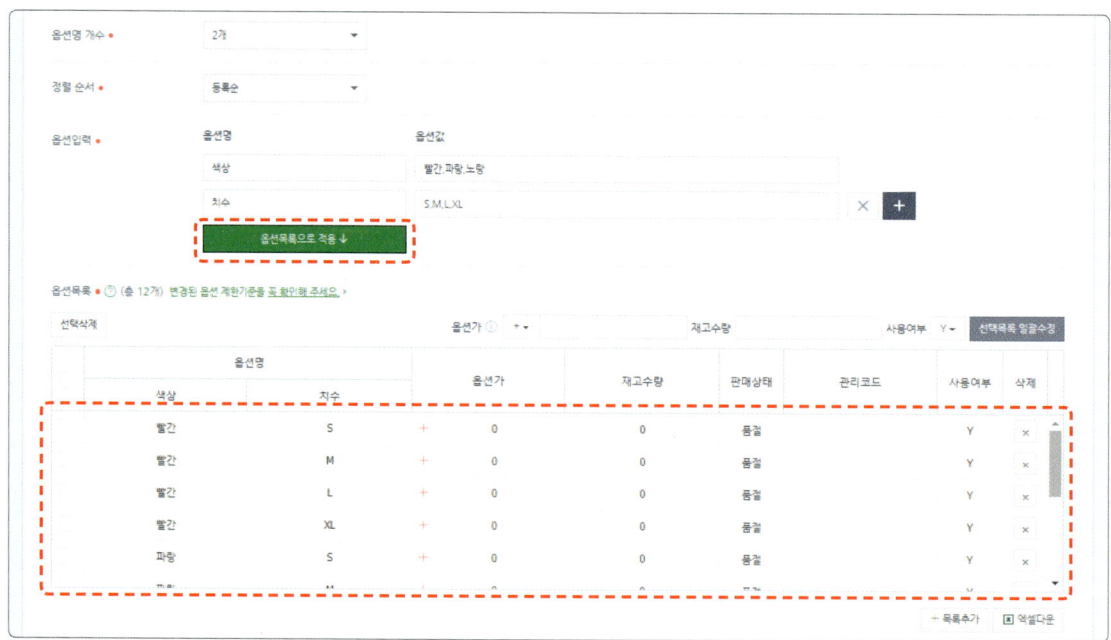

• **옵션가 입력**

① 표에서 보이는 옵션가 '+0'의 의미는 앞서 설정한 '판매가' 10000원과 동일함을 의미
② 만일 첫번째 옵션의 가격이 12000원이라면 옵션가 항목에 2000을 입력함

옵션명		옵션가
색상	치수	
빨간	S	+ 2,000
빨간	M	+ 0
빨간	L	+ 0
빨간	XL	+ 0
파랑	S	+ 0

③ 만일 두번째 옵션의 가격이 8000원이라면 옵션가 항목에 -2000을 입력함

옵션명		옵션가
색상	치수	
빨간	S	+ 2,000
빨간	M	− 2,000
빨간	L	+ 0
빨간	XL	+ 0
파랑	S	+ 0

④ 상세페이지에 가격이 적용된 모습

• 재고수량 일괄입력

① 재고수량 항목에 연습용 수량 1000입력

② 옵션 리스트에서 재고수량을 입력하고싶은 항목 체크

③ '선택목록 일괄수정' 버튼 클릭

QR코드로
영상강의를 확인해보세요.

03 대표이미지 등록

블로그에서 사진 등록 하듯 하시면 됩니다.

- **대표이미지 등록**

① 대표이미지 항목에서 + 클릭

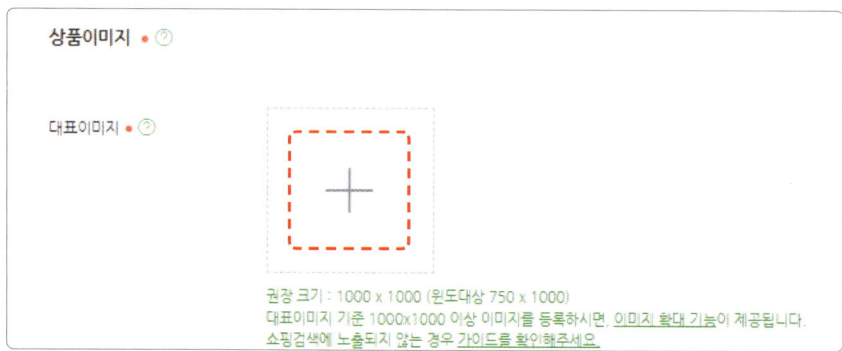

② '내 사진' 버튼 클릭

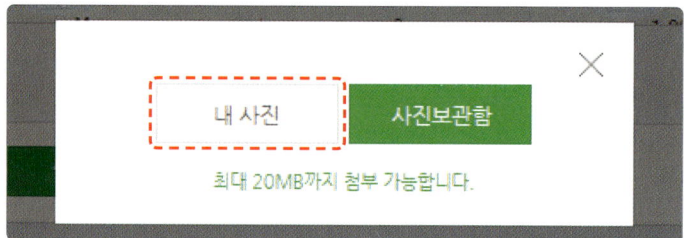

③ 앞서 만들어 놓은 대표이미지를 선택하고 '열기' 클릭

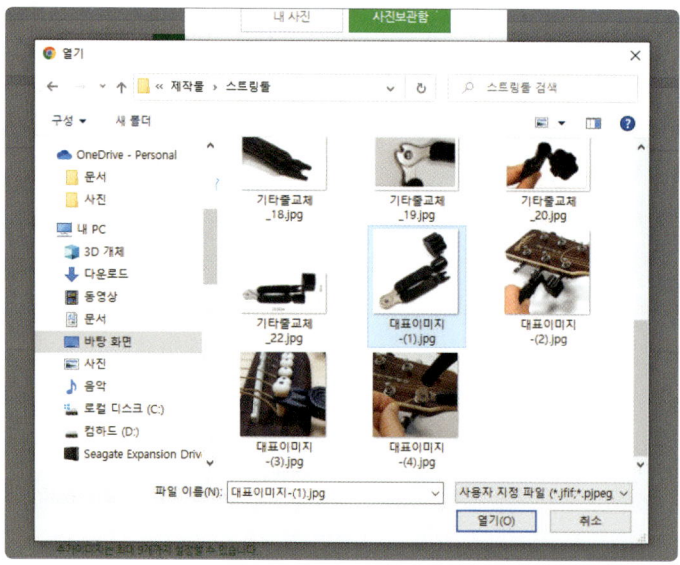

④ 등록된 모습

- **추가이미지 등록**

① 추가이미지 항목에서 + 클릭

② '내 사진' 버튼 클릭

③ 앞서 만들어 놓은 다수의 대표이미지들을 한꺼번에 선택하고 '열기' 클릭

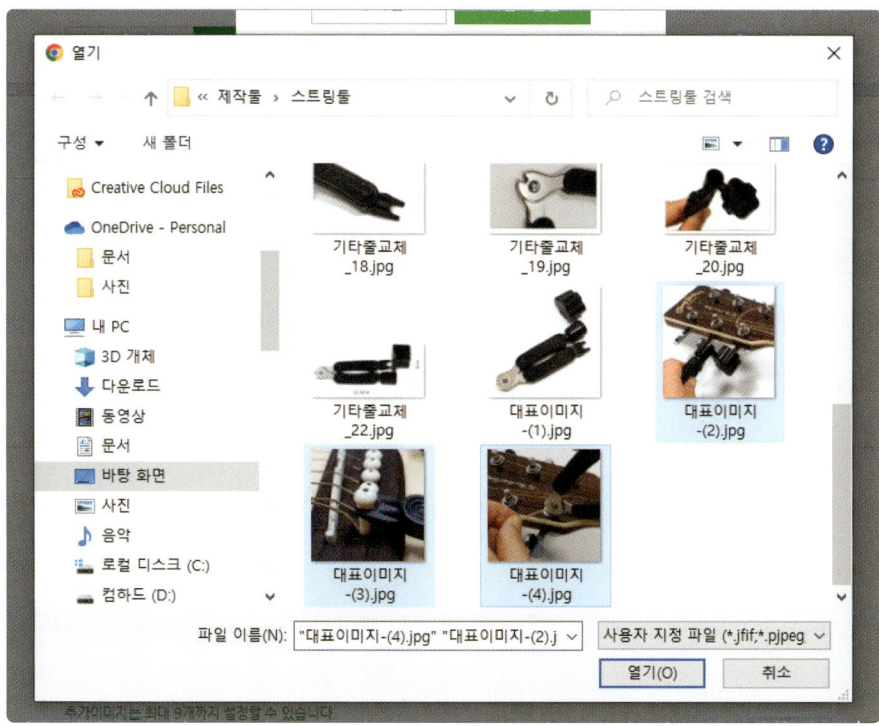

④ 등록된 모습

 QR코드로
영상강의를 확인해보세요.

04 제작한 상세페이지 삽입

앞서 잘라서 jpg로 만든 이미지를 일괄 등록하는 과정입니다. 블로그형의 경우 이미지와 이미지 사이에 문구를 삽입해주면 됩니다.

- **포토샵형 상세페이지 삽입**

앞서 사장님께서 만들어 놓은 상세페이지를 등록용으로 분할해서 준비해놓고 아래 실습을 진행해주세요.

① 'SmartEditor ONE으로 작성>' 버튼 클릭

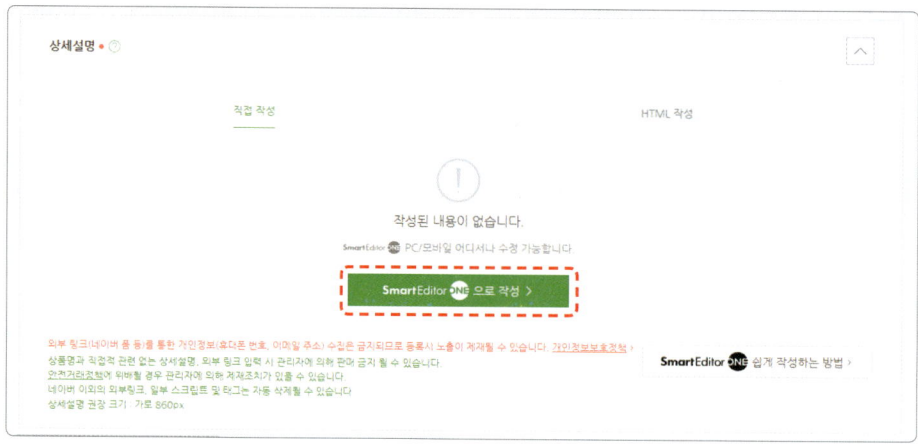

② 좌상단에 있는 🖼 아이콘 클릭

③ '내사진' 버튼 클릭

④ 앞서 잘라놓은 등록용 이미지를 모두 선택(Ctrl + A) 후 '열기'버튼 클릭

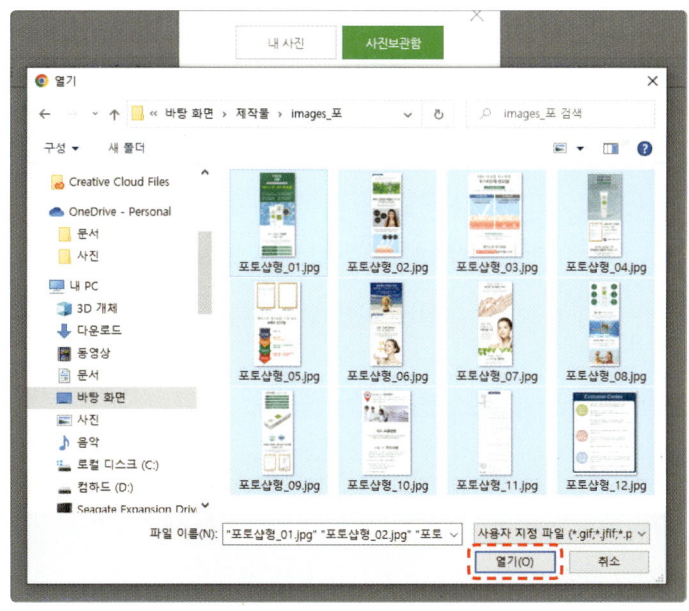

⑤ 모든 이미지가 파일명순으로 일괄 등록된 것을 확인할 수 있음

• **블로그형 상세페이지 삽입**

① 위와 동일한 방법으로 미리 잘라둔 이미지들을 모두 한꺼번에 등록

② 미리 준비해둔 기획서의 문구를 선택 후 복사(Ctrl+C)

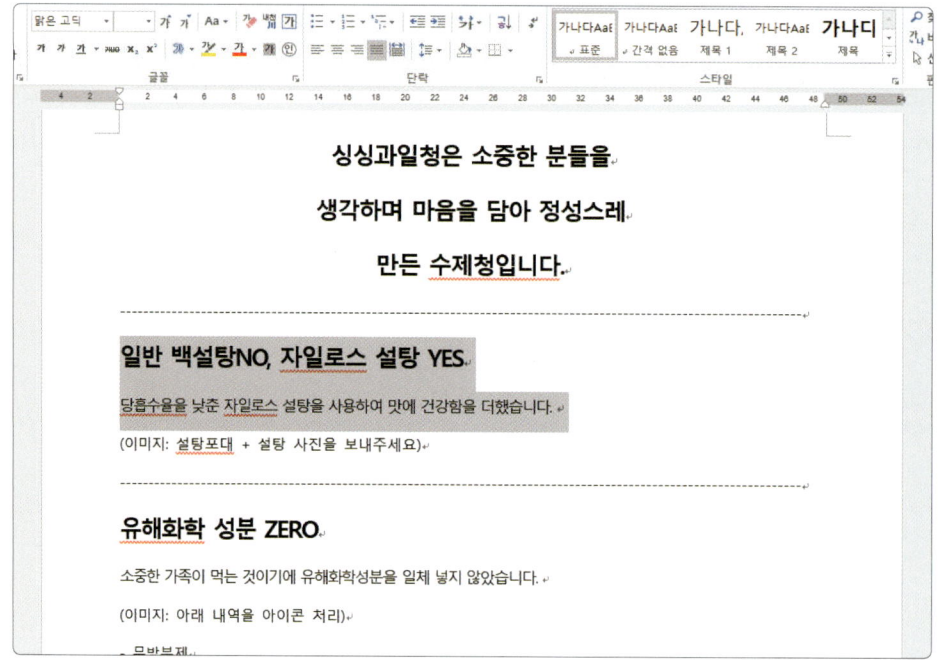

③ 스토어 편집창에서 이미지와 이미지 사이를 클릭하여 생긴 공간에 커서를 삽입

④ 벌어진 이미지와 이미지 사이에 앞서 복사한 문구를 붙여넣기(Ctrl+V)

⑤ 조금 전 삽입한 문구를 편집 (편집방법은 일반 워드 프로그램과 유사함)

- 글 전체를 센터로 정렬

- 헤드라인은 '38' 포인트로 설정

- 서브카피는 '19' 포인트로 설정, 색상은 어두운 회색.

(글씨의 크기는 원칙 아님, 모바일에서 쾌적하게 볼 수 있도록 크게 설정)

- 행간은 170% 정도로 설정. 행간조절은 글을 선택하고 ↕ 를 클릭해서 조절

⑦ 이하, 위와 같은 방법으로 기획해 둔 문구들을 모두 삽입

 QR코드로
영상강의를 확인해보세요.

05 Gif애니메이션 삽입

일반적인 jpg파일을 삽입하는 방법과 동일합니다. 때로 gif애니메이션 파일이 너무 무거우면 등록이 안될 수 있습니다. 이 경우에는 용량을 줄여서 다시 업로드 하십시오. gif애니메이션은 가능한 5메가 이하로 하시는 것이 좋습니다. 쇼핑몰에 따라 gif애니메이션을 사용하지 못하게 하는 곳도 있습니다. 이 경우 업로드는 되나 gif애니메이션은 움직이지 않습니다. 어떤 쇼핑몰은 허용하고 어떤 쇼핑몰은 막아두었는지를 말씀드리면 좋겠으나 이는 각 쇼핑몰들의 정책에 따라 계속 바뀌는 부분이므로 안내드리지 못하는 점 양해부탁드립니다.

① Gif애니메이션을 삽입할 위치를 클릭
② 사진 아이콘 클릭
③ '내사진' 버튼 클릭
④ 준비해둔 Gif애니메이션을 선택 후 '열기' 버튼 클릭
⑤ 삽입된 Gif애니메이션 파일 확인

06 영상삽입

1) 단순 업로드

일반적으로 캠코더 아이콘을 클릭하여 파일을 불러들여 삽입하면 됩니다. 본책의 '스마트폰 영상제작' 챕터에서 만든 영상파일로 실습하십시오.

① 영상을 삽입할 곳을 클릭하여 커서를 위치 시킴

② 🎞 동영상 아이콘 클릭

③ '동영상 추가' 버튼 클릭(스마트스토어는 파일용량 1GB / 길이 15분까지 업로드 가능)

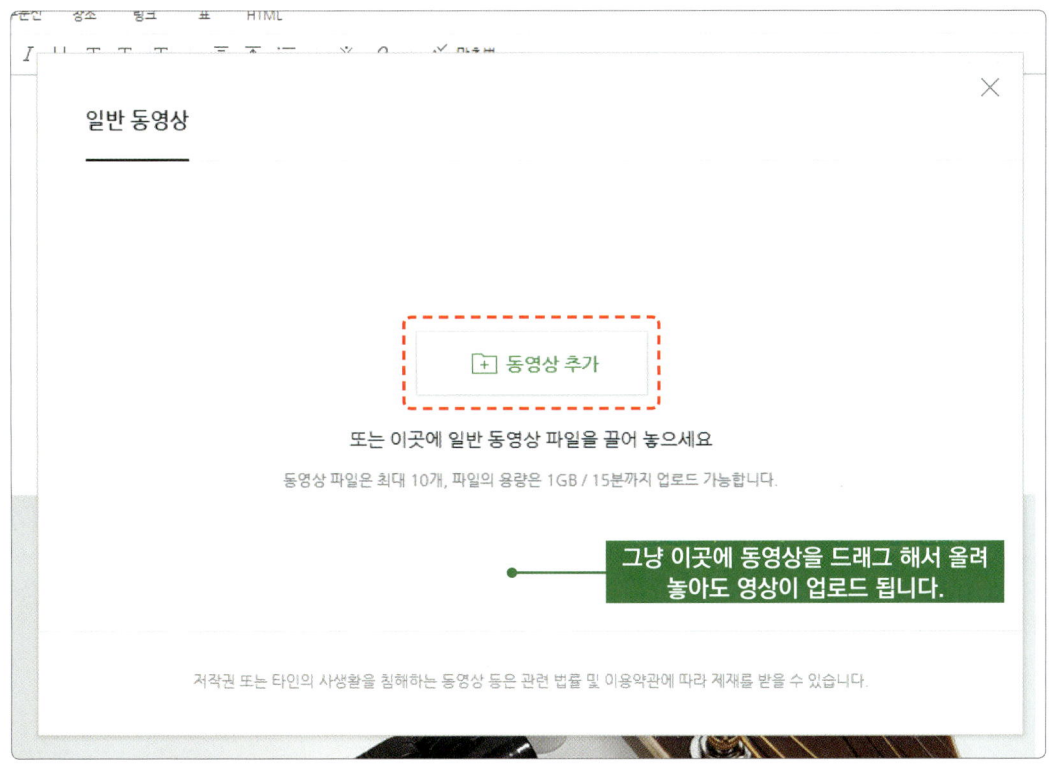

Part05 상품등록

④ 미리 준비한 영상 선택 및 열기 클릭

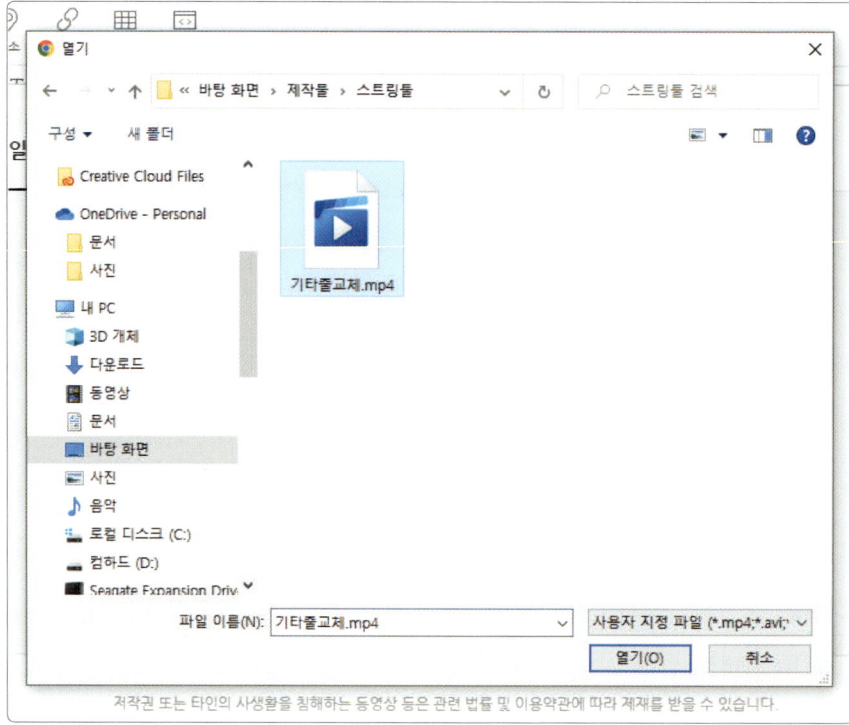

⑤ 원하는 대표이미지를 선택하고 '완료'버튼 클릭 (여기서 선택한 이미지가 영상의 썸네일이 됨)

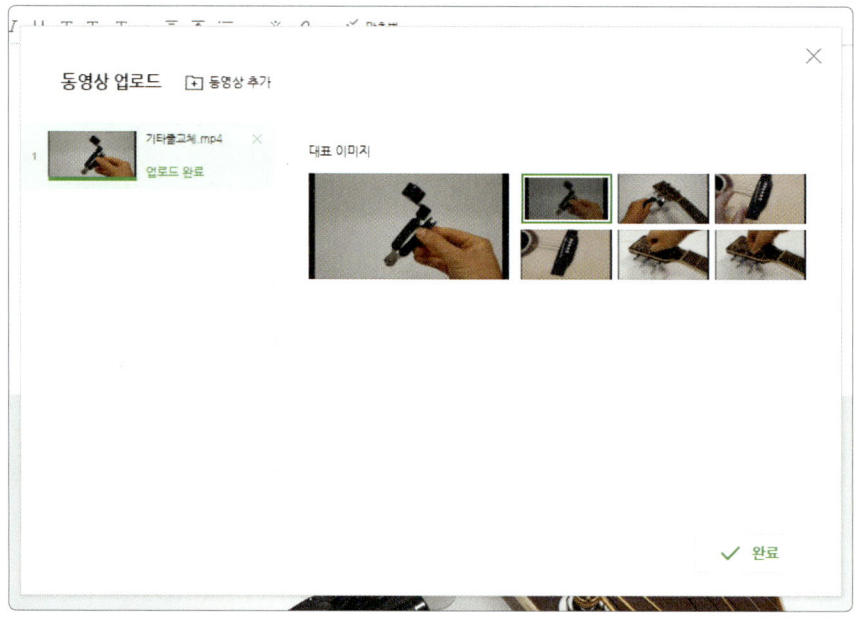

⑥ 삽입된 영상 확인

2) 영상 주소 붙여넣기

영상파일이 너무 무겁거나 길이가 길 경우 쇼핑몰에서 바로 업로드를 못할 수도 있습니다. 이럴 경우에는 유튜브나 네이버TV에 업로드를 먼저하고 해당 영상의 주소를 상품등록창에 붙여넣으면 자동으로 인식되어 영상이 삽입됩니다. 네이버스마트 스토어는 이런식으로 등록이 가능하지만 여타 다른 쇼핑몰들은 이 기능을 제공하지 않는 경우도 많습니다. 이 경우에는 HTML소스를 삽입하는 방법이 있으며 다음 항목에 소개되어 있습니다.

① 네이버TV에 업로드한 영상 하단에서 공유아이콘 클릭
(스마트스토어는 반드시 네이버TV에 업로드한 영상을 사용하세요)

② 팝업에서 'URL복사' 버튼 클릭

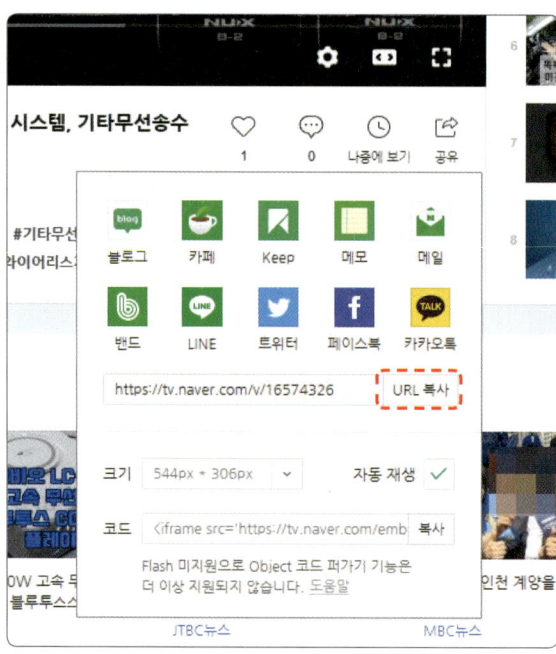

③ 스토어 상세페이지 편집창에서 삽입을 원하는 곳을 클릭하고 붙여넣기(Ctrl + V)하여 삽입된 영상 확인

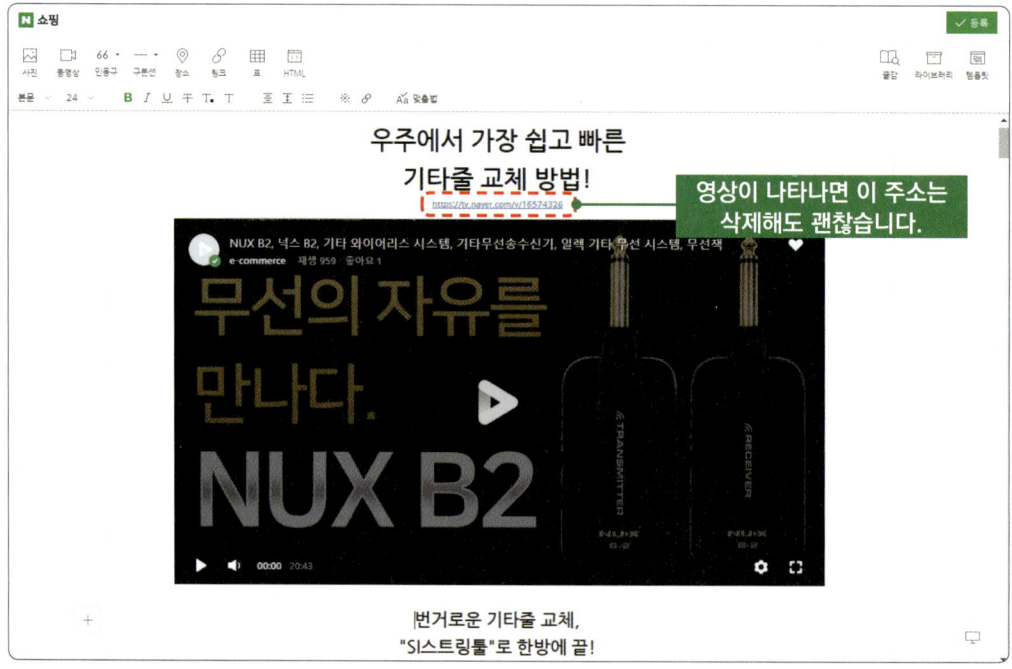

3) 영상HTML소스 등록

이는 매우 old한 방식이지만, 여전히 사용되는 쇼핑몰들이 많습니다. 생각보다 어렵지 않으니 도전해보세요. 아래 예시 사이트는 '쿠팡'입니다.

① 쿠팡윙/상품관리/상품등록 클릭

② 쿠팡 상품등록 페이지 '상세설명' 영역에서 '에디터 작성' 클릭 후, '작성하기' 버튼 클릭

③ 미리 등록된 상세페이지가 없으므로, 상세페이지의 일부 내용인 것처럼 임의로 아래와 같이 글을 작성

> 이 튜너는 화면이 커서 확인이 쉽습니다.
> (영상)
> 또한 진동을 감지하기 때문에 시끄러운 환경에서도 잘 작동됩니다.

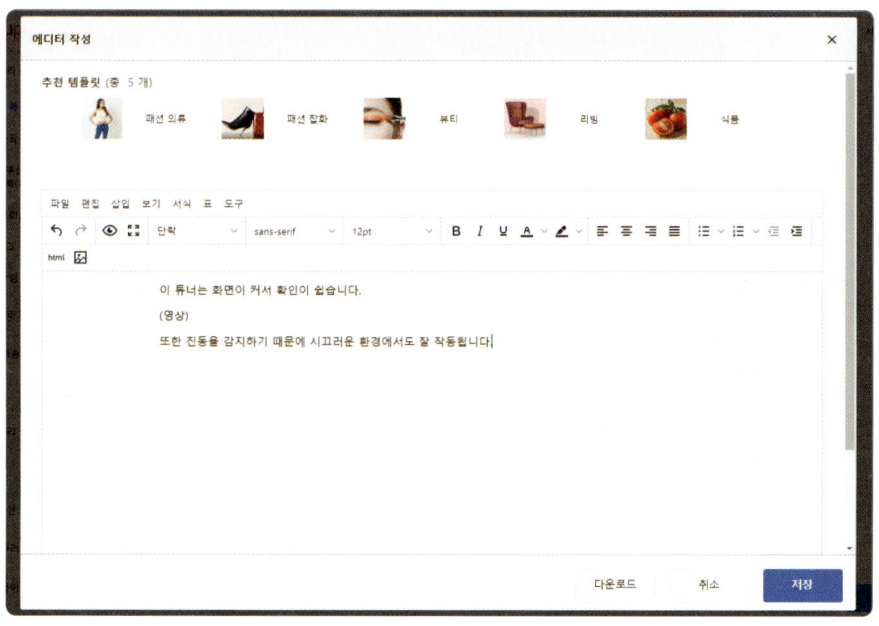

⑤ 글을 모두 선택한 후 ≡를 눌러 가운데로 정렬합니다.

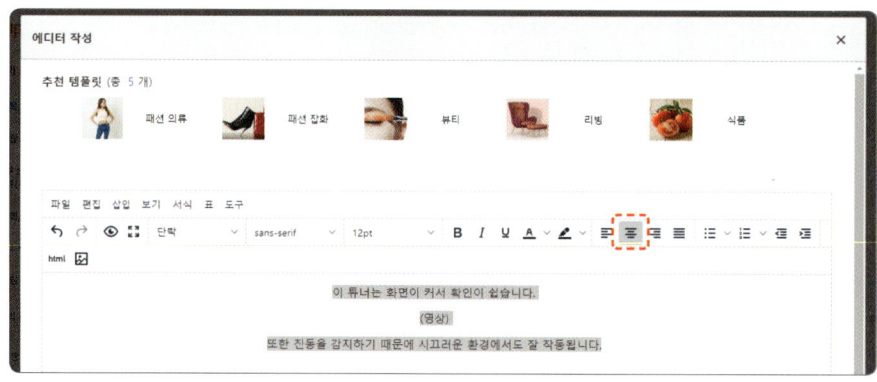

⑥ 유튜브에 업로드한 영상 하단에서 ↗ 공유 공유아이콘 클릭
(이 경우는 쿠팡이므로 네이버TV가 아닌 유튜브 영상을 써도 무방합니다)

⑦ 팝업에서 '퍼가기' 버튼 클릭

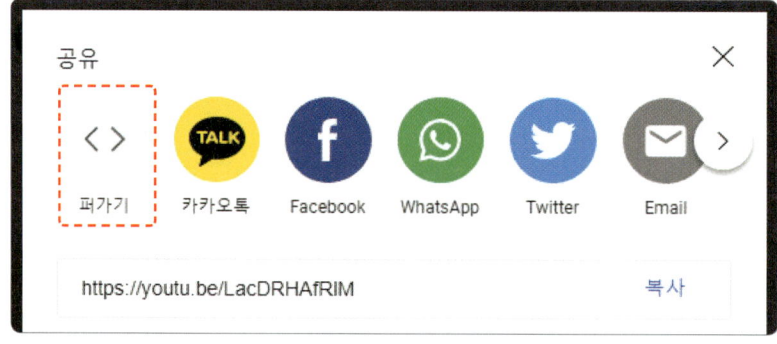

⑧ 팝업에서 우하단의 '복사' 클릭 (이때 HTML소스가 자동 복사됨)

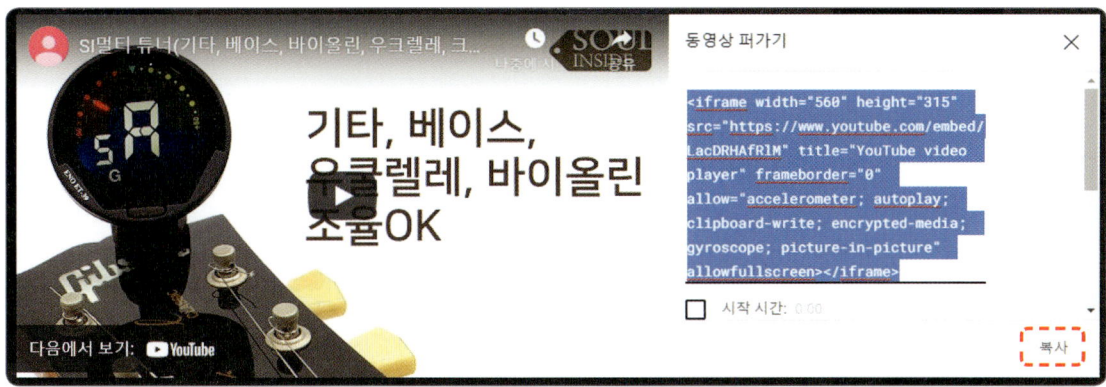

⑨ 쿠팡 상품등록 페이지 좌측에서 'HTML'버튼 클릭

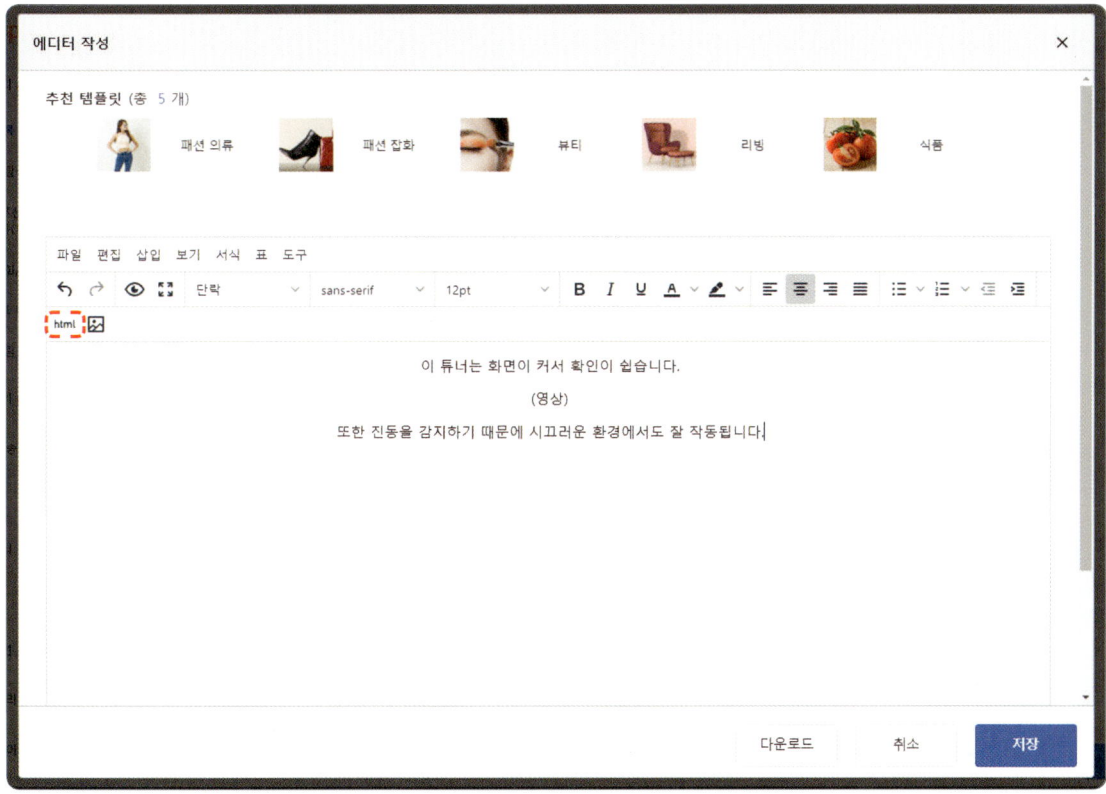

⑩ '영상'이라는 글씨를 선택

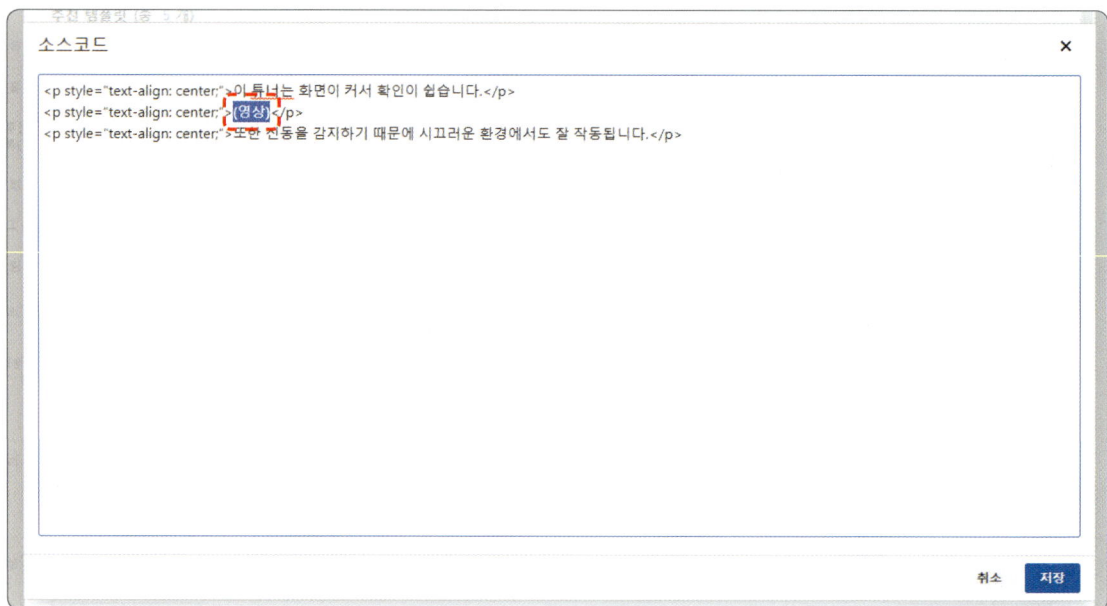

⑪ 조금 전에 유튜브에서 복사한 내역을 붙여넣기(Ctrl + V)

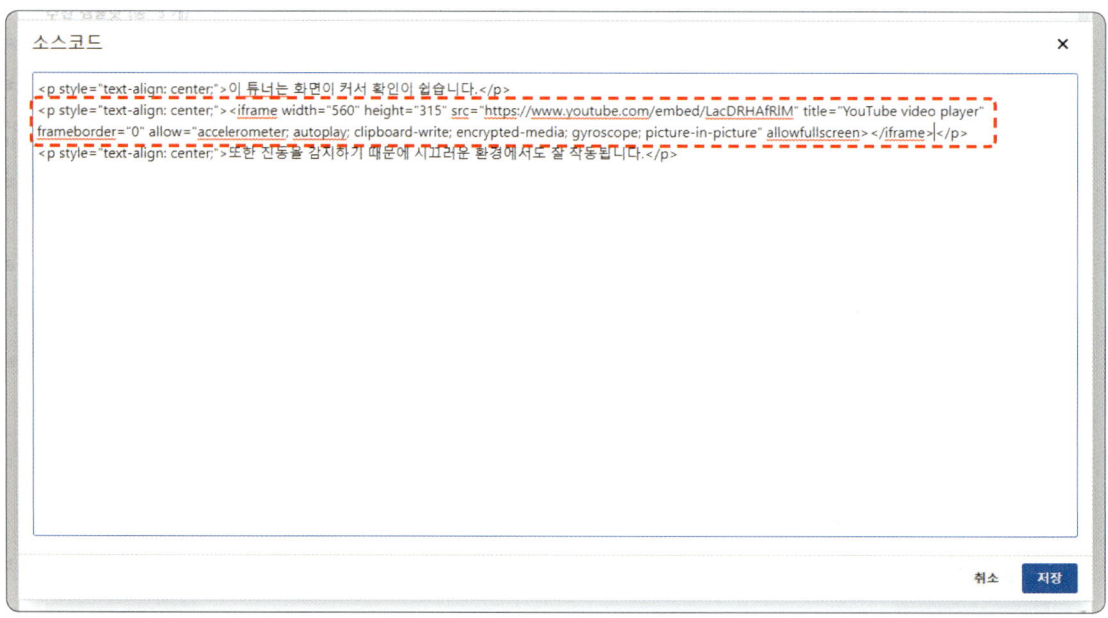

⑫ '저장' 버튼 클릭

⑬ 삽입된 영상 확인

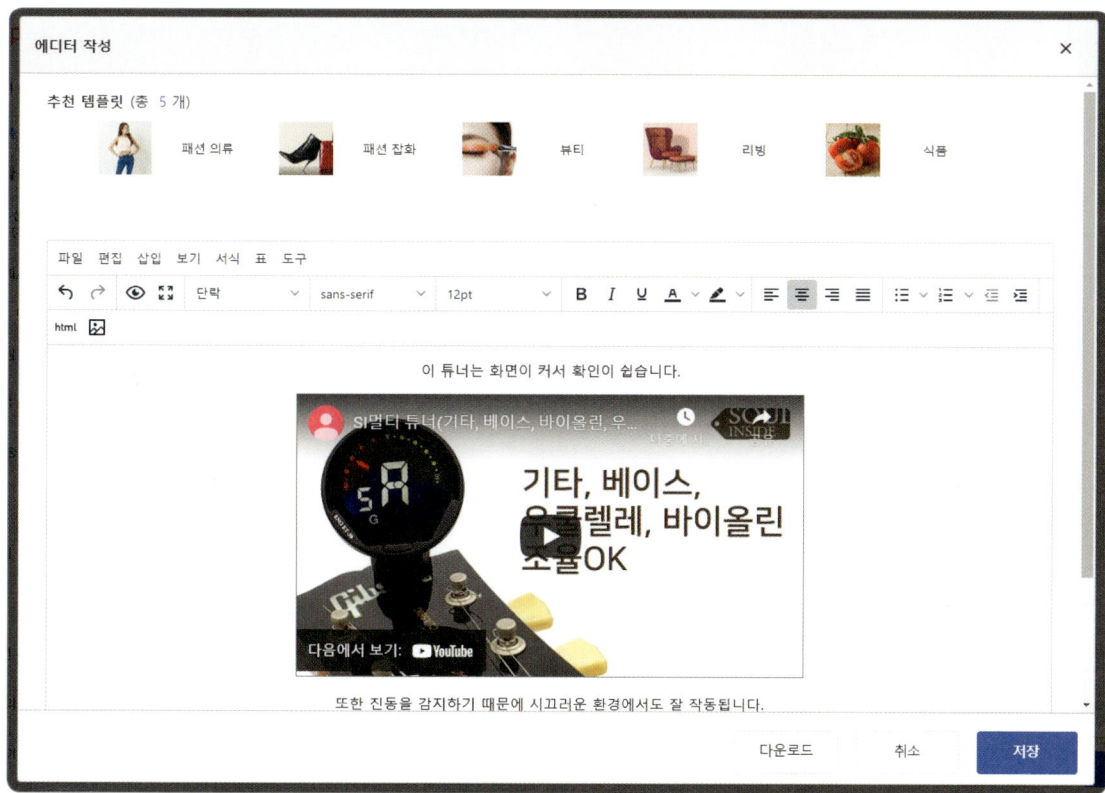

QR코드로
영상강의를 확인해보세요.

07 구매자 후기 작성시 포인트 지급 설정

고객이 텍스트 리뷰, 포토 리뷰 등을 작성했을 때 자동지급되는 포인트를 설정할 수 있습니다. 쇼핑몰에 따라 포인트 지급 기능이 없는 쇼핑몰도 있습니다.

① 스마트스토어 상품등록창에서 '구매/혜택 조건' 클릭

② 포인트 영역에서 '상품리뷰 작성시 지급' 체크

③ '텍스트 리뷰 작성' 항목에 금액을 입력하면 텍스트 리뷰 작성시 즉시 포인트 지급
'포토/동영상 리뷰 작성' 항목에 금액을 입력하면 포토/동영상 리뷰 작성시 즉시 포인트 지급

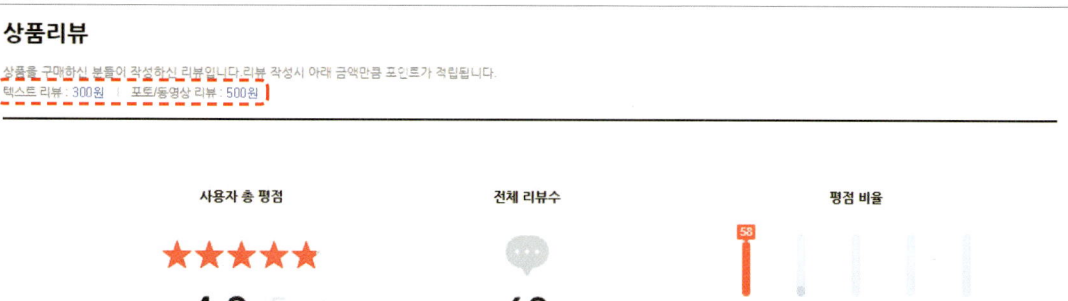

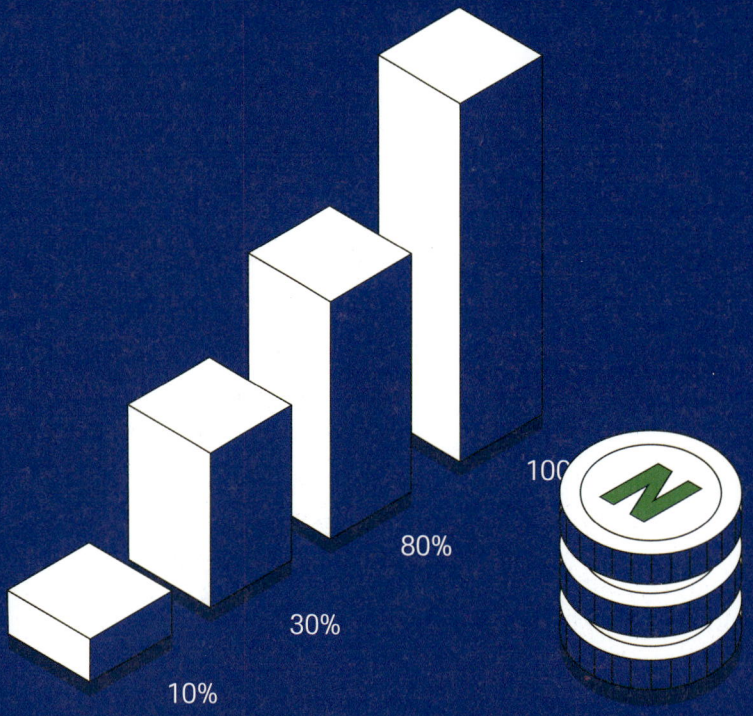

Part 06

06 온라인 홍보

고생해서 힘들게 상세페이지를 만들어 쇼핑몰에 올렸지만, 내 상세페이지의 상태는 말 그대로 해운대 모래사장의 모래알 하나와 완전히 똑같습니다. 매달 쇼핑몰에 수백 만개의 신규상품들이 올라오므로 사장님께서 방금 올린 상세페이지는 그 속에 깊숙이 묻혀버리기 때문입니다. 이런 상황에서 고객은 사장님 제품의 존재 자체를 절대 알 수 없기 때문에 아무런 일도 일어나지 않는 것입니다. 판매는 고사하고 문의조차 없습니다. 그래서 우리 판매자들은 내 상품을 고객들이 볼 수 있도록 온라인 홍보를 지속적으로 해줘야만 하는 것입니다. 온라인 홍보는 분명 효과가 있지만 폭발적이지는 않습니다. 그러므로 '네이버쇼핑 광고'처럼 유료 광고도 병행하는 것을 권해드립니다.

Chapter01 고객 유입을 위한 루트를 만들자
Chapter02 마지막 꿀정보

Chapter 01

고객 유입을 위한 루트를 만들자

많은 비용을 들여 인테리어를 고급스럽게 하고 유능한 쉐프를 영입해서 드디어 식당을 개업했습니다. 가만히 기다리고 있으면 손님이 들어올까요? 파리만 날리겠죠. 그래서 부지런히 광고도 하고 전단지도 돌려야만 손님이 오게 되는 것입니다. 상세페이지도 똑같습니다. 고객이 찾아 들어 올 수 있도록 다음과 같은 다양한 채널을 통해 유입할 수 있는 경로를 만들어 주어야 합니다.

- 네이버 포스트
- 유튜브/네이버TV
- 네이버 지식인
- SNS
- 대형 포털카페
- 각종 플랫폼 팔로워

01 네이버 포스트의 활용

1) 네이버 포스트란?

서비스 자체는 네이버 블로그와 거의 동일합니다. 그러나 네이버라는 회사 관점에서는 차이가 명확합니다. 블로그는 본질적으로 일기처럼 개인사를 적는 공간이고, 포스트는 전문적인 지식을 적는 공간입니다. 이용방법은 네이버 블로그와 거의 동일합니다. 네이버에서 '네이버포스트'라고 검색하시면 바로 만나보실 수 있습니다.

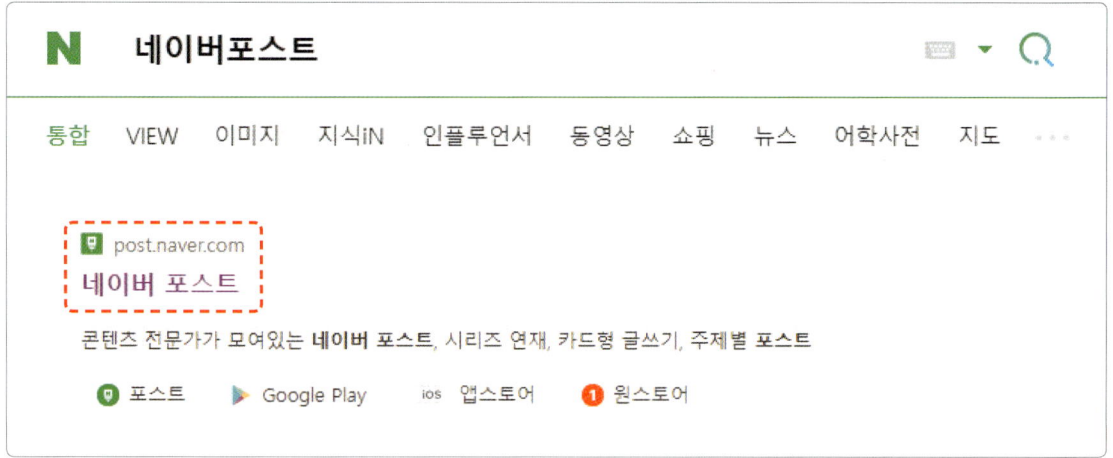

2) 왜 네이버 포스트이어야 하는가?

네이버 블로그가 아닌, 네이버 포스트에 홍보글을 작성 해야합니다. 제가 네이버 블로그를 추천드리지 않는 이유는 경쟁이 극심하기 때문에 검색결과에서 좋은자리를 차지하기가 너무 힘들기 때문입니다. 그러나 네이버 포스트는 상대적으로 경쟁이 약해 검색결과 노출에 더 유리합니다.

3) 홍보글은 어떻게 쓸 것인가?

앞으로 사업을 하시면서 글을 써야할 일이 많을 것입니다. 이때 항상 이 책의 '상세페이지 기획' 챕터의 글쓰기 원리를 활용하여 작성하십시오. 홍보글 쓰기의 기본원리는 다음과 같습니다.

- 단문으로 작성
- 두괄식으로 작성
- 다양한 사진과 영상 삽입

글 작성시 가장 중요한 포인트는 '장사 속'이 너무 드러나지 않게 쓰는 것입니다. 왜냐하면 현대인들은 너무나 많은 광고에 지쳐있기 때문입니다. 좋은 정보를 많은 사람들에게 무상으로 나누겠다는 뉘앙스가 풍기도록 글을 쓰시기 바랍니다. 또 한가지 핵심 포인트!!! 네이버가 보기에 정보로써의 가치가 있어야 합니다. 유익한 정보일수록 검색결과에서 좋은 자리를 차지할 확률이 높아집니다. 글을 쓸 때 사람들에게 도움을 주겠다는 진심어린 태도가 필요합니다. 네이버 알고리즘은 신기하게도 작성자의 이런 태도를 정확히 읽어냅니다.

4) 2가지 글쓰기 스타일

아래내역을 참조하셔서 제품에 어울리는 글 스타일을 선택하시기 바랍니다.

• **구매후기 스타일**:

마치 일반인이 해당제품을 구매해서 써본 후 사용기를 쓰는 것처럼 작성하는 글 스타일입니다. 자연스러움을 더하기 위해 글은 편한 옆사람에게 말하듯이, 그리고 사진이나 영상도 비전문가스럽게, 일반인 느낌으로 제작하시면 됩니다.

• **정보 스타일**:

내가 이 분야의 전문가로서 너에게 한수 가르쳐주겠다는 느낌의 글 스타일입니다. 글, 사진, 영상 모두 프로페셔널하게, 자신감 있게 작성하시면 됩니다.

5) 영상의 삽입

글 중에 영상을 삽입할 때는 유튜브에 올린 영상은 사용하지 마시고, 다음과 같은 방법으로 올리시기 바랍니다.

• 저용량 영상(1GB/15분 이하, 이 기준은 향후 변동가능): 포스트에 바로 삽입
• 고용량 영상: **네이버TV**에 등록 한 후 포스트에 삽입.

왜 이렇게 할까요? 네이버와 네이버TV는 같은 회사이기 때문입니다. 아무래도 타 회사 영상보다는 자기회사 영상에 더 높은 점수를 주겠죠?

6) 상세페이지 주소URL 삽입

글이 다 작성되었다면 하단에 해당 상품의 상세페이지로 이동할 수 있도록 상세페이지 주소URL을 삽입해주십시오. 글 작성창에서 URL만 붙여 넣으면 자동으로 상품명+상품사진이 박스 형태로 노출됩니다.

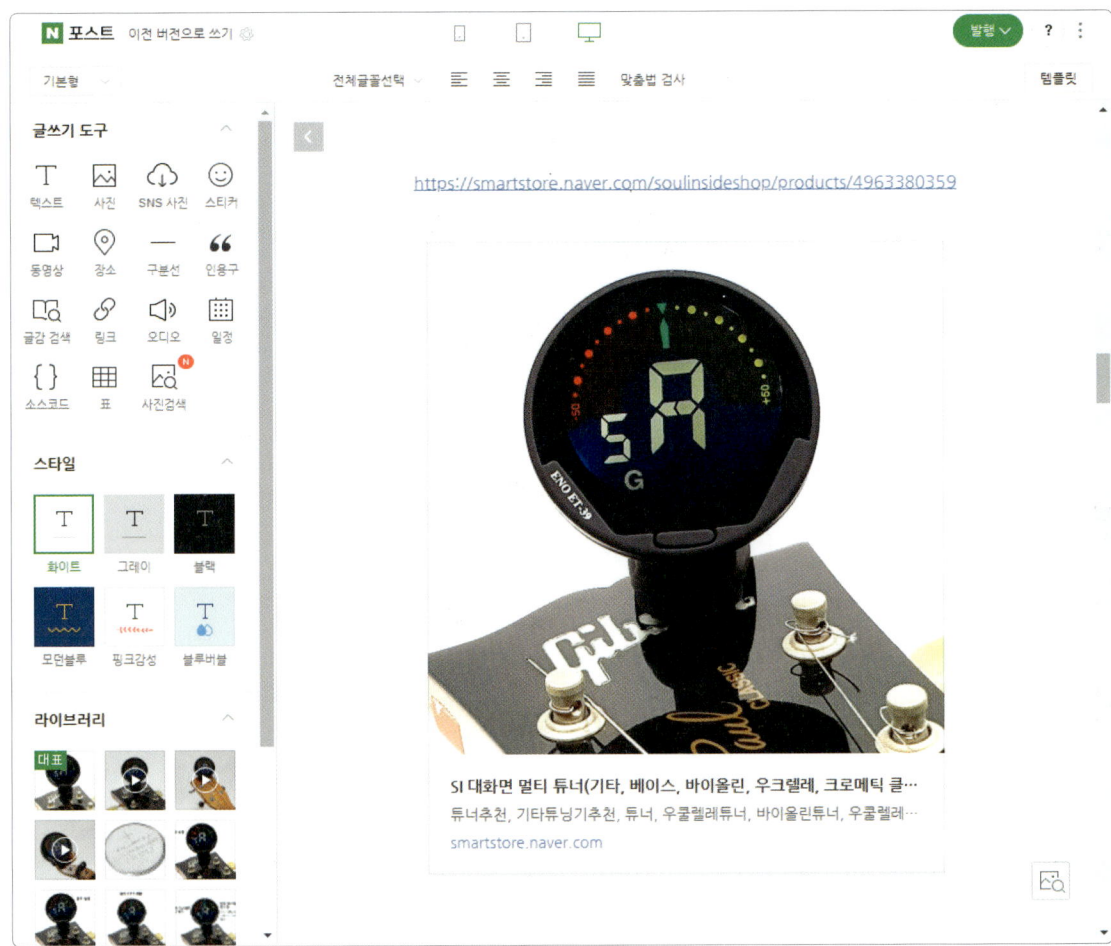

쇼핑몰에 수수료를 내지 않고 판매하고 싶으신 분은 그냥 판매자의 전화번호만 적어주셔도 됩니다.

7) 검색에 잘 노출 되도록 하는 방법

이렇게 힘들게 작성했으면 검색에 잘 노출 되어 고객들의 눈에 잘 뛰어야 홍보효과를 발휘할 수 있습니다. 그러므로 본 책의 '05 상품등록 〉 Chapter 02 상품등록 하기 〉 01 상품명, 태그 정하기' 항목을 참조하셔서 주요 키워드를 추출하시기 바랍니다. 이후 주요 키워드를 다음과 같은 영역에 삽입해주세요.

- 제목에
- 글 내용 중에 자연스럽게 문장형태로
- 이미지, 영상 그 자체에 (이미지나 영상 하단을 클릭하면 삽입 가능)

- 태그영역에

8) 인내심이 필요

네이버포스트에 당장 글을 올린다고 네이버 검색결과에 바로 나오는 것은 아닙니다. 네이버라는 회사 입장에서는 판매자의 글이 매우 유익하고 가치있는 정보라는 검증의 시간이 필요한 것입니다. 여기에 제가 소개시켜 드린대로 진심을 다해 작성하신다면 긍정적인 결과가 있을 것입니다. 판매자님의 강력한 무료홍보채널이 생기는 것입니다. 그러므로 시간과 공을 들이시기 바랍니다.

02 유튜브/네이버TV의 활용

유튜브와 네이버TV의 활용 방법은 앞서 말씀드린 '네이버 포스트의 활용'방법과 개념적으로 거의 동일합니다. 단지 차이가 있다면 글이 영상으로 바뀐다는 것뿐입니다. 많은 분들이 네이버TV까지 해야하냐고 의아해 하십니다. 네이버는 네이버입니다. 유튜브에 올린 영상을 반드시 네이버TV에도 올리시기 바랍니다. 다양한 형태로 내 상품이 네이버에 더 많이 노출되게 될 것입니다.

03 네이버 지식인의 활용

내 제품과 관련된 질문들을 찾아 매일매일 답변하시기 바랍니다. 이 질문자들은 구매할 확률이 비교적 높기 때문에 매출 증대에 도움이 되며, 또한 새로운 사람들이 이 질문과 답변을 보면서 추가적인 신규 매출이 발생될 수 있습니다. 답변하실 때 '장삿속'이 너무 티가 나면 안됩니다. 내 상품 사라고 상세페이지 주소URL을 붙여 넣으면 너무 티가 나겠죠? 친절하게 조언해주는 척하면서 끝부분에 상품명을 살짝 흘려 넣는 식으로 해주시면 됩니다. 지식인 메인페이지 좌측에서 관심분야, 관심지역, 관심키워드를 세팅해 놓으면 질문을 보다 손쉽게 찾을 수 있습니다.

고객들이 구매 시 별다른 지식을 필요로 하지 않는 제품이라면 이 부분은 넘기셔도 됩니다.

04 SNS의 활용

많은 SNS가 있지만, 인스타그램이 가장 영향력이 큽니다. 인스타그램에서 고객들의 눈을 사로잡으려면 아무래도 사진이나 영상이 "화려하거나 자극적"이어야 합니다. 워낙 휘황찬란한 사진과 영상이 많기 때문에 담백한 콘텐츠는 외면당하기 쉽기 때문입니다. 잘생기거나 예쁜 모델이 있거나 엔터

테인먼트적인 기획력이 있다면 좋은 마케팅 채널이 될 수 있습니다. 그러나 그런 것이 없다면 포스트, 유튜브에 집중하는 것을 권해드립니다. 앞서 말씀드린 키워드 추출방법을 이용하여 해시테그를 꼼꼼히 작성해주세요. 결국은 검색에 노출이 되야 의미가 있기 때문입니다.

05 대형 포털카페의 활용

카페라고 하면 매우 올드한 느낌이 들것입니다. 그러나 다음 카페, 네이버 카페는 여전히 엄청난 수의 잠재고객을 보유하고 있습니다. 사장님의 상품과 관련된 카페에 가입해서 꾸준히 활동하면서 사장님의 제품과 관련된 정보를 계속 남기시기 바랍니다. 새글을 쓰거나 댓글을 다는 식으로 하면 됩니다. 계속 강조 드리지만, '장삿속'이 너무 드러나지 않게 그리고 내가 너희를 위해 이렇게 좋은 정보를 무료로 나눠주는거야~ 라는 느낌으로 글을 쓰십시오. 꾸준히 회원들과 친해지기 위해 노력하면서 내 상품의 정보들을 노출시키시기 바랍니다. 카페의 입소문은 기대이상으로 막강하니까요. 또한 대형카페를 대상으로 이벤트나 공구도 검토해보시기 바랍니다. 타겟고객이 대규모로 모여있는 곳이기 때문에 고효율의 마케팅 채널이 될 수 있습니다.

06 각종 플랫폼 팔로워

판매자에게 있어 내가 필요할 때 무료로 바로바로 쓸 수 있는 나만의 홍보채널을 가진다는 것은 꿈과 같은 일입니다. 이런 채널로서 대표적인 것은 유튜브 구독자, 인스타그램 팔로워, 카카오채널 친구, 네이버밴드 가입자, 자사몰 회원 등등입니다. 홍보채널로서의 충분한 수의 팔로워를 얻으려면 1년이상 어쩌면 그 보다 더 오랜 시간이 걸릴 수 있습니다. 그러나 지속적으로 이벤트를 진행하고, 혜택을 제공하고, 유익한 콘텐츠를 제공하면서 팔로워를 확보해 나간다면 향후 사장님의 안정적인 수익원이 되어 줄 것입니다.

Chapter 02

마지막 꿀정보

많은 사장님들이 궁금하시는 내용들, 그리고 제가 꼭 해드리고 싶은 이야기들을 두서없이 몇가지 나누고자 합니다.

01 온라인판매의 4요소

제가 처음 온라인판매를 시작할 때 정말 혼란스러웠습니다. 온라인상에 너무 많은 지식들이 넘쳐났기 때문에 머릿속에 정리가 제대로 되지 않았고, 그래서 무엇이 가장 중요한 핵심 관리 포인트인지 정확히 맥을 짚을 수가 없었습니다. 저처럼 혼란을 겪고 계신 분들을 위해 온라인 판매에 있어 가장 중요한 4가지 요소를 정리하여 설명 드리겠습니다. 온라인 판매를 하다보면 챙겨야할 것들이 참 많지만, 아래 4가지를 중심으로 꼼꼼히 철저하게 챙겨야만 긍정적인 성과를 만들어낼 수 있습니다.

상품성	상세페이지	상품의 노출	구매자 후기

- 가격
- 디자인
- 기능
- 브랜드
- 평판
- 맛
- 친환경
- 안전성
  등등
 	
소싱이 90%
	- 세일즈포인트의
	  명확한 전달
	- 검색 최적화
	- 모바일 최적화
		• **무료 홍보**
		- 네이버포스트
		- 유튜브
		- 네이버TV
		- 지식인
		- 인스타그램
		- 네이버밴드
		- 대형카페 영업
		
		• **유료광고**
		- 네이버쇼핑
		  광고
		
		• **오프라인 홍보**
		ex) 인센스
			최종 구매 결정을
			유발하는 핵심요소!

각 요소별로 상세히 설명드려 보겠습니다.

1) 상품성

온라인판매에서 가장 중요한 것은 단연 '상품성'입니다. 상품이 좋아야 한다는 것입니다. 세일즈 포인트가 명확해야 한다는 것입니다. 다시 말해 고객의 선택을 받을만한 강력한 매력이 있어야 한다는 것입니다. 이것이 온라인판매에서 가장 중요한 핵심중의 핵심 요소입니다. 상품성에는 위 표에서 보듯이 가격 디자인 등 여러 요소가 있습니다. 이중에서 한가지라도 남들보다 특출 나야 고객의 선택을 받을 수 있게 되는 것입니다. 그래서 저는 온라인 판매를 준비하면서 상품성이 명확한 제품을 소싱했다면 일의 90%는 다 했다고 감히 말씀드릴 수 있습니다.

저는 수많은 판매자들을 컨설팅하면서 많은 성공도 해보았고, 많은 실패도 해보았습니다. 그리고 제가 직접 판매를 해보면서 다채로운 경험도 쌓아왔습니다. 이런 과정 속에서 저는 한가지 불변의 진리를 발견하게 되었습니다.

"상품이 좋으면 무조건 된다!"

제가 컨설팅한 사장님들 중에 소위 "성공"을 하신 사장님들과 대화를 나눠보면 이분들이 그다지 마케팅에 능하지 않다는 것에 놀라게 됩니다. '저 정도 실력으로 이런 성과를 낼 수 있나?' 할 정도로 의구심이 드는 분들이 많습니다. 그러나 그분들의 공통점은 똑소리 나는, 야무딱진 자신들만의 아이템을 가지고 있다는 사실입니다. 상품이 좋으니 어떤 방식으로도 팔려나가는 것입니다. 반대로 이런 케이스도 있습니다. 마케팅을 아주 잘하시는 판매자인데 어려움을 겪고 있는 경우입니다. 그 분들의 공통점은 자신들만의 킬러 아이템이 없다는 것입니다. 남들과 같은 아이템을 가지고 경쟁하다 보니 가격경쟁의 늪에 빠지게 되고 결국 저마진의 늪에서 허우적 거리는 것을 많이 보게 됩니다. 뛰어난 마케팅 노하우보다 중요한 것은 상품입니다. 마케팅을 마무리 잘하고 마케팅에 엄청난 물량을 쏟아부어도 상품이 받쳐주지 못하면 예산집행을 중단함과 동시에 판매량은 나락으로 떨어지게 되는 것입니다. 이 책을 보시는 판매자들께서는 소싱에 집중하시기 바랍니다. 상품성이 명확한 제품의 소싱에 집중하시기 바랍니다.

2) 상세페이지

그 다음으로 중요한 것이 상세페이지입니다. 왜냐하면 고객은 오직 상세페이지를 통해서만 내 상품을 만나볼 수 있기 때문입니다. 상세페이지가 엉터리로 만들어져 있다면 내 상품도 내 서비스도 내 회사도 엉터리가 되는 것입니다. 그만큼 중요한 것입니다. 상세페이지에서 가장 중요한 것은 아름다운 '디자인'이 아닙니다. 바로 다음 세가지입니다.

- **세일즈 포인트의 명확한 전달**

여기서 세일즈 포인트는 앞서 말씀드린 상품성과 동일한 말입니다. 고객이 경쟁사의 상품이 아닌 바로 내 상품을 사야할 명백한 이유를 두괄식으로 명확히 드러내는 것이 가장 중요합니다.

- **모바일 최적화**

온라인 거래의 80%가 스마트폰에서 이뤄지고 있다는 사실을 늘 생각하셔야 합니다. 폰에서 내 상품정보가 쾌적하게 보일 수 있도록 글씨도, 사진도, 영상도 모두 크게크게 삽입해주세요. 보기에 불편하면 고객은 바로 떠나버립니다!

- **검색 최적화**

아무리 잘 만든 상세페이지라해도 고객이 찾을 수 없다면 아무런 의미가 없습니다. 이 책의 '05 상품등록 〉 Chapter 02 상품등록 하기 〉 01 상품명, 태그 정하기'항목에서 말씀드린대로 키워드를 활용하여 내 상세페이지가 검색에 잘 노출되도록 세팅해주세요.

3) 상품의 노출

상품의 노출이란, 내 상품이 고객들의 눈에 보이도록 세팅해야한다는 것을 말씀드리는 것입니다. 이 책의 '06 온라인 홍보'파트에 나와 있는데로 꼼꼼하게 세팅해서 내 상품이 더 많은 고객들과 쉽게 만날 수 있도록 해주어야 합니다. 무료홍보 부분은 이미 앞서 말씀드렸고, 유료홍보 부분은 가성비가 좋은 '네이버쇼핑광고'를 추천드립니다. 네이버쇼핑광고는 대행사를 이용할 수 있고 배워서 직접 하실 수도 있습니다. 자세한 사항은 네이버에서 '네이버광고'라고 검색해서 '네이버광고' 서비스페이지로 들어가시면 만나보실 수 이습니다. '오프라인 홍보'는 이 책 뒷부분에서 설명드리겠습니다.

4) 구매자 후기

우리가 온라인 쇼핑을 하다보면 몇 만개의 후기가 달린, 아주 잘나가는 상품들을 보게 됩니다. 이런 히트상품과 관련된 아래 질문에 대하여 한번 생각해 보시기 바랍니다.

"잘 팔려서 상품평이 많을까요? 상품평이 많아서 잘 팔리는 걸까요?"

혹자는 닭이 먼저냐 달걀이 먼저냐와 같은 공허한 질문이라고도 합니다. 그러나 그렇지 않습니다. 결론적으로 말씀드리면 '상품평'이 많아서 잘 팔리는 것입니다. 상품평이 없는 썰렁한 상세페이지에서는 구매가 잘 이뤄지지 않습니다. 그러나 긍정적인 상품평이 어느정도 있는 상세페이지에서는 안정적인 구매가 일어나기 시작합니다. 그러니 상품평이 많아서 잘 팔리는 것이라고 말씀드린 것입니다. 상품평이 구매를 일으키고, 구매가 다시 새로운 상품평을 만들어내는 것입니다. 그러면 왜 긍정적인 상품평이 많으면 잘 팔리는 걸까요? 상세페이지 안에는 수많은 정보들이 있습니다. 대부분의 정보들은 판매자들이 하는 말이지요. 이 세상 어느 판매자가 자신의 제품이 별로라고 말하겠습니까? 다들 자신의 제품이 최고라고 말합니다. 그러다 보니 고객은 이런 정보를 보면서 이 상품이 정말로 좋은지 아니면 별로인지를 정확히 판단할 수 없는 것입니다. 그러나 유일하게 상품의 품질에 대해 진실을 말해주는 믿을 수 정보가 있습니다. 그것은 바로 구매자가 사서 직접 써보고 작성한 후기인 것입니다. 구매자 후기야 말로 상품의 품질을 진실하게 말해주는 유일한 정보인 것입니다. 그래서 고객은 최종적으로 구매자의 후기를 보고 이 상품의 품질에 대해서 확신을 가지게 되는 것이며, 이어서 구매로 연결되게 되는 것입니다.

고객의 구매단계는 이렇습니다.
① **상품의 존재 인지**: 검색결과나 광고를 보고 상세페이지로 진입
② **상품의 구매가치 검토**: 상세페이지의 정보를 보고 구매할 가치가 있는지 검토
③ **구매여부 검토**: 제품에 대해 호감은 있으나 결정을 내리지 못하는 단계
④ **구매의사 확정**: 상품평을 본 후 최종 구매의사 확정

우리의 모든 마케팅 활동은 고객이 내 제품을 바라보고 호감을 갖게 하지만, 최종적으로 결제를 하도록 꺾어주는 역할은 '구매자 후기'가 합니다. 후기의 중요성을 말해주는 에피소드 하나를 말씀드리겠습니다.

제 고객사 중 LED피부미용 제품을 판매하는 판매자분이 계셨습니다. 제조사는 총 6개의 벤더에게 판매권한을 부여했고, 그 벤더 중 하나가 제 고객사였습니다. 제조사는 벤더들이 절대로 가격을 건드리지 못하게 했습니다. 만일 그럴 경우 해당 벤더로부터 판매권한을 즉시 박탈했습니다. 그래서 6개 벤더들은 오직 사은품만으로만 경쟁을 했습니다. 저와 제 고객사는 기존에 선점하고 있던 업체들을 이기기 위해 압도적인 사은품을 준비했습니다. 사은품 자체의 금액적 가치로 보면 제 고객사의 사은품이 1위 벤더의 사은품보다 3~4배 더 높았습니다. 상식적으로 생각해보면 LED피부미용 제품은 다 동일한 것이기 때문에 압도적인 고가의 사은품을 제공하는 제 고객사의 제품이 잘 팔려야 했습니다. 그러나 한 달이 지나고 두 달이 지나도 판매량은 계속 저조했습니다. 1위업체는 변함없이 잘 팔았습니다. 이 황당한 상황의 원인은 무엇일까 고민하고 또 고민했습니다. 1위 벤더가 제 고객사보다 나은 것이 무엇인가? 6개 벤더들이 다 비슷한 상황이었지만 1위 벤더가 나머지 5개 벤더를 압도적으로 능가하는 한가지가 있었습니다. 그것은 구매자 후기였습니다. 당시 1위 벤더는 약 2만개에 달하는 구매자 후기를 보유하고 있었습니다. 2만개의 후기가 1위 벤더의 철옹성이 되어 주었던 것입니다. 왜 후기가 철옹성의 역할을 해줄 수 있었을까요? 그 이유 중 하나는 바로 이것일 것입니다.
"고객은 리스크를 싫어한다"
고객관점에서 보면 사은품 보다는 긍정적 후기도 많고 판매량도 많은 업체 쪽을 선택하는 것이 그렇

지 못한 업체의 제품을 선택하는 것보다 훨씬 안전한 구매인 것입니다.

이렇듯 후기는 구매를 촉진해줄 뿐 아니라 신규 경쟁자가 시장에 진입하는 것을 차단해주는 역할까지 합니다. 그러므로 우리 판매자들은 시장 진입초기에 '긍정적 상품평'확보에 전력을 다해야 하는 것입니다. 또한 상품판매가 안정적 궤도에 이른 후에도 '부정적 상품평'이 쌓이지 않도록 꼼꼼히 관리해줘야 하는 것입니다. 자 그럼 제품 런칭 초기에 어떻게 상품평을 확보할 수 있을까요? 뒤에 이어서 나오는 '02 런칭이벤트 하는 방법'을 참조하시기 바랍니다.

5) '온라인판매의 4요소'는 실전에서 어떻게 활용되는가?

- **상품 런칭 초기 관리포인트**

상품 런칭 단계에서 챙길 것이 참 많습니다. 초보인 경우 무엇을 어떻게 해야할지 우왕좌왕 하기 싶습니다. 이때 주요 관리포인트로 활용하시기 바랍니다. 무엇에 집중하고 자원을 투여 해야할지 명확해질것입니다.

- **판매량이 저조하거나 감소할 때 체크 포인트**

판매가 잘 되지 않거나, 지속적으로 감소할 때 무엇을 어찌 해야할지 몰라 우왕좌왕하는 사장님들을 수도 없이 봤습니다. 이때 당황하지 말고 4요소 하나하나를 체크해보시기 바랍니다.
  - 상품성: 경쟁자가 나타나 내 상품의 상품성을 압도하고 있지는 않은지?
  - 상세페이지: 세일즈 포인트의 전달이 명확한지?
  - 상품의 노출: 고객의 유입량이 감소하고 있지는 않은지?
  - 구매자 후기: 부정적인 후기가 누적되고 있지는 않은지?

온라인판매에 고수들만 아는 '신묘한 비법'이 있는 것이 아닙니다. 답은 기본에 있습니다. 그러므로 '온라인판매의 4요소'에 집중하시기 바랍니다.

02 런칭이벤트 하는 방법

뭔가 일을 할 때는 목적을 명확히 해야 합니다. 이벤트를 할 때도 마찬가지입니다. 의례적으로 하는 이벤트를 위한 이벤트가 되어서는 안됩니다. 런칭이벤트의 목적은 단 하나입니다.

'구매자 후기의 확보!'

앞서 구매자 후기의 중요성을 힘주어 말씀드렸으므로 왜 목적을 이렇게 수립했는지에 대한 이유는 생략하겠습니다. 런칭이벤트의 성공적인 진행을 위해서는 다음과 같은 세가지 장치가 필요합니다.

고객유입 유도장치	고객구매 유도장치	후기작성 유도장치

• 무료홍보
• 유료광고
• 오프라인 홍보
	고객이 반드시 구매하도록 혹할만한 구매혜택 제공
	
	Ex)
	• 1+1
	• 파격 할인
	• 파격 사은품
	  등등
	
	"사장님이 미쳤네!"라는 반응이 있을 정도의 혜택 필요
		반드시 후기를 달도록 장치 마련.
		
		Ex)
		• 스타벅스 아메리카노 쿠폰
		• 다양한 기프티콘
		• 후한 후기 작성 포인트
		  등등

1) 고객유입 유도장치

'01 온라인판매의 4요소'에서 설명 드렸던 '3) 상품의 노출'과 같은 내용입니다. 이벤트를 하면 많은 사람들이 그 이벤트를 보러 들어와야 합니다. 그래야 이벤트를 하는 것이 의미가 있겠죠. 이벤트를 기획할 때 어떤 방법으로 고객들이 많이 들어오게 할지 치밀하게 계획되어 있어야 합니다. 무료홍보 방법은 분명 효과가 있으나 폭발력은 약합니다. 그러므로 이벤트 기간동안만이라도 유료광고의 진행을 권장드립니다.

광고만 한다고 고객들이 들어와 알아서 구매하고 후기를 작성해 주지 않습니다. 제가 아는 한 판매자님의 사례를 하나 소개시켜 드리겠습니다. 퇴직금으로 온라인 사업을 하셨던 분입니다. 이분은 광고업체의 조언에 따라 1000만원을 광고비로 집행했습니다. 광고의 실행을 통해 많은 고객들이 상세페이지로 유입되었습니다. 그러나 결과는 참담했습니다. 구매전환율이 0.2%이하였던 것입니다. 100명이 광고를 보고 들어왔는데 0.2명 정도가 구매를 했던 것입니다. 엄청나게 많은 고객들이 광고를 보고 들어왔다가 슬쩍 보고 바로 빠져나간 것입니다. 거의 광고비를 길바닥에 버린 셈이나 다를 바 없었습니다. 이 사장님은 그러면서 광고업자를 사기꾼이라고 욕하고 원망했습니다. 안타까운 이야기입니다. 그러나 이런 불행한 결과의 원인은 광고업자가 아닌 그 판매자님에게 있습니다. 광고업자의 책임은 딱 하나입니다. 그것은 바로 '고객이 상세페이지로 유입되게 하는 것'입니다. 딱 거기까지 입니다. 많은 사장님들이 광고업자들에게 제품까지 팔리게 해달라고 요구합니다. 그러나 그것은 터무니없는 요구입니다. 광고를 보고 들어온 고객이 제품을 사게 하려면 해당 제품이 구매할 만한 강력한 매력이 있어야만 하는 것이기 때문입니다. 또한 그 제품을 사도록 다양한 프로모션과 같은 장치들이 마련되어 있어야만 하는 것입니다. 제품이 구매할 만한 매력이 없는데, 어떻게 광고업자가 제품을 사게 만들 수 있겠습니까? 어떻게 광고업자가 후기를 달 수 있게 하겠습니까? 광고업자는 마법사가 아닌 것입니다. 제품을 사게 하고 구매후기를 달게 하는 노력은 바로 판매자가 해야만 하는 것입니다. 그러므로 판매자께서는 '고객구매 유도장치'와 '후기작성 유도장치'를 세트로 준비해야만 합니다.

2) 고객구매 유도장치

후기는 제품을 구매한 사람만 작성할 수 있는 권한이 있습니다. 런칭이벤트의 목적은 후기를 확보하는 것이므로 당연히 먼저 구매를 유발시켜야만 합니다. 제품의 상품성이 뛰어나다면 고객이 직접 구매하여 써보고 입소문을 내는 것이 가장 확실한 홍보 방법이기도 합니다. 앞서 '고객유입 유도장치'를 통해 고객이 내 상세페이지로 들어왔다면 그냥 아이쇼핑만 하지 않고 반드시 사도록 강력한 미끼를 제공해야 합니다. 그 미끼로는 일반적으로 다음과 같은 것들이 있습니다.

- 1+1
- 파격 할인
- 파격 사은품

이 외에도 다양한 아이디어를 통해 고객이 안 사고는 못 배기게 해야만 합니다. 미끼의 임팩트가 약하면 아무 소용이 없습니다. 예를 들어 '구매자 중 추첨을 통해 5,000포인트를 10분께 드립니다' 같은 이벤트는 안 하는 것이 차라리 낫습니다. 판매자 입장에서야 큰 돈을 쓰는 것이라 생각하겠지만, 고객관점에서 보면 아무런 흥미도 유발하지 못하는 그냥 흔하디 흔한 이벤트에 지나지 않기 때문입니다. 제가 말씀드리는 미끼의 강도는 "판매자 미쳤네!"라는 반응이 나오는 수준입니다. "이거 이번에 안 사면 내가 손해네"라는 반응이 나와야만 합니다. 이렇게까지 해서 들어온 고객이 반드시 사도록 만들어야 합니다.

3) 후기작성 유도장치

많은 고객들이 미끼를 덥석 물어 구매를 했습니다. 이 상태에서 끝난다면 판매자는 그냥 헛돈만 쓰신 것입니다. 그러므로 구매한 고객이 반드시 후기를 작성할 수 있도록 추가적인 유도장치가 필요합니다. 그 장치로는 다음과 같은 것들이 있습니다.

- 스타벅스 아메리카노 쿠폰
- 다양한 기프티콘
- 후한 후기 작성 포인트

이외에도 구매고객들이 후기를 달지 않고는 못 베기도록 다양한 아이디어들이 동원되어야만 합니다. 단, 실물이 배송되는 제품은 피하십시오. 배송비가 드니까요! 가능한 디지털로 제공되는 혜택을 준비하시기 바랍니다. 기프티콘 발송 서비스를 이용하고자 하신다면 네이버에서 '기프티콘'이라고 검색해보세요. 다양한 회사의 다양한 아이템들을 만나보실 수 있습니다.

이렇게 세가지 장치를 세트로 준비해서 실행하신다면 이벤트의 목적인 '구매자 후기'를 넉넉히 확보할 수 있는 성공적인 런칭 이벤트가 가능해질 것입니다. 자 그럼 이런 질문이 생길 것입니다.

"돈이 많이 들겠네요?"

네 맞습니다. 돈이 좀 듭니다. '마중물'이라는 말이 있습니다. 오늘날처럼 수도물 시스템이 잘 갖춰지기 전에는 각 가정에 수동 펌프가 있었습니다. 그 펌프를 이용해서 지하수를 끌어올리려면 물 한 바가지를 펌프에 부어줘야만 했습니다. 그 마중물처럼, 상품 런칭 시기에는 예산이 어느정도 투입되어야만 합니다. 제가 말씀드리는 방법은 런칭이벤트시 어느 포인트에 적절하게 예산을 투입할 것인가에 대한 이야기이기도 합니다. 모든 상품에 대해서 이렇게 예산을 투입하라는 것이 아닙니다. 사장님께서 가지고 계신 아이템 중 매출에 큰 기대를 걸고 있는 메인 아이템에 대해서만 이렇게 공을 들이고 예산을 투입하라는 것입니다. 메인 아이템의 안정적인 시장 진입과 빠른 매출목표 달성을 원하신다면 좀 부담스러우시더라도 마중물을 꼭 투입하시기를 바랍니다. 메인 아이템이 아니라면 이 정도까지 무리할 필요는 없습니다. 또 이런 질문도 많이 받습니다.

"언제까지 이벤트를 진행해야 하나요? 너무 부담되는데…"

판매자의 예산 상황에 따라 1개월~3개월정도 하시기 바랍니다. 판매량이 높아지고 긍정적인 후기가 많이 생기면 내 상품에 대한 "품질지수"가 올라갑니다. 품질지수란 쇼핑몰이 각 상품들에 대해서 내부적인 기준에 따라 부여하는 점수라고 보시면 됩니다. 품질지수가 높다는 것은 해당 쇼핑몰 입장에서는 자신들에게 매우 이로운 우수한 상품이라는 의미입니다. 그래서 당연히 쇼핑몰에서는 그런 제품을 상위 노출시키게 됩니다. 이렇게 내 상품의 노출위치가 상위로 더 상위로 올라가게 되면 다음과 같은 선순환이 일어나게 됩니다.

이런 선순환이 발생되면 해당 상품에 대한 마케팅 비용을 크게 줄이셔도 됩니다. 왜냐하면 안정적인 궤도에 진입하여 스스로 계속 팔려나가기 때문입니다. 지금 쇼핑몰 검색결과 첫 페이지에 광고를 안하는데도 좋은 자리를 차지하고 있는 제품들이 대부분 그런 선순환의 단계에 이른 제품인 것입니다. 자 또 이런 질문을 하시는 사장님도 계십니다.

"광고와 런칭이벤트를 중단하니까 판매량이 급감하네요. 어쩌죠?"

제가 말씀드린 런칭이벤트 방법은 제 머리에서 나온 이론이 아닙니다. 실제로 여러 업체를 통해서 실행하고 성공을 거둔 객관적으로 검증된 방법입니다. 그러나 이 방법이 먹히지 않는 경우가 많습니다. 그 원인은 단 하나입니다.

"빈약한 상품성"

돈을 들여 광고하고, 고객이 구매 후 후기를 달도록 미끼를 제공하는 이벤트를 하면 당연히 판매도 잘되고 후기도 잘 달립니다. 미끼가 있으니까요. 예산에 한계가 있으니 이벤트를 중단하는 시점이 오게 됩니다. 제품의 상품성이 명확하다면 앞서 말씀드린 데로 선순환에 진입하게 됩니다. 그러나 상품성이 약하다면 이때부터 서글퍼집니다. 고객이 제품을 사는 이유는 광고나 이벤트 같은 마케팅때문이 아닙니다. 제품이 가진 '살만한 매력' 즉 상품성 때문입니다. 그 상품성이 빈약 하다면 당연히

안 팔리는 것입니다. 이런 경우에는 정말 답이 없습니다. 그래서 제가 "소싱이 90%"라고 말씀 드린 것입니다. 마케팅을 어떻게 하느냐 이전에 이 제품이 강력한 상품성을 가지고 있는지를 객관적으로 냉철하게 판단하는 것이 먼저입니다. 참 당연한 이야기죠? 제가 아는 한 온라인 판매에서 일부 고수들만 아는 '신묘한 비법' 같은 것은 없습니다. 기본에 충실하는 것이 가장 중요합니다.

03 수요 체크

상품의 수요를 체크할 수 있는 복잡한 방법들과 유료 프로그램들이 많습니다. 그러나 어렵고 돈이 들면 지속할 수 없습니다. 간단한 방법을 소개해 드립니다.

1) 고객들의 관심도 체크

새로운 아이템에 대해 사람들이 얼마나 많은 관심을 가지고 있나 체크하려면 이 책의 '05 상품등록 〉 Chapter 02 상품등록 하기 〉 01 상품명, 태그 정하기' 부분을 살펴보세요. 키워드 도구를 이용하면 내 제품과 관련된 키워드의 지난 한 달간의 모바일 검색량과 PC검색량이 나옵니다. 이 수치를 통해 손쉽게 수요를 확인할 수 있습니다.

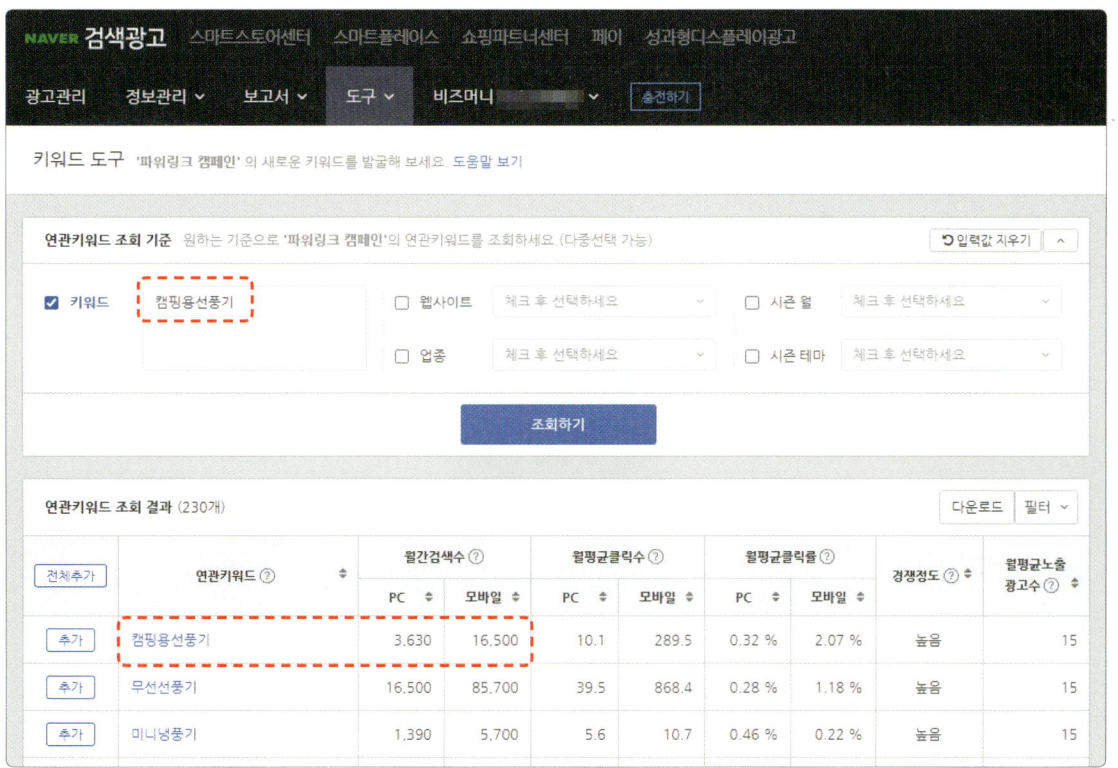

2) 연간 수요의 추이

네이버에서 '네이버 데이터랩'을 검색해서 클릭하세요. 상단 탭에서 '검색어 트렌드'를 클릭 후 내 상품과 관련된 키워드로 조회해보세요. 1년간 해당 키워드에 대한 네이버 검색 추이를 볼 수 있습니다. 검색량의 추이가 곧 고객수요의 추이입니다. 마케팅 할 때 검색량이 많은 시기에 하시기 바랍니다.

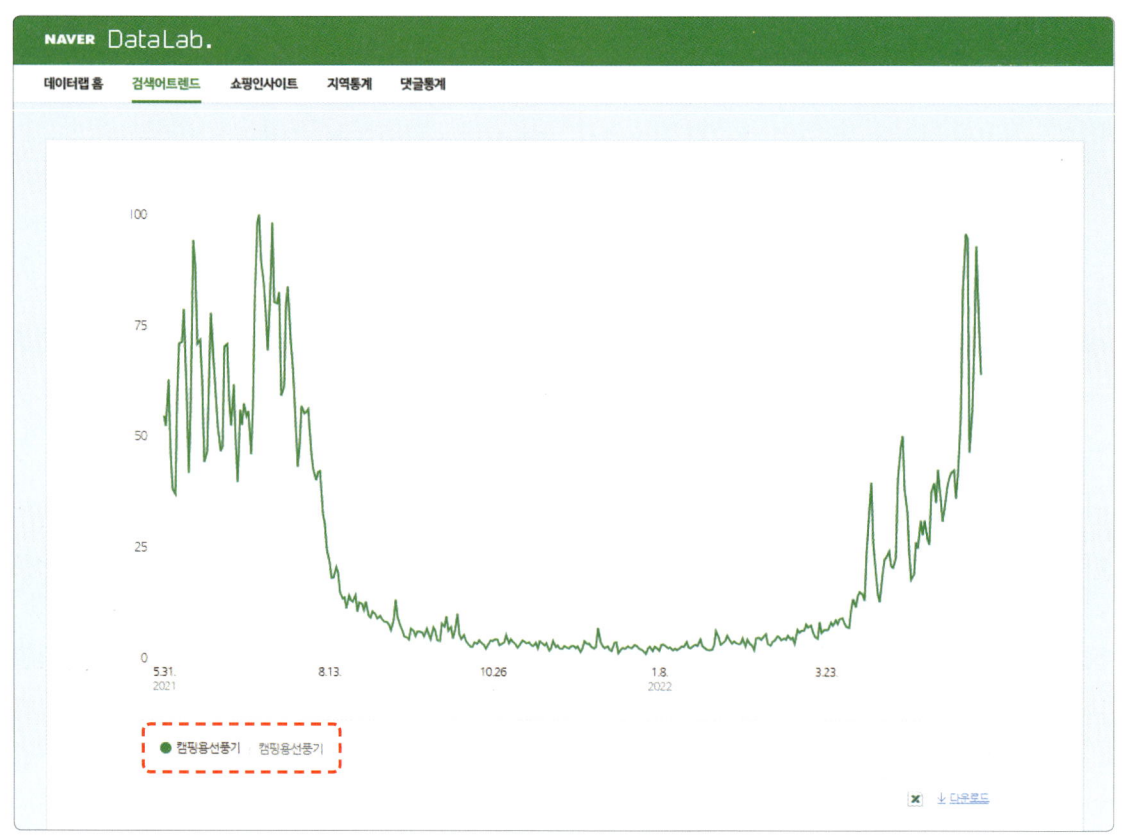

04 오프라인 홍보

제가 판매자들을 대상으로 컨설팅할 때 늘 답답해하는 것이 있습니다. 그것은 대부분의 판매자들이 인터넷으로만 홍보해야 한다는 고정관념 속에 빠져 있다는 사실입니다. 고객이 모여있는 곳이라면 그곳이 온라인이건 오프라인이건 그 속으로 들어가서 홍보를 해야하는데, 온라인으로만 하려는 것을 자주 보게 됩니다. 인터넷 쇼핑의 역사는 20여년밖에 되지 않았으며 오프라인은 여전히 생생하게 살아있습니다. 그러므로 상품에 따라서는 오프라인 홍보가 반드시 필요한 경우도 많으므로 꼭 고려해보시기 바랍니다.

사례1)

LED조명 판매를 하는 사장님이 계셨습니다. 쇼핑몰에는 이미 막강한 파워셀러들이 포진하고 있었기 때문에 판매가 쉽지 않았고, 많은 돈을 들여 광고도 해보았지만 구매 전환율은 매우 저조했습니다. 그러나 제품은 매우 좋았습니다. 기존 조명들에 비해 수명 약 2배, 밝기 약 1.5배, 전기료를 30% 이상 절약할 수 있는 제품이었습니다. 그래서 저는 다음과 같은 제안을 드렸습니다.

1. 제품소개 홍보지를 만든다.
2. 서울, 경기도에서 24시간 영업하는 식당, 휘트니스 클럽 등을 다니면서 판촉영업을 한다.
3. 전기공사까지 저렴하게 대행한다.

영업을 하면서 제품의 뛰어난 수명, 밝기, 높은 효율, 저렴한 시공을 통해 크게 비용절감 할 수 있음을 어필하라고 조언을 드렸습니다. 해당 사장님은 그대로 실행하셨고 사업초기 어려운 시기를 잘 넘길 수 있었습니다.

사례2)

요가용품을 판매하는 사장님이 계셨습니다. 이분 또한 기존에 시장을 선점하고 있는 판매자들 때문에 고전을 면치 못하고 있었습니다. 저는 이분께 다음과 같은 조언을 드렸습니다.

1. 오프라인 판매용 가격을 새로 책정한다.
2. 고객이 모여있는 곳을 찾는다.
3. 홍보물을 만든다.
4. 그곳에 찾아가 판촉영업 한다.

이 사장님은 자신의 제품을 정기적으로 사용할만한, 서울 경기에 위치한 요가학원들을 집중 공략하여 정기적으로 반복구매하는 고객사들을 확보할 수 있었습니다.

05 자사 쇼핑몰

컨설팅을 하다보면 다짜고짜 자사 쇼핑몰을 만들려 하는 사장님들을 많이 봅니다. 결론부터 말씀드리면 "만들지 마세요"입니다. 큰돈, 많은 시간과 노력을 들여 자사 쇼핑몰을 만든다 해도 이 쇼핑몰은 아무도 들어오지 않은 '무인도'에 불과하기 때문입니다. 물론 많은 돈을 들여 광고를 집행하면 사람들이 들어오겠지요. 하지만 새로 생긴 회사의 쇼핑몰에서 제품을 구매한다는 것은 고객입장에서 보면 부담스러운 일입니다. 판매가 잘되기 어렵겠죠? 사업초기에 돈 쓸 일이 참 많은데 무리하게 자사 쇼핑몰을 구축하고 운영하면서 돈을 낭비하는 꼴이 되는 것입니다. 자사 쇼핑몰을 하지 말라는 것이 아닙니다. 다음과 같은 순서로 하라는 것입니다.

06 다양한 판매처 검토

쇼핑몰에는 스마트스토어와 쿠팡, 11번가만 있는 것이 아닙니다. 네, 이 쇼핑몰들 중요하죠. 그러나 문제는 경쟁이 너무 극심하다는 것입니다. 사실 다들 목숨 걸고 싸우는 전쟁터와 다를 것이 없습니다. 이는 과장이 아닙니다. 각자의 생계가 걸린 일이기 때문에 실제로 전쟁터처럼 처절합니다. 시야를 좀 더 넓혀 보면 판매 수수료는 매우 높지만 경쟁이 상대적으로 적은 쇼핑몰들도 많습니다. 판매처를 확대해 보시기 바랍니다.

1) 폐쇄몰

임직원이나 멤버쉽 회원들을 대상으로 폐쇄적으로 운용되는 쇼핑몰입니다. 이런 곳에서 팔면 가격이 외부로 노출되지 않기 때문에 파격적인 할인도 가능합니다. M포인트몰, 삼성카드몰, 이지웰, 동부앤샵, 국민포인트리몰 등이 있습니다.

2) 전문몰

특정 카테고리를 전문적으로 좁고 깊게 취급하는 쇼핑몰입니다. 위즈위드, 한화갤러리아, 후추통, 예스24등이 있습니다.

3) 해외마켓

사실, 한국은 판이 좁고 경쟁이 극심합니다. 제조를 직접 하신다면 해외시장에 도전해보세요. 라자다, 쇼피, Qoo10, 아마존, 이베이 등이 있습니다.

판매자분들께 드리는 마지막 말씀

이 책에 담긴 수많은 노하우와 기술들을 배우시느라 너무 고생 많으셨습니다! 그런데 다소 서글프지만, 대부분의 것들은 재정적으로 안정이 되면 외주로 처리할 수 있는 일들입니다. 그러나 외주로 처리할 수 없는 매우 중요한 핵심역량이 있습니다. 그것은 다음과 같습니다.

1. 제품 소싱역량
2. 기획 역량

이 두 항목은 온라인 판매에 있어 가장 핵심 중의 핵심 역량입니다.

첫 번째, 제품 소싱은 이 업에서 가장 중요한 일입니다. 상품성이 전제되지 않는다면 모든 노력은 물거품이 되어버리기 때문입니다. 제품 소싱 관련한 책, 강의 등을 통해 소싱 역량을 꾸준히 기르시기 바랍니다.

두 번째, 기획 역량은 고객에게 내가 소싱한 상품의 매력을 정리하여 전달하는 과정입니다. 이 부분은 사장님이 제일 잘할 수 있는 영역입니다. 그 누구도 사장님을 대신해줄 수 없습니다. 왜냐하면 외부 사람들은 사장님만큼 제품에 대해서 잘 알지 못하며, 또한 제 3자이므로 사장님만큼 절박하지 않기 때문입니다. 상품의 매력을 전략적으로, 마케팅적으로 분석하고 정리하여 문서로 작성하는 기획! 기획력을 항상 갈고 닦으시기 바랍니다. 이 부분은 사업이 커져도 본인이 계속 하셔야할 영역입니다.

마지막으로, 이 책에 소개해 드린 '마지막 꿀정보' 내용 중 '01 온라인판매의 4요소'를 상품의 런칭과 이후 관리의 포인트로 삼으시기 바랍니다. 이건 기본중의 기본이기 때문입니다. 성과는 '신묘한 마케팅 기법'이 아닌 '기본의 충실함'에서 나오기 때문입니다.

이제 진짜 마지막입니다^^

1인 기업으로 하시는 분이시라면, 온라인 판매를 전업으로 하지 않는 것을 권해드립니다. 왜냐하면 풍성한 열매는 단시일 내에 나오는 것이 아니기 때문입니다. 세상의 모든 사업이 그러하듯 온라인 판매도 열매를 얻기까지 많은 시간이 걸립니다. 이 긴 시간을 견뎌내지 못하고 1년도 못 되어 포기하시는 분들을 많이 보았습니다. 반드시 다른 일을 하시면서 겸업으로 하시는 것을 추천해 드립니다. 점진적으로 성장하면서 생활비 이상의 수익이 생기면 그때 전업으로 하셔도 늦지 않습니다.